21世纪高等学校经济与管理类核心课程教学用书

管理运筹学教程

（第2版第2次修订本）

赵　鹏　张秀媛
孙晚华　胡天军　主　编

U0401479

清华大学出版社
北京交通大学出版社
·北京·

内容简介

本书针对大学本科交通运输管理和经济管理专业的特点及要求，同时兼顾了管理、系统工程等专业的要求，论述了运筹学各主要分支的基本概念与理论、模型、主要算法和应用。具体包括线性规划、运输问题、整数规划、动态规划、图与网络、网络计划、排队论、存储论等内容。本书选材精练，对各主要分支的基本理论、基本原理和主要方法进行了系统分析、整理，结合实际问题建立模型并给出求解方法，体现了现代运筹学的特点。本书还对求解运筹学问题常用的 Excel、LINDO 等软件做了介绍。

本书可以作为管理专业运筹学课程的教材，也可以作为相关专业的研究生教材，还可供从事运筹学、管理科学的工作者和工程技术人员参考使用。

本书封面贴有清华大学出版社防伪标签，无标签者不得销售。
版权所有，侵权必究。侵权举报电话：010-62782989　13501256678　13801310933

图书在版编目（CIP）数据

管理运筹学教程/赵鹏等主编．—2 版．—北京：北京交通大学出版社：清华大学出版社，2013.12（2025.3 重印）
（21 世纪高等学校经济与管理类核心课程教学用书）
ISBN 978-7-5121-1736-5

Ⅰ．①管…　Ⅱ．①赵…　Ⅲ．①管理学-运筹学-高等学校-教材　Ⅳ．①C931.1

中国版本图书馆 CIP 数据核字（2013）第 299988 号

责任编辑：解　坤
出版发行：清 华 大 学 出 版 社　邮编：100084　电话：010-62776969
　　　　　北京交通大学出版社　邮编：100044　电话：010-51686414
印 刷 者：北京虎彩文化传播有限公司
经　　销：全国新华书店
开　　本：185×230　印张：21.25　字数：476 千字
版　　次：2020 年 7 月第 2 版第 2 次修订　2025 年 3 月第 9 次印刷
书　　号：ISBN 978-7-5121-1736-5/C·153
定　　价：52.00 元

本书如有质量问题，请向北京交通大学出版社质监组反映。对您的意见和批评，我们表示欢迎和感谢。
投诉电话：010-51686043，51686008；传真：010-62225406；E-mail：press@bjtu.edu.cn。

第 2 版前言

运筹学是高等学校管理类、经济类本科生的核心课程，在国内外均受到广泛重视。《管理运筹学教程》是针对交通运输管理和经济管理专业特点而编写的。第 2 版是 2008 年出版的《管理运筹学教程》（第 1 版）的修订版，此次对第 1 版中的一些错误和不足进行了修改和更正，更换了一些内容和习题，力争使新版更具有可读性和易用性。

第 2 版的分工与第 1 版没有变化，具体分工如下：第 1 章至第 4 章及附录由张秀媛编写，第 5、第 6 章由孙晚华编写，第 7、第 8 章由胡天军编写，第 9、第 10 章由赵鹏编写，全书最后由赵鹏统一审稿。

在编写过程中参考了大量已有的资料，在此表示感谢！同时，对第 1 版中的错误和不足给读者带来的不便深表歉意！

编　者

2013 年 12 月于北京交通大学

第 1 版前言

运筹学是一门应用科学，至今没有统一、确切的定义，一般可以表述为：利用计划的方法和多学科专家组成的队伍，把复杂的功能关系表示成数学模型，其目的是通过定量分析为决策和揭露新问题提供数量依据。

在我国古代就有运筹思想，史记《张良传》中就有“运筹帷幄，决胜千里”的记载和“田忌赛马”、“丁渭修宫”、“沈括运粮”等经典的运筹实例。运筹学作为科学名词出现是在 20 世纪 30 年代末，当时英、美将雷达作为防空系统的一部分来应对德国的空袭，技术上虽然可行，但实际效果并不理想。为此，一些科学家就如何合理运用雷达进行了这类新问题的研究，因为它与研究技术本身不同，就称之为“运用研究”或“操作研究”（Operational Research）。

近代运筹学理论可以追溯到 20 世纪初，1914 年英国人兰彻斯特研究“人与火力的优势和胜利之间的关系”时发表了“兰彻斯特战斗方程”。1917 年丹麦工程师爱尔朗研究电话通信系统时提出了排队论的一些著名公式。20 世纪 30 年代，荷兰人荷雷斯・列文生分析商业广告和顾客心理时提出了“经济批量公式”。特别是，1947 年美国数学家丹捷格为解决美国空军军事规划提出的问题，发表了关于线性规划的研究成果，给出了求解线性规划问题的单纯形算法。至此，现代运筹学的主要分支基本形成。

20 世纪 50 年代中期，钱学森、许国志等科学家将运筹学引入我国，并结合我国特点推广应用。以华罗庚为首的一批数学家也加入到运筹学的研究队伍，并在优选法、统筹法、“中国邮递员问题”、运输问题等研究中做出了较大贡献，很快使我国运筹学的很多分支跟上了当时的国际水平。

运筹学起源于军事领域，后来转向民用，并广泛应用于市场销售、生产计划、库存管理、运输问题、财政和会计、人事管理、设备维修、更新和可靠性、项目选择和评价、信息系统、城市管理等生产、管理和生活的各个方面，解决实际生产、生活中的问题。计算机的快速发展为运筹学理论应用于实际提供了简单、快捷、有力的技术条件，进一步促进了运筹学的发展。在交通运输领域运筹学也有广泛的应用，甚至在国际运筹学协会中设有航空组，专门研究空运中的运筹学问题。运筹学在解决大量实际问题的过程中形成了：提出和形成问题、建立模型、求解，以及对解的检验、控制、实施等工作步骤，为运筹学的应用提供重要的参考。

本书编写组长期从事管理运筹学的教学工作，使用过多本运筹学的教科书和参考书，但在教学过程中总有些不能满足需要的地方，多年以来一直有编写一本适合交通运输、经济管理类的运筹学教材的想法。本书按照运输、经济等管理类运筹学大纲的要求，不过多地进行理论分析，而注重实际应用。本书对线性规划、运输问题、整数规划、动态规划、图与网络、网络计划、排队论、存储论等基本概念、基本原理和基本方法进行了讲述，对求解运筹学问题常用软件——Excel，LINDO等的使用方法进行了介绍。

本书的内容、结构由教材编写组共同设计，编写分工如下：第1章至第4章及附录由张秀媛编写，第5、第6章由孙晚华编写，第7、第8章由胡天军编写，第9、第10章由赵鹏编写。

运筹学已是比较成熟的一门学科，可供参考的资料也比较丰富，在编写中参考、采用了许多已有的文献资料，在此表示衷心的感谢！

由于水平及经验有限，书中难免有不足和错误，敬请批评指正！

编　者

2008年于北京交通大学

目　　录

第 1 章　线 性 规 划

1.1　线性规划问题及其数学模型

应用数学规划模型求解实际问题时，首先要将实际问题抽象成数学模型，然后再对其求解。对于一个实际问题，若要将其作为一个线性规划（Linear Programming，LP）问题来处理，必须建立与实际问题对应的线性规划数学模型。

1.1.1　线性规划问题的提出

下面用 2 个简单例子来说明如何建立线性规划问题的数学模型。

例 1-1　某家具厂生产桌子和椅子两种家具，有关资料如表 1-1 所示。

表 1-1

产　品	工　时		单位售价
	木　工	油 漆 工	
桌　子	4 h/个	2 h/个	50 元/个
椅　子	3 h/个	1 h/个	30 元/个
供 应 量	120 h/月	50 h/月	

问：企业应如何安排生产计划，使每月的销售收入最大?

解　用数学语言来描述生产计划的安排，这个过程称为建立其数学模型，简称建模。

设：

① 桌子、椅子的生产数量为决策变量，分别用 x_1，x_2 表示。因为产量一般是一个非负数，所以有 x_1，$x_2 \geqslant 0$，称为非负约束。

② 木工和油漆工可用的加工时间为限制条件，约束了产品的生产量 x_1，x_2。

约束如下

$$4x_1 + 3x_2 \leqslant 120$$

$$2x_1 + x_2 \leqslant 50$$

③ 桌子、椅子的生产数量为 x_1，x_2 时所得总收入为 z，显然 $z = 50x_1 + 30x_2$。总收入值达到最大，用公式表达为

$$\max z=50x_1+30x_2$$

把上述所有数学公式归纳如下

$$\max z=50x_1+30x_2$$

$$\text{s. t.}\begin{cases}4x_1+3x_2\leqslant 120\\2x_1+x_2\leqslant 50\\x_1,\ x_2\geqslant 0\end{cases}$$

这就是一个最大化的线性规划模型。

例 1-2　运输工具的配载问题　有一辆卡车，容积 18 m^3，载重 2.5 t，用来装载如下的两种货物：箱装件 125 kg/个、0.4 m^3/个；包装件 20 kg/个、1.5 m^3/个。

问：如何装配，卡车所装物件的个数最多?

解　根据题意，设箱装件 x_1个，包装件 x_2个，需要满足容积、载量约束条件，即

容积约束　$0.4x_1+1.5x_2\leqslant 18$

载量约束　$125x_1+20x_2\leqslant 2\,500$

非负约束　$x_1,\ x_2\geqslant 0$

目标函数　$\max z=x_1+x_2$

整理得到下面的形式

$$\max z=x_1+x_2$$

$$\text{s. t.}\begin{cases}0.4x_1+1.5x_2\leqslant 18\\125x_1+20x_2\leqslant 2\,500\\x_1,\ x_2\geqslant 0\end{cases}$$

上述 2 个例中所提出的问题，最终都归结为一组决策变量满足线性约束条件的前提下，使线性目标函数最大或最小的问题，这种问题称为线性规划问题。一个线性规划问题的数学模型包括三大部分：目标函数、约束条件和决策变量。

1.1.2　线性规划数学模型

线性规划数学模型的共同特征为：

① 每一个问题都有一组决策变量 $x_j(j=1,\ 2,\ \cdots,\ n)$，取值通常为非负；

② 存在一些约束条件，这些约束条件可以用一组决策变量的线性等式或线性不等式来表示；

③ 都有一个要求达到的目标，他们可以用决策变量的线性函数来表示，按问题的不同，要求目标函数实现最小化或最大化。

满足上述 3 个条件的数学模型称为线性规划模型，其数学语言描述为

$$\max(\min)z=c_1x_1+c_2x_2+\cdots+c_nx_n \tag{1-1}$$

$$\text{s.t.}\begin{cases}a_{11}x_1+a_{12}x_2+\cdots+a_{1n}x_n\leqslant(=,\geqslant)b_1\\a_{21}x_1+a_{22}x_2+\cdots+a_{2n}x_n\leqslant(=,\geqslant)b_2\\\quad\vdots\\a_{m1}x_1+a_{m2}x_2+\cdots+a_{mn}x_n\leqslant(=,\geqslant)b_m\\x_1,x_2,\cdots,x_n\geqslant0\end{cases}$$

(1-2)

(1-3)

其中，公式（1-1）称为目标函数，公式（1-2）称为约束条件，公式（1-3）称为非负约束条件。式中，z 称为目标，$x_j(j=1,2,\cdots,n)$ 称为决策变量，$c_j(j=1,2,\cdots,n)$ 称为价值系数或目标函数系数，$b_i(i=1,2,\cdots,m)$ 称为资源常数或约束右端常数，$a_{ij}(i=1,2,\cdots,m;j=1,2,\cdots,n)$ 称为技术系数或约束系数，c_j，b_i，a_{ij} 均为常数。

1.2 线性规划问题的基本理论

1.2.1 线性规划问题的几何意义

1. 基本概念

可行域 由式（1-2）、式（1-3）的约束条件所围成的区域称为该线性规划问题的可行域。

凸集 设 Ω 是 n 维空间的点集，若任取 $x_1,x_2\in\Omega,0\leqslant\lambda\leqslant1$，有

$$[x_1,x_2]=\{x|x=\lambda x_1+(1-\lambda)x_2\}\subseteq\Omega$$

则称 Ω 为凸集。从直观上来讲，图形中连接任意两点的直线全部在图形区域内，称此图形是凸的，图 1-1(a)、图 1-1(c) 中图形的交集为凸集，图 1-1(b) 不是凸集。

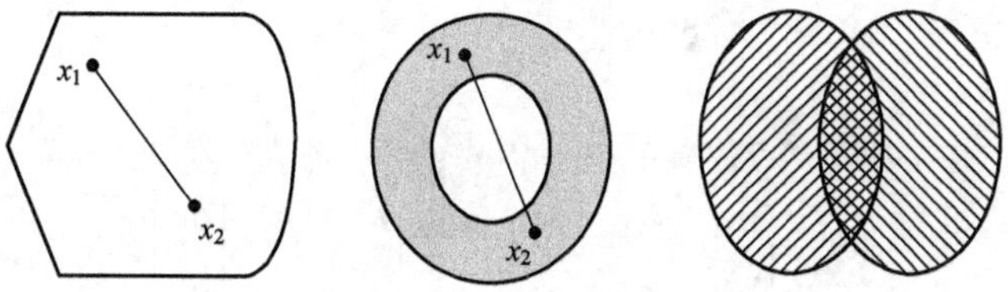

(a) (b) (c)

图 1-1 凸集示意图

凸组合 设 $x^{(1)}$，$x^{(2)}$，…，$x^{(k)}$ 是 n 维空间中的点，有 μ_1，μ_2，…，$\mu_k(0\leqslant\mu_i\leqslant1,i=1,2,\cdots,k$ 且 $\sum_{i=1}^{k}\mu_i=1)$，则 $x=\mu_1x^{(1)}+\mu_2x^{(2)}+\cdots+\mu_kx^{(k)}$，称为 $x^{(1)}$，$x^{(2)}$，…，$x^{(k)}$ 的凸组合。特别是，平面上的两点 $x^{(1)}$，$x^{(2)}$ 连线上的点 x，坐标为

$$x=\alpha x^{(1)}+(1-\alpha)x^{(2)}\quad(0\leqslant\alpha\leqslant1)$$

顶点 设 K 为凸集，$x\in K$，若 x 不能用 K 内不同的两点 $x^{(1)}$，$x^{(2)}$（$x\neq x^{(1)}$，$x\neq x^{(2)}$）的凸组合表示，则称 x 为顶点。

列向量 $\boldsymbol{x}=(x_1, x_2, \cdots, x_m)^{\mathrm{T}}$ 为 m 维列向量。

线性无关 一组向量 $\boldsymbol{v}_1$，…，$\boldsymbol{v}_n$，如果对于一切实数 α_1，…，α_n，只要满足：$\alpha_1\boldsymbol{v}_1+\cdots+\alpha_n\boldsymbol{v}_n=0$，就有 $\alpha_1=\cdots=\alpha_n=0$，则称 $\boldsymbol{v}_1$，…，$\boldsymbol{v}_n$ 线性无关。

线性相关 一组向量 $\boldsymbol{v}_1$，…，$\boldsymbol{v}_n$，如果有一组不全为零的数 α_1，…，α_n，且满足：$\alpha_1\boldsymbol{v}_1+\cdots+\alpha_n\boldsymbol{v}_n=0$，则称 $\boldsymbol{v}_1$，…，$\boldsymbol{v}_n$ 线性相关。

矩阵 A 的秩 设 $\boldsymbol{A}$ 为一个 $m\times n$ 阶矩阵（$m<n$），若矩阵中线性无关列向量的最大个数为 k，则称矩阵 $\boldsymbol{A}$ 的秩为 k，记为秩 $\boldsymbol{A}=k$ 或 $r(\boldsymbol{A})=k$。

2. 线性规划问题解的概念

线性规划的求解是对线性规划问题求取一组变量 x_j（$j=1, 2, \cdots, n$），使之既满足线性约束条件，又使线性的目标函数取得最大化或最小化的过程。

线性规划的数学模型可以用式（1-4）、式（1-5）、式（1-6）这样简洁的紧缩形式表示。

$$\max(\text{或 }\min) z=\sum_{j=1}^{n} c_j x_j \tag{1-4}$$

$$\text{s. t.}\begin{cases}\sum_{j=1}^{n} a_{ij} x_j \leqslant (=, \geqslant) b_i \quad (i=1, 2, \cdots, m) & (1-5)\\ x_j\geqslant 0 \quad (j=1, 2, \cdots, n) & (1-6)\end{cases}$$

还可以应用广泛的矩阵形式来表示，如式（1-7）。

$$\max(\text{或 }\min) z=\boldsymbol{CX} \tag{1-7}$$

$$\text{s. t.}\begin{cases}\boldsymbol{AX}\leqslant(=, \geqslant)\boldsymbol{b}\\ \boldsymbol{X}\geqslant\boldsymbol{0}\end{cases}$$

其中，$\boldsymbol{C}=(c_1, c_2, \cdots, c_n)$，$\boldsymbol{X}=(x_1, x_2, \cdots, x_n)^{\mathrm{T}}$

$$\boldsymbol{A}=\begin{bmatrix} a_{11} & a_{12} & \cdots & a_{1n}\\ a_{21} & a_{22} & \cdots & a_{2n}\\ \vdots & \vdots & & \vdots\\ a_{m1} & a_{m2} & \cdots & a_{mn}\end{bmatrix},\quad \boldsymbol{b}=\begin{bmatrix} b_1\\ b_2\\ \vdots\\ b_m\end{bmatrix}$$

$\boldsymbol{C}$ 称为价值系数向量或目标函数系数向量，$\boldsymbol{A}$ 称为技术系数矩阵或约束系数矩阵，$\boldsymbol{b}$ 称为资源常数向量或右端常数向量。

可行解 满足式（1-5）、式（1-6）条件的解 $\boldsymbol{X}=(x_1, x_2, \cdots, x_n)^{\mathrm{T}}$ 称为可行解。

基 约束系数矩阵 $\boldsymbol{A}$ 的秩为 m，若 $\boldsymbol{B}$ 是 $\boldsymbol{A}$ 中 $m\times m$ 阶非奇异子矩阵（$|\boldsymbol{B}|\neq 0$），则称 $\boldsymbol{B}$ 为线性规划问题的一个基。

基解　对于基 $\boldsymbol{B}=\begin{bmatrix}a_{11} & a_{12} & \cdots & a_{1m}\\ \vdots & \vdots & & \vdots\\ a_{m1} & a_{m2} & \cdots & a_{mm}\end{bmatrix}=(\boldsymbol{P}_1, \boldsymbol{P}_2, \cdots, \boldsymbol{P}_m)$，$\boldsymbol{X}_B=(x_1, x_2, \cdots, x_m)^T$ 是对应于基 $\boldsymbol{B}$ 的决策变量，称为基变量，系数矩阵 $\boldsymbol{A}$ 中其他列向量对应的决策变量 $(x_{m+1}, x_{m+2}, \cdots, x_n)^T$ 称为非基变量。如果令 $x_{m+1}=x_{m+2}=\cdots=x_n=0$，则称 $\boldsymbol{X}=(x_1, x_2, \cdots, x_m, 0, \cdots, 0)^T$ 为基解。

基可行解　满足式（1-6）非负条件的基解称为基可行解。

最优解　满足式（1-5）和式（1-6），且使目标式（1-4）达到最优的决策变量取值称为最优解。

退化解　若基解（基可行解）$\boldsymbol{X}_B=(x_1, x_2, \cdots, x_n)^T$ 中基变量的个数为 l，若 $l<m$，则称该解为退化解。

以上介绍了几种解的概念，它们之间的关系如图 1-2 所示。

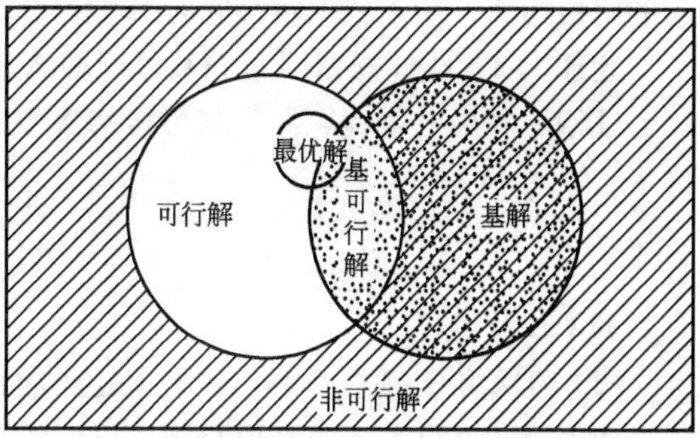

图 1-2　解集示意图

3. 基本定理

定理 1.1　线性规划问题若存在可行域，则其必是凸集，即

$$D=\{\boldsymbol{X}\,|\,\boldsymbol{AX}=\boldsymbol{b}, \boldsymbol{X}\geqslant\boldsymbol{0}\}=\left\{\boldsymbol{X}\,\middle|\,\sum_{j=1}^{n}a_{ij}x_j=b_i, x_j\geqslant 0, i=1, \cdots, m\right\}$$

是凸集。

证明　线性规划的矩阵形式为

$$\max z=\boldsymbol{CX}$$

$$\text{s. t.}\begin{cases}\boldsymbol{AX}=\boldsymbol{b}\\ \boldsymbol{X}\geqslant\boldsymbol{0}\end{cases}$$

设 $\boldsymbol{x}^{(1)}\neq\boldsymbol{x}^{(2)}$ 为 D 内任意两点，则 $\boldsymbol{Ax}^{(1)}=\boldsymbol{b}$，$\boldsymbol{Ax}^{(2)}=\boldsymbol{b}$，$\boldsymbol{x}^{(1)}\geqslant\boldsymbol{0}$，$\boldsymbol{x}^{(2)}\geqslant\boldsymbol{0}$，令 $\boldsymbol{x}$ 为 $\boldsymbol{x}^{(1)}$ 与 $\boldsymbol{x}^{(2)}$ 的任一凸组合，即

$$\boldsymbol{x}=\mu\boldsymbol{x}^{(1)}+(1-\mu)\boldsymbol{x}^{(2)}\quad(0\leqslant\mu\leqslant 1)$$

则

$$\begin{aligned}\boldsymbol{Ax}&=\boldsymbol{A}[\mu\boldsymbol{x}^{(1)}+(1-\mu)\boldsymbol{x}^{(2)}]\quad(0\leqslant\mu\leqslant 1)\\&=\mu\boldsymbol{Ax}^{(1)}+\boldsymbol{Ax}^{(2)}-\mu\boldsymbol{Ax}^{(2)}\\&=\mu\boldsymbol{b}+\boldsymbol{b}-\mu\boldsymbol{b}=\boldsymbol{b}\end{aligned}$$

又 $\boldsymbol{x}^{(1)}\geqslant\boldsymbol{0}$，$\boldsymbol{x}^{(2)}\geqslant\boldsymbol{0}$，$0\leqslant\mu\leqslant 1$，则 $\boldsymbol{x}\geqslant\boldsymbol{0}$。

可见 $\boldsymbol{x}\in D$，即 D 是凸集。

引理 1　线性规划问题的可行解 $\boldsymbol{X}=(x_1, x_2, \cdots, x_n)^{\mathrm{T}}$ 为基可行解的充分必要条件为 $\boldsymbol{X}$ 的正分量所对应的系数列向量是线性独立的。

证明　(1) 必要性　由基可行解定义可知。

(2) 充分性　若向量 $\boldsymbol{P}_1, \boldsymbol{P}_2, \cdots, \boldsymbol{P}_k$ 线性独立，则必有 $k \leqslant m$；当 $k=m$ 时，它们恰构成一个基，从而 $\boldsymbol{X}=(x_1, x_2, \cdots, x_k, 0, \cdots, 0)^{\mathrm{T}}$ 为相应的基可行解。$k<m$ 时，则一定可以从其余的列向量中取出 $m-k$ 个与 $\boldsymbol{P}_1, \boldsymbol{P}_2, \cdots, \boldsymbol{P}_k$ 构成最大的线性独立向量组，其对应的解恰为 $\boldsymbol{X}$，所以根据定义它是基可行解。

定理 1.2　线性规划问题的基可行解 $\boldsymbol{X}$ 对应于可行域 D 的顶点。

证明　不失一般性，假设基可行解 $\boldsymbol{X}$ 的前 m 个分量为正，其他分量为 0，故

$$\sum_{j=1}^{m} \boldsymbol{P}_j x_j = \boldsymbol{b} \tag{1-8}$$

分两步反证。

(1) 若 $\boldsymbol{X}$ 不是基可行解，则它一定不是可行域 D 的顶点。

由引理 1，若 $\boldsymbol{X}$ 不是基可行解，则其正分量所对应的系数列向量 $\boldsymbol{P}_1, \boldsymbol{P}_2, \cdots, \boldsymbol{P}_m$ 线性相关，即存在一组不全为零的数 $\alpha_i (i=1, 2, \cdots, m)$ 使得

$$\alpha_1 \boldsymbol{P}_1 + \alpha_2 \boldsymbol{P}_2 + \cdots + \alpha_m \boldsymbol{P}_m = \boldsymbol{0} \tag{1-9}$$

用一个 $\mu>0$ 的数乘（1-9）式再分别与（1-8）式相减和相加，这样得到

$$(x_1-\mu\alpha_1)\boldsymbol{P}_1+(x_2-\mu\alpha_2)\boldsymbol{P}_2+\cdots+(x_m-\mu\alpha_m)\boldsymbol{P}_m=\boldsymbol{b}$$

$$(x_1+\mu\alpha_1)\boldsymbol{P}_1+(x_2+\mu\alpha_2)\boldsymbol{P}_2+\cdots+(x_m+\mu\alpha_m)\boldsymbol{P}_m=\boldsymbol{b}$$

令
$$\boldsymbol{X}^{(1)}=((x_1-\mu\alpha_1), (x_2-\mu\alpha_2), \cdots, (x_m-\mu\alpha_m), 0, \cdots, 0)^{\mathrm{T}}$$
$$\boldsymbol{X}^{(2)}=((x_1+\mu\alpha_1), (x_2+\mu\alpha_2), \cdots, (x_m+\mu\alpha_m), 0, \cdots, 0)^{\mathrm{T}}$$

由 $\boldsymbol{X}^{(1)}$，$\boldsymbol{X}^{(2)}$ 可以得到 $\boldsymbol{X}=\frac{1}{2}\boldsymbol{X}^{(1)}+\frac{1}{2}\boldsymbol{X}^{(2)}$，即 $\boldsymbol{X}$ 是 $\boldsymbol{X}^{(1)}$，$\boldsymbol{X}^{(2)}$ 连线的中心。

另一方面，当 μ 充分小时，可保证

$$x_i \pm \mu\alpha_i \geqslant 0, \quad i=1, 2, \cdots, m$$

即 $\boldsymbol{X}^{(1)}$，$\boldsymbol{X}^{(2)}$ 是可行解，所以 $\boldsymbol{X}$ 不是可行域 D 的顶点。

(2) 若 $\boldsymbol{X}$ 不是可行域的顶点，则它一定不是基可行解。

$\boldsymbol{X}$ 不是可行域的顶点，若是基可行解，对应的向量组 $\boldsymbol{P}_1, \cdots, \boldsymbol{P}_m$ 线性独立。因为 x 不是可行域的顶点，所以 x 可以用可行域中其他两个点 $x^{(1)}$、$x^{(2)}$ 表示，即 $x=\alpha x^{(1)}+(1-\alpha)x^{(2)}$ $(0<\alpha<1)$，由于 $x_j=0(j>m)$，当 $j>m$ 时，有 $x_j=x_j^{(1)}=x_j^{(2)}=0$，由于 $\boldsymbol{X}^{(1)}$，$\boldsymbol{X}^{(2)}$ 是可行域的两点。应满足

$$\sum_{j=1}^{m}\boldsymbol{P}_j x_j^{(1)}=\boldsymbol{b} \quad 与 \quad \sum_{j=1}^{m}\boldsymbol{P}_j x_j^{(2)}=\boldsymbol{b}$$

将这两式相减，即得

$$\sum_{j=1}^{m}\boldsymbol{P}_j(x_j^{(1)}-x_j^{(2)})=\boldsymbol{0}$$

因 $\boldsymbol{X}^{(1)}\neq\boldsymbol{X}^{(2)}$，所以上式系数（$x_j^{(1)}-x_j^{(2)}$）不全为零，故向量组 $\boldsymbol{P}_1$，$\boldsymbol{P}_2$，…，$\boldsymbol{P}_m$ 线性相关，与 $\boldsymbol{P}_1$，$\boldsymbol{P}_2$，…，$\boldsymbol{P}_m$ 线性独立矛盾，即 $\boldsymbol{X}$ 不是基可行解。

引理 2　若 K 是有界凸集，则任何一点 $X\in K$ 可表示为 K 的顶点的凸组合。

证明略，如图 1-3 所示。

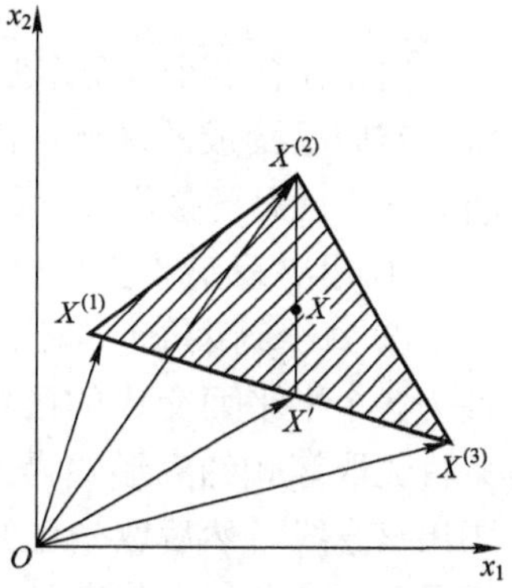

图 1-3　有界凸集顶点的凸组合

定理 1.3　若可行域有界，线性规划问题的目标函数一定可以在其可行域的顶点上达到最优。

证明　设 $\boldsymbol{X}^{(1)}$，$\boldsymbol{X}^{(2)}$，…，$\boldsymbol{X}^{(k)}$ 是可行域的顶点，若 $\boldsymbol{X}^{(0)}$ 不是顶点且目标函数在 $\boldsymbol{X}^{(0)}$ 处达到最优 $z^*=\boldsymbol{C}\boldsymbol{X}^{(0)}$（不妨设标准型是 $z^*=\max z$），$\boldsymbol{X}^{(0)}$ 可以用顶点表示为

$\boldsymbol{X}^{(0)}=\sum_{i=1}^{k}\alpha_i\boldsymbol{X}^{(i)}$　（$\alpha_i\geqslant 0$，$\sum_{i=1}^{k}\alpha_i=1$），将 $\boldsymbol{X}^{(1)}$，$\boldsymbol{X}^{(2)}$，…，$\boldsymbol{X}^{(k)}$ 中使 $\boldsymbol{C}\boldsymbol{X}^{(i)}$ 最大的顶点记为 $\boldsymbol{X}^{(m)}$。于是

$$\boldsymbol{C}\boldsymbol{X}^{(0)}=\boldsymbol{C}\sum_{i=1}^{k}\alpha_i\boldsymbol{X}^{(i)}=\sum_{i=1}^{k}\alpha_i\boldsymbol{C}\boldsymbol{X}^{(i)}\leqslant\sum_{i=1}^{k}\alpha_i\boldsymbol{C}\boldsymbol{X}^{(m)}=\boldsymbol{C}\boldsymbol{X}^{(m)}$$

由假设 $\boldsymbol{X}^{(0)}$ 为最优解，所以 $\boldsymbol{C}\boldsymbol{X}^{(0)}=\boldsymbol{C}\boldsymbol{X}^{(m)}$，即目标函数可在顶点 $\boldsymbol{X}^{(m)}$ 处达到最优。

进一步推广有如下定理。

定理 1.4　若目标函数在 k 个顶点处达到最优值（$k\geqslant 2$），则在这些顶点的凸组合上也达到最优值。

例 1-3　下列线性规划问题，当基 $\boldsymbol{B}$ 分别取（$\boldsymbol{P}_3$，$\boldsymbol{P}_4$），（$\boldsymbol{P}_1$，$\boldsymbol{P}_2$），（$\boldsymbol{P}_1$，$\boldsymbol{P}_3$）时，求对应的基解。

$$\min z=x_1-3x_2+2x_3$$

$$\text{s. t.}\begin{cases}x_1+x_2+x_3+x_4=4\\ x_1-x_2+3x_3-2x_4=-4\\ x_j\geqslant 0\quad(j=1,\ 2,\ 3,\ 4)\end{cases}$$

解　如果取基 $\boldsymbol{B}=(\boldsymbol{P}_3,\ \boldsymbol{P}_4)=\begin{bmatrix}1 & 1\\ 3 & -2\end{bmatrix}$，则有基解 $\boldsymbol{X}_{\mathrm{B}}=(x_3,\ x_4)^{\mathrm{T}}=(4/5,\ 16/5)^{\mathrm{T}}$，$\boldsymbol{X}_{\mathrm{N}}=(x_1,\ x_2)^{\mathrm{T}}=(0,\ 0)^{\mathrm{T}}$，是非退化的基可行解。

如果取基 $\boldsymbol{B}=(\boldsymbol{P}_1, \boldsymbol{P}_2)=\begin{bmatrix}1 & 1\\1 & -1\end{bmatrix}$，则有基解 $\boldsymbol{X}_B=(x_1, x_2)^T=(0, 4)^T$，$\boldsymbol{X}_N=(x_3, x_4)^T=(0, 0)^T$，是退化的基可行解。

如果取基 $\boldsymbol{B}=(\boldsymbol{P}_1, \boldsymbol{P}_3)=\begin{bmatrix}1 & 1\\1 & 3\end{bmatrix}$，则有基解 $\boldsymbol{X}_B=(x_1, x_3)^T=(8, -4)^T$，$\boldsymbol{X}_N=(x_2, x_4)^T=(0, 0)^T$，不是可行解。

1.2.2　线性规划的图解法

对于仅含两个（至多三个）决策变量的线性规划问题，由于其约束条件是在平面（或三维）空间里围成的区域，因此可以用作图的方法来分析，求得问题的最优解。具体方法及步骤如下。

① 用决策变量建立平面（或三维）坐标系。

② 每个约束条件都代表一个半平面，所有约束条件为各个半平面交成的区域。具体做法为对每个约束条件先取等式约束形式得到一条直线，并在坐标图中画出该直线，然后取一已知点来判断该点的坐标是否满足此约束条件。若满足，则找到该约束条件的半平面在已知点的同侧，否则在所画直线的另一侧。若所有的约束条件半平面均已画出，则可在坐标系中得到一个区域，如图 1-4 中的阴影部分。

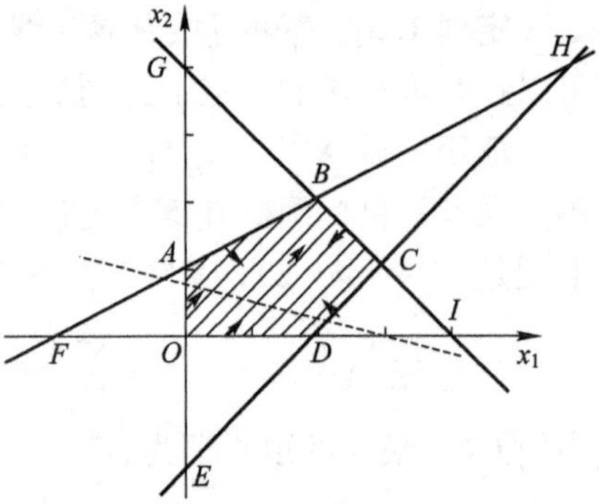

图 1-4　可行域

③ 给目标函数任取一个常数值 z_0，得到一个直线（或平面），称为目标函数等值线。在该等值线上，目标函数的值均为 z_0。画两条平等的目标函数等值线，则可确定目标函数增加（或下降）的方向并用箭头标出。沿着使目标函数更优的方向，在约束条件围成的阴影区域平移目标函数等值线，直至使目标函数获得最优的交点，该交点就是最优解点。

④ 对上面找出的图上的最优解点，写出其所在的约束直线方程，一般有两条直线，联立求解即可得最优解的坐标。

例 1-4　用图解法求解下面的线性规划问题。

$$\max z=2x_1+5x_2$$

$$\text{s. t.}\begin{cases}x_1+x_2\leqslant 4\\-x_1+2x_2\leqslant 2\\x_1-x_2\leqslant 2\\x_1\geqslant 0,\ x_2\geqslant 0\end{cases}$$

解　建立坐标系，由 $x_1 \geqslant 0$ 和 $x_2 \geqslant 0$ 知可行域在坐标系的第Ⅰ象限中。

画出直线 $x_1+x_2=4$，$-x_1+2x_2=2$，$x_1-x_2=2$，$x_1=0$ 和 $x_2=0$。

可行域就是这5条直线围成的多边形 $OABCD$（图1-4中的阴影部分）。多边形的顶点 O，A，B，C，D 称为可行域的顶点。

给定目标函数两个值0和10，则可得两条目标等值线 $2x_1+5x_2=0$ 和 $2x_1+5x_2=10$，向目标增大的方向平移目标等值线。由此得到与可行域的最后一个交点 B。

B 是直线 $x_1+x_2=4$ 与直线 $-x_1+2x_2=2$ 的交点，联立求解可得 B 点的坐标为(2，2)，即 $x_1=2$，$x_2=2$ 是最优解，最优值为 $\max z=2\times2+2\times5=14$。

此例中可行域是有界区域，而且最优解是唯一的。

例1-5　用图解法求解下面的线性规划问题。

把例1-4中的目标函数改为 $z=x_1+x_2$，可行域不变，而目标等值线经过平移后，与可行域最后的交点是线段 BC，而不是一个点，称这个线性规划问题有无穷多解，即该问题的最优解不是唯一的，线段 BC 上任一点的目标函数值都是最大值，因而这些点均为最优解，如图1-5所示。

这个例子说明，最优解可能是唯一的，也可能有无穷多个。用图解法也可以求线性规划问题的其他类型解。

例1-6　用图解法求解下面的线性规划问题

$$\max z=3x_1+2x_2$$

$$\text{s. t.}\begin{cases}2x_1+x_2\leqslant 2\\3x_1+4x_2\geqslant 12\\x_1,\ x_2\geqslant 0\end{cases}$$

如图1-6所示，由于约束条件围不成区域（又称矛盾方程），则该线性规划问题无可行解。

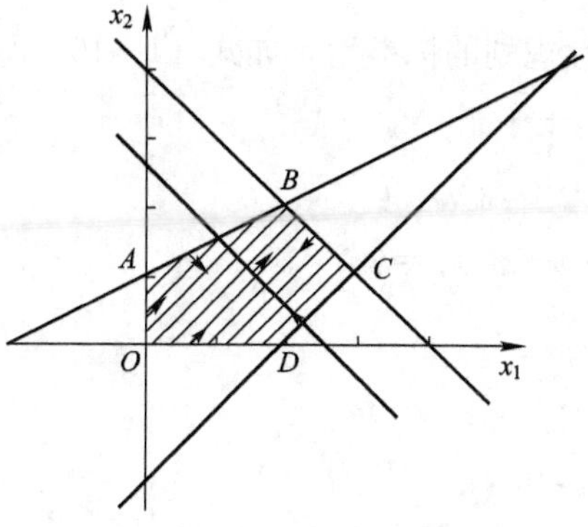

图1-5　可行域与目标函数

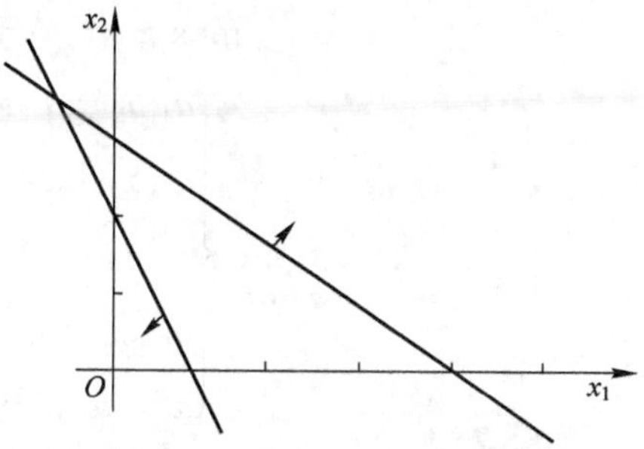

图1-6　矛盾方程示意图

例 1－7 用图解法求解下面的线性规划问题

$$\max z=4x_1+3x_2$$

$$\text{s. t.}\begin{cases}-3x_1+2x_2\leqslant 6\\ -x_1+3x_2\geqslant 18\\ x_1,\ x_2\geqslant 0\end{cases}$$

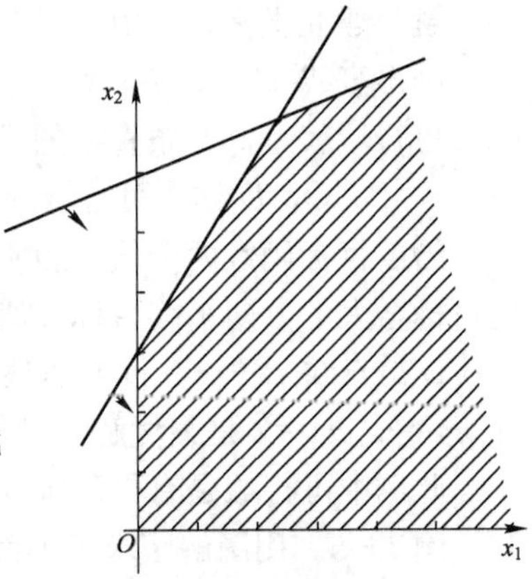

图 1－7　无界区域

如图 1－7 所示，由于约束条件围成的区域无界，该线性规划问题无有限的目标函数最大值（无界解）。

由上述几个例子可以得出线性规划问题解的几种情况，如表 1－2 所示。

表 1－2

解的类型	约束条件图形特点	方程特点
唯一最优解	一般围成有限区域，最优值在一顶点达到	正常
无穷多最优解	一般围成有限区域，最优值在一条线段上达到	目标和某一约束方程成比例
无可行解（无解）	围不成区域	有矛盾的约束方程
无界解（无最优解）	围成无界区域，无有限最优值	缺少一必要的约束方程

注意： 无界区域内就不能有唯一解吗？思考下面的例子。

$$\min z=x_1+x_2$$

$$\text{s. t.}\begin{cases}x_1+x_2\geqslant 4\\ -x_1+x_2\leqslant 2\\ x_1,\ x_2\geqslant 0\end{cases}$$

1.2.3　线性规划的标准形式

我们把满足下列条件的线性规划模型称为线性规划的标准型，如式（1－10）所示。

$$\max z=c_1x_1+c_2x_2+\cdots+c_nx_n$$

$$\text{s. t.}\begin{cases}a_{11}x_1+a_{12}x_2+\cdots+a_{1n}x_n=b_1\\ a_{21}x_1+a_{22}x_2+\cdots+a_{2n}x_n=b_2\\ \quad\vdots\\ a_{m1}x_1+a_{m2}x_2+\cdots+a_{mn}x_n=b_m\\ x_1,\ x_2,\ \cdots,\ x_n\geqslant 0\end{cases}\tag{1-10}$$

线性规划问题标准型的条件：

① 目标函数为最大化类型；

② 所有的决策变量取非负值；

③ 约束条件均由等式表示；

④ 每一约束等式的右端常数均为非负值。

公式（1-10）可以写成如式（1-11）所示的简缩形式。

$$\max z=\sum_{j=1}^{n} c_j x_j$$

$$\text{s. t.}\begin{cases}\sum_{j=1}^{n} a_{ij}x_j=b_i & (i=1,2,\cdots,m)\\ x_1,x_2,\cdots,x_n\geqslant 0\end{cases}\tag{1-11}$$

也可以写成向量形式或矩阵形式，分别如式（1-12）与式（1-13）所示。

$$\max z=\sum_{j=1}^{n} c_j x_j$$

$$\text{s. t.}\begin{cases}\sum_{j=1}^{n} x_j\boldsymbol{p}_j=\boldsymbol{b}\\ x_j\geqslant 0 \quad (j=1,2,\cdots,n)\end{cases} \quad 其中，\boldsymbol{p}_j=\begin{bmatrix}a_{1j}\\ a_{2j}\\ \vdots\\ a_{mj}\end{bmatrix}\tag{1-12}$$

$$\max z=\boldsymbol{CX}$$

$$\text{s. t.}\begin{cases}\boldsymbol{AX}=\boldsymbol{b}\\ \boldsymbol{X}\geqslant\boldsymbol{0}\end{cases}\tag{1-13}$$

其中，

$$\boldsymbol{A}=\begin{bmatrix}a_{11} & a_{12} & \cdots & a_{1n}\\ a_{21} & a_{22} & \cdots & a_{2n}\\ \vdots & \vdots & & \vdots\\ a_{m1} & a_{m2} & \cdots & a_{mn}\end{bmatrix}=(\boldsymbol{p}_1,\boldsymbol{p}_2,\cdots,\boldsymbol{p}_n)$$

其他符号的意义与前面的规定相同。

1.2.4　将线性规划化成标准型的方法

对于不符合标准型的线性规划问题，可通过下面的方法将数学模型化为标准形式。

① 对于 $\min z$ 型，令 $z'=-z$。

② 对于 $b_i<0$，约束条件两边同乘-1。

③ 约束条件为“$\leqslant$”时，左端加上一个松弛变量。

④ 约束条件为“$\geqslant$”时，左端减去一个剩余变量。

⑤ 变量 x_j 无约束时，令 $x_j=x_j'-x_j''$，x_j'，$x_j''\geqslant 0$。

⑥ 变量 $x_j\leqslant 0$ 时，令 $x_j'=-x_j$。

例 1-8　将下面的线性规划问题化成标准型。

$$\min z=-2x_1+3x_2-x_3$$

$$\text{s. t.}\begin{cases}x_1-x_2+x_3\leqslant 10\\3x_1+2x_2-x_3\geqslant 8\\x_1-3x_2+x_3=-1\\x_1,\ x_2\geqslant 0,\ x_3\text{无约束}\end{cases}$$

解　令 $x_3=x_3'-x_3''$，其中 x_3'，$x_3''\geqslant 0$，在第一个约束条件中引入松弛变量 x_5，第二个约束条件中引入剩余变量 x_6，第三个约束条件两边同乘以 -1；令 $z'=-z$，把 $\min z$ 改成 $\max z'$，因为 x_5，x_6 是松弛变量，所以利润系数为 0，于是可得该问题的标准型为

$$\max z'=2x_1-3x_2+(x_3'-x_3'')+0x_5+0x_6$$

$$\text{s. t.}\begin{cases}x_1-x_2+(x_3'-x_3'')+x_5=10\\3x_1+2x_2-(x_3'-x_3'')-x_6=8\\-x_1+3x_2-(x_3'-x_3'')=1\\x_1,\ x_2,\ x_3',\ x_3'',\ x_5,\ x_6\geqslant 0\end{cases}$$

若将 x_3' 记为 x_3，x_3'' 记为 x_4，整理得

$$\max z'=2x_1-3x_2+x_3-x_4$$

$$\text{s. t.}\begin{cases}x_1-x_2+x_3-x_4+x_5=10\\3x_1+2x_2-x_3+x_4+x_6=8\\-x_1+3x_2-x_3+x_4=1\\x_1,\ x_2,\ x_3,\ x_4,\ x_5,\ x_6\geqslant 0\end{cases}$$

例 1-9　将下列线性规划模型化为标准形式。

$$\min z=x_1+2x_2+3x_3$$

$$\text{s. t.}\begin{cases}-2x_1+x_2+x_3\leqslant 9\\-3x_1+x_2+2x_3\geqslant 4\\4x_1-2x_2-3x_3=-6\\x_1\leqslant 0,\ x_2\geqslant 0,\ x_3\text{无约束}\end{cases}$$

解　取 $z'=-z$，$x_1'=-x_1$，$x_3=x_3'-x_3''$，并引入松弛变量 x_4 及剩余变量 x_5 后，可将上述模型转换为如下标准形式。

$$\max z'=x_1'-2x_2-3x_3'+3x_3''+0x_4+0x_5$$

$$\text{s. t.}\begin{cases}2x_1'+x_2+x_3'-x_3''+x_4=9\\3x_1'+x_2+2x_3'-2x_3''-x_5=4\\4x_1'+2x_2+3x_3'-3x_3''=6\\x_1',\ x_2,\ x_3',\ x_3'',\ x_4,\ x_5\geqslant 0\end{cases}$$

1.2.5 线性规划问题规范型

定义 线性规划问题规范型是指约束条件矩阵 $\boldsymbol{A}$ 中含有一个单位矩阵 $\boldsymbol{I}$，即满足下列形式

$$\max(\min) z=\boldsymbol{CX} \tag{1-14}$$

$$\boldsymbol{AX}=\boldsymbol{b} \tag{1-15}$$

$$\boldsymbol{X}\geqslant\boldsymbol{0} \tag{1-16}$$

$$\boldsymbol{b}\geqslant\boldsymbol{0}\text{ 且 }\boldsymbol{A}\text{ 中含有一个单位矩阵 }\boldsymbol{I} \tag{1-17}$$

由条件（1-15），（1-16）知规范型是标准型，规范型是在标准型的基础上加上了条件（1-17）。

例 1-10 线性规划问题的标准型为

$$\max z=3x_1+4x_2$$

$$\text{s. t.}\begin{cases} x_1+x_2+x_3=6 \\ x_1+2x_2+x_4=8 \\ x_2+x_5=3 \\ x_j\geqslant 0 \end{cases} \tag{1-18}$$

这里 $\boldsymbol{b}=(6,\ 8,\ 3)^{\mathrm{T}}\geqslant\boldsymbol{0}$

$$\boldsymbol{A}=\begin{bmatrix} 1 & 1 & 1 & 0 & 0 \\ 1 & 2 & 0 & 1 & 0 \\ 0 & 1 & 0 & 0 & 1 \end{bmatrix}=(\boldsymbol{P}_1,\ \boldsymbol{P}_2,\ \boldsymbol{P}_3,\ \boldsymbol{P}_4,\ \boldsymbol{P}_5)$$

由 $\boldsymbol{A}$ 中的 $\boldsymbol{P}_3$，$\boldsymbol{P}_4$，$\boldsymbol{P}_5$ 列知 $(\boldsymbol{P}_3,\ \boldsymbol{P}_4,\ \boldsymbol{P}_5)=\begin{bmatrix} 1 & 0 & 0 \\ 0 & 1 & 0 \\ 0 & 0 & 1 \end{bmatrix}=\boldsymbol{I}$，即 $\boldsymbol{A}$ 中含有一个 $\boldsymbol{I}$，由线性规划问题规范型的定义知式（1-18）是规范型。

例 1-11 某线性规划问题的标准型为

$$\max z=2x_1+7x_2+x_3$$

$$\text{s. t.}\begin{cases} x_1-x_2+2x_3=-4 \\ x_1-x_3+x_4=2 \\ -x_1+4x_3+x_5=10 \\ x_j\geqslant 0 \end{cases} \tag{1-19}$$

由于第一个方程右边的常数为负数，为使右边常数非负，故第一个方程式两边同乘－1，公式（1-19）变为

$$\begin{cases} -x_1+x_2-2x_3 \quad\quad =4 \\ x_1 \quad - x_3+x_4 \quad =2 \\ -x_1 \quad +4x_3 \quad +x_5=10 \\ x_j \geqslant 0 \end{cases} \tag{1-20}$$

由于 $\boldsymbol{b}=(4,\ 2,\ 10)^{\mathrm{T}}\geqslant \boldsymbol{0}$

$$\boldsymbol{A}=\begin{bmatrix} -1 & 1 & -2 & 0 & 0 \\ 1 & 0 & -1 & 1 & 0 \\ -1 & 0 & 4 & 0 & 1 \end{bmatrix}=(\boldsymbol{P}_1,\ \boldsymbol{P}_2,\ \boldsymbol{P}_3,\ \boldsymbol{P}_4,\ \boldsymbol{P}_5)$$

由 $\boldsymbol{A}$ 中的 $\boldsymbol{P}_2$，$\boldsymbol{P}_4$，$\boldsymbol{P}_5$ 列知 $(\boldsymbol{P}_2,\ \boldsymbol{P}_4,\ \boldsymbol{P}_5)=\begin{bmatrix} 1 & 0 & 0 \\ 0 & 1 & 0 \\ 0 & 0 & 1 \end{bmatrix}=\boldsymbol{I}$，即 $\boldsymbol{A}$ 中含有一个 $\boldsymbol{I}$，故式（1－20）为规范型。

例 1－12　某线性规划的标准型为

$$\max z=2x_1+7x_2+x_3$$

$$\text{s. t.}\begin{cases} x_1-x_2+2x_3 \quad\quad =4 \\ x_1 \quad - x_3+x_4 \quad =2 \\ -x_1 \quad +4x_3 \quad +x_5=10 \\ x_j \geqslant 0 \end{cases} \tag{1-21}$$

解　由式（1－21）知右边常数 $\boldsymbol{b}\geqslant \boldsymbol{0}$

$$\boldsymbol{A}=\begin{bmatrix} 1 & -1 & 2 & 0 & 0 \\ 1 & 0 & -1 & 1 & 0 \\ -1 & 0 & 4 & 0 & 1 \end{bmatrix}$$

此时 $\boldsymbol{A}$ 中找不到三列向量构成的方阵为单位矩阵，故式（1－21）只是标准型而不是规范型。

对于规范型，例如公式（1－18），取 $\boldsymbol{B}=\boldsymbol{I}=(\boldsymbol{P}_3,\ \boldsymbol{P}_4,\ \boldsymbol{P}_5)$，$|\boldsymbol{B}|\neq 0$ 故 $\boldsymbol{B}=\boldsymbol{I}$ 为一个基，该基的基变量为 x_3，x_4，x_5，非基变量为 x_1，x_2，令非基变量为零（$x_1=x_2=0$），则得一基可行解 $\boldsymbol{X}_B=\boldsymbol{b}\geqslant \boldsymbol{0}$，即 $(x_1,\ x_2,\ x_3,\ x_4,\ x_5)^{\mathrm{T}}\geqslant \boldsymbol{0}$。由此可见，规范型的作用是可从规范型中快速确定一个基可行解（顶点）。

我们知道任何线性规划问题均可用前述方法化为标准型，但并不一定可以化为规范型。

1.3　单纯形法

单纯形法（Simplex Method）简单地说就是一种数学迭代方法，其基本求解过程是从一个基可行解跳到另一个基可行解的逐步替代，从而使目标函数不断得到改善。这种方法是 1947 年由美国数学家 G. B. Dantzig 提出来的。1.2 节介绍了线性规划问题从基可行解中找最优解的原理，图解法有局限性。Dantzig 给出了简化方法，首先假定线性规划问题的可行域为非空集合，然后从可行域中的一个基可行解出发，判别它是否已经是最优解，如果不是，寻找下一个基可行解，同时努力使目标函数得到改进，如此迭代下去，直到找到最优解或判定问题无解为止。因此，单纯形法必须解决3个方面的问题：①如何确定初始的基可行解？②如何进行解的最优性判别？③如何寻找改进的基可行解？

1.3.1 确定初始基可行解

1.2节给出了线性规划问题规范型的定义，当线性规划标准型为规范型，

$$\max z=\boldsymbol{CX}$$

$$\text{s.t.}\begin{cases}\sum_{j=1}^{n}\boldsymbol{P}_j x_j=\boldsymbol{b}\\ \boldsymbol{X}\geqslant\boldsymbol{0}\end{cases}$$

其中，系数矩阵$\boldsymbol{A}=(\boldsymbol{P}_1, \boldsymbol{P}_2, \cdots, \boldsymbol{P}_n)$中含有一个单位矩阵$\boldsymbol{I}$，不妨设单位矩阵为

$$\boldsymbol{I}=(\boldsymbol{P}_1, \boldsymbol{P}_2, \cdots, \boldsymbol{P}_m)=\begin{bmatrix}1 & 0 & \cdots & 0\\ 0 & 1 & \cdots & 0\\ \vdots & \vdots & & \vdots\\ 0 & 0 & \cdots & 1\end{bmatrix}$$

即为一初始可行基。令非基变量取值为零，便得到一组基可行解。

1.3.2 最优性检验和解的判别

对于标准型的一般线性规划问题，经过变换、迭代，总可将线性规划约束条件中的非基变量移至方程右边，得如下形式

$$\begin{aligned}x_1&=b_1'-a_{1,m+1}'x_{m+1}-\cdots-a_{1n}'x_n\\ x_2&=b_2'-a_{2,m+1}'x_{m+1}-\cdots-a_{2n}'x_n\\ &\vdots\\ x_m&=b_m'-a_{m,m+1}'x_{m+1}-\cdots-a_{mn}'x_n\end{aligned}$$

即

$$x_i=b_i'-\sum_{j=m+1}^{n}a_{i,j}'x_j \quad (i=1, 2, \cdots, m) \tag{1-22}$$

将表达式（1-22）代入目标函数式中，整理得

$$z=\sum_{i=1}^{m}c_i b_i'+\sum_{j=m+1}^{n}\left(c_j-\sum_{i=1}^{m}c_i a_{ij}'\right)x_j$$

令

$$z_0=\sum_{i=1}^{m}c_i b_i', \quad z_j=\sum_{i=1}^{m}c_i a_{ij}', \quad j=m+1, \cdots, n$$

于是

$$z=z_0+\sum_{j=m+1}^{n}(c_j-z_j)x_j$$

再令 $\sigma_j=c_j-z_j(j=m+1, \cdots, n)$，其中 σ_j 称为检验数，则有

$$z=z_0+\sum_{j=m+1}^{n}\sigma_j x_j \tag{1-23}$$

由于 $z_0=\sum_{i=1}^{m}c_i b'_i$ 是常数，式（1-23）表明，可以用检验数 σ_j 表示目标函数中的价值系数 c_j。

定理 1.5　最优解的判别定理　若 $\boldsymbol{X}^{(0)}=(b'_1, b'_2, \cdots, b'_m, 0, \cdots, 0)^{\mathrm{T}}$ 为对应于基 $\boldsymbol{B}$ 的一个基可行解，对于一切 $j=m+1, \cdots, n$，有检验数 $\sigma_j\leqslant 0$，则 $\boldsymbol{X}^{(0)}$ 为最优解。

事实上，在式（1-23）中，因为 $\sigma_j\leqslant 0$，$x_j\geqslant 0$，所以对一切 x_j 都有 $z\leqslant z_0$。因此，$\boldsymbol{X}^{(0)}$ 为最优解。

定理 1.6　无穷多最优解的判别定理　若 $\boldsymbol{X}^{(0)}=(b'_1, b'_2, \cdots, b'_m, 0, \cdots, 0)^{\mathrm{T}}$ 为对应于基 $\boldsymbol{B}$ 的一个基可行解，对于一切 $j=m+1, \cdots, n$，有检验数 $\sigma_j\leqslant 0$，且存在某个非基变量对应的检验数 $\sigma_{m+k}=0$，则该线性规划问题有无穷多个最优解。

证明　令决策变量为 $\boldsymbol{X}=(x_1, x_2, \cdots, x_{m+1}, \cdots, x_{m+k}, \cdots, x_n)^{\mathrm{T}}$，$\boldsymbol{X}^{(0)}=(b'_1, b'_2, \cdots, b'_m, 0, \cdots, 0)^{\mathrm{T}}$ 为线性规划问题的一个最优解。则有

$$z=z_0+\sum_{j=m+1}^{n}\sigma_j x_j, \quad z_0=\sum_{i=1}^{m}c_i b'_i$$

若原来的非基变量仍取值为 0（x_{m+k} 除外），有

$$\begin{aligned}
x_1^{(1)}&=b'_1-a'_{1,m+k}x_{m+k}^{(1)}\\
x_2^{(1)}&=b'_2-a'_{2,m+k}x_{m+k}^{(1)}\\
&\vdots\\
x_m^{(1)}&=b'_m-a'_{m,m+k}x_{m+k}^{(1)}
\end{aligned}$$

存在 $a'_{i,m+k}>0$，取 $x_{m+k}^{(1)}=\min\limits_{a'_{i,m+k}>0}\left\{\dfrac{b'_i}{a'_{i,m+k}}\right\}=\dfrac{b'_q}{a'_{q,m+k}}>0$，这时

$$x_q^{(1)}=b'_q-a'_{q,m+k}x_{m+k}^{(1)}=0,\ x_i^{(1)}\geqslant 0 \quad (i=1, 2, \cdots, m;\ i\neq q)$$

从而，可以得到一个可行解

$$\boldsymbol{X}^{(1)}=(x_1^{(1)}, x_2^{(1)}, \cdots, x_q^{(1)}, \cdots, x_m^{(1)}, 0, \cdots, 0, x_{m+k}^{(1)}, 0, \cdots, 0)^{\mathrm{T}}$$

$$\begin{aligned}
z&=\sum_{j=1}^{n}c_j x_j^{(1)}=\sum_{\substack{i=1\\ i\neq q}}^{m}c_i x_i^{(1)}+c_{m+k}x_{m+k}^{(1)}=\sum_{\substack{i=1\\ i\neq q}}^{m}(c_i b'_i-c_i a'_{i,m+k}x_{m+k}^{(1)})+c_{m+k}x_{m+k}^{(1)}\\
&=\sum_{i=1}^{m}c_i b'_i-c_q b'_q-\sum_{i=1}^{m}c_i a'_{i,m+k}x_{m+k}^{(1)}+c_q a'_{q,m+k}x_{m+k}^{(1)}+c_{m+k}x_{m+k}^{(1)}\\
&=\sum_{i=1}^{m}c_i b'_i-\sum_{i=1}^{m}c_i a'_{i,m+k}x_{m+k}^{(1)}+c_{m+k}x_{m+k}^{(1)}=\sum_{i=1}^{m}c_i b'_i+\left(c_{m+k}-\sum_{i=1}^{m}c_i a'_{i,m+k}\right)x_{m+k}^{(1)}\\
&=\sum_{i=1}^{m}c_i b'_i+\sigma_{m+k}x_{m+k}^{(1)}=\sum_{i=1}^{m}c_i b'_i=z_0
\end{aligned}$$

故 $\boldsymbol{X}^{(1)}$ 也是最优解。由于 $\boldsymbol{X}^{(1)}\neq\boldsymbol{X}^{(0)}$，它们的凸组合 $\boldsymbol{X}=\alpha\boldsymbol{X}^{(0)}+(1-\alpha)\boldsymbol{X}^{(1)}$ 也是最优解。

定理 1.7 无界解的判别定理 若 $\boldsymbol{X}^{(0)}=(b_1', b_2', \cdots, b_m', 0, \cdots, 0)^{\mathrm{T}}$ 为对应于基 $\boldsymbol{B}$ 的一个基可行解，存在某个非基变量对应的检验数 $\sigma_{m+k}>0$，并且对应的变量系数 $a_{i,m+k}'\leqslant 0$ $(i=1, 2, \cdots, m)$，则该线性规划问题有无界解（或无最优解）。

证明 我们构造一个线性规划问题的新解 $\boldsymbol{X}^{(1)}$，它的分量为

$$x_i^{(1)}=b_i'-a_{i,m+k}'\lambda \quad (\lambda>0;\ i=1, 2, \cdots, m)$$

$$x_{m+k}^{(1)}=\lambda$$

$$x_j^{(1)}=0 \quad (j=m+1, \cdots, n, \text{但 } j\neq m+k)$$

由于 $a_{i,m+k}'\leqslant 0$，$i=1, 2, \cdots, m$，所以对任意的 $\lambda>0$ 都是可行解。把 $\boldsymbol{X}^{(1)}$ 代入式(1-23)，$z=z_0+\sum\limits_{j=m+1}^{n}\sigma_j x_j=z_0+\lambda\sigma_{m+k}$，当 $\lambda\to+\infty$ 时，由于 $\sigma_{m+k}>0$，从而 $z\to+\infty$。可见，该线性规划问题的目标函数无界。

1.3.3 寻找改进的基可行解

首先假定所讨论的线性规划问题有解存在，即可行域非空，所讨论的问题为 max z 型的线性规划问题。

当某个基可行解不是最优、也非无界，就应该从该顶点（基可行解）处出发，寻找一个新的能使目标函数值改进的相邻顶点（基可行解）。

称两个基可行解为相邻的，是指它们之间变换且仅变换一个基变量。具体的方法为在基变量中，选出一个基变量变为非基变量；同时，从非基变量中，选出一个变为基变量，从而构造一个新基。我们希望：每变换一次，就得到一个新的基可行解，并且是尽可能使目标函数值改进的基可行解。

(1) 换入变量的确定

若已求得基可行解 $\boldsymbol{X}^{(0)}$ 不是最优解，但至少存在一个 $\sigma_{m+k}>0$，并且 x_{m+k} 对应的系数向量 $\boldsymbol{p}_{m+k}'=(a_{1,m+k}', a_{2,m+k}', \cdots, a_{m,m+k}')^{\mathrm{T}}$ 的分量不全小于 0。

由 $z=z_0+\sum\limits_{j=m+1}^{n}\sigma_j x_j$ 可知，增大 x_{m+k}，目标函数还可以增加，所以取 x_{m+k} 为换入变量。

如果存在多个 $\sigma_j>0$，则取

$$\sigma_{m+k}=\max_j\{\sigma_j \mid \sigma_j>0\},\quad j=m+1, \cdots, n \tag{1-24}$$

对应的变量 x_{m+k} 为换入变量。

(2) 换出变量的确定

设换入新基的变量 x_{m+k} 取值 $\theta(\theta\geqslant 0)$，其余的非基变量仍取值为 0。令

$$x_{m+k}^{(1)}=\theta$$

$$x_j^{(1)}=0 \quad (j=m+1, \cdots, n, \text{但 } j\neq m+k)$$

$$x_i^{(1)}=b_i'-a_{i,m+k}'\theta \quad (i=1,2,\cdots,m)$$

$$\boldsymbol{X}^{(1)}=(x_1^{(1)},x_2^{(1)},\cdots,x_q^{(1)},\cdots,x_m^{(1)},0,\cdots,0,x_{m+k}^{(1)},0,\cdots,0)^{\mathrm{T}}$$

新解必须满足非负约束，从而必须有

$$x_i^{(1)}=b_i'-a_{i,m+k}'\theta\geqslant 0 \quad (i=1,2,\cdots,m)$$

若 $a_{i,m+k}'>0$，要求 $b_i'-a_{i,m+k}'\theta\geqslant 0$，则

$$\theta\leqslant\frac{b_i'}{a_{i,m+k}'}$$

取

$$\theta_{\min}=\min_{a_{i,m+k}'>0}\left\{\frac{b_i'}{a_{i,m+k}'}\right\}=\frac{b_l'}{a_{l,m+k}'} \tag{1-25}$$

令 $\theta=\theta_{\min}=\frac{b_l'}{a_{l,m+k}'}=x_{m+k}^{(1)}$，从而 $x_l^{(1)}=b_l'-a_{l,m+k}'\frac{b_l'}{a_{l,m+k}'}=0$，我们选 x_l 为换出变量。

可以证明 $\{x_1,x_2,\cdots,x_{l-1},x_{l+1},\cdots,x_m,x_{m+k}\}$ 所对应的 m 个列向量 $\boldsymbol{P}_1,\boldsymbol{P}_2,\cdots,\boldsymbol{P}_{l-1},\boldsymbol{P}_{l+1},\cdots,\boldsymbol{P}_m,\boldsymbol{P}_{m+k}$ 线性无关，因而 $\boldsymbol{B}=(\boldsymbol{P}_1,\boldsymbol{P}_2,\cdots,\boldsymbol{P}_{l-1},\boldsymbol{P}_{l+1},\cdots,\boldsymbol{P}_m,\boldsymbol{P}_{m+k})$ 是一个新基。

(3) 迭代

选取使目标增长最大的非基底变量进入基底。

① 确定换入变量：当 $\max\{\sigma_j|\sigma_j>0\}=\sigma_k$，确定 x_k 为换入变量。

② 确定换出变量：当 $\min\left\{\frac{b_i}{a_{ik}}\middle| a_{ik}>0\right\}=\frac{b_l}{a_{lk}}$，确定 x_l 为换出变量。

③ 将交叉元素（主轴元素）a_{lk} 单位化（旋转）。

$$\begin{array}{cccccccc} x_1, & \cdots, & x_l, & \cdots, & x_m, & x_{m+1}, & \cdots, & x_k, & \cdots, & x_n & b \end{array}$$

$$\begin{bmatrix} 1 & & & & & a_{1,m+1} & \cdots & a_{1k} & \cdots & a_{1n} & b_1 \\ & \ddots & & & & \vdots & & \vdots & & \vdots & \vdots \\ & & 1 & & & a_{l,m+1} & \cdots & a_{lk} & \cdots & a_{ln} & b_l \\ & & & \ddots & & \vdots & & \vdots & & \vdots & \vdots \\ & & & & 1 & a_{m,m+1} & \cdots & a_{mk} & \cdots & a_{mn} & b_m \end{bmatrix}$$

第 1 步，将矩阵的第 l 行乘以 $1/a_{lk}$ 得$(0,\cdots,0,1/a_{lk},0,\cdots,0,a_{l,m+1}/a_{lk},\cdots,1,\cdots,a_{ln}/a_{lk},b_l/a_{lk})$

第 2 步，将矩阵的第 i 行与第 l 行相减，再乘 a_{ik}/a_{lk}，当 $i\neq 1$ 时，得$(0,\cdots,0,a_{ik}/a_{lk},0,\cdots,0,a_{i,m+1}-a_{l,m+1}/a_{lk}a_{ik},\cdots,0,\cdots,a_{in}-a_{ln}/a_{lk}a_{ik},b_i-b_l/a_{lk}a_{ik})$，即乘以初等矩阵。

重复上述步骤直到所有的检验数满足最优条件，得最优解。

单纯形法的求解过程，就是从一个基可行解转换到另一个相邻的基可行解，每一次基变换，从几何意义上说，就是从一个顶点转换到另一个顶点。

1.4　单纯形法的计算步骤

第 1 步，将线性规划的标准型化成线性规划的规范型，来获得一个初始可行解。

第 2 步，对初始基可行解最优性判别，若最优，停止；否则转下一步。

第 3 步，从初始基可行解向相邻的基可行解转换，且使目标值有所改善，重复第 2 步和第 3 步直到找到最优解。

例 1－13　求线性规划问题

$$\max z=2x_1+3x_2$$

$$\text{s. t.}\begin{cases} x_1+2x_2\leqslant 8 \\ 4x_1 \qquad \leqslant 16 \\ \qquad 4x_2\leqslant 12 \\ x_j\geqslant 0 \quad (j=1,\ 2) \end{cases}$$

解　引进松弛变量 $x_3\geqslant 0$，$x_4\geqslant 0$，$x_5\geqslant 0$，将约束条件化成等式

$$\max z=2x_1+3x_2$$

$$\text{s. t.}\begin{cases} x_1+2x_2+x_3=8 \\ 4x_1 \qquad +x_4=16 \\ \quad 4x_2 \qquad +x_5=12 \\ x_j\geqslant 0 \quad (j=1,\ 2,\ 3,\ 4,\ 5) \end{cases}$$

则有

$$\max z=2x_1+3x_2$$

$$\text{s. t.}\begin{cases} x_3=8-x_1-2x_2 \\ x_4=16-4x_1 \\ x_5=12-4x_2 \\ x_j\geqslant 0 \quad (j=1,\ 2,\ 3,\ 4,\ 5) \end{cases}$$

对应的基可行解 $\boldsymbol{X}^{(0)}=(x_1,\ x_2,\ x_3,\ x_4,\ x_5)^{\mathrm{T}}=(0,\ 0,\ 8,\ 16,\ 12)^{\mathrm{T}}$，目标值 $z=2\times 0+3\times 0+0\times 8+0\times 16+0\times 12=0$

令　$\sigma_{m+k}=\max\limits_{j}\{\sigma_j\,|\,\sigma_j>0\}(j=m+1,\ \cdots,\ n)$，　$\theta_{\min}=\min\limits_{a'_{i,m+k}>0}\left\{\dfrac{b'_i}{a'_{i,m+k}}\right\}=\dfrac{b'_l}{a'_{l,m+k}}$

确定换入、换出变量后，以 a_{lk} 为主轴元素进行迭代（即高斯消元法或称为旋转运算），把 x_k 对应的系数列向量换成单位列向量。

在例 1－14 中，表 1－3 中的非基底检验数分别为

$$\sigma_1=c_1-z_1=2-(0\times 1+0\times 4+0\times 0)=2$$

$$\sigma_2=c_2-z_2=3-(0\times 2+0\times 0+0\times 4)=3$$

因检验数大于零，$\max\{\sigma_1, \sigma_2\}=\max\{2, 3\}=3$，对应的 x_2 为换入变量，计算 θ，旋转，亦即

$$x_3=2+\frac{1}{2}x_5-x_1$$

$$x_4=16-4x_1$$

$$x_2=3-\frac{1}{4}x_5$$

求解步骤如表 1-4 所示，其中 $\boldsymbol{C}_B$ 表示基变量的目标函数系数，$\boldsymbol{X}_B$ 表示基变量，$\boldsymbol{b}$ 是约束条件右端值。

表 1-3

	$c_j \to$		2	3	0	0	0	θ_i
$\boldsymbol{C}_B$	$\boldsymbol{X}_B$	$\boldsymbol{b}$	x_1	x_2	x_3	x_4	x_5	
0	x_3	8	1	2	1	0	0	4
0	x_4	16	4	0	0	1	0	—
0	x_5	12	0	[4]	0	0	1	3
	$\sigma_j \to$		2	3	0	0	0	$z=0$

（注：$\sigma_j=c_j-z_j$）

表 1-4

	$c_j \to$		2	3	0	0	0	θ_i
$\boldsymbol{C}_B$	$\boldsymbol{X}_B$	$\boldsymbol{b}$	x_1	x_2	x_3	x_4	x_5	
0	x_3	2	[1]	0	1	0	−1/2	2
0	x_4	16	4	0	0	1	0	4
3	x_2	3	0	1	0	0	1/4	—
	$\sigma_j \to$		2	0	0	0	−3/4	$z=9$

对应的新的基可行解为

$\boldsymbol{X}^{(1)}=(0, 3, 2, 16, 0)^T$，目标函数取值 $z=9$。

重新计算检验数如表 1-4 所示，重复上述步骤得表 1-5 的计算结果。

表 1-5

	$c_j \to$		2	3	0	0	0	θ_i
$\boldsymbol{C}_B$	$\boldsymbol{X}_B$	$\boldsymbol{b}$	x_1	x_2	x_3	x_4	x_5	
2	x_1	2	1	0	1	0	−1/2	—
0	x_4	8	0	0	−4	1	[2]	4
3	x_2	3	0	1	0	0	1/4	12
	$\sigma_j \to$		0	0	−2	0	1/4	$z=13$
2	x_1	4	1	0	0	1/4	0	
0	x_5	4	0	0	−2	1/2	1	
3	x_2	2	0	1	1/2	−1/8	0	
	$\sigma_j \to$		0	0	−1.5	−1/8	0	$z=14$

由表1-5可知，$x_1=4$，$x_2=2$，$x_5=4$；目标值 $z=14$；非基底检验数 $\sigma_3=c_3-\sum_{i=1}^{m}c_i a'_{i3}=-1.5$，$\sigma_4=c_4-\sum_{i=1}^{m}c_i a'_{i4}=-1/8$。因此，$\boldsymbol{X}^*=(4,\ 2,\ 0,\ 0,\ 4)^{\mathrm{T}}$，目标值$z=14$ 为最优解。

1.5 单纯形法的进一步讨论

前面已介绍了单纯形法的基本原理与基本步骤，本节再从如何引入人工变量解决初始可行解问题，以及如何解决可能存在的退化问题对单纯形法作进一步讨论。

1.5.1 人工变量法

用单纯形法求解线性规划问题时，通常选单位矩阵为初始基矩阵。引用人工变量是用单纯形法求解线性规划问题时解决可行解问题的常用方法。人工变量法的基本思路是若原线性规划问题的系数矩阵中没有单位矩阵，则在每个约束方程中加入一个人工变量便可在系数矩阵中形成一个单位矩阵。由于单位矩阵可以作为基底矩阵，因此可选加入的人工变量为基变量。然后，再通过基变换，使得基变量中不含非零的人工变量。如果在最终的单纯形表中还存在非零的人工变量，这表示无可行解。

对于如下线性规划问题

$$\max z=c_1x_1+c_2x_2+\cdots+c_nx_n$$

$$\text{s. t.}\begin{cases}a_{11}x_1+a_{12}x_2+\cdots+a_{1n}x_n=b_1\\a_{21}x_1+a_{22}x_2+\cdots+a_{2n}x_n=b_2\\\qquad\vdots\\a_{m1}x_1+a_{m2}x_2+\cdots+a_{mn}x_n=b_m\\x_1,\ x_2,\ \cdots,\ x_n\geqslant 0\end{cases}$$

首先分别对每个约束方程中加入一个人工变量 x_{n+1}，x_{n+2}，…，x_{n+m}，得到

$$\max z=c_1x_1+c_2x_2+\cdots+c_nx_n$$

$$\text{s. t.}\begin{cases}a_{11}x_1+a_{12}x_2+\cdots+a_{1n}x_n+x_{n+1}=b_1\\a_{21}x_1+a_{22}x_2+\cdots+a_{2n}x_n+x_{n+2}=b_2\\\qquad\vdots\\a_{m1}x_1+a_{m2}x_2+\cdots+a_{mn}x_n+x_{n+m}=b_m\\x_1,\ x_2,\ \cdots,\ x_n,\ x_{n+1},\ \cdots,\ x_{n+m}\geqslant 0\end{cases}$$

这样就可选 x_{n+1}，…，x_{n+m}为基变量，令非基变量 x_1，x_2，…，$x_n=0$ 便可以得到一个初始基可行解 $\boldsymbol{X}^{(0)}=(0,\ 0,\ \cdots,\ 0,\ b_1,\ b_2,\ \cdots,\ b_m)^{\mathrm{T}}$。

下面介绍两种含人工变量的线性规划问题的求解方法：大 M 法与两阶段法。

1.5.2 大 M 法（又称惩罚法）

使人工变量对目标函数有很大的负影响，只要人工变量取值大于 0，目标函数值就不可能是最优，单纯形法的寻优机制会自动将人工变量赶出基底外，从而可以找到原问题的一个可行基，通常称这种方法为大 M 法，又称惩罚法。

原理：当目标函数为 $\max z$，对应的人工变量目标系数为 $-M$；当目标函数为 $\min z$，对应的人工变量目标系数为 $+M$，其中 M 为充分大的正数。根据定理 1.5 的检验数判别进行基的转换，使得人工变量逐渐换出基底，再寻求原问题的最优解。

例 1-14 用单纯形法求解线性规划问题

$$\max z=-3x_1+x_3$$

$$\text{s.t.}\begin{cases}x_1+x_2+x_3\leqslant 4\\-2x_1+x_2-x_3\geqslant 1\\3x_2+x_3=9\\x_1,\ x_2,\ x_3\geqslant 0\end{cases}$$

解 先化为标准型

$$\max z=-3x_1+x_3+0x_4+0x_5$$

$$\text{s.t.}\begin{cases}x_1+x_2+x_3+x_4=4\\-2x_1+x_2-x_3-x_5=1\\3x_2+x_3=9\\x_1,\ x_2,\ x_3,\ x_4,\ x_5\geqslant 0\end{cases}$$

然后，再添加人工变量 x_6，x_7，将原线性规划问题变为

$$\max z=-3x_1+x_3+0x_4+0x_5-Mx_6-Mx_7$$

$$\text{s.t.}\begin{cases}x_1+x_2+x_3+x_4=4\\-2x_1+x_2-x_3-x_5+x_6=1\\3x_2+x_3+x_7=9\\x_1,\ x_2,\ x_3,\ x_4,\ x_5,\ x_6,\ x_7\geqslant 0\end{cases}$$

该模型中与 $\boldsymbol{P}_4$，$\boldsymbol{P}_6$，$\boldsymbol{P}_7$ 对应的变量 x_4，x_6，x_7 为基变量，令非基变量取值为零，即得到初始基可行解为 $\boldsymbol{X}^{(0)}=(0,\ 0,\ 0,\ 4,\ 0,\ 1,\ 9)^{\mathrm{T}}$，并列出初始单纯形表。本例用单纯形法求解的过程如表 1-6 所示。

在单纯形法的迭代运算中，将 M 当作一个很大的数一起参加运算。检验数中含 M 的，当 M 的系数为正时，该检验数为正；当 M 的系数为负时，该项检验数为负。例 1-14 的最后求解结果为 $x_1=0$，$x_2=5/2$，$x_3=3/2$，$x_4=0$，$x_5=0$；相应的最优目标函数值为 $z=3/2$。

表 1 - 6

	$c_j\to$		-3	0	1	0	0	$-M$	$-M$	θ_i
$\boldsymbol{C}_B$	$\boldsymbol{X}_B$	$\boldsymbol{b}$	x_1	x_2	x_3	x_4	x_5	x_6	x_7	
0	x_4	4	1	1	1	1	0	0	0	4
$-M$	x_6	1	-2	[1]	-1	0	-1	1	0	1
$-M$	x_7	9	0	3	1	0	0	0	1	3
	$\sigma_j\to$		$-3-2M$	$4M$	1	0	$-M$	0	0	$z=-10M$
0	x_4	3	3	0	2	1	1	-1	0	1
0	x_2	1	-2	1	-1	0	-1	1	0	—
$-M$	x_7	6	[6]	0	4	0	3	-3	1	1
	$\sigma_j\to$		$-3+6M$	0	$4M+1$	0	$3M$	$-4M$	0	$z=-6M$
0	x_4	0	0	0	0	1	1/2	-1	-1/2	—
0	x_2	3	0	1	1/3	0	0	0	1/3	9
-3	x_1	1	1	0	[2/3]	0	1/2	-1/2	1/6	3/2
	$\sigma_j\to$		0	0	3	0	3/2	$-M-3/2$	$-M+1/2$	$z=-3M$
0	x_4	0	0	0	0	1	-1/2	-1/2	-1/2	
0	x_2	5/2	-1/2	1	0	0	-1/4	1/4	1/4	
1	x_3	3/2	3/2	0	1	0	3/4	-3/4	1/4	
	$\sigma_j\to$		$-\frac{9}{2}$	0	0	0	-3/4	$-M+3/4$	$-M-1/4$	$z=3/2$

1.5.3 两阶段法

在用手工计算求解线性规划问题时，用大 M 法处理人工变量不会有问题。但用电子计算机求解时，对 M 就只能在计算机内输入一个机器最大字长的数字。如果线性规划问题中的一些参数值与这个代表 M 的数相对比较接近，或远远小于这个数字，由于计算机计算时取值上的误差，有可能使计算结果发生错误。

为了克服这个困难，我们把添加人工变量的线性规划问题分两个阶段来计算：第一阶段先求原线性规划问题的一个基可行解；第二阶段从此可行解出发，继续寻找问题的最优解。这种方法通常称为两阶段法。

原理：当目标函数为 max z，对应的人工变量目标系数为−1；当目标函数为 min z，对应的人工变量目标系数为+1。

第一阶段：将原目标系数暂时取零值。根据最优解的判别定理和改进的基可行解方法进行基的转换，使得人工变量逐渐换出基底。

第二阶段：再去掉人工变量对应的列，恢复原线性规划问题的目标系数，寻找原问题的最优解。

例 1 - 15 用两阶段法求解例 1 - 14。

第一阶段：线性规划问题，将原目标系数暂时取零值，则目标函数为 max z，对应的人工变量目标系数为−1，根据最优解的判别定理进行基的转换，使得人工变量逐渐换出基底。

$$\max \omega = -x_6 - x_7$$

$$\text{s.t.}\begin{cases} x_1 + x_2 + x_3 + x_4 = 4 \\ -2x_1 + x_2 - x_3 - x_5 + x_6 = 1 \\ 3x_2 + x_3 + x_7 = 9 \\ x_1, x_2, x_3, x_4, x_5, x_6, x_7 \geqslant 0 \end{cases}$$

用单纯形法求解如表 1－7 所示。

表 1－7

$c_j \to$			0	0	0	0	0	−1	−1	θ_i
$\boldsymbol{C}_B$	$\boldsymbol{X}_B$	$\boldsymbol{b}$	x_1	x_2	x_3	x_4	x_5	x_6	x_7	
0	x_4	4	1	1	1	1	0	0	0	4
−1	x_6	1	−2	[1]	−1	0	−1	1	0	1
−1	x_7	9	0	3	1	0	0	0	1	3
	$\sigma_j \to$		−2	4	0	0	−1	0	0	$w=-10$
0	x_4	3	3	0	2	1	1	−1	0	1
0	x_2	1	−2	1	−1	0	−1	1	0	—
−1	x_7	6	[6]	0	4	0	3	−3	1	1
	$\sigma_j \to$		6	0	4	0	3	−4	0	$w=-6$
0	x_4	0	0	0	0	1	−1/2	1/2	−1/2	
0	x_2	3	0	1	1/3	0	0	0	1/3	
0	x_1	1	1	0	2/3	0	1/2	−1/2	1/6	
	$\sigma_j \to$		0	0	0	0	0	−1	−1	$\omega=0$

第二阶段：将第一阶段计算得到的最终表除去人工变量，将目标函数的系数换成原问题的目标函数系数，作为第二阶段计算的初始表，即将表 1－8 中的人工变量 x_6，x_7 除去，目标函数改为

$$\max z = -3x_1 + 0x_2 + x_3 + 0x_4 + 0x_5$$

将表修正如表 1－8 所示。

表 1－8

$c_j \to$			−3	0	1	0	0	θ_i
$\boldsymbol{C}_B$	$\boldsymbol{X}_B$	$\boldsymbol{b}$	x_1	x_2	x_3	x_4	x_5	
0	x_4	0	0	0	0	1	−1/2	—
0	x_2	3	0	1	1/3	0	0	9
−3	x_1	1	1	0	[2/3]	0	1/2	2/3
	$\sigma_j \to$		0	0	3	0	3/2	$z=-3$
0	x_4	0	0	0	0	1	−1/2	
0	x_2	5/2	−1/2	1	0	0	−1/4	
1	x_3	3/2	3/2	0	1	0	3/4	
	$\sigma_j \to$		$-\frac{9}{2}$	0	0	0	−3/4	$z=3/2$

例 1－14 的最后求解结果与例 1－15 相同：$x_1=0$，$x_2=5/2$，$x_3=3/2$，$x_4=0$，$x_5=0$；相应的最优目标函数值为 $z=3/2$。

1.5.4 退化和检验数的几种表示形式

1. 退化

单纯形法计算中用 θ 规则确定换出变量时，有时存在两个以上相同的最小比值，这样在下一次迭代中就有一个或几个基变量等于零，就会出现退化解。若换出变量 $x_l=0$，迭代后目标函数值不变，则不同基表示为同一顶点。有人构造了一个特例，当出现退化时，进行多次迭代，而基从 $\boldsymbol{B}_1$，$\boldsymbol{B}_2$，…又返回到 $\boldsymbol{B}_1$，即出现计算过程中的循环，则永远达不到最优解。

尽管计算过程的循环现象极少出现，但还是有可能的。如何解决这问题？先后有人提出了“摄动法”、“辞典序法”。1974 年勃兰特（Bland）提出了一种简单的规则，简称勃兰特规则。

（1）选取 $c_j-z_j>0$ 中下标最小的非基变量 x_k 为换入变量，即

$$k=\min\{j \mid c_j-z_j>0\}$$

（2）当按 θ 规则计算存在两个和两个以上的最小比值时，选取下标最小的基变量为换出变量。

按勃兰特规则计算时，一定能避免出现循环，证明略。

2. 检验数的几种表示形式

$\max z=\boldsymbol{CX}$；$\boldsymbol{AX}=\boldsymbol{b}$，$\boldsymbol{X}\geqslant\boldsymbol{0}$ 为标准型；以 $c_j-z_j\leqslant 0$（$j=1, 2, \cdots, n$）为最优解判别准则。还有其他形式，为了避免混淆，现将几种情况归纳如表 1－9 所示。

表 1－9

标准型 / 检验数	$\max z=\boldsymbol{CX}$ $\boldsymbol{AX}=\boldsymbol{b}$，$\boldsymbol{X}\geqslant\boldsymbol{0}$	$\min z=\boldsymbol{CX}$ $\boldsymbol{AX}=\boldsymbol{b}$，$\boldsymbol{X}\geqslant\boldsymbol{0}$
c_j-z_j	$\leqslant 0$	$\geqslant 0$
z_j-c_j	$\geqslant 0$	$\leqslant 0$

例 1－16 退化解举例。

$$\min f=-\frac{3}{4}x_4+20x_5-\frac{1}{2}x_6+6x_7$$

$$\text{s. t.}\begin{cases} x_1+\frac{1}{4}x_4-8x_5-x_6+9x_7=0 \\ x_2+\frac{1}{2}x_4-12x_5-\frac{1}{2}x_6+3x_7=0 \\ x_3+x_6=1 \\ x_j\geqslant 0 \quad (j=1, 2, 3, \cdots, 7) \end{cases}$$

初始基底为 $\boldsymbol{I}_{\mathrm{B}}=(x_1, x_2, x_3)^{\mathrm{T}}$，应用单纯形法从表 1－10 转轴至表 1－15。

表 1-10

	$c_j \to$		0	0	0	$-3/4$	20	$-\frac{1}{2}$	6	θ
$\boldsymbol{C}_B$	$\boldsymbol{X}_B$	$\boldsymbol{b}$	x_1	x_2	x_3	x_4	x_5	x_6	x_7	
0	x_1	0	1	0	0	[1/4]	-8	-1	9	0
0	x_2	0	0	1	0	1/2	-12	$-1/2$	3	0
0	x_3	1	0	0	1	0	0	1	0	—
	$\sigma_j \to$		0	0	0	$-3/4$	20	$-1/2$	6	$z=0$

表 1-11

	$c_j \to$		0	0	0	$-3/4$	20	$-1/2$	6	θ
$\boldsymbol{C}_B$	$\boldsymbol{X}_B$	$\boldsymbol{b}$	x_1	x_2	x_3	x_4	x_5	x_6	x_7	
$-\frac{3}{4}$	x_4	0	4	0	0	1	-32	-4	36	—
0	x_2	0	-2	1	0	0	[4]	3/2	-15	0
0	x_3	1	0	0	1	0	0	1	0	—
	$\sigma_j \to$		3	0	0	0	-4	$-7/2$	33	$z=0$

表 1-12

	$c_j \to$		0	0	0	$-3/4$	20	$-1/2$	6	θ
$\boldsymbol{C}_B$	$\boldsymbol{X}_B$	$\boldsymbol{b}$	x_1	x_2	x_3	x_4	x_5	x_6	x_7	
$-\frac{3}{4}$	x_4	0	-12	8	0	1	0	[8]	-84	0
20	x_5	0	$-1/2$	1/4	0	0	1	3/8	$-15/4$	0
0	x_3	1	0	0	1	0	0	1	0	1
	$\sigma_j \to$		1	1	0	0	0	-2	18	0

表 1-13

	$c_j \to$		0	0	0	$-3/4$	20	$-1/2$	6	θ
$\boldsymbol{C}_B$	$\boldsymbol{X}_B$	$\boldsymbol{b}$	x_1	x_2	x_3	x_4	x_5	x_6	x_7	
$-\frac{1}{2}$	x_6	0	$-3/2$	1	0	1/8	0	1	$-21/2$	—
20	x_5	0	1/16	$-1/8$	0	$-3/64$	1	0	[3/16]	0
0	x_3	1	3/2	-1	1	$-1/8$	0	0	21/2	$\frac{2}{21}$
	$\sigma_j \to$		-2	3	0	1/4	0	0	-3	0

表 1-14

	$c_j \to$		0	0	0	$-3/4$	20	$-1/2$	6	θ
$\boldsymbol{C}_B$	$\boldsymbol{X}_B$	$\boldsymbol{b}$	x_1	x_2	x_3	x_4	x_5	x_6	x_7	
$-\frac{1}{2}$	x_6	0	[2]	-6	0	$-5/2$	56	1	0	0
6	x_7	0	1/3	$-2/3$	0	$-1/4$	16/3	0	1	0
0	x_3	1	-2	6	1	5/2	-56	0	0	—
	$\sigma_j \to$		-1	1	0	$-1/2$	16	0	0	0

表 1-15

$c_j\rightarrow$			0	0	0	−3/4	20	−1/2	6	θ
C_B	X_B	b	x_1	x_2	x_3	x_4	x_5	x_6	x_7	
0	x_1	0	1	−3	0	−5/4	28	1/2	0	—
6	x_7	0	0	[1/3]	0	1/6	−4	−1/6	1	0
0	x_3	1	0	0	1	0	0	1	0	—
$\sigma_j\rightarrow$			0	−2	0	−7/4	44	1/2	0	0

将表 1-15 再转轴就与表 1-10 相同了，这就出现了循环。这些表尽管对应不同的基，但都对应同一基可行解 $\boldsymbol{X}=(0,0,1,0,0,0,0)^{\mathrm{T}}$。其实只要 $\bar{b}_k=0$，转轴前后的两个基可行解就总是相同的。这时转来转去，目标值并未得到改进。

3. 单纯形法的矩阵描述

可以用矩阵语言写出线性规划的目标函数和约束条件两个最基本的表达式，即用非基变量表示基变量的表达式和用非基变量表示目标函数的表达式。

$$\max z=\boldsymbol{CX}$$
$$\text{s.t.}\begin{cases}\boldsymbol{AX}=\boldsymbol{b}\\ \boldsymbol{X}\geqslant\boldsymbol{0}\end{cases}\tag{1-26}$$

我们将式（1-26）中的矩阵 $\boldsymbol{A}$ 写成分块形式

$$\boldsymbol{A}=\begin{bmatrix}a_{11} & a_{12} & \cdots & a_{1n}\\ a_{21} & a_{22} & \cdots & a_{2n}\\ \vdots & \vdots & & \vdots\\ a_{m1} & a_{m2} & \cdots & a_{mn}\end{bmatrix}$$
$$=(\boldsymbol{p}_1,\boldsymbol{p}_2,\cdots,\boldsymbol{p}_n)\triangleq(\boldsymbol{B},\boldsymbol{B}_{\mathrm{N}})$$

记 $\boldsymbol{B}=(\boldsymbol{p}_1,\boldsymbol{p}_2,\cdots,\boldsymbol{p}_m)$ 为基，$\boldsymbol{B}_{\mathrm{N}}=(\boldsymbol{p}_{\mathrm{m}+1},\boldsymbol{p}_{\mathrm{m}+2},\cdots,\boldsymbol{p}_n)$ 为非基向量所对应的矩阵，则

$$\boldsymbol{X}=(x_1,x_2,\cdots,x_n)^{\mathrm{T}}=(\boldsymbol{X}_{\mathrm{B}},\boldsymbol{X}_{\mathrm{N}})^{\mathrm{T}}$$

这里 $\boldsymbol{X}_{\mathrm{B}}=(x_1,x_2,\cdots,x_m)^{\mathrm{T}}$ 为基变量所构成的向量；$\boldsymbol{X}_{\mathrm{N}}=(x_{m+1},x_{m+2},\cdots,x_n)^{\mathrm{T}}$ 为非基变量所构成的向量；目标函数所对应的系数向量 $\boldsymbol{C}=(c_1,c_2,\cdots,c_n)=(\boldsymbol{C}_{\mathrm{B}},\boldsymbol{C}_{\mathrm{N}})$，其中，$\boldsymbol{C}_{\mathrm{B}}=(c_1,c_2,\cdots,c_m)$，$\boldsymbol{C}_{\mathrm{N}}=(c_{m+1},c_{m+2},\cdots,c_n)$，利用分块矩阵运算可得约束条件为

$$\boldsymbol{AX}=(\boldsymbol{B},\boldsymbol{B}_{\mathrm{N}})\begin{bmatrix}\boldsymbol{X}_{\mathrm{B}}\\ \boldsymbol{X}_{\mathrm{N}}\end{bmatrix}=\boldsymbol{BX}_{\mathrm{B}}+\boldsymbol{B}_{\mathrm{N}}\boldsymbol{X}_{\mathrm{N}}=\boldsymbol{b}$$

用非基变量描述基变量的表达式为

$$\boldsymbol{BX}_{\mathrm{B}}=\boldsymbol{b}-\boldsymbol{B}_{\mathrm{N}}\boldsymbol{X}_{\mathrm{N}}$$
$$\boldsymbol{X}_{\mathrm{B}}=\boldsymbol{B}^{-1}(\boldsymbol{b}-\boldsymbol{B}_{\mathrm{N}}\boldsymbol{X}_{\mathrm{N}})=\boldsymbol{B}^{-1}\boldsymbol{b}-\boldsymbol{B}^{-1}\boldsymbol{B}_{\mathrm{N}}\boldsymbol{X}_{\mathrm{N}}$$

用非基变量 $\boldsymbol{X}_{\mathrm{N}}=(x_{m+1},x_{m+2},\cdots,x_n)^{\mathrm{T}}$ 描述目标函数的表达式为

$$z=\boldsymbol{CX}=(\boldsymbol{C}_{\mathrm{B}},\boldsymbol{C}_{\mathrm{N}})(\boldsymbol{X}_{\mathrm{B}},\boldsymbol{X}_{\mathrm{N}})^{\mathrm{T}}$$
$$=\boldsymbol{C}_{\mathrm{B}}\boldsymbol{X}_{\mathrm{B}}+\boldsymbol{C}_{\mathrm{N}}\boldsymbol{X}_{\mathrm{N}}$$

$$=\boldsymbol{C}_{\mathrm{B}}(\boldsymbol{B}^{-1}\boldsymbol{b}-\boldsymbol{B}^{-1}\boldsymbol{B}_{\mathrm{N}}\boldsymbol{X}_{\mathrm{N}})+\boldsymbol{C}_{\mathrm{N}}\boldsymbol{X}_{\mathrm{N}}$$
$$=\boldsymbol{C}_{\mathrm{B}}\boldsymbol{B}^{-1}\boldsymbol{b}-\boldsymbol{C}_{\mathrm{B}}\boldsymbol{B}^{-1}\boldsymbol{B}_{\mathrm{N}}\boldsymbol{X}_{\mathrm{N}}+\boldsymbol{C}_{\mathrm{N}}\boldsymbol{X}_{\mathrm{N}}$$
$$=\boldsymbol{C}_{\mathrm{B}}\boldsymbol{B}^{-1}\boldsymbol{b}+(\boldsymbol{C}_{\mathrm{N}}-\boldsymbol{C}_{\mathrm{B}}\boldsymbol{B}^{-1}\boldsymbol{B}_{\mathrm{N}})\boldsymbol{X}_{\mathrm{N}}$$

令 $\boldsymbol{\sigma}_{\mathrm{N}}=\boldsymbol{C}_{\mathrm{N}}-\boldsymbol{C}_{\mathrm{B}}\boldsymbol{B}^{-1}\boldsymbol{B}_{\mathrm{N}}$ 为非基变量的检验数，则有

$$z=\boldsymbol{C}_{\mathrm{B}}\boldsymbol{B}^{-1}\boldsymbol{b}+\boldsymbol{\sigma}_{\mathrm{N}}\boldsymbol{X}_{\mathrm{N}}$$

同理，令 $\boldsymbol{\sigma}_{\mathrm{B}}=\boldsymbol{C}_{\mathrm{B}}-\boldsymbol{C}_{\mathrm{B}}\boldsymbol{B}^{-1}\boldsymbol{B}$，即基变量 $\boldsymbol{X}_{\mathrm{B}}$ 的检验数为零，由$(\boldsymbol{C}_{\mathrm{B}}-\boldsymbol{C}_{\mathrm{B}}\boldsymbol{B}^{-1}\boldsymbol{B})\boldsymbol{X}_{\mathrm{B}}=0$ 可以推出目标函数 Z 是 $\boldsymbol{\sigma}_{\mathrm{N}}$，$\boldsymbol{\sigma}_{\mathrm{B}}$ 的一个表达式。

$$z=\boldsymbol{C}_{\mathrm{B}}\boldsymbol{B}^{-1}\boldsymbol{b}+(\boldsymbol{C}_{\mathrm{N}}-\boldsymbol{C}_{\mathrm{B}}\boldsymbol{B}^{-1}\boldsymbol{B}_{\mathrm{N}})\boldsymbol{X}_{\mathrm{N}}+(\boldsymbol{C}_{\mathrm{B}}-\boldsymbol{C}_{\mathrm{B}}\boldsymbol{B}^{-1}\boldsymbol{B})\boldsymbol{X}_{\mathrm{B}}$$

令 $\boldsymbol{\pi}=\boldsymbol{C}_{\mathrm{B}}\boldsymbol{B}^{-1}$得 $z=\boldsymbol{\pi b}+(\boldsymbol{C}-\boldsymbol{\pi A})\boldsymbol{X}$，称 $\boldsymbol{\pi}=\boldsymbol{C}_{\mathrm{B}}\boldsymbol{B}^{-1}$为单纯形乘子。

为了便于在单纯形表中找到 $\boldsymbol{B}^{-1}$所在的位置，将 $z=\boldsymbol{CX}=(\boldsymbol{C}_{\mathrm{B}},\ \boldsymbol{C}_{\mathrm{N}})(\boldsymbol{X}_{\mathrm{B}},\ \boldsymbol{X}_{\mathrm{N}})^{\mathrm{T}}=\boldsymbol{C}_{\mathrm{B}}\boldsymbol{B}^{-1}\boldsymbol{b}+(\boldsymbol{C}_{\mathrm{N}}-\boldsymbol{C}_{\mathrm{B}}\boldsymbol{B}^{-1}\boldsymbol{B}_{\mathrm{N}})\times\boldsymbol{N}$，引进松弛变量 $\boldsymbol{X}_{\mathrm{s}}$ 后改写为

$-z+\boldsymbol{C}_{\mathrm{B}}\boldsymbol{X}_{\mathrm{B}}+\boldsymbol{C}_{\mathrm{N}}\boldsymbol{X}_{\mathrm{N}}+0\boldsymbol{X}_{\mathrm{s}}=0$，N，s 为非基变量的编号

$\boldsymbol{BX}_{\mathrm{B}}+\boldsymbol{NX}_{\mathrm{N}}+\boldsymbol{IX}_{\mathrm{s}}=\boldsymbol{b}$

当确定 $\boldsymbol{X}_{\mathrm{B}}$ 为基变量时，经过基变换，可得到 $\boldsymbol{X}_{\mathrm{B}}$ 与 z 的表达式并将它们改写为

$$\boldsymbol{X}_{\mathrm{B}}+\boldsymbol{B}^{-1}\boldsymbol{NX}_{\mathrm{N}}+\boldsymbol{B}^{-1}\boldsymbol{X}_{\mathrm{s}}=\boldsymbol{B}^{-1}\boldsymbol{b}$$
$$-z+(\boldsymbol{C}_{\mathrm{N}}-\boldsymbol{C}_{\mathrm{B}}\boldsymbol{B}^{-1}\boldsymbol{N})\boldsymbol{X}_{\mathrm{N}}-\boldsymbol{C}_{\mathrm{B}}\boldsymbol{B}^{-1}\boldsymbol{X}_{\mathrm{s}}=-\boldsymbol{C}_{\mathrm{B}}\boldsymbol{B}^{-1}\boldsymbol{b}$$

上述两式用矩阵关系式表示为

$$\begin{bmatrix}\boldsymbol{0} & I & \boldsymbol{B}^{-1}\boldsymbol{N} & \boldsymbol{B}^{-1}\\ I & \boldsymbol{0} & \boldsymbol{C}_{\mathrm{N}}-\boldsymbol{C}_{\mathrm{B}}\boldsymbol{B}^{-1}\boldsymbol{N} & -\boldsymbol{C}_{\mathrm{B}}\boldsymbol{B}^{-1}\end{bmatrix}\begin{bmatrix}-z\\ \boldsymbol{X}_{\mathrm{B}}\\ \boldsymbol{X}_{\mathrm{N}}\\ \boldsymbol{X}_{\mathrm{s}}\end{bmatrix}=\begin{bmatrix}\boldsymbol{B}^{-1}\boldsymbol{b}\\ -\boldsymbol{C}_{\mathrm{B}}\boldsymbol{B}^{-1}\boldsymbol{b}\end{bmatrix}$$

这些分块的系数矩阵可用表格形式表示为表 1－16。

在分块系数矩阵中 $(\boldsymbol{0},\ \boldsymbol{I})^{\mathrm{T}}$ 这一列不参加运算，所以表中不填这些数字，表 1－15 即为迭代后的计算表，各部分数字都可以用矩阵的运算求得。此外可见初始单位矩阵的位置在各运算表中就是 $\boldsymbol{B}^{-1}$的所在位置。

表 1－16

基变量 $\boldsymbol{X}_{\mathrm{B}}$	非 基 变 量		RHS
	$\boldsymbol{X}_{\mathrm{N}}$	$\boldsymbol{X}_{\mathrm{s}}$	
$\boldsymbol{I}$	$\boldsymbol{B}^{-1}\boldsymbol{N}$	$\boldsymbol{B}^{-1}$	$\boldsymbol{B}^{-1}\boldsymbol{b}$
$\boldsymbol{0}$	$\boldsymbol{C}_{\mathrm{N}}-\boldsymbol{C}_{\mathrm{B}}\boldsymbol{B}^{-1}\boldsymbol{N}$	$-\boldsymbol{C}_{\mathrm{B}}\boldsymbol{B}^{-1}$	$-\boldsymbol{C}_{\mathrm{B}}\boldsymbol{B}^{-1}$

注：思考最优单纯形表中 $\boldsymbol{B}^{-1}$所在的位置。

4. 单纯形法小结

根据实际问题给出数学模型，列出初始单纯形表，进行标准化，如表 1－17 所示。

表 1-17

变量	$x_j \geqslant 0$ $x_j \leqslant 0$ x_j 无约束	不需要处理 令 $x_j' = -x_j$；$x_j' \geqslant 0$ 令 $x_j = x_j' - x_j''$；x_j'，$x_j'' \geqslant 0$
约束条件	右端值 $\boldsymbol{b} \geqslant 0$ 右端值 $\boldsymbol{b} < 0$ 方程≥ 方程≤ 方程=	不需要处理 约束条件两端同乘－1 减去剩余（松弛）变量 x_{si}，加人工变量 x_{ai} 加松弛变量 x_{si} 加人工变量
目标函数	max z min z 加入松弛、剩余变量 x_{si} 的系数 加入人工变量 x_{ai} 的系数	不需要处理 令 $z' = -z$，求 max z' 0 $-M$

分别以每一个约束条件中松弛变量或人工变量为基变量，列出初始单纯形表。

对目标函数求 max 的线性规划问题，用单纯形法计算步骤的框图如图 1-8 所示。

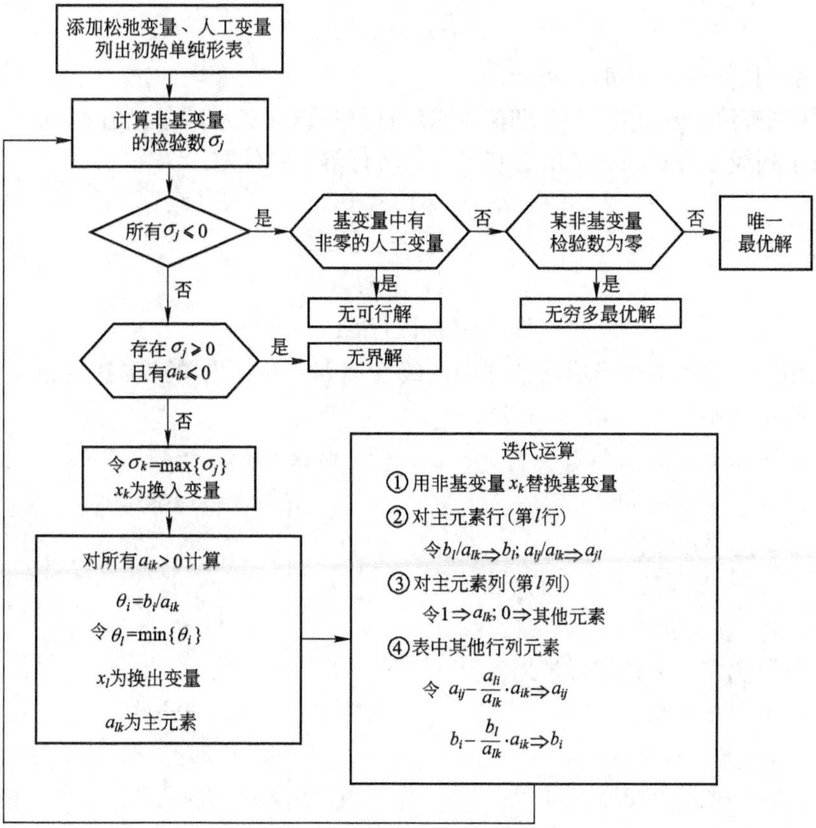

图 1-8 单纯形法计算过程

习　题

1. 将下列线性规划问题化成标准型。

(1) $\min z=5x_1+x_2+x_3$

$$\text{s. t.}\begin{cases}3x_1+x_2-x_3\leqslant 7\\x_1-2x_2+4x_3\geqslant 6\\x_2+3x_3=3\\x_1,\ x_2\geqslant 0,\ x_3\text{无限制}\end{cases}$$

(2) $\max z=-x_1+4x_2$

$$\text{s. t.}\begin{cases}-3x_1+x_2\leqslant 6\\x_1+2x_2\leqslant 4\\x_2\geqslant -3,\ x_1\text{无限制}\end{cases}$$

2. 有两个变量的线性规划问题。

$$\max z=x_1$$

$$\text{s. t.}\begin{cases}x_1+x_2\leqslant a\\-x_1+x_2\leqslant -1\\x_1,\ x_2\geqslant 0\end{cases}$$

(1) 证明当且仅当 $a\geqslant 1$ 时为可行。

(2) 应用图解法，对 $a\geqslant 1$ 的一切值，求线性规划以 a 表示的最优值。

3. 找出下列线性规划问题的所有基解、基可行解、最优解。

$$\max z=10x_1+5x_2$$

$$\text{s. t.}\begin{cases}3x_1+4x_2\leqslant 9\\5x_1+2x_2\leqslant 8\\x_1,\ x_2\geqslant 0\end{cases}$$

4. 分别用图解法和单纯形法求解下面的线性规划，并指出单纯形法的每一步迭代相当于图形上的哪一个顶点。

(1) $\max z=12x_1+8x_2$

$$\text{s. t.}\begin{cases}5x_1+2x_2\leqslant 150\\2x_1+3x_2\leqslant 100\\4x_1+2x_2\leqslant 80\\x_1,\ x_2\geqslant 0\end{cases}$$

(2) $\max z=3x_1+4x_2$

$$\text{s. t.}\begin{cases}2x_1+4x_2\leqslant 120\\2x_1+2x_2\leqslant 80\\x_1,\ x_2\geqslant 0\end{cases}$$

5. 用两阶段法求解下列线性规划。

(1) $\max z=19x_1+6x_2$

$$\text{s. t.}\begin{cases}3x_1+x_2\leqslant 48\\3x_1+4x_2\geqslant 120\\x_1,\ x_2\geqslant 0\end{cases}$$

(2) $\min z=12x_1+5x_2$

$$\text{s. t.}\begin{cases}4x_1+2x_2\geqslant 80\\2x_1+3x_2\geqslant 90\\x_1,\ x_2\geqslant 0\end{cases}$$

6. 考虑如下的线性规划问题。

$$\min z=x_1+\beta x_2$$
$$\text{s.t.}\begin{cases}-x_1+x_2\leqslant 1\\-x_1+2x_2\leqslant 4\\x_1\geqslant 0,\ x_2\geqslant 0\end{cases}$$

试问：当β在什么范围取值时，分别有下面的结论成立？

(1) 该问题具有无穷多最优解。

(2) 该问题是无界的。

(3) 以 $(2,\ 3)^{\mathrm{T}}$ 为唯一最优解。

7. 一个线性规划问题的可行域如图 1－9 所示。试问该线性规划问题的基解与基可行解最多有多少个？

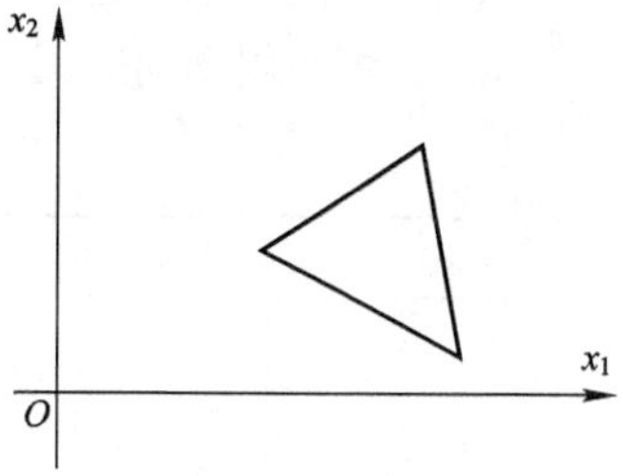

图 1－9

8. 考虑标准线性规划问题：

$$\min z=\boldsymbol{CX}$$
$$\text{s.t. } \boldsymbol{AX}=\boldsymbol{b},\ \boldsymbol{X}\geqslant\boldsymbol{0}$$

设向量 $\boldsymbol{X}^{(1)}$ 和 $\boldsymbol{X}^{(2)}$ 是上述问题的两个最优解，求证：向量 $\boldsymbol{X}=\alpha\boldsymbol{X}^{(1)}+(1-\alpha)\boldsymbol{X}^{(2)}$ 也是其最优解，其中 α 为 0 与 1 之间的任意实数。(注：上述结果在线性规划中非常有用，一旦为线性规划求得两个最优解，只要将 α 在 0 与 1 之间变化，便能产生无穷最优解。)

9. 考察下列线性规划问题，当基底分别取 $(\boldsymbol{P}_1,\ \boldsymbol{P}_2)$，$(\boldsymbol{P}_3,\ \boldsymbol{P}_4)$，$(\boldsymbol{P}_1,\ \boldsymbol{P}_3)$ 时基解的特点、基可行解、可行解、退化等问题。

$$\min z=x_1-3x_2+2x_3$$
$$\text{s.t.}\begin{cases}x_1+x_2+x_3+x_4=4\\x_1-x_2+3x_3-2x_4=-4\\x_j\geqslant 0\quad (j=1,\ 2,\ 3)\end{cases}$$

10. 线性规划问题 $\max z=\boldsymbol{CX}$，$\boldsymbol{AX}=\boldsymbol{b}$，$\boldsymbol{X}\geqslant 0$，若 $\boldsymbol{X}^*$ 是该问题的最优解，又 $\lambda>0$ 为一常数，分别讨论下列情况时的最优解变化。

(1) 目标函数变为 $\max z=\lambda\boldsymbol{CX}$。

(2) 目标函数变为 $\max z=(\boldsymbol{C}+\lambda\boldsymbol{I})\boldsymbol{X}$。

(3) 目标函数变为 $\max z=(\boldsymbol{C}/\lambda)\boldsymbol{X}$，约束条件变为 $\boldsymbol{AX}=\lambda\boldsymbol{b}$。

11. 试将下述问题改写成线性规划问题

$$\max_{x_i}\left\{\min\left(\sum_{i=1}^{m}a_{i1}x_i,\ \sum_{i=1}^{m}a_{i2}x_i,\ \cdots,\ \sum_{i=1}^{m}a_{in}x_i\right)\right\}$$
$$\text{s.t.}\begin{cases}x_1+x_2+\cdots+x_m=1\\x_i\geqslant 0\quad (i=1,\ \cdots,\ m)\end{cases}$$

12. 表 1-18 为求极大值问题的单纯形表，问表中参数为何值且表中变量属于哪一种类型时有：

① 表中解是唯一最优解；

② 表中解为无穷多最优解；

③ 表中解为退化的可行解；

④ 下一步迭代用 x_2 替换基变量；

⑤ 该线性规划问题具有无界解；

⑥ 该线性规划问题无可行解。

表 1-18

	x_1	x_2	x_3	x_4	x_5
x_3　d	4	a_1	1	0	0
x_4　2	−1	−5	0	1	0
x_5　3	a_2	−3	0	0	1
c_j-z_j	c_1	c_2	0	0	0

13. 某制品厂需要考虑今后 4 个星期的周生产计划。该制品前两个星期的生产成本是每件 10 元，后两个星期的生产成本是每件 15 元；必须满足的每周需求量分别为 300 件、700 件、900 件和 800 件。该厂每星期最多可能生产 700 件。此外，该厂可以在第 2 和第 3 个星期请到加班工人。这样每星期可以增加产量 200 件，不过每件的生产成本要提高 5 元。多余的产品可以存储起来，每周每件的存储费用是 3 元。试问应该怎样规划生产，才可使总成本最小？试作为线性规划问题列出模型。

第 2 章　对偶理论与灵敏度分析

2.1　对偶理论问题

线性规划问题具有对偶性是指对于任何一个极大化问题有一个与其相关的极小化问题相对应。如果把其中一个称为原问题，另一个就是对偶问题。研究两者之间的关系及解的性质，构成线性规划的对偶理论（duality theory）。

2.1.1　线性规划对偶问题的提出

对于一个问题可以从不同的角度去看，解决一个问题也可以有多种方法。

例 2－1　某养鸡场所用的混合饲料由 A、B、C 三种配料组成，表 2－1 给出了 1 单位各种配料所含的营养成分（D、E、F）、单位成本以及 1 份饲料必须含有的各种成分。问如何配制混合饲料使成本最小？

表 2－1

营养成分	D	E	F	单位成本
A	1	$\frac{1}{2}$	2	6
B	1	$\frac{1}{2}$	1	3
C	1	$\frac{1}{4}$	1	2
1 份饲料应含量	20	6	10	

解　设 x_j 为混合饲料中第 j 种配料的使用量，$j=A$，B，C

$$\min z=6x_A+3x_B+2x_C$$

$$\begin{cases} x_A+x_B+x_C\geqslant 20 \\ \dfrac{1}{2}x_A+\dfrac{1}{2}x_B+\dfrac{1}{4}x_C\geqslant 6 \\ 2x_A+x_B+x_C\geqslant 10 \\ x_j\geqslant 0 \end{cases}$$

假设另有一个饲料厂，制造含有这 3 种营养成分各 1 单位的营养丸，知道养鸡场对混合饲料的要求，因此，在制定营养丸的价格时，使每丸 D、E、F 的价格分别为 q_1、q_2、q_3。

养鸡场采购 1 单位配料 A，相当于对 3 种营养丸分别采购 1 丸、$\frac{1}{2}$丸、2 丸，采购 1 单位 B 相当于对 3 种营养丸分别采购 1 丸、$\frac{1}{2}$丸、1 丸，采购 1 单位 C 相当于对 3 种营养丸分别采购 1 丸、$\frac{1}{4}$丸、1 丸，因此饲料厂制定营养丸售价时，必须有：

$$\begin{cases} q_1+\frac{1}{2}q_2+2q_3\leqslant 6 \\ q_1+\frac{1}{2}q_2+q_3\leqslant 3 \\ q_1+\frac{1}{4}q_2+q_3\leqslant 2 \end{cases}$$

饲料厂期望获得的收入尽可能多

$$\max Z=20q_1+6q_2+10q_3$$

上述两个线性规划模型是同一个问题从不同角度来观察所产生的，因此两者是密切相关的，我们称其是互为对偶的两个线性规划问题，其中一个问题是另一问题的对偶问题。

2.1.2 对偶问题的定义

给定一个线性规划问题，称为原问题（Linear Programming，LP)，则可以构造出另一个线性规划问题，称为原问题的对偶问题（Duality Programming，DP)。这两个线性规划问题的特点如式（2-1)、式（2-2）所示。

$$\max z=c_1x_1+c_2x_2+\cdots+c_nx_n$$

$$\text{原问题}\quad \text{s.t.}\begin{cases} \begin{bmatrix} a_{11} & a_{12} & \cdots & a_{1n} \\ a_{21} & a_{22} & \cdots & a_{2n} \\ \vdots & \vdots & & \vdots \\ a_{m1} & a_{m2} & \cdots & a_{mn} \end{bmatrix}\begin{bmatrix} x_1 \\ x_2 \\ \vdots \\ x_n \end{bmatrix}\leqslant\begin{bmatrix} b_1 \\ b_2 \\ \vdots \\ b_m \end{bmatrix} \\ x_1,\ x_2,\ \cdots,\ x_n\geqslant 0 \end{cases} \tag{2-1}$$

$$\min w=b_1y_1+b_2y_2+\cdots+b_my_m$$

$$\text{对偶问题}\quad \text{s.t.}\begin{cases} \begin{bmatrix} a_{11} & a_{21} & \cdots & a_{m1} \\ a_{12} & a_{22} & \cdots & a_{m2} \\ \vdots & \vdots & & \vdots \\ a_{1n} & a_{2n} & \cdots & a_{mn} \end{bmatrix}\begin{bmatrix} y_1 \\ y_2 \\ \vdots \\ y_m \end{bmatrix}\geqslant\begin{bmatrix} c_1 \\ c_2 \\ \vdots \\ c_n \end{bmatrix} \\ y_1,\ y_2,\ \cdots,\ y_m\geqslant 0 \end{cases} \tag{2-2}$$

用矩阵的形式表示原问题和对偶问题为

$$\text{原问题}\quad \max z=\boldsymbol{CX} \quad \text{s.t.}\begin{cases}\boldsymbol{AX}\leqslant \boldsymbol{b}\\ \boldsymbol{X}\geqslant \boldsymbol{0}\end{cases},\qquad \text{对偶问题}\quad \min w=\boldsymbol{b}^{\mathrm{T}}\boldsymbol{Y}^{\mathrm{T}} \quad \text{s.t.}\begin{cases}\boldsymbol{A}^{\mathrm{T}}\boldsymbol{Y}^{\mathrm{T}}\geqslant \boldsymbol{C}^{\mathrm{T}}\\ \boldsymbol{Y}^{\mathrm{T}}\geqslant \boldsymbol{0}\end{cases}$$

其中　$\boldsymbol{C}=(c_1, c_2, \cdots, c_n)$，$\boldsymbol{X}=(x_1, x_2, \cdots, x_n)^{\mathrm{T}}$，$\boldsymbol{Y}=(y_1, y_2, \cdots, y_m)$

原问题模型与对偶问题在结构上的对应关系如表 2-2 所示。

表 2-2

原问题（或对偶问题）	对偶问题（或原问题）
目标函数 $\max z$	目标函数 $\min w$
约束条件：m 个 第 i 个约束条件类型为“$\leqslant$” 第 i 个约束条件类型为“$\geqslant$” 第 i 个约束条件类型为“$=$”	变量数：m 个 第 i 个变量$\geqslant 0$ 第 i 个变量$\leqslant 0$ 第 i 个变量是自由变量
变量数：n 个 第 j 个变量$\geqslant 0$ 第 j 个变量$\leqslant 0$ 第 j 个变量是自由变量	约束条件数：n 个 第 j 个约束条件类型为“$\geqslant$” 第 j 个约束条件类型为“$\leqslant$” 第 j 个约束条件类型为“$=$”
目标函数系数 约束条件右端项	约束条件右端项 目标函数系数

2.2　线性规划的对偶理论

以上讨论可直观地了解到原线性规划问题与对偶问题之间的关系。本节将从理论上进一步讨论线性规划的对偶问题。

定理 2.1　弱对偶定理　若互为对偶的线性规划（2-1）与（2-2）分别有可行解，

$$\overline{\boldsymbol{X}}=(\overline{x}_1, \overline{x}_2, \cdots, \overline{x}_n)^{\mathrm{T}},\quad \overline{\boldsymbol{Y}}=(\overline{y}_1, \overline{y}_2, \cdots, \overline{y}_m)$$

则其相应的目标函数值满足：

$$\overline{z}=c_1\overline{x}_1+c_2\overline{x}_2+\cdots+c_n\overline{x}_n\leqslant b_1\overline{y}_1+b_2\overline{y}_2+\cdots+b_m\overline{y}_m=\overline{w}$$

证明　$\overline{\boldsymbol{X}}$，$\overline{\boldsymbol{Y}}$ 分别为（2-1）和（2-2）的可行解，（2-1）与（2-2）互为对偶问题，因此，$\boldsymbol{A}\overline{\boldsymbol{X}}\leqslant \boldsymbol{b}$，$\overline{\boldsymbol{Y}}\boldsymbol{A}\overline{\boldsymbol{X}}\leqslant \overline{\boldsymbol{Y}}\boldsymbol{b}$，$\overline{\boldsymbol{Y}}\boldsymbol{A}\geqslant \boldsymbol{C}$ 成立，即 $\boldsymbol{C}\overline{\boldsymbol{X}}\leqslant \overline{\boldsymbol{Y}}\boldsymbol{A}\overline{\boldsymbol{X}}\leqslant \overline{\boldsymbol{Y}}\boldsymbol{b}$。即

$$c_1\overline{x}_1+c_2\overline{x}_2+\cdots+c_n\overline{x}_n\leqslant b_1\overline{g}_1+b_2\overline{g}_2+\cdots+b_m\overline{g}_m$$

推论 1　极大化问题的任意一个可行解所对应的目标函数值是其对偶问题最优目标函数值的一个下界。

推论 2　极小化问题的任意一个可行解所对应的目标函数值是其对偶问题最优目标函数值的一个上界。

推论 3　若原始问题可行，则其目标函数无界的充要条件是对偶问题没有可行解。

定理 2.2　最优性准则定理　若 $\overline{\boldsymbol{X}}$ 和 $\overline{\boldsymbol{Y}}$ 分别为互为对偶问题的线性规划（2-1）与

（2－2）的可行解，且使 $\boldsymbol{C\bar{X}}=\boldsymbol{\bar{Y}b}$，则 $\boldsymbol{\bar{X}}$ 和 $\boldsymbol{\bar{Y}}$ 分别是相应线性规划的最优解。

证明 设 $\boldsymbol{X}$、$\boldsymbol{Y}$ 分别是问题（2－1）与问题（2－2）的任意可行解，对于 $\boldsymbol{\bar{X}}$ 和 $\boldsymbol{\bar{Y}}$ 将分别有

$$\boldsymbol{C\bar{X}} \leqslant \boldsymbol{Yb}$$

$$\boldsymbol{CX} \leqslant \boldsymbol{\bar{Y}b}$$

又由于 $\boldsymbol{C\bar{X}}=\boldsymbol{\bar{Y}b}$，故有

$$\boldsymbol{\bar{Y}b} \leqslant \boldsymbol{Yb}$$

$$\boldsymbol{CX} \leqslant \boldsymbol{C\bar{X}}$$

由于 $\boldsymbol{\bar{X}}$ 与 $\boldsymbol{\bar{Y}}$ 分别是（2－1）与（2－2）的可行解，而 $\boldsymbol{X}$ 与 $\boldsymbol{Y}$ 分别是（2－1）与（2－2）的任意可行解，根据最优解的概念知 $\boldsymbol{\bar{X}}$ 与 $\boldsymbol{\bar{Y}}$ 是（2－1）与（2－2）的最优解。

定理 2.3 对偶定理 若原始问题有最优解，那么对偶问题也有最优解，且目标函数值相同。

证明 略

定理 2.4 互补松弛定理 若 $\boldsymbol{\hat{X}}$，$\boldsymbol{\hat{Y}}$ 分别是原问题和对偶问题的可行解，那么 $\boldsymbol{\hat{Y}X}_s=0$ 和 $\boldsymbol{Y}_s\boldsymbol{\hat{X}}=0$，当且仅当 $\boldsymbol{\hat{X}}$，$\boldsymbol{\hat{Y}}$ 为最优解，其中 $\boldsymbol{X}_s$，$\boldsymbol{Y}_s$ 为对应线性规划问题的松弛变量构成的向量。

证明 设原问题和对偶问题的标准型是

原问题	对偶问题
$\max z=\boldsymbol{CX}$	$\min w=\boldsymbol{Yb}$
$\boldsymbol{AX}+\boldsymbol{X}_s=\boldsymbol{b}$	$\boldsymbol{YA}-\boldsymbol{Y}_s=\boldsymbol{C}$
$\boldsymbol{X}，\boldsymbol{X}_s\geqslant\boldsymbol{0}$	$\boldsymbol{Y}，\boldsymbol{Y}_s\geqslant\boldsymbol{0}$

将原问题目标函数中的系数向量 $\boldsymbol{C}$ 用 $\boldsymbol{C}=\boldsymbol{YA}-\boldsymbol{Y}_s$ 代替后，得到

$$z=(\boldsymbol{YA}-\boldsymbol{Y}_s)\boldsymbol{X}=\boldsymbol{YAX}-\boldsymbol{Y}_s\boldsymbol{X} \tag{2-3}$$

将对偶问题目标函数中的系数向量 $\boldsymbol{b}$ 用 $\boldsymbol{b}=\boldsymbol{AX}+\boldsymbol{X}_s$ 代替后，得到

$$w=\boldsymbol{Y}(\boldsymbol{AX}+\boldsymbol{X}_s)=\boldsymbol{YAX}+\boldsymbol{YX}_s \tag{2-4}$$

若 $\boldsymbol{\hat{Y}X}_s=0$，$\boldsymbol{Y}_s\boldsymbol{\hat{X}}=0$，则 $\boldsymbol{\hat{Y}b}=\boldsymbol{\hat{Y}A\hat{X}}=\boldsymbol{C\hat{X}}$。由定理 2.2 可知，$\boldsymbol{\hat{X}}$，$\boldsymbol{\hat{Y}}$ 是最优解。

又若 $\boldsymbol{\hat{X}}$，$\boldsymbol{\hat{Y}}$ 分别是原问题和对偶问题的最优解，根据定理 2.2，则有

$$\boldsymbol{C\hat{X}}=\boldsymbol{\hat{Y}A\hat{X}}=\boldsymbol{\hat{Y}b}$$

由（2－3）和（2－4）可知，必有 $\boldsymbol{\hat{Y}X}_s=0$，$\boldsymbol{Y}_s\boldsymbol{\hat{X}}=0$。

例 2－2 已知线性规划

$$\max z=x_1+2x_2+3x_3+4x_4$$

$$\text{s.t.}\begin{cases} x_1+2x_2+2x_3+3x_4\leqslant 20 \\ 2x_1+x_2+3x_3+2x_4\leqslant 20 \\ x_1-x_2+x_3-x_4\leqslant 1 \\ x_1，x_2，x_3，x_4\geqslant 0 \end{cases}$$

的最优解为 $\boldsymbol{X}^*=(0,\ 0,\ 4,\ 4)^{\mathrm{T}}$。试利用互补松弛原理求对偶问题的最优解。

解　对偶问题为

$$\min w=20y_1+20y_2+y_3$$

$$\text{s. t.}\begin{cases} y_1+2y_2+y_3\geqslant 1 & (1)\\ 2y_1+y_2-y_3\geqslant 2 & (2)\\ 2y_1+3y_2+y_3\geqslant 3 & (3)\\ 3y_1+2y_2-y_3\geqslant 4 & (4)\\ y_1,\ y_2,\ y_3\geqslant 0 \end{cases}$$

由于 $x_3^*=x_4^*=4>0$，故对偶问题约束方程式（3）、（4）是等式约束，即对 $\boldsymbol{Y}^*$ 成立等式

$$\begin{cases} 2y_1^*+3y_2^*+y_3^*=3\\ 3y_1^*+2y_2^*-y_3^*=4 \end{cases}$$

把 $\boldsymbol{X}^*$ 代入原问题 3 个约束中可知原问题式（3）是不等式，故 $y_3^*=0$，然后解方程组

$$\begin{cases} 2y_1^*+3y_2^*=3\\ 3y_1^*+2y_2^*=4 \end{cases}$$

得到

$$\begin{cases} y_1^*=6/5\\ y_2^*=1/5 \end{cases}$$

故对偶最优解为 $\boldsymbol{Y}^*=(6/5,\ 1/5,\ 0)$，$z^*=w^*=28$。

例 2-3　已知线性规划问题

$$\min w=2x_1+3x_2+5x_3+2x_4+3x_5$$

$$\text{s. t.}\begin{cases} x_1+x_2+2x_3+x_4+3x_5\geqslant 4\\ 2x_1-x_2+3x_3+x_4+x_5\geqslant 3\\ x_j\geqslant 0\quad (j=1,\ 2,\ \cdots,\ 5) \end{cases}$$

已知其对偶问题的最优解为

$y_1^*=4/5$，$y_2^*=3/5$，$z=5$。试用对偶理论找出原问题的最优解。

解　先写出它的对偶问题

$$\max z=4y_1+3y_2$$

$$\text{s. t.}\begin{cases} y_1+2y_2\leqslant 2 & (1)\\ y_1-y_2\leqslant 3 & (2)\\ 2y_1+3y_2\leqslant 5 & (3)\\ y_1+y_2\leqslant 2 & (4)\\ 3y_1+y_2\leqslant 3 & (5)\\ y_1,\ y_2\geqslant 0 \end{cases}$$

将 y_1^*，y_2^* 的值代入约束条件，得（2），（3），（4）为严格不等式；

由互补松弛性得　$x_2^*=x_3^*=x_4^*=0$。

因 y_1^*，$y_2^*>0$，原问题的两个约束条件应取等式，故有

$$\begin{cases}3x_1^*+x_5^*=4\\2x_1^*+x_5^*=3\end{cases}$$

求解后得到 $x_1^*=1$，$x_5^*=1$；故原问题的最优解为

$$\boldsymbol{X}^*=(1,\ 0,\ 0,\ 0,\ 1)^{\mathrm{T}};\ z^*=5$$

2.3　对偶问题的经济解释——影子价格

生产计划问题的对偶问题是资源定价问题，对偶问题的最优解所代表的是，企业在当前面临的资源状况 $\boldsymbol{b}$，技术状况 $\boldsymbol{A}$ 和市场状况 $\boldsymbol{C}$ 已知的情况下，单位资源对企业的价值。

2.3.1　影子价格的原理

对于一般的线性规划问题（2-1）和其对偶问题（2-2），若 $\boldsymbol{X}^*=(x_1^*,\ x_2^*,\ \cdots,\ x_n^*)^{\mathrm{T}}$ 和 $\boldsymbol{Y}^*=(y_1^*,\ y_2^*,\ \cdots,\ y_m^*)$ 分别是问题（2-1）和（2-2）的最优解，则据定理 2.3 知其最优值相等，即

$$z^*=c_1x_1^*+c_2x_2^*+\cdots+c_nx_n^*=w^*=b_1y_1^*+b_2y_2^*+\cdots+b_my_m^*$$

由此可知原线性规划问题（2-1）的最优值与右端常数之间的关系为

$$z^*=b_1y_1^*+b_2y_2^*+\cdots+b_my_m^*$$

因此，y_i^* 代表着当第 i 个右端常数 b_i 增加一个单位时，最优目标函数值的相应增量。

若把 z^* 看作 b_1，…，b_m 的函数，则由 $\dfrac{\partial z^*}{\partial b_i}=y_i^*$，可知 y_i^* 是资源 b_i 的价值的一种度量，称为 b_i 的影子价格，其含义是在目前已给定的情况下，最优目标值随资源数量变化的变化率，其经济含义是为约束条件所付出的代价。

值得注意的是，当 $\boldsymbol{B}$ 是原问题的最优基时，$\boldsymbol{Y}^*=\boldsymbol{C}_B\boldsymbol{B}^{-1}$ 就是影子价格向量，可见影子价格只是对资源价值的边际度量，当 $\boldsymbol{A}$，$\boldsymbol{b}$ 或 $\boldsymbol{C}$ 改变时，影子价格也会发生相应的改变。

例 2-4　已知线性规划问题如下，用线性规划的对偶问题进行求解。

$$\max z=2x_1+3x_2+3x_3 \quad （利润）$$

$$\text{s.t.}\begin{cases}x_1+x_2+x_3\leqslant 3 & （工时/h）\\x_1+4x_2+7x_3\leqslant 9 & （材料/t）\\x_1\geqslant 0,\ x_2\geqslant 0,\ x_3\geqslant 0\end{cases}$$

解　线性规划的对偶问题为

$$\min w=3y_1+9y_2$$

$$\text{s.t.}\begin{cases}y_1+y_2\geqslant 2\\y_1+4y_2\geqslant 3\\y_1+7y_2\geqslant 3\\y_1\geqslant 0,\ y_2\geqslant 0\end{cases}$$

求解可得

$y_1=\frac{5}{3}$，$y_2=\frac{1}{3}$，即工时的影子价格为$\frac{5}{3}$，材料的影子价格为$\frac{1}{3}$。

如果目前市场上材料的价格低于$\frac{1}{3}$，则企业可以购进一部分材料来扩大生产，反之若市场价高于$\frac{1}{3}$，则企业可以卖掉部分材料。

如果有客户以高于$\frac{5}{3}$的价格购买该企业的工时，则可以出售一些工时；反之，若客户出价低于$\frac{5}{3}$则不应出售工时。若企业能够通过加班或租用别人的设备来扩大工时，则当所获得的额外工时的成本低于$\frac{5}{3}$时，企业可以增加工时，否则不应增加工时。

2.3.2　对偶理论的应用

若 $\boldsymbol{B}$ 是线性规划的最优基，则 $\boldsymbol{\pi}=\boldsymbol{C}_B\boldsymbol{B}^{-1}$ 是对偶问题的最优解。由检验数的计算方法可知：$\boldsymbol{\sigma}=\boldsymbol{C}-\boldsymbol{\pi A}$。若 $\boldsymbol{A}$ 中有单位子矩阵，不妨设 $\boldsymbol{A}$ 的前 m 列为单位矩阵，则在最优表中有

$$\sigma_i=c_i-\pi_i \quad (i=1, 2, \cdots, m)$$

可知

$$\pi_i=c_i-\sigma_i \quad (i=1, 2, \cdots, m)$$

其中，c_i 为目标函数中 x_i 的系数，σ_i 为最优表中 x_i 的检验数。

2.4　对偶单纯形法

对偶单纯形法就是利用对偶理论来求解线性规划问题的一种方法。设线性规划问题为

$$\max z=\boldsymbol{CX}$$

$$\text{s.t.}\begin{cases}\boldsymbol{AX}=\boldsymbol{b}\\ \boldsymbol{X}\geqslant\boldsymbol{0}\end{cases}$$

若 $\boldsymbol{B}$ 是 $\boldsymbol{A}$ 中的一个基，回顾第 1 章中线性规划解的概念可知，当 $\boldsymbol{B}$ 对应的基解也是可行解时，我们称 $\boldsymbol{B}$ 为可行基，当 $\boldsymbol{B}$ 对应的基本可行解是最优解时，我们称 $\boldsymbol{B}$ 为最优基，在此定义以下概念：

若 $\boldsymbol{C}_B\boldsymbol{B}^{-1}$ 是对偶问题的可行解，则称 $\boldsymbol{B}$ 为对偶可行基，且使单纯形乘子 $\boldsymbol{\pi}=\boldsymbol{C}_B\boldsymbol{B}^{-1}$ 成为对偶问题的可行解，即满足 $\boldsymbol{\pi A}\geqslant\boldsymbol{C}$。结合定理 2.3，最优基既应该是可行基，也应该使检验数 $\boldsymbol{\sigma}_N\leqslant\boldsymbol{0}$，而这就意味着 $\boldsymbol{B}$ 也是对偶可行基。反之当 $\boldsymbol{B}$ 是可行基，且也是对偶可行基时，对应于 $\boldsymbol{B}$ 的基本可行解的检验数 $\boldsymbol{\sigma}_N\leqslant\boldsymbol{0}(\boldsymbol{C}_B\boldsymbol{B}^{-1}\boldsymbol{A}\geqslant\boldsymbol{C})$，因此 $\boldsymbol{B}$ 也是最优基，于是有以下定理。

定理 2.5　$\boldsymbol{B}$ 是线性规划的最优基的充要条件是，$\boldsymbol{B}$ 是可行基，而且也是对偶可行基。

前面介绍了对偶问题的基本概念和基本定理，这一节中将着重讨论对偶单纯形法。以线性规划标准型为例，对于线性规划

$$\max z=\boldsymbol{CX}$$

$$\text{s.t.}\begin{cases}\boldsymbol{AX}=\boldsymbol{b}\\ \boldsymbol{X}\geqslant\boldsymbol{0}\end{cases}$$

用对偶单纯形法求解原问题，应用的前提条件是，有一个基，其对应的基解满足以下两个条件：

① 初始单纯形表的检验数行全部非正（保证它是对偶可行基）；

② 基底变量取值有负数（对于原问题来说是不可行）。

对偶单纯形法的步骤介绍如下。

步骤 1　求一个满足最优检验条件的初始基本解，列出初始单纯形表。

步骤 2　可行性检验，若所有的右端系数均大于等于 0，即 $b_i\geqslant 0$（$i=1, 2, \cdots, m$），则已得到最优解，停止运算，否则，转到步骤 3。

步骤 3　求另一个满足最优检验条件且更接近可行解的基本解。

① 确定换出变量。找非可行解中最小者，即 $\min\{b_i \mid b_i<0\}$，设第 l 行的最小，则 l 行成为主行，该行对应的基变量为换出变量。

② 确定换入变量。最小比例原则（设目标函数为 max 型，检验数为 c_j-z_j），若 $\theta_k=\min\limits_j\left\{\dfrac{c_j-z_j}{a'_{lj}} \mid a'_{lj}<0, c_j-z_j<0\right\}=\dfrac{c_k-z_k}{a'_{lk}}$，则第 k 列为主列，即换入基底列，第 k 列的变量 x_k 为换入变量。若找不到主列或换入变量，则原线性规划的解为无界解，停止运算，否则转到步骤③。

③ 以主元 a'_{lk} 为中心迭代得到另一个满足最优检验条件且更接近可行解的基本解。即将主元 a'_{lk} 变换为 1，主元 a'_{lk} 所在列的其他技术系数用行的初等变换变为 0，并用换入变量及其价值系数置换出变量及其价值系数，得到新的单纯形表，其检验数满足最优检验条件且更接近可行解的基解，再转到步骤 2。

例 2-5　用对偶单纯形法求解如下线性规划问题

$$\min z=x_1+5x_2+3x_4$$

$$\text{s.t.}\begin{cases}x_1+2x_2-x_3+x_4\geqslant 6\\ -2x_1-x_2+4x_3+x_4\geqslant 4\\ x_1, x_2, x_3, x_4\geqslant 0\end{cases}$$

解　将上述线性规划直接引进剩余变量，化成标准形式

$$\max w=-x_1-5x_2-3x_4$$

$$\text{s.t.}\begin{cases}-x_1-2x_2+x_3-x_4+x_5=-6\\ 2x_1+x_2-4x_3-x_4+x_6=-4\\ x_1, x_2, x_3, x_4, x_5, x_6\geqslant 0\end{cases}$$

其中，$\max w=-\min z$，变量 x_5 和 x_6 为剩余变量。对偶单纯形法的求解过程如表 2-3 所示。

表 2-3

$c_j\to$			-1	-5	0	-3	0	0	$\min\limits_i\{b_i \mid b_i<0\}$
$\boldsymbol{C}_B$	$\boldsymbol{X}_B$	$\boldsymbol{b}$	x_1	x_2	x_3	x_4	x_5	x_6	
0	x_5	$-6\to$	$[-1]$	-2	1	-1	1	0	-6
0	x_6	-4	2	1	-4	-1	0	1	
$c_j-z_j\to$			-1	-5	0	-3	0	0	$w=0$
$\min\limits_j\left\{\dfrac{c_j-z_j}{a'_{lj}} \mid a'_{lj}<0\right\}$			$-1/-1$	$-5/-2$		$-3/-1$			
-1	x_1	6	1	2	-1	1	-1	0	
0	x_6	$-16\to$	0	-3	$[-2]$	-3	2	1	-16
$c_j-z_j\to$			0	-3	-1	-2	-1	0	$w=-6$
$\min\limits_j\left\{\dfrac{c_j-z_j}{a'_{lj}} \mid a'_{lj}<0\right\}$				$-3/-3$	$-1/-2$	$-2/-3$			
-1	x_1	14	1	7/2	0	5/2	-2	$-1/2$	
0	x_3	8	0	3/2	1	3/2	-1	$-1/2$	
$c_j-z_j\to$			0	$-3/2$	0	$-1/-2$	-2	$-1/2$	$w=-14$

最优解为

$$\boldsymbol{X}^*=(x_1,\ x_2,\ x_3,\ x_4,\ x_5,\ x_6)^{\mathrm{T}}=(14,\ 0,\ 8,\ 0,\ 0,\ 0)^{\mathrm{T}}$$

最优解对应的目标函数值为 $\min z=-\max w=14$。

例 2-6　用对偶单纯形法求解下列线性规划问题。

$$\min w=15y_1+24y_2+5y_3$$

$$\text{s. t.}\begin{cases}6y_2+y_3\geqslant 2\\5y_1+2y_2+y_3\geqslant 1\\y_1,\ y_2,\ y_3\geqslant 0\end{cases}$$

解　先标准化，得

$$\max w'=-15y_1-24y_2-5y_3+0y_4+0y_5$$

$$\text{s. t.}\begin{cases}6y_2+y_3-y_4=2\\5y_1+2y_2+y_3-y_5=1\\y_i\geqslant 0\quad (i=1,\ 2,\ \cdots,\ 5)\end{cases}$$

约束条件两边乘 -1，得

$$\max w'=-15y_1-24y_2-5y_3+0y_4+0y_5$$

$$\text{s. t.}\begin{cases}-6y_2-y_3+y_4=-2\\-5y_1-2y_2-y_3+y_5=-1\\y_i\geqslant 0\quad(i=1,\ 2,\ \cdots,\ 5)\end{cases}$$

列出单纯形表，按照上述步骤计算，计算过程如表 2-4 所示。

表 2-4

	$c_j\to$		-15	-24	-5	0	0	$\min\limits_i\{b_i\mid b_i<0\}$
$\boldsymbol{C}_B$	$\boldsymbol{Y}_B$	$\boldsymbol{b}$	y_1	y_2	y_3	y_4	y_5	
0	y_4	-2	0	[-6]	-1	1	0	-2
0	y_5	-1	-5	-2	-1	0	1	
	$\sigma_j\to$		-15	-24	-5	0	0	$w'=0$
-24	y_2	1/3	0	1	1/6	$-1/6$	0	
0	y_5	$-1/3$	-5	0	[$-2/3$]	$-1/3$	1	$-1/3$
	$\sigma_j\to$		-15	0	-1	-4	0	$w'=-8$
-24	y_2	1/4	$-5/4$	1	0	1/4	1/4	
-5	y_3	1/2	15/2	0	1	1/2	$-3/2$	
	$\sigma_j\to$		$-15/2$	0	0	$-7/2$	$-3/2$	$-17/2$

2.5 灵敏度分析

在前面讨论线性规划问题时，都假定问题中的 a_{ij}，b_i，c_j 是已知常数。实际上，这些参数往往是变化的，如：市场条件一变，c_j 的值就会变化；工艺技术条件的改变，a_{ij} 也会变化；而 b_i 值则是根据资源投入后产生多大经济效益来决定的一种决策选择。

因此，线性规划实际应用中，人们经常提出这样的问题：当这些参数的一个或几个发生变化时，问题的最优解会有什么变化，或者这些参数在一个多大的范围内变化时，问题的最优解不变，这就是灵敏度分析（sensitivity analysis）所要解决的问题。“灵敏度分析”的含义是指对系统或事物因周围条件变化显示出来的敏感程度的分析。

当线性规划的参数发生变化时，我们并没有必要用单纯形法从头计算来看最优解有无变化。单纯形的迭代计算是从一组基向量变换为另一组基向量，因此可以把发生变化的个别系数，经过一定计算后，直接填入最终单纯形表中进行检查分析，看一些数字发生变化后是否满足最优性条件，如果不能满足，再从这个表开始迭代计算，求得最优解。

通常，灵敏度分析的步骤可归纳如下。

① 计算出由参数 a_{ij}，b_i，c_j 的变化而引起的最终单纯形表上有关数字的变化。

$$\text{由}\begin{cases}\boldsymbol{X}_B=\boldsymbol{B}^{-1}\boldsymbol{b}\\\boldsymbol{P}_j'=\boldsymbol{B}^{-1}\boldsymbol{P}_j\\\boldsymbol{\sigma}=\boldsymbol{C}-\boldsymbol{C}_B\boldsymbol{B}^{-1}\boldsymbol{A}\leqslant 0\end{cases}\qquad\text{可得}\begin{cases}\Delta\boldsymbol{b}'=\boldsymbol{B}^{-1}\Delta\boldsymbol{b}\\\Delta\boldsymbol{P}_j'=\boldsymbol{B}^{-1}\Delta\boldsymbol{P}_j\\\boldsymbol{\sigma}'=\boldsymbol{C}+\Delta\boldsymbol{C}-\boldsymbol{C}_B\boldsymbol{B}^{-1}\boldsymbol{A}\end{cases}$$

② 检查原问题是否仍有可行解。

③ 检查对偶问题是否仍有可行解。

④ 按表 2 - 5 所列情况得出结论并决定继续计算的步骤。

表 2 - 5

原问题	对偶问题	结论或继续计算的步骤
可行解	可行解	问题的最优解或最优基不变
可行解	非可行解	用单纯形法继续迭代求最优解
非可行解	可行解	用对偶单纯形法继续迭代求最优解
非可行解	非可行解	引进人工变量

下面就最优单纯形表各个参数的特征列表总结，如表 2 - 6 所示。

表 2 - 6

$\boldsymbol{C}_B$	$\boldsymbol{X}_B$	$\boldsymbol{b}$	$\boldsymbol{C}_B$	$\boldsymbol{C}_N$	θ
			$\boldsymbol{X}_B$	$\boldsymbol{X}_N$	
$\boldsymbol{C}_B$	$\boldsymbol{X}_B$	$\boldsymbol{B}^{-1}\boldsymbol{b}$	$\boldsymbol{B}^{-1}\boldsymbol{B}$	$\boldsymbol{B}^{-1}\boldsymbol{N}$	
	σ		$\boldsymbol{C}_B-\boldsymbol{C}_B\boldsymbol{B}^{-1}\boldsymbol{B}$	$\boldsymbol{C}_N-\boldsymbol{C}_B\boldsymbol{B}^{-1}\boldsymbol{N}$	$Z=\boldsymbol{C}_B\boldsymbol{B}^{-1}\boldsymbol{b}$

2.5.1　目标函数系数 c_j 的灵敏度分析

下面分别就 c_j 是基变量和非基变量两种情况来讨论。

1. 基底变量 $\boldsymbol{c}_r$ 的变化情况分析

若 c_r 是基变量 x_r 的系数，因 $c_r\in\boldsymbol{C}_B$，由表 2 - 6 最优单纯形表知，当 c_r 变为 $\bar{c}_r=c_r+\Delta c_r$ 时，会引起整个非基变量的检验数的变化。

$$(\boldsymbol{C}_B+\Delta\boldsymbol{C}_B)\boldsymbol{B}^{-1}\boldsymbol{A}=\boldsymbol{C}_B\boldsymbol{B}^{-1}\boldsymbol{A}+(0,\ \cdots,\ \Delta c_r,\ \cdots,\ 0)\boldsymbol{B}^{-1}\boldsymbol{A}$$
$$=\boldsymbol{C}_B\boldsymbol{B}^{-1}\boldsymbol{A}+\Delta c_r(a_{r1},\ a_{r2},\ \cdots,\ a_{rn})$$

可见当 c_r 变化 Δc_r 后，最终表中的检验数是

$$\sigma_j'=c_j-\boldsymbol{C}_B\boldsymbol{B}^{-1}\boldsymbol{A}-\Delta c_r\bar{a}_{rj}\quad(j=1,\ 2,\ \cdots,\ n)$$

若要求原最优解不变，基必须满足 $\sigma_j'\leqslant 0$。于是

当 $\bar{a}_{rj}<0$，有 $\Delta c_r\leqslant\sigma_j/\bar{a}_{rj}$

当 $\bar{a}_{rj}>0$，有 $\Delta c_r\geqslant\sigma_j/\bar{a}_{rj}$

即 Δc_r 可变化的范围是

$$\max_j\{\sigma_j/\bar{a}_{rj}\mid\bar{a}_{rj}>0\}\leqslant\Delta c_r\leqslant\min_j\{\sigma_j/\bar{a}_{rj}\mid\bar{a}_{rj}<0\}\qquad(2-5)$$

也就是说 c_r 变化为 $\bar{c}_r=(c_r+\Delta c_r)$ 时，检验数都满足 $\sigma_j'\leqslant 0$，则最优基不变。

2. 非基变量 c_j 的变化情况分析

当 c_j 是非基变量 x_j 的系数，对应的检验数是

$$\sigma_j = c_j - \boldsymbol{C}_{\mathrm{B}}\boldsymbol{B}^{-1}\boldsymbol{P}_j \quad 或 \quad \sigma_j = c_j - \sum_{i=1}^{m} a_{ij} y_i$$

当 c_j 变化 Δc_j 后，要保证最终表中这个检验数仍小于或等于零，即

$$\sigma_j' = c_j + \Delta c_j - \boldsymbol{C}_{\mathrm{B}}\boldsymbol{B}^{-1}\boldsymbol{P}_j \leqslant 0$$

那么 $c_j + \Delta c_j \leqslant \boldsymbol{YP}_j$，$\Delta c_j$ 的值必须小于或等于 $\boldsymbol{YP}_j - c_j$，才可以满足原最优解条件，可以确定 Δc_j 的范围，

即 $$\Delta c_j \leqslant -\sigma_j \tag{2-6}$$

当 c_j 变化不会影响基变量取值，而只会引起相应 x_j 所对应的检验数发生变化时，其变化后的检验数为 $\sigma_j' = c_j + \Delta c_j - \boldsymbol{C}_{\mathrm{B}}\boldsymbol{B}^{-1}\boldsymbol{P}_j$

只要 $\sigma_j' \leqslant 0$，则 $\boldsymbol{B}$ 所对应的基可行解仍为最优解，若 $\sigma_j' > 0$，则可用单纯形法继续计算。

例 2-7 已知线性规划问题的标准形式为

$$\max z = -x_1 + 2x_2 + x_3 + 0x_4 + 0x_5$$

$$\text{s.t.}\begin{cases} x_1 + x_2 + x_3 + x_4 = 6 \\ 2x_1 - x_2 + x_5 = 4 \\ x_1, \cdots, x_5 \geqslant 0 \end{cases} \tag{2-7}$$

其最优单纯形表如表 2-7 所示。

问：① 当 c_1 由 -1 变为 4 时，求新问题的最优解。

② 讨论 c_2 在什么范围内变化时，原有的最优解仍是最优解。

表 2-7

c_j			-1	2	1	0	0	θ
$\boldsymbol{C}_{\mathrm{B}}$	$\boldsymbol{X}_{\mathrm{B}}$	$\bar{b}$	x_1	x_2	x_3	x_4	x_5	
2	x_2	6	1	1	1	1	0	
0	x_5	10	3	0	1	1	1	
$\sigma_j \rightarrow$			-3	0	-1	-2	0	$z=12$

解 ① 由表 2-7 可知，当 c_1 由 -1 变为 4 时，因为 c_1 是非基变量 x_1 的价值系数，因此 c_1 的改变影响的只是 x_1 自己的检验数 σ_1，由于

$$\Delta c_1 = c_1' - c_1 = 4 - (-1) = 5$$

由于 $\Delta c_1 \geqslant -\sigma_1$，即 $5 \geqslant -(-3)$，根据式（2-6）可知最优性准则已不满足。当表 2-7 中 σ_1 变为 σ_1' 后，重新迭代，可得到新问题的最优解，如表 2-8 所示。

表 2-8

c_j			4	2	1	0	0	θ
$\boldsymbol{C}_B$	$\boldsymbol{X}_B$	$\bar{b}$	x_1	x_2	x_3	x_4	x_5	
2	x_2	6	1	1	1	1	0	6
0	x_5	10	[3]	0	1	1	1	10/3
$\sigma_j \rightarrow$			2	0	−1	−2	0	$z=12$
2	x_2	8/3	0	1	2/3	2/3	−1/3	
4	x_1	10/3	1	0	1/3	1/3	1/3	
$\sigma_j \rightarrow$			0	0	−5/3	−8/3	−2/3	$z=12$

因此当 c_1 由−1 变为 4 时，新的线性规划问题的最优解变为

$\boldsymbol{X}^* = (10/3, 8/3, 0, 0, 0)^T$，　$z^* = 56/3$。

② 由于 x_2 是基变量，所以根据式（2-5）

$$\max_j \{\sigma_j / \bar{a}_{rj} \mid \bar{a}_{rj} > 0\} \leqslant \Delta c_r \leqslant \min_j \{\sigma_j / \bar{a}_{rj} \mid \bar{a}_{rj} < 0\}$$

$$\max\left\{\frac{-5/3}{2/3}, \frac{-8/3}{2/3}\right\} \leqslant \Delta c_2 \leqslant \min\left\{\frac{-2/3}{-1/3}\right\}$$

即 $-2.5 \leqslant \Delta c_2 \leqslant 2$，原最优解仍为最优解。

例 2-8　已知线性规划问题为

$$\max z = 70x_1 + 30x_2 + 20x_3$$

$$\text{s.t.} \begin{cases} 3x_1 + 9x_2 + x_3 + x_4 = 540 \\ 5x_1 + 5x_2 + 2x_3 + x_5 = 450 \\ 9x_1 + 3x_2 + 3x_3 + x_6 = 720 \\ x_j \geqslant 0 \quad (j = 1, 2, \cdots, 6) \end{cases} \tag{2-8}$$

其最终单纯形表如表 2-9 所示。

表 2-9

c_j			70	30	20	0	0	0	
$\boldsymbol{C}_B$	$\boldsymbol{X}_B$	$\boldsymbol{b}$	x_1	x_2	x_3	x_4	x_5	x_6	
0	x_4	180	0	0	−4/5	1	−12/5	1	
30	x_2	15	0	1	1/10	0	3/10	−1/6	
70	x_1	75	1	0	3/10	0	−1/10	1/6	
$\sigma_j \rightarrow$			0	0	−4	0	−2	−20/3	z

问：① c_2 在什么范围变化，最优基不变？

② c_3 在什么范围变化，最优基不变？

解 ① 根据式（2-5）可求出$-\frac{20}{3}\leqslant\Delta c_2\leqslant 40$。也可以采用下列方式。设$c_2$变化为$\bar{c}_2=c_2+\Delta c_2$，则变化之后得到的最终单纯形表如表2-10所示。

表2-10

	c_j		70	$30+\Delta c_2$	20	0	0	0	
C_B	X_B	b	x_1	x_2	x_3	x_4	x_5	x_6	
0	x_4	180	0	0	$-4/5$	1	$-12/5$	1	
$30+\Delta c_2$	x_2	15	0	1	$1/10$	0	$3/10$	$-1/6$	
70	x_1	75	1	0	$3/10$	0	$-1/10$	$1/6$	
	$\sigma_j\to$		0	0	$-4-\frac{\Delta c_2}{10}$	0	$-2-\frac{3\Delta c_2}{10}$	$-\frac{20}{3}+\frac{\Delta c_2}{6}$	z

由$-4-\frac{\Delta c_2}{10}\leqslant 0$，$-2-\frac{3\Delta c_2}{10}\leqslant 0$，$-\frac{20}{3}+\frac{\Delta c_2}{6}\leqslant 0$，可知当$-\frac{20}{3}\leqslant\Delta c_2\leqslant 40$时，最优基不变。

② x_3为非基变量，所以$\Delta c_3\leqslant-\sigma_3$，即$\Delta c_3\leqslant 4$。可知当$\Delta c_3\leqslant 4$时，最优基不变。若$\Delta c_3>4$则可用单纯形法继续计算。

例2-9 某公司生产两种产品，最优生产计划采用如下线性规划模型

$$\max z=2x_1+x_2$$

$$\text{s. t.}\begin{cases}5x_2\leqslant 15\\6x_1+2x_2\leqslant 24\\x_1+x_2\leqslant 5\\x_1,\ x_2\geqslant 0\end{cases}$$

已知该线性规划问题的最优解为$x_1^*=7/2$，$x_2^*=3/2$；$z^*=17/2$最终单纯形表如表2-11所示。

① 若c_1由2降至1.5，c_2由1升至2，最优解会有什么变化？

② 若c_1不变，c_2在什么范围内变化，最优解不发生变化？

表2-11

	$c_j\to$		2	1	0	0	0	θ
C_B	X_B	b'	x_1	x_2	x_3	x_4	x_5	
0	x_3	$15/2$	0	0	1	$5/4$	$-15/2$	
2	x_1	$7/2$	1	0	0	$1/4$	$-1/2$	
1	x_2	$3/2$	0	1	0	$-1/4$	$3/2$	
	$\sigma_j\to$		0	0	0	$-1/4$	$-1/2$	$z=\frac{17}{2}$

解 ① 将c_1，c_2的变化直接反映到最终的单纯形表上如表2-12所示。

表 2－12

$c_j \to$			1.5	2	0	0	0	θ
C_B	X_B	b'	x_1	x_2	x_3	x_4	x_5	
0	x_3	15/2	0	0	1	[5/4]	−15/2	$\frac{15/2}{5/4}$
1.5	x_1	7/2	1	0	0	1/4	−1/2	$\frac{7/2}{1/4}$
2	x_2	3/2	0	1	0	−1/4	3/2	
$\sigma_j \to$			0	0	0	1/8	−9/4	$z=17/2$
0	x_4	6	0	0	4/5	1	−6	
1.5	x_1	2	1	0	−1/5	0	1	
2	x_2	3	0	1	1/5	0	0	
$\sigma_j \to$			0	0	−1/10	0	−3/2	

由于将 c_1，c_2 的变化直接反映到最终单纯形表后，变量 x_4 的检验数大于 0，故需继续迭代单纯形表。最后得到的最优解为 $x_1^*=2$，$x_2^*=3$；$z^*=9$。

② 根据式（2－5），$\max\left\{\frac{-1/2}{3/2}\right\}\leqslant\Delta c_2\leqslant\min\left\{\frac{-1/4}{-1/4}\right\}$，即$\frac{-1}{3}\leqslant\Delta c_2\leqslant1$，则 c_2 的变化范围是 $2/3\leqslant c_2\leqslant2$。

2.5.2　右端列向量 b 的灵敏度分析

设原问题为

$$\begin{aligned}\max z&=\boldsymbol{CX}\\ \boldsymbol{AX}&=\boldsymbol{b}\\ \boldsymbol{X}&\geqslant\boldsymbol{0}\end{aligned}\tag{2-9}$$

假定 $\boldsymbol{B}$ 是原问题最优解所对应的基，若资源数量由 $\boldsymbol{b}$ 变化为 $\bar{\boldsymbol{b}}=\boldsymbol{b}+\Delta\boldsymbol{b}$，我们仍以原问题的最优基 $\boldsymbol{B}$ 作为在发生变化后的线性规划问题的一个基，则以 $\boldsymbol{B}$ 为基的新线性规划问题的解相应发生变化。当右端列向量从 $\boldsymbol{b}\to\boldsymbol{b}+\Delta\boldsymbol{b}$，改变了单纯形表中的第三列——右端列，即基变量的取值由 $\boldsymbol{X}_B=\boldsymbol{B}^{-1}\boldsymbol{b}$ 变为 $\boldsymbol{X}_B'=\boldsymbol{B}^{-1}(\boldsymbol{b}+\Delta\boldsymbol{b})$，且目标函数值由 $-Z=-\boldsymbol{C}_B\boldsymbol{B}^{-1}\boldsymbol{b}$ 变为 $-Z'=-\boldsymbol{C}_B\boldsymbol{B}^{-1}(\boldsymbol{b}+\Delta\boldsymbol{b})$。

新的最优解的值可允许变化范围用以下方法确定。

不妨设 $\boldsymbol{b}$ 中第 r 行发生变化

$$\bar{\boldsymbol{b}}=\boldsymbol{b}+\Delta\boldsymbol{b}=\boldsymbol{b}+\begin{bmatrix}0\\ \vdots\\ \Delta b_r\\ \vdots\\ 0\end{bmatrix}\tag{2-10}$$

若 $$\boldsymbol{B}^{-1}\overline{\boldsymbol{b}}=\boldsymbol{B}^{-1}(\boldsymbol{b}+\Delta\boldsymbol{b})=\boldsymbol{B}^{-1}\boldsymbol{b}+\boldsymbol{B}^{-1}\Delta\boldsymbol{b}=\boldsymbol{B}^{-1}\boldsymbol{b}+\boldsymbol{B}^{-1}\begin{bmatrix}0\\ \vdots\\ \Delta b_r\\ \vdots\\ 0\end{bmatrix}\geqslant 0$$

$$\boldsymbol{B}^{-1}\begin{bmatrix}0\\ \vdots\\ \Delta b_r\\ \vdots\\ 0\end{bmatrix}=\begin{bmatrix}\bar{a}_{1r}\Delta b_r\\ \vdots\\ \bar{a}_{ir}\Delta b_r\\ \vdots\\ \bar{a}_{mr}\Delta b_r\end{bmatrix}=\Delta b_r\begin{bmatrix}\bar{a}_{1r}\\ \vdots\\ \bar{a}_{ir}\\ \vdots\\ \bar{a}_{mr}\end{bmatrix}$$

其中，$[\bar{a}_{1r},\cdots,\bar{a}_{ir},\cdots,\bar{a}_{mr}]^{\mathrm{T}}$ 是 $\boldsymbol{B}^{-1}$的第 r 列。

进一步得，最终表中 b 列元素为：

$$\bar{b}_i+\bar{a}_{ir}\Delta\bar{b}_r\geqslant 0,\quad i=1,2,\cdots,m$$

$$\bar{a}_{ir}\Delta\bar{b}_r\geqslant -\bar{b}_i\quad i=1,2,\cdots,m$$

当$\bar{a}_{ir}>0$ 时，$\Delta b_r\geqslant -\bar{b}_i/\bar{a}_{ir}$；当$\bar{a}_{ir}<0$ 时，$\Delta b_r\leqslant -\bar{b}_i/\bar{a}_{ir}$。由此得到 b_r 的灵敏度范围为

$$\max\left\{\frac{-\bar{b}_i}{\bar{a}_{ir}}\middle|\bar{a}_{ir}>0\right\}\leqslant\Delta b_r\leqslant\min\left\{\frac{-\bar{b}_i}{\bar{a}_{ir}}\middle|\bar{a}_{ir}<0\right\}\qquad(2-11)$$

若 $\boldsymbol{X}_{\mathrm{B}}'=\boldsymbol{B}^{-1}(\boldsymbol{b}+\Delta\boldsymbol{b})\geqslant 0$ 仍成立，因为 $\sigma_j(j\in J_{\mathrm{N}})$ 没有改变，则最优解仍是最优解。此时 $\boldsymbol{X}_{\mathrm{B}}'$为新问题的最优解，$Z'$为新问题的最优值。

若 $\boldsymbol{X}_{\mathrm{B}}'=\boldsymbol{B}^{-1}(\boldsymbol{b}+\Delta\boldsymbol{b})\geqslant 0$ 不成立，但因 $\sigma_j\leqslant 0$ 仍成立，则$\begin{bmatrix}\boldsymbol{X}_{\mathrm{B}}'\\ \boldsymbol{X}_{\mathrm{N}}'\end{bmatrix}=\begin{bmatrix}\boldsymbol{B}^{-1}(\boldsymbol{b}+\Delta\boldsymbol{b})\\ \boldsymbol{0}\end{bmatrix}$是一个不可行解。故可用对偶单纯形法再次进行迭代，直到求得新的最优解。

例 2-10 在例 2-9 的结果中，进一步考虑：

① 若 $\Delta b_2=8$，分析解的变化；

② Δb_3 在多大范围内变化，问题的最优基不变？

解 ① $\boldsymbol{B}^{-1}=\begin{bmatrix}1 & 5/4 & -15/2\\ 0 & 1/4 & -1/2\\ 0 & -1/4 & 3/2\end{bmatrix}$，$\Delta\boldsymbol{b}=\begin{bmatrix}0\\ 8\\ 0\end{bmatrix}$

$$\Delta\boldsymbol{b}'=\boldsymbol{B}^{-1}\Delta\boldsymbol{b}=\begin{bmatrix}1 & 5/4 & -15/2\\ 0 & 1/4 & -1/2\\ 0 & -1/4 & 3/2\end{bmatrix}\begin{bmatrix}0\\ 8\\ 0\end{bmatrix}=\begin{bmatrix}10\\ 2\\ -2\end{bmatrix}$$

将其反映到最终单纯形表中如表 2-13 所示。

表 2-13

$c_j\to$			2	1	0	0	0	
$\boldsymbol{C}_B$	$\boldsymbol{X}_B$	$\boldsymbol{b}'$	x_1	x_2	x_3	x_4	x_5	
0	x_3	35/2	0	0	1	5/4	−15/2	
2	x_1	11/2	1	0	0	1/4	−1/2	
1	x_2	−1/2	0	1	0	[−1/4]	3/2	
$\sigma_j\to$			0	0	0	−1/4	−1/2	
0	x_3	15	0	5	1	0	0	
2	x_1	5	1	1	0	0	1	
0	x_4	2	0	−4	0	1	−6	
$\sigma_j\to$			0	−1	0	0	−2	$z=10$

由于将 b_2 的变化直接反映到最终单纯形表后，原问题的基解不可行，但检验数均为非正，需继续用对偶单纯形法迭代单纯列表。最后得最优解为 $x_1^*=5$，$x_2^*=0$；$z^*=10$。

② $\boldsymbol{B}^{-1}=\begin{bmatrix}1 & 5/4 & -15/2\\ 0 & 1/4 & -1/2\\ 0 & -1/4 & 3/2\end{bmatrix}$

根据式（2-11），有

$$\max\left\{\frac{-\frac{3}{2}}{\frac{3}{2}}\right\}\leqslant\Delta b_3\leqslant\min\left\{\frac{-\frac{15}{2}}{-\frac{15}{2}},\ \frac{-\frac{7}{2}}{-\frac{1}{2}}\right\}$$

$$-1\leqslant\Delta b_3\leqslant1$$

例 2-11　已知线性规划问题及其最优单纯形表（如表 2-14 所示）。

$$\max z=-x_1-x_2+4x_3$$

$$\text{s. t.}\begin{cases}x_1+x_2+2x_3+x_4=9\\ x_1+x_2-x_3+x_5=2\\ -x_1+x_2+x_3+x_6=4\\ x_j\geqslant0\quad(j=1,\ 2,\ \cdots,\ 6)\end{cases}$$

若右端列向量从 $\boldsymbol{b}=\begin{bmatrix}9\\2\\4\end{bmatrix}\to\begin{bmatrix}3\\2\\3\end{bmatrix}$，求新问题的最优解。

表 2-14

c_j			−1	−1	4	0	0	0	
$\boldsymbol{C}_B$	$\boldsymbol{X}_B$	$\bar{\boldsymbol{b}}$	x_1	x_2	x_3	x_4	x_5	x_6	
−1	x_1	1/3	1	−1/3	0	1/3	0	−2/3	
0	x_5	6	0	2	0	0	1	1	
4	x_3	13/13	0	2/3	1	1/3	0	1/3	
$\sigma_j\to$			0	−4	0	−1	0	−2	$z=17$

解　当 $\boldsymbol{b}$ 由 $[9\quad 2\quad 4]^{\mathrm{T}}$ 改变为 $[3\quad 2\quad 3]^{\mathrm{T}}$ 时，

$$\boldsymbol{X}_{\mathrm{B}}'=\boldsymbol{B}^{-1}\boldsymbol{b}'=\begin{bmatrix}1&0&2\\1&1&-1\\-1&0&1\end{bmatrix}^{-1}\begin{bmatrix}3\\2\\3\end{bmatrix}$$

$$=\begin{bmatrix}1/3&0&-2/3\\0&1&1\\1/3&0&1/3\end{bmatrix}\cdot\begin{bmatrix}3\\2\\3\end{bmatrix}=\begin{bmatrix}-1\\5\\2\end{bmatrix}\ngeq\boldsymbol{0}$$

$$-z'=-\boldsymbol{C}_{\mathrm{B}}\boldsymbol{B}^{-1}(\boldsymbol{b}+\Delta\boldsymbol{b})=-[-1\quad 0\quad 4]\begin{bmatrix}-1\\5\\2\end{bmatrix}=-9$$

因此可将表 2-14 中第 3 列修改后成为表 2-15 中的第 3 列，再用对偶单纯形法进行迭代，求得新问题的最优解与最优值。故新问题的最优解为

$$\boldsymbol{X}^{*}=(0,\ 0,\ 3/2,\ 0,\ 7/2,\ 3/2)^{\mathrm{T}}$$

最优值为 $z^{*}=6$。

表 2-15

	$c_j\to$		-1	-1	4	0	0	0	
$\boldsymbol{C}_{\mathrm{B}}$	$\boldsymbol{X}_{\mathrm{B}}$	$\bar{b}$	x_1	x_2	x_3	x_4	x_5	x_6	
-1	x_1	-1	1	$-1/3$	0	1/3	0	[$-2/3$]	
0	x_5	5	0	2	0	0	1	1	
4	x_3	2	0	2/3	1	1/3	0	1/3	
	$\sigma_j\to$		0	-4	0	-1	0	-2	$z=9$
	σ_j/a_{rj}			12				3	
0	x_6	3/2	$-3/2$	1/2	0	$-1/2$	0	1	
0	x_5	7/2	3/2	3/2	0	1/2	1	0	
4	x_3	3/2	1/2	1/2	1	1/2	0	0	
	$\sigma_j\to$		-3	-3	0	-2	0	0	$z=6$

2.5.3　约束系数 a_{ij} 的灵敏度分析

约束系数 a_{ij} 的变化不仅影响检验数和最优解的值，而且会改变最优基的逆矩阵和基向量。设 $\boldsymbol{A}=(\boldsymbol{B},\ \boldsymbol{N})$，我们分两种情况讨论约束系数 a_{ij} 的变化。

1. $\boldsymbol{N}$ 变化分析

当 $\boldsymbol{N}$ 变为 $\overline{\boldsymbol{N}}$ 时，它不会使右边常数（解值）变化，而只会引起检验数变化，其变化后的检验数为 $\boldsymbol{\sigma}=\boldsymbol{C}_{\mathrm{N}}-\boldsymbol{C}_{\mathrm{B}}\boldsymbol{B}^{-1}\overline{\boldsymbol{N}}$。

若非基列 $\boldsymbol{p}_j$ 变为 $\overline{\boldsymbol{p}}_j$，则该列的检验数为 $\sigma_j=c_j-\boldsymbol{C}_B\boldsymbol{B}^{-1}\overline{\boldsymbol{p}}_j$。

只要 $\sigma_j\leqslant 0$，则最优基不变；若 $\sigma_j>0$，则可用单纯形法继续计算。

例 2-12　将例 2-8 中的 $\boldsymbol{p}_3=\begin{bmatrix}1\\2\\3\end{bmatrix}$ 变为 $\overline{\boldsymbol{p}}_3=\begin{bmatrix}1\\10\\3\end{bmatrix}$。

解　根据以上分析知

$$\boldsymbol{B}^{-1}\overline{\boldsymbol{p}}_3=\begin{bmatrix}1 & -12/5 & 1\\0 & 3/10 & -1/6\\0 & -1/10 & 1/6\end{bmatrix}\begin{bmatrix}1\\10\\3\end{bmatrix}=\begin{bmatrix}-20\\5/2\\-1/2\end{bmatrix}$$

变化后的单纯形表如表 2-16 所示。

表 2-16

	$c_j\rightarrow$		70	30	20	0	0	0	
$\boldsymbol{C}_B$	$\boldsymbol{X}_B$	$\boldsymbol{b}$	x_1	x_2	x_3	x_4	x_5	x_6	
0	x_4	180	0	0	−20	1	−12/5	1	
30	x_2	15	0	1	5/2	0	3/10	−1/6	
70	x_1	75	1	0	−1/2	0	−1/10	1/6	
	$\sigma_j\rightarrow$		0	0	−20	0	−2	−20/3	z^*

由于 $\sigma_3=-20<0$，故上述基可行解是最优解，$\boldsymbol{X}^*=(75,\ 15,\ 0,\ 180,\ 0,\ 0,)^{\mathrm{T}}$，$z^*=$ 5 700。

2. ***B*** 变化分析

当 $\boldsymbol{B}$ 变为 $\overline{\boldsymbol{B}}$ 时，则以 $\overline{\boldsymbol{B}}$ 为基的单纯形表不仅会引起右边常数变化（由 $\boldsymbol{B}^{-1}\boldsymbol{b}$ 变为 $\overline{\boldsymbol{B}}^{-1}\boldsymbol{b}$），而且也会引起检验数发生变化（由 $\boldsymbol{C}_N-\boldsymbol{C}_B\boldsymbol{B}^{-1}\boldsymbol{N}$ 变为 $\boldsymbol{C}_N-\boldsymbol{C}_B\overline{\boldsymbol{B}}^{-1}\boldsymbol{N}$），因此会产生以下 4 种情况。

① $\overline{\boldsymbol{B}}^{-1}\boldsymbol{b}\geqslant 0$ 且 $\boldsymbol{C}_N-\boldsymbol{C}_B\overline{\boldsymbol{B}}^{-1}\boldsymbol{N}\leqslant 0$，则此基 $\overline{\boldsymbol{B}}$ 为最优基，$\boldsymbol{X}_B=\overline{\boldsymbol{B}}^{-1}\boldsymbol{b}$ 为最优解。

② $\overline{\boldsymbol{B}}^{-1}\boldsymbol{b}\geqslant 0$ 而 $\boldsymbol{C}_N-\boldsymbol{C}_B\overline{\boldsymbol{B}}^{-1}\boldsymbol{N}$ 中存在正数，则此基 $\overline{\boldsymbol{B}}$ 不是最优基，$\boldsymbol{X}_B=\overline{\boldsymbol{B}}^{-1}\boldsymbol{b}$ 只是基可行解，用单纯形法继续计算。

③ $\boldsymbol{C}_N-\boldsymbol{C}_B\overline{\boldsymbol{B}}^{-1}\boldsymbol{N}\leqslant 0$ 而 $\overline{\boldsymbol{B}}^{-1}\boldsymbol{b}$ 中存在负数，则 $\boldsymbol{X}_B=\overline{\boldsymbol{B}}^{-1}\boldsymbol{b}$ 只是基解，这时可用对偶单纯形法继续计算。

④ 若 $\boldsymbol{C}_N-\boldsymbol{C}_B\overline{\boldsymbol{B}}^{-1}\boldsymbol{N}$ 中存在正数，而 $\overline{\boldsymbol{B}}^{-1}\boldsymbol{b}$ 中存在负数，则此时该基解既不是基可行解，也不是正则解（即对偶问题的基可行解），故需引进人工变量，用人工变量法运算或者从头开始算起。

2.5.4　增添新变量和约束的影响分析

在规划问题时，从资源的充分利用角度考虑，有时多安排一些生产项目是有利的，或者增加几道工艺是产品必需的。这些反映在数学模型上，前者是增添新的决策变量，而后者则是产品的生产受更多资源的约束。现分别分析如下。

1. 增加一个新变量 x_{n+1}

在建立实际问题的数学模型时，可能漏掉了一些内容，或只考虑了主要内容忽略了次要内容，在得到了最优解后，再追加这些次要内容，讨论新变量对原最优解的影响。

设线性规划原问题（2-9）已得到最优解为：

$$\boldsymbol{X}^*=(x_1^*,\ x_2^*,\ \cdots,\ x_n^*)^{\mathrm{T}}$$

最优基为 $\boldsymbol{B}$。现追加一个新变量 x_{n+1}，其价值系数为 c_{n+1}，系数列向量 $\boldsymbol{p}_{n+1}=(a_{1,n+1},\ a_{2,n+1},\ \cdots,\ a_{m,n+1})^{\mathrm{T}}$。新问题为

$$\max f=c_1x_1+c_2x_2+\cdots+c_nx_n+c_{n+1}x_{n+1}$$

$$\text{s.t.}\begin{cases}a_{i1}x_1+\cdots+a_{in}x_n+a_{i,n+1}x_{n+1}=b_i\quad(i=1,\ 2,\ \cdots,\ m)\\x_j\geqslant0\quad(j=1,\ \cdots,\ n,\ n+1)\end{cases}\tag{2-12}$$

显然线性规划原问题（2-9）的最优基 $\boldsymbol{B}$ 是新问题（2-12）的可行基。原有变量的检验数并没有改变，而

$$\sigma_{n+1}=c_{n+1}-\boldsymbol{C}_{\mathrm{B}}\boldsymbol{B}^{-1}\boldsymbol{p}_{n+1}\tag{2-13}$$

① 若 $\sigma_{n+1}\leqslant0$，则新问题的最优性准则仍满足，故 $\boldsymbol{X}^*=(x_1^*,\ x_2^*,\ \cdots,\ x_n^*,\ 0)^{\mathrm{T}}$ 是新问题（2-12）的最优解，$\boldsymbol{X}_{\mathrm{B}}=\boldsymbol{B}^{-1}\boldsymbol{b}\geqslant0$，$\sigma_j\leqslant0(j=1,\ \cdots,\ n,\ n+1)$。此时 $x_{n+1}=0$，说明所追加的新变量 x_{n+1} 对最优解没有影响。

② 若 $\sigma_{n+1}=c_{n+1}-z_{n+1}=c_{n+1}-\boldsymbol{C}_{\mathrm{B}}\boldsymbol{B}^{-1}\boldsymbol{p}_{n+1}>0$，说明新增加内容对总的结果有利，但 $\boldsymbol{X}^*=\begin{bmatrix}\boldsymbol{X}^*\\0\end{bmatrix}$ 不是新问题的最优解。

在原问题（2-9）的最优单纯行表上增加一列 $\begin{bmatrix}\boldsymbol{p}'_{n+1}\\\sigma_{n+1}\end{bmatrix}=\begin{bmatrix}\boldsymbol{B}^{-1}\boldsymbol{p}_{n+1}\\c_{n+1}-\boldsymbol{C}_{\mathrm{B}}\boldsymbol{B}^{-1}\boldsymbol{p}_{n+1}\end{bmatrix}$，以 x_{n+1} 作为换入变量，用单纯形法继续迭代，求得新问题的最优解。

例 2-13　在例 2-8 中增加一个变量 x_7，其模型为

$$\min z=70x_1+30x_2+20x_3+35x_7$$

$$\text{s.t.}\begin{cases}3x_1+9x_2+x_3+x_4+x_7\geqslant540\\5x_1+5x_2+2x_3+x_5+5x_7\geqslant450\\9x_1+3x_2+3x_3+x_6+3x_7\geqslant720\\x_j\geqslant0\quad(j=1,\ 2,\ \cdots,\ 7)\end{cases}$$

解　$\boldsymbol{B}^{-1}\boldsymbol{p}_7=\begin{bmatrix}1&-12/5&1\\0&3/10&-1/6\\0&-1/10&1/6\end{bmatrix}\begin{bmatrix}1\\5\\3\end{bmatrix}=\begin{bmatrix}-8\\1\\0\end{bmatrix}$，故以 $\boldsymbol{B}$ 为基的单纯形表如表 2-17 所示。

表 2-17

	$c_j \to$		70	30	20	0	0	0	35	
C_B	X_B	b	x_1	x_2	x_3	x_4	x_5	x_6	x_7	
0	x_4	180	0	0	−4/5	1	−12/5	1	−8	
30	x_2	15	0	1	1/10	0	3/10	−1/6	[1]	
70	x_1	75	1	0	3/10	0	−1/10	1/6	0	
	$\sigma_j \to$		0	0	−4	0	−2	−20/3	5↑	z=5 700
0	x_4	300	0	8	0	1	0	−1/3	0	
35	x_7	15	0	1	−1/10	0	3/10	−1/6	1	
70	x_1	75	1	0	3/10	0	−1/10	1/6	0	
	$\sigma_j \to$		0	−5	−9/2	0	−7/2	−35/6	0	z=5 775

由于 $\sigma_7 = c_7 - C_B B^{-1} p_7 = 35 - [0 \quad 30 \quad 70]\begin{bmatrix}-8\\1\\0\end{bmatrix} = 5 > 0$，故继续用单纯形法运算，最后求得最优解为 $(x_1, x_2, x_3, x_4, x_5, x_6, x_7)^T = (75, 0, 0, 300, 0, 0, 15)^T$，最优目标值 $z^* = 5\,775$。

2. 增加新约束条件

已求出原问题（2-9）的最优解为 X^*，现在来分析新追加约束条件后对原最优解 X^* 的影响。若新增加的约束为

$$A_{m+1} X \leqslant b_{m+1} \tag{2-14}$$

式中 A_{m+1} 是 n 维行向量

$$A_{m+1} = (a_{m+1,1}, \; a_{m+1,2}, \; \cdots, \; a_{m+1,n})$$

① 因为新问题的可行域绝不会超出原可行域，因此若原问题的最优解 X^* 也满足新增加的约束，则原问题的最优解也是新问题的最优解，即新增加的约束对结果没有影响。

② 若原问题的最优解 X^* 不满足新增加的约束条件（2-14），说明原问题的最优解在新问题的可行域之外，则需要重新求新问题的最优解。

把新增加的约束（2-14）增加一个松弛变量 x_{n+1} 变为（2-15），

$$A_{m+1} X + x_{n+1} = b_{m+1} \tag{2-15}$$

将（2-15）式中 A_{m+1} 再按基变量 X_B 与非基变量 X_N 分为 $A_{m+1}^{(B)}$ 及 $A_{m+1}^{(N)}$ 两部分，即

$$A_{m+1}^{(B)} X_B + A_{m+1}^{(N)} X_N + x_{n+1} = b_{m+1} \tag{2-16}$$

将（2-16）加到原问题的最优表中为第 $m+1$ 行，同时增加第（$n+1$）列

$$p_{n+1} = (0, \; 0, \; \cdots, \; 0, \; 1)^T$$

构成表 2-18。

表 2-18

c_j			$\boldsymbol{C}_B$	$\boldsymbol{C}_N$	0	
		右端	$\boldsymbol{X}_B$	$\boldsymbol{X}_N$	x_{n+1}	
$\boldsymbol{C}_B$	$\boldsymbol{X}_B$	$\boldsymbol{B}^{-1}\boldsymbol{b}$	$\boldsymbol{I}_m$	$\boldsymbol{B}^{-1}\boldsymbol{N}$	0	
0	x_{n+1}	b_{m+1}	$\boldsymbol{A}_{m+1}^{(B)}$	$\boldsymbol{A}_{m+1}^{(N)}$	1	
			0	$\boldsymbol{C}_N-\boldsymbol{C}_B\boldsymbol{B}^{-1}\boldsymbol{N}$	0	$z=\boldsymbol{C}_B\boldsymbol{B}^{-1}\boldsymbol{b}$

下面计算增加了约束（2-15）的基 $\boldsymbol{B}'$，右端项 $\boldsymbol{b}'$及检验数 σ_j'。

显然 x_{n+1}是约束（2-16）的基变量。新问题的基变量 $\boldsymbol{X}_B=\begin{bmatrix}\boldsymbol{X}_B^* \\ x_{n+1}\end{bmatrix}$，新问题的基矩阵为

$$\boldsymbol{B}'=\begin{bmatrix}\boldsymbol{B} & 0 \\ \boldsymbol{A}_{m+1}^{(B)} & 1\end{bmatrix}$$

而（$\boldsymbol{B}'$）$^{-1}$为

$$(\boldsymbol{B}')^{-1}=\begin{bmatrix}\boldsymbol{B}^{-1} & 0 \\ -\boldsymbol{A}_{m+1}^{(B)}\boldsymbol{B}^{-1} & 1\end{bmatrix}$$

右端列向量为
$$\boldsymbol{b}'=\begin{bmatrix}\boldsymbol{b} \\ b_{m+1}\end{bmatrix}$$

在现行基下对应于变量 $x_j(j\neq n+1)$ 的检验数为

$$\begin{aligned}\sigma_j'&=c_j-z_j'=c_j-\boldsymbol{C}_B(\boldsymbol{B}')^{-1}\boldsymbol{p}_j' \\ &=c_j-(\boldsymbol{C}_B,\ 0)\begin{bmatrix}\boldsymbol{B}^{-1} & 0 \\ -\boldsymbol{A}_{m+1}^{(B)} & 1\end{bmatrix}\begin{bmatrix}\boldsymbol{p}_j \\ a_{m+1,\ j}\end{bmatrix} \\ &=c_j-(\boldsymbol{C}_B,\ 0)\begin{bmatrix}\boldsymbol{B}^{-1}\boldsymbol{p}_j \\ a_{m+1,\ j}-\boldsymbol{A}_{m+1}^{(B)}\boldsymbol{p}_j\end{bmatrix} \\ &=c_j-\boldsymbol{C}_B\boldsymbol{B}^{-1}\boldsymbol{p}_j \\ &=\sigma_j\quad(j=J_N,\ j\neq n+1)\end{aligned}$$

因此除了 σ_{n+1}之外，检验数与原问题相同。因为 x_{n+1}为基变量，故有 $\sigma_{n+1}=0$。

为了得到新解，需要将表 2-18 中对应基变量的系数列向量化成单位矩阵。

若记 $\boldsymbol{B}=\begin{bmatrix}\boldsymbol{I}_m & 0 \\ \boldsymbol{A}_{m+1}^{(B)} & 1\end{bmatrix}$，在表 2-18 中通过消元变换将 $\boldsymbol{B}$ 化为（$m+1$）阶单位矩阵，相当于将 $\boldsymbol{B}$ 左乘一个分块矩阵$\begin{bmatrix}\boldsymbol{I}_m & 0 \\ -\boldsymbol{A}_{m+1}^{(B)} & 1\end{bmatrix}$，有$\begin{bmatrix}\boldsymbol{I}_m & 0 \\ -\boldsymbol{A}_{m+1}^{(B)} & 1\end{bmatrix}\cdot\begin{bmatrix}\boldsymbol{I}_m & 0 \\ \boldsymbol{A}_{m+1}^{(B)} & 1\end{bmatrix}=\begin{bmatrix}\boldsymbol{I}_m & 0 \\ 0 & 1\end{bmatrix}=\boldsymbol{I}_{m+1}$，因此，相应右端项就应变为

$$\begin{bmatrix} \boldsymbol{I}_m & 0 \\ -\boldsymbol{A}_{m+1}^{(B)} & 1 \end{bmatrix} \cdot \begin{bmatrix} \boldsymbol{B}^{-1}\boldsymbol{b} \\ b_{m+1} \end{bmatrix} = \begin{bmatrix} \boldsymbol{B}^{-1}\boldsymbol{b} \\ b_{m+1} - \boldsymbol{A}_{m+1}^{(B)}\boldsymbol{B}^{-1}\boldsymbol{b} \end{bmatrix} \tag{2-17}$$

即表 2-18 变为表 2-19。

表 2-19

$c_j \rightarrow$			$\boldsymbol{C}_B$	$\boldsymbol{C}_N$	0	
		右端项	$\boldsymbol{X}_B$	$\boldsymbol{X}_N$	x_{n+1}	
$\boldsymbol{C}_B$	$\boldsymbol{X}_B$	$\boldsymbol{B}^{-1}\boldsymbol{b}$	$\boldsymbol{I}_m$	$\boldsymbol{B}^{-1}\boldsymbol{N}$	0	
0	x_{n+1}	$b_{m+1}-\boldsymbol{A}_{m+1}^{(B)}\boldsymbol{B}^{-1}\boldsymbol{b}$	1	$\boldsymbol{A}_{m+1}^{(N)}-\boldsymbol{A}_{m+1}^{(B)}\boldsymbol{B}^{-1}\boldsymbol{N}$	1	
			0	$\boldsymbol{C}_N-\boldsymbol{C}_B\boldsymbol{B}^{-1}\boldsymbol{N}$	0	$z=\boldsymbol{C}_B\boldsymbol{B}^{-1}\boldsymbol{b}$

由表 2-19 可见，分为两种情形进行考虑。

① 若 $x_{n+1}=b_{m+1}-\boldsymbol{A}_{m+1}^{(B)}\boldsymbol{B}^{-1}\boldsymbol{b}\geqslant 0$，因为 $\boldsymbol{X}_B^*=\boldsymbol{B}^{-1}\boldsymbol{b}\geqslant 0$，故 $\boldsymbol{X}=(x_1^*, \cdots, x_n^*, x_{n+1})^T\geqslant 0$，满足可行性条件，又 $\sigma_j'=\sigma_j\leqslant 0$ 仍成立，故 $\boldsymbol{X}$ 即为新问题的最优解。

② 若 $x_{n+1}=b_{m+1}-\boldsymbol{A}_{m+1}^{(B)}\boldsymbol{B}^{-1}\boldsymbol{b}<0$，则当前解 $\boldsymbol{X}$ 不是可行解，而是基解。故可用对偶单纯形法继续迭代，直到求得最优解（或判断此问题无可行解）。

例 2-14　已知线性规划问题

$$\max z=-x_1-x_2+4x_3$$

$$\text{s. t.}\begin{cases} x_1+x_2+2x_3\leqslant 9 \\ x_1+x_2-x_3\leqslant 2 \\ -x_1+x_2+x_3\leqslant 4 \\ x_1, x_2, x_3\geqslant 0 \end{cases} \tag{2-18}$$

其最优单纯形表如表 2-20 所示。

表 2-20

$c_j \rightarrow$			−1	−1	4	0	0	0	
$\boldsymbol{C}_B$	$\boldsymbol{X}_B$	$\bar{b}$	x_1	x_2	x_3	x_4	x_5	x_6	
−1	x_1	1/3	1	−1/3	0	1/3	0	−2/3	
0	x_5	6	0	2	0	0	1	1	
4	x_3	13/3	0	2/3	1	1/3	0	1/3	
	$\sigma_j \rightarrow$		0	−4	0	−1	0	−2	$z=17$

现增加新约束 $-3x_1+x_2+6x_3\leqslant 17$，求新问题的最优解。

解　增加约束后的新问题为

$$\max z=-x_1-x_2+4x_3$$

$$\text{s. t.}\begin{cases} x_1+x_2+2x_3\leqslant 9 \\ x_1+x_2-x_3\leqslant 2 \\ -x_1+x_2+x_3\leqslant 4 \\ -3x_1+x_2+6x_3\leqslant 17 \\ x_1, x_2, x_3\geqslant 0 \end{cases} \tag{2-19}$$

原问题的最优解为

$$X^*=(x_1,\ x_2,\ x_3,\ x_4,\ x_5,\ x_6)^{\mathrm{T}}=\left(\frac{1}{3},\ 0,\ \frac{13}{3},\ 0,\ 6,\ 0\right)^{\mathrm{T}}$$

代入（2-19）中新增加的约束

$$-3\times\frac{1}{3}+0+6\times\frac{13}{3}\nless 17$$

故 $\boldsymbol{X}^*$ 不满足新增加的约束条件，因此引入松弛变量 x_7 后，新增加的约束条件变为

$$-3x_1+x_2+6x_3+x_7=17 \tag{2-20}$$

将式（2-20）加进原问题的最优表 2-20 中成为表 2-21。

表 2-21

	$c_j\to$		-1	-1	4	0	0	0	0	
$\boldsymbol{C}_B$	$\boldsymbol{X}_B$	$\bar{b}$	x_1	x_2	x_3	x_4	x_5	x_6	x_7	
-1	x_1	1/3	1	$-1/3$	0	1/3	0	$-2/3$	0	
0	x_5	6	0	2	0	0	1	1	0	
4	x_3	13/3	0	2/3	1	1/3	0	1/3	0	
0	x_7	17	-3	1	6	0	0	0	1	
	$\sigma_j\to$		0	-4	0	-1	0	-2	0	$z=17$

将第 1 行的 3 倍、第 3 行的（−6）倍分别加到第 4 行上，使基变量 x_1、x_5、x_3、x_7 的系数列向量构成单位矩阵，即 $(\boldsymbol{p}_1,\ \boldsymbol{p}_5,\ \boldsymbol{p}_3,\ \boldsymbol{p}_7)=\boldsymbol{I}_4$，得到表 2-22。

表 2-22

	$c_j\to$		-1	-1	4	0	0	0	0	
$\boldsymbol{C}_B$	$\boldsymbol{X}_B$	$\bar{b}$	x_1	x_2	x_3	x_4	x_5	x_6	x_7	
-1	x_1	1/3	1	$-1/3$	0	1/3	0	$-2/3$	0	
0	x_5	6	0	2	0	0	1	1	0	
4	x_3	13/3	0	2/3	1	1/3	0	1/3	0	
0	x_7	-8	0	-4	0	-1	0	[-4]	1	
	$\sigma_j\to$		0	-4	0	-1	0	-2	0	$z=17$
	σ_j'/a_{rj}'			1		1		1/2		

在表 2-22 中，$\sigma_j\leqslant 0$，但 $\boldsymbol{X}_B\ngeq 0$，故当前解不是可行解。用对偶单纯形法求解，x_7 是换出变量，$\boldsymbol{A}_4$ 为主行，又

$$\min\left\{\frac{\sigma_j}{a_{rj}'}\,\middle|\,a_{rj}'<0\right\}=\min\left\{\frac{-4}{-4},\ \frac{-1}{-1},\ \frac{-2}{-4}\right\}=\frac{\sigma_6}{a_{46}'}=\frac{1}{2}$$

故 $\boldsymbol{p}_6$ 是主列，$a_{46}'=-4$ 是主元素，进行迭代得到表 2-23。

表 2-23

	$c_j \to$		-1	-1	4	0	0	0	0	
C_B	X_B	$\bar{b}$	x_1	x_2	x_3	x_4	x_5	x_6	x_7	
-1	x_1	5/3	1	1/3	0	1/2	0	0	-1/6	
0	x_5	4	0	1	0	-1/4	1	0	1/4	
4	x_3	11/3	0	1/3	1	1/4	0	0	1/12	
0	x_6	2	0	1	0	1/4	0	1	-1/4	
	$\sigma_j \to$		0	-2	0	-1	0	-2	-1/2	$z=13$

由表 2-23 可得新问题的最优解

$$\boldsymbol{X}^* = (x_1, x_2, x_3, x_4, x_5, x_6, x_7)^{\mathrm{T}} = \left(\frac{5}{3}, 0, \frac{11}{3}, 0, 4, 2, 0\right)^{\mathrm{T}}$$

$$z^* = 13$$

要注意的是追加约束条件后，新问题的目标函数值总不会优于原问题的目标函数值（请读者思考理由是什么）。

2.6 Karmarkar 算法

1984 年，印度数学家 N. Karmarkar 针对线性规划问题提出了一种新的多项式时间算法。在实际计算效率方面，Karmarkar 算法显示出与单纯形法竞争的巨大潜力。Karmarkar 算法的提出是线性规划理论研究的突破，而且对于处理非线性优化问题也显示出强大的生命力和广阔的应用前景。

单纯形法通过检查可行域边界上极点的方法来求解线性规划问题，而 Karmarkar 算法则是建立在单纯形结构之上，算法从初始内点出发，沿着最速下降方向，通过可行域内部直接达到最优解。因此，Karmarkar 算法也被称为内点法。由于是在可行域内部寻优，故对于大规模线性规划问题，当约束条件和变量数目增加时，内点算法的迭代次数变化较少，收敛性和计算速度均优于单纯形法。

2.6.1 Karmarkar 算法标准型

考虑线性规划标准型问题模型

$$\min \boldsymbol{cx}$$

$$\text{s.t.} \begin{cases} \boldsymbol{Ax}=0 \\ \boldsymbol{ex}=1 \\ \boldsymbol{x} \geqslant \boldsymbol{0} \end{cases} \tag{2-21}$$

其中，$\boldsymbol{x}\in\mathbf{R}^n$，$\boldsymbol{A}\in\mathbf{R}^{m\times n}$，$\boldsymbol{c}$ 为 n 维常向量，$\boldsymbol{e}=(1,1,\cdots,1)$。记 $\Omega=\{\boldsymbol{x}\in\mathbf{R}^n \mid \boldsymbol{A}\boldsymbol{x}=0\}$，$\Delta=\{\boldsymbol{x}\in\mathbf{R}^n \mid \boldsymbol{e}\boldsymbol{x}=1,\ \boldsymbol{x}\geqslant 0\}$。这里，集合 Ω 是空间 $\mathbf{R}^n$ 的子空间，Δ 是单纯形的 $n-1$ 维特殊形式的集合，问题（2-21）的可行域可以表示为 $S=\{\boldsymbol{x}\in\mathbf{R}^n \mid \boldsymbol{x}\in\Delta\cap\Omega\}$。特别地，满足$\boldsymbol{x}>0$ 的可行解（$\boldsymbol{x}\in\Delta\cap\Omega$）称为问题（2-21）的可行内点。

进一步假定问题还满足以下条件：

① 目标函数的最小值等于零，即$\min\limits_{x\in S}\boldsymbol{c}\boldsymbol{x}=0$；

② 问题（2-21）是可行的，单纯形 Δ 的重心 $\boldsymbol{x}^0=\left(\frac{1}{n},\frac{1}{n},\cdots,\frac{1}{n}\right)^{\mathrm{T}}=\frac{\boldsymbol{e}^{\mathrm{T}}}{n}$是问题（2-21）的可行解，即 $\boldsymbol{A}\boldsymbol{x}^0=0$。

2.6.2 Karmarkar 算法的基本思想

为了快速迭代求解问题（2-21），计算点列$\{\boldsymbol{x}^k\}$须满足

$$0\leqslant \boldsymbol{c}\boldsymbol{x}^k\leqslant(\sigma)^k\boldsymbol{c}\boldsymbol{x}^0 \quad (k=1,2,\cdots) \tag{2-22}$$

其中 $0<\sigma<1$，所以在 Karmarkar 算法中，首先定义势函数为

$$f(\boldsymbol{x})=f(\boldsymbol{x},\boldsymbol{c})=\sum_{j=1}^{n}\ln\left(\frac{\boldsymbol{c}\boldsymbol{x}}{x_j}\right)=\sum_{j=1}^{n}(\ln\boldsymbol{c}\boldsymbol{x}-\ln x_j)$$

这里不把 $\boldsymbol{c}\boldsymbol{x}$ 作为目标函数，而考虑函数 $f(\boldsymbol{x})$，通过生成使该函数单调下降的序列，并最终收敛于问题（2-21）的最优解。注意到，由于加了 $-\sum\limits_{j=1}^{n}\ln x_j$ 项，则保证了迭代点 $\boldsymbol{x}^k$ 始终为可行内点。

设当前迭代点为 $\boldsymbol{x}^k\in S$，$\boldsymbol{x}^k>0$，作如下投影变换 T

$$T: \boldsymbol{x}\in\Delta\rightarrow\boldsymbol{y}=\frac{\boldsymbol{D}^{-1}\boldsymbol{x}}{\boldsymbol{e}\boldsymbol{D}^{-1}\boldsymbol{x}}\in\Delta \tag{2-23}$$

即

$$y_i=T(x_i)=\frac{x_i/x_i^k}{\sum\limits_{j=1}^{n}x_j\big/x_j^k} \quad (i=1,2,\cdots,n)$$

其中

$$\boldsymbol{D}=\begin{bmatrix} x_1^k & 0 & \cdots & 0\\ 0 & x_2^k & \cdots & 0\\ 0 & 0 & & 0\\ 0 & 0 & \cdots & x_n^k \end{bmatrix}=\mathrm{diag}(x_1^k,x_2^k,\cdots,x_n^k),$$

$$\boldsymbol{e}=(1,1,\cdots,1)$$

那么由初等变换的基本知识易知变换 T 的逆变换为

$$T^{-1}: \boldsymbol{y}\in\Delta\rightarrow\boldsymbol{x}=\frac{\boldsymbol{D}\boldsymbol{y}}{\boldsymbol{e}\boldsymbol{D}\boldsymbol{y}} \tag{2-24}$$

则 T 为单纯形 Δ 上的一一映射，并且通过映射 T，单纯形 Δ 的各顶点映射到同样的顶点，边界面映射到同样的边界面，如图 2-1 所示。

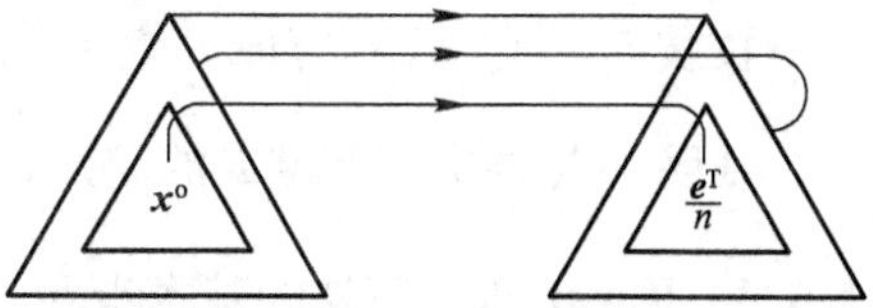

图 2-1

进一步，利用投影变换 T 和式（2-24），问题（2-21）的目标函数变为 $\boldsymbol{cx}=\dfrac{\boldsymbol{cDy}}{\boldsymbol{eDy}}$，约束条件为 $\boldsymbol{Ax}=\dfrac{\boldsymbol{ADy}}{\boldsymbol{eDy}}=0$，并且注意到 T 把单纯形映射为自身，对于 $\boldsymbol{y}\in S$，则 $\boldsymbol{eDy}>0$ 成立。所以问题（2-21）等价于问题（2-25）。

$$\min \bar{\boldsymbol{c}}\boldsymbol{y}$$
$$\text{s. t.}\begin{cases}\bar{\boldsymbol{A}}\boldsymbol{y}=0\\ \boldsymbol{ey}=1\\ \boldsymbol{y}\geqslant 0\end{cases}\tag{2-25}$$

其中 $\bar{\boldsymbol{c}}=\boldsymbol{cD}$，$\bar{\boldsymbol{A}}=\boldsymbol{AD}$，$\boldsymbol{y}\in S$。

易知问题（2-25）同样满足假设①和②。类似地，其势函数可以定义为

$$f(\boldsymbol{y})=f(\boldsymbol{y},\ \bar{\boldsymbol{c}})=\sum_{j=1}^{n}\ln\left(\frac{\bar{\boldsymbol{c}}\boldsymbol{y}}{y_j}\right)$$

除此之外，变换 T 还具有如下性质。

性质 1　T 将 $\boldsymbol{x}^k$ 变换到 Δ 的重心 $\boldsymbol{x}^0$，将子空间 $\Omega=\{\boldsymbol{x}\mid \boldsymbol{Ax}=0\}$ 变换为子空间 $\Omega'=\{\boldsymbol{y}\mid \bar{\boldsymbol{A}}\boldsymbol{y}=0\}$，且 $\bar{\boldsymbol{A}}\boldsymbol{x}^0=\dfrac{1}{n}\boldsymbol{Ax}^k=0$。（证略）

性质 2　T 将问题（2-21）的势函数变换为

$$f(\boldsymbol{x},\ \boldsymbol{c})=f(\boldsymbol{y},\ \bar{\boldsymbol{c}})-\sum_{j=1}^{n}\ln x_j^k$$

证明

$$\begin{aligned}f(\boldsymbol{x},\boldsymbol{c})&=\sum_{j=1}^{n}\ln\left(\frac{\boldsymbol{cx}}{x_j}\right)=n\ln \boldsymbol{cx}-\sum_{j=1}^{n}\ln x_j\\&=n\ln\frac{\boldsymbol{cDy}}{\boldsymbol{eDy}}-\sum_{j=1}^{n}\ln\frac{y_i x_j^k}{\boldsymbol{eDy}}\\&=n\ln \bar{\boldsymbol{c}}\boldsymbol{y}-\sum_{j=1}^{n}\ln y_j-\sum_{j=1}^{n}\ln x_j^k\\&=\sum_{j=1}^{n}\ln\left(\frac{\bar{\boldsymbol{c}}\boldsymbol{y}}{y_j}\right)-\sum_{j=1}^{n}\ln x_j^k\\&=f(\boldsymbol{y},\ \bar{\boldsymbol{c}})-\sum_{j=1}^{n}\ln x_j^k\end{aligned}$$

性质 3 $f(\boldsymbol{y}, \bar{\boldsymbol{c}})-f(\boldsymbol{x}, \boldsymbol{c})=f(\boldsymbol{x}^0, \bar{\boldsymbol{c}})-f(\boldsymbol{x}^k, \boldsymbol{c})=\sum_{j=1}^{n}\ln x_j^k$

证明 根据投影变换 T 的定义，$\boldsymbol{x}^k \to \boldsymbol{x}^0$，$\boldsymbol{x}\to\boldsymbol{y}$，由性质 2 即可证得。

2.6.3 Karmarkar 算法的基本步骤

步骤 1. 置 $\boldsymbol{x}^0=\dfrac{\boldsymbol{e}^{\mathrm{T}}}{n}$，$k=0$，令精度 $\varepsilon=2^{-q}$；

步骤 2. 若 $\boldsymbol{cx}^k\leqslant 2^{-q}$，则停止迭代，否则转到步骤 3；

步骤 3. 令

$\boldsymbol{D}=\mathrm{diag}(x_1^k, x_1^k, \cdots, x_1^k)$，$\bar{\boldsymbol{A}}=\boldsymbol{AD}$，$\bar{\boldsymbol{c}}=\boldsymbol{cD}$，置 $\boldsymbol{B}=\begin{bmatrix}\bar{\boldsymbol{A}}\\ \boldsymbol{e}\end{bmatrix}$；

步骤 4. 计算 $\boldsymbol{c}_d^{\mathrm{T}}=[\boldsymbol{I}-\boldsymbol{B}^{\mathrm{T}}(\boldsymbol{BB}^{\mathrm{T}})^{-1}\boldsymbol{B}]\bar{\boldsymbol{c}}^{\mathrm{T}}$；

步骤 5. 计算搜索方向 $\boldsymbol{d}=\dfrac{-\boldsymbol{c}_d^{\mathrm{T}}}{\|\boldsymbol{c}_d\|}$，取 $r=\dfrac{1}{\sqrt{n(n-1)}}$，令 $\beta=\alpha r(0<\alpha<1)$，并置 $\boldsymbol{y}=\boldsymbol{x}^0+\beta\boldsymbol{d}(1>\beta>0)$；

步骤 6. 令 $\boldsymbol{x}^{k+1}=\dfrac{\boldsymbol{Dy}}{\boldsymbol{eDy}}$，$k=k+1$，转到步骤 2。

例 2-15 用 Karmarkar 算法求解

$$\min z=x_3$$

$$\text{s. t.}\begin{cases}x_1-x_2=0\\ x_1+x_2+x_3=1\\ x_i\geqslant 0 \quad (i=1, 2, 3)\end{cases}$$

解 $\boldsymbol{A}=(1, -1, 0)$，$\boldsymbol{C}=(0, 0, 1)$，令 $\alpha=\dfrac{1}{4}$，$r=\dfrac{1}{\sqrt{n(n-1)}}=\dfrac{1}{\sqrt{6}}$，则 $\beta=\dfrac{1}{4\sqrt{6}}$。

第一项迭代：① $k=0$，$\boldsymbol{x}^0=\dfrac{\boldsymbol{e}^{\mathrm{T}}}{n}=\left(\dfrac{1}{3}, \dfrac{1}{3}, \dfrac{1}{3}\right)^{\mathrm{T}}$；

②

$$\boldsymbol{D}_0=\begin{bmatrix}\frac{1}{3} & 0 & 0\\ 0 & \frac{1}{3} & 0\\ 0 & 0 & \frac{1}{3}\end{bmatrix}$$

$$AD_0=[1\quad -1\quad 0]\begin{bmatrix}\frac{1}{3} & 0 & 0\\ 0 & \frac{1}{3} & 0\\ 0 & 0 & \frac{1}{3}\end{bmatrix}=\begin{bmatrix}\frac{1}{3} & -\frac{1}{3} & 0\end{bmatrix}$$

$$B=\begin{bmatrix}AD_k\\ e\end{bmatrix}=\begin{bmatrix}\frac{1}{3} & -\frac{1}{3} & 0\\ 1 & 1 & 1\end{bmatrix}$$

$$\bar{c}=cD_0=[0\quad 0\quad 1]\begin{bmatrix}\frac{1}{3} & 0 & 0\\ 0 & \frac{1}{3} & 0\\ 0 & 0 & \frac{1}{3}\end{bmatrix}=\begin{bmatrix}0\\ 0\\ \frac{1}{3}\end{bmatrix}^{\mathrm{T}}$$

③

$$BB^{\mathrm{T}}=\begin{bmatrix}\frac{1}{3} & -\frac{1}{3} & 0\\ 1 & 1 & 1\end{bmatrix}\begin{bmatrix}\frac{1}{3} & 1\\ -\frac{1}{3} & 1\\ 0 & 1\end{bmatrix}=\begin{bmatrix}\frac{2}{9} & 0\\ 0 & 3\end{bmatrix}$$

$$(BB^{\mathrm{T}})^{-1}=\begin{bmatrix}\frac{9}{2} & 0\\ 0 & \frac{1}{3}\end{bmatrix}$$

$$c_d^{\mathrm{T}}=[I-B^{\mathrm{T}}(BB^{\mathrm{T}})^{-1}B]\bar{c}^{\mathrm{T}}$$

$$=\left(\begin{bmatrix}1 & 0 & 0\\ 0 & 1 & 0\\ 0 & 0 & 1\end{bmatrix}-\begin{bmatrix}\frac{1}{3} & 1\\ -\frac{1}{3} & 1\\ 0 & 1\end{bmatrix}\begin{bmatrix}\frac{9}{2} & 0\\ 0 & \frac{1}{3}\end{bmatrix}\begin{bmatrix}\frac{1}{3} & -\frac{1}{3} & 0\\ 1 & 1 & 1\end{bmatrix}\right)\begin{bmatrix}0\\ 0\\ \frac{1}{3}\end{bmatrix}$$

$$=\left(\begin{bmatrix}1 & 0 & 0\\ 0 & 1 & 0\\ 0 & 0 & 1\end{bmatrix}-\begin{bmatrix}\frac{3}{2} & \frac{1}{3}\\ -\frac{3}{2} & \frac{1}{3}\\ 0 & \frac{1}{3}\end{bmatrix}\begin{bmatrix}\frac{1}{3} & -\frac{1}{3} & 0\\ 1 & 1 & 1\end{bmatrix}\right)\begin{bmatrix}0\\ 0\\ \frac{1}{3}\end{bmatrix}$$

$$=\left(\begin{bmatrix}1&0&0\\0&1&0\\0&0&1\end{bmatrix}-\begin{bmatrix}\frac{5}{6}&-\frac{1}{6}&\frac{1}{3}\\-\frac{1}{6}&\frac{5}{6}&\frac{1}{3}\\\frac{1}{3}&\frac{1}{3}&\frac{1}{3}\end{bmatrix}\right)\begin{bmatrix}0\\0\\\frac{1}{3}\end{bmatrix}$$

$$=\begin{bmatrix}\frac{1}{6}&\frac{1}{6}&-\frac{1}{3}\\\frac{1}{6}&\frac{1}{6}&-\frac{1}{3}\\-\frac{1}{3}&-\frac{1}{3}&\frac{2}{3}\end{bmatrix}\begin{bmatrix}0\\0\\\frac{1}{3}\end{bmatrix}=\begin{bmatrix}-\frac{1}{9}\\-\frac{1}{9}\\\frac{2}{9}\end{bmatrix}$$

$$\boldsymbol{d}=-\frac{\boldsymbol{c}_d^{\mathrm{T}}}{\|\boldsymbol{c}_d\|}=-\frac{1}{\frac{1}{9}\sqrt{6}}\begin{bmatrix}-\frac{1}{9}\\-\frac{1}{9}\\\frac{2}{9}\end{bmatrix}=\frac{1}{\sqrt{6}}\begin{bmatrix}1\\1\\-2\end{bmatrix}$$

④ 令 $\alpha=\frac{1}{4}$，$r=\frac{1}{\sqrt{6}}$，故 $\beta=\frac{1}{4\sqrt{6}}$，

$$\boldsymbol{y}=\boldsymbol{x}^0+\beta\boldsymbol{d}=\frac{1}{3}\begin{bmatrix}1\\1\\1\end{bmatrix}+\frac{1}{4\sqrt{6}}\,\frac{1}{\sqrt{6}}\begin{bmatrix}1\\1\\-2\end{bmatrix}=\begin{bmatrix}\frac{1}{3}\\\frac{1}{3}\\\frac{1}{3}\end{bmatrix}+\frac{1}{24}\begin{bmatrix}1\\1\\-2\end{bmatrix}=\begin{bmatrix}\frac{3}{8}\\\frac{3}{8}\\\frac{1}{4}\end{bmatrix}$$

$$\boldsymbol{D}_0\boldsymbol{y}=\begin{bmatrix}\frac{1}{3}&0&0\\0&\frac{1}{3}&0\\0&0&\frac{1}{3}\end{bmatrix}\begin{bmatrix}\frac{3}{8}\\\frac{3}{8}\\\frac{1}{4}\end{bmatrix}=\begin{bmatrix}\frac{1}{8}\\\frac{1}{8}\\\frac{1}{12}\end{bmatrix}$$

$$eD_0y=[1\quad 1\quad 1]\begin{bmatrix}\frac{1}{8}\\\frac{1}{8}\\\frac{1}{12}\end{bmatrix}=\frac{1}{3}$$

$$x^1=\frac{D_0y}{eD_0y}=\begin{bmatrix}\frac{3}{8}\\\frac{3}{8}\\\frac{1}{4}\end{bmatrix}$$

继续这样的迭代，可以得到解 $x=\left(\frac{1}{2},\ \frac{1}{2},\ 0\right)^{\mathrm{T}}$，则最优解为 $x_1=\frac{1}{2}$，$x_2=\frac{1}{2}$，$x_3=0$。同时我们注意到：当选择 $\beta=\frac{1}{\sqrt{6}}$时，

$$y=x^0+\beta d=\begin{bmatrix}\frac{1}{3}\\\frac{1}{3}\\\frac{1}{3}\end{bmatrix}+\frac{1}{\sqrt{6}}\frac{1}{\sqrt{6}}\begin{bmatrix}1\\1\\-2\end{bmatrix}=\begin{bmatrix}\frac{1}{2}\\\frac{1}{2}\\0\end{bmatrix}$$

$$D_0y=\frac{1}{3}\left[\frac{1}{2}\quad\frac{1}{2}\quad 0\right]^{\mathrm{T}}$$

$$eD_0y=\frac{1}{3}$$

$$x^1=\frac{D_0y}{eD_0y}=\left[\frac{1}{2},\ \frac{1}{2},\ 0\right]^{\mathrm{T}}$$

2.6.4　Karmarkar 算法收敛性与计算复杂性分析

引理 1　若 $y_i\geqslant 0(i=1,\ 2,\ \cdots,\ n)$，则 $\sum_{i=1}^{n}\ln(1+y_i)\geqslant\ln\left(1+\sum_{i=1}^{n}y_i\right)$。

证明　由 $y_i\geqslant 0$ 及 $\prod_{i=1}^{n}(1+y_i)\geqslant 1+\sum_{i=1}^{n}y_i$，则可以得到 $\sum_{i=1}^{n}\ln(1+y_i)\geqslant\ln\left(1+\sum_{i=1}^{n}y_i\right)$。

引理 2　若 $|x|\leqslant\beta\leqslant 1$，则 $|\ln(1+x)-x|\leqslant\frac{x^2}{2(1-\beta)}$。

证明　由柯西中值定理直接得到。

引理 3 设$\left\|\boldsymbol{y}-\frac{\boldsymbol{e}^{\mathrm{T}}}{n}\right\|\leqslant\beta\leqslant 1$，$\boldsymbol{e}\boldsymbol{y}=1$，则$\left|\sum_{i=1}^{n}\ln y_i\right|\leqslant\frac{\beta^2}{2(1-\beta)}$ $(i=1, 2, \cdots, n)$。

证明 由$\left\|\boldsymbol{y}-\frac{\boldsymbol{e}^{\mathrm{T}}}{n}\right\|\leqslant\beta\leqslant 1\Rightarrow\sum_{i=1}^{n}\left(y_i-\frac{1}{n}\right)^2\leqslant\beta^2\Rightarrow\left|y_i-\frac{1}{n}\right|\leqslant\beta$

$$\left|\ln y_i-\left(y_i-\frac{1}{n}\right)\right|<\left|\ln\left(1+y_i-\frac{1}{n}\right)-\left(y_i-\frac{1}{n}\right)\right|\leqslant\frac{\left(y_i-\frac{1}{n}\right)^2}{2(1-\beta)}$$

又因 $\boldsymbol{e}\boldsymbol{y}=1$，则

$$\left|\sum_{i=1}^{n}\ln y_i\right|=\left|\sum_{i=1}^{n}\ln y_i-\sum_{i=1}^{n}\left(y_i-\frac{1}{n}\right)\right|=\left|\sum_{i=1}^{n}\left[\ln y_i-\left(y_i-\frac{1}{n}\right)\right]\right|$$

$$\leqslant\sum_{i=1}^{n}\left|\ln y_i-\left(y_i-\frac{1}{n}\right)\right|\leqslant\sum_{i=1}^{n}\frac{\left(y_i-\frac{1}{n}\right)^2}{2(1-\beta)}\leqslant\frac{\beta^2}{2(1-\beta)}$$

引理 4 $n\ln\bar{\boldsymbol{c}}\boldsymbol{y}\leqslant n\ln\bar{\boldsymbol{c}}\boldsymbol{x}^0-\beta$，证明较为复杂，这里不作讨论。

引理 5 $f(\boldsymbol{x}^0, \bar{\boldsymbol{c}})-f(\boldsymbol{y}, \bar{\boldsymbol{c}})\geqslant\delta$ $\left(\delta=\beta-\frac{\beta^2}{2(1-\beta)}\right)$

证明 $f(\boldsymbol{y}, \bar{\boldsymbol{c}})=\sum_{j=1}^{n}\ln\bar{\boldsymbol{c}}\boldsymbol{y}-\sum_{j=1}^{n}\ln y_j$，$f(\boldsymbol{x}^0, \bar{\boldsymbol{c}})=\sum_{j=1}^{n}\ln\bar{\boldsymbol{c}}\boldsymbol{x}^0$，所以可以得到

$$f(\boldsymbol{x}^0, \bar{\boldsymbol{c}})-f(\boldsymbol{y}, \bar{\boldsymbol{c}})=n\ln\bar{\boldsymbol{c}}\boldsymbol{x}^0-n\ln\bar{\boldsymbol{c}}\boldsymbol{y}+\sum_{j=1}^{n}\ln y_j$$

$$\geqslant\beta-\left|\sum_{j=1}^{n}\ln y_j\right|\geqslant\beta-\frac{\beta^2}{2(1-\beta)}=\delta$$

定理 2.6 Karmarkar 算法得到的点列 $\{\boldsymbol{x}^k\}$ 满足 $\boldsymbol{c}\boldsymbol{x}^k\leqslant\boldsymbol{c}\boldsymbol{x}^0(2^{-\frac{k\delta}{n}})$。

证明 由引理 5 得

$$f(\boldsymbol{x}^k, \boldsymbol{c})-f(\boldsymbol{x}^{k+1}, \boldsymbol{c})=f(\boldsymbol{x}^0, \bar{\boldsymbol{c}})-f(\boldsymbol{y}, \bar{\boldsymbol{c}})\geqslant\delta,$$

从 $\boldsymbol{x}^0$ 出发重复执行 $\boldsymbol{x}^k\to\boldsymbol{x}^{k+1}$ 的过程，则有 $f(\boldsymbol{x}^0, \boldsymbol{c})-f(\boldsymbol{x}^k, \boldsymbol{c})\geqslant k\delta$ $(k=1, 2, \cdots)$，又

$$f(\boldsymbol{x}, \boldsymbol{c})=n\ln\boldsymbol{c}\boldsymbol{x}-\sum_{i=1}^{n}\ln x_i$$

$$k\delta\leqslant f(\boldsymbol{x}^0, \boldsymbol{c})-f(\boldsymbol{x}^k, \boldsymbol{c})=n\ln\boldsymbol{c}\boldsymbol{x}^0-n\ln\boldsymbol{c}\boldsymbol{x}^k+\sum_{j=1}^{n}\ln x_j^k$$

因为 $\sum_{j=1}^{n}x_j^k=1$，$x_j^k\geqslant 0$，所以 $x_j^k\leqslant 1$，进而 $\ln x_j^k\leqslant 0$。于是可得 $n\ln\frac{\boldsymbol{c}\boldsymbol{x}^0}{\boldsymbol{c}\boldsymbol{x}^k}\geqslant k\delta\Rightarrow\frac{\boldsymbol{c}\boldsymbol{x}^0}{\boldsymbol{c}\boldsymbol{x}^k}\geqslant\boldsymbol{e}^{\frac{k\delta}{n}}>2^{\frac{k\delta}{n}}$，故 $\boldsymbol{c}\boldsymbol{x}^k\leqslant\boldsymbol{c}\boldsymbol{x}^0(2^{-\frac{k\delta}{n}})$。

定理 2.7 设 $\boldsymbol{c}\boldsymbol{x}^0\leqslant 2^L$，所要求的精度为 $\varepsilon=2^{-q}$，则当 $k\geqslant\frac{n}{\delta}(L+q)$ 时，必有 $\boldsymbol{c}\boldsymbol{x}^k\leqslant\varepsilon$。

下面讨论 Karmarkar 算法的复杂性：

首先，由引理 4 知，Karmarkar 算法在 $O(nL)$ 次迭代后，停止条件一定会得到满足；其次，每次迭代算法中，主要是计算 $\boldsymbol{c}_d^{\mathrm{T}}=[\boldsymbol{I}-\boldsymbol{B}^{\mathrm{T}}(\boldsymbol{B}\boldsymbol{B}^{\mathrm{T}})^{-1}\boldsymbol{B}]\bar{\boldsymbol{c}}^{\mathrm{T}}$，这又可归结为求 $(\boldsymbol{B}\boldsymbol{B}^{\mathrm{T}})^{-1}$ 的计算量。实际上，Gauss 求逆需要 $O(n^3L)$ 的运算量。那么我们针对 Karmarkar 算法的计算复杂性给出下面定理。

定理 2.8　针对问题（2-21）的 Karmarkar 算法在 $O(nL)$ 次迭代后一定停止，而且每次迭代的计算量可以控制在 $O(n^3L)$ 之内，所以 Karmarkar 算法为多项式时间算法。

习　题

1. 求出下列问题的相应对偶线性规划。

(1)
$$\max z=3x_1+2x_2$$
$$\text{s.t.}\begin{cases}-x_1+2x_2\leqslant 4\\ 3x_1+2x_2\leqslant 14\\ x_1-x_2\leqslant 3\\ x_1,\ x_2\geqslant 0\end{cases}$$

(2)
$$\min z=3x_1+2x_2-3x_3+4x_4$$
$$\text{s.t.}\begin{cases}x_1-2x_2+3x_3+4x_4\leqslant 3\\ x_2+3x_3+4x_4\geqslant -5\\ 2x_1-3x_2-7x_3-4x_4=2\\ x_1\geqslant 0,\ x_4\leqslant 0,\ x_2,\ x_3\ \text{无约束}\end{cases}$$

2. 应用对偶理论，证明下列线性规划是可行的，但无最优解。

$$\max z=x_1+x_2+x_3$$
$$\text{s.t.}\begin{cases}x_1-x_3\geqslant 4\\ x_1-x_2+2x_3\geqslant 3\\ x_1,\ x_2,\ x_3\geqslant 0\end{cases}$$

3. 用图解法求解线性规划对偶问题的最优解。

$$\min z=2x_1+3x_2+3x_3+6x_4$$
$$\text{s.t.}\begin{cases}2x_1+3x_2+6x_3+2x_4\geqslant 4\\ -2x_1+x_2-x_3+3x_4\geqslant -3\\ x_j\geqslant 0\quad (j=1,\ 2,\ 3,\ 4)\end{cases}$$

4. 考虑线性规划

$$\max z=3x_1-x_2-x_3$$
$$\text{s.t.}\begin{cases}x_1-2x_2+x_3\leqslant 11\\ -4x_1+x_2+2x_3\geqslant 3\\ -2x_1+x_3=1\\ x_1,\ x_2,\ x_3\geqslant 0\end{cases}$$

已知它的最优解为 $\boldsymbol{X}^*=(4,\ 1,\ 9)^{\mathrm{T}}$，求对偶问题的最优解。

5. 已知线性规划问题

$$\max z=2x_1+x_2+5x_3+6x_4$$

$$\text{s. t.}\begin{cases}2x_1+x_3+x_4\leqslant 8\\2x_1+2x_2+x_3+2x_4\leqslant 12\\x_j\geqslant 0\quad (j=1,\ 2,\ 3,\ 4)\end{cases}$$

其对偶问题的最优解为 $y_1^*=4$，$y_2^*=1$，试应用对偶问题的性质，求原问题的最优解。

6. 设线性规划问题

$$\max z=3x_1+4x_2+x_3$$

$$\text{s. t.}\begin{cases}x_1+2x_2+x_3\leqslant 10\\x_1+x_2+2x_3\leqslant 6\\3x_1+x_2+2x_3\leqslant 12\\x_1,\ x_2,\ x_3\end{cases}$$

求 b_2，b_3，c_2，c_3 的灵敏度范围。

7. 线性规划问题

$$\max z=2x_1-x_2+x_3$$

$$\text{s. t.}\begin{cases}x_1+x_2+x_3\leqslant 6\\-x_1+2x_2\leqslant 4\\x_1,\ x_2,\ x_3\geqslant 0\end{cases}$$

用单纯形法求解得最终单纯形表为表 2 - 24。

表 2 - 24

		x_1	x_2	x_3	x_4	x_5	
x_1	6	1	1	1	1	0	
x_5	10	0	3	1	1	1	
c_j-z_j		0	−3	−1	−2	0	

试说明分别发生下列变化时，新的最优解是什么。

① 目标函数变为 $\max z=2x_1+3x_2+x_3$；

② 约束条件右端项由 $\begin{bmatrix}6\\4\end{bmatrix}$ 变为 $\begin{bmatrix}3\\4\end{bmatrix}$；

③ 增加一个新的约束 $-x_1+2x_3\geqslant 2$。

8. 已知线性规划问题

$$\min z = \boldsymbol{CX}$$
$$\text{s. t. } \boldsymbol{AX} = \boldsymbol{b}, \quad \boldsymbol{X} \geqslant \boldsymbol{0}$$

(1) 写出其对偶问题；

(2) 设 z^* 是原问题的最优解，w^* 是对偶问题的最优解，如果用 $\boldsymbol{b}'$ 代替 $\boldsymbol{b}$ 后原问题的最优解为 $\boldsymbol{X}'$，证明：$\boldsymbol{C}(\boldsymbol{X}^* - \boldsymbol{X}') \leqslant w^* (\boldsymbol{b} - \boldsymbol{b}')$。

9. 已知线性规划问题

$$\max z = 5x_1 + 3x_2 + 6x_3$$
$$\text{s. t.} \begin{cases} x_1 + 2x_2 + x_3 \leqslant 18 \\ 2x_1 + x_2 + 3x_3 = 16 \\ x_1 + x_2 + x_3 = 10 \\ x_1,\ x_2 \geqslant 0,\ x_3 \text{ 无约束} \end{cases}$$

(1) 写出其对偶问题。

(2) 用两阶段法求解最终单纯形表，在该表中试写出其对偶问题的解。

10. 用对偶单纯形法解下列线性规划问题。

(1) $\min z = 3x_1 + 2x_2 + x_3 + 4x_4$

$$\text{s. t.} \begin{cases} 2x_1 + 4x_2 + 5x_3 + x_4 \geqslant 0 \\ 3x_1 - x_2 + 7x_3 - 2x_4 \geqslant 2 \\ 5x_1 + 2x_2 + x_3 + 6x_4 \geqslant 15 \\ x_j \geqslant 0 \quad (j = 1,\ 2,\ 3,\ 4) \end{cases}$$

(2) $\max z = x_1 - x_2 + x_3$

$$\text{s. t.} \begin{cases} x_1 - x_3 \geqslant 4 \\ x_1 - x_2 + 2x_3 \geqslant 3 \\ x_j \geqslant 0 \quad (j = 1,\ 2,\ 3) \end{cases}$$

第3章　运输问题

在生产和日常生活中，人们常需要将某些物品（包括人们自身）由一个空间位置移动到另一个空间位置，这就产生了运输。随着社会和经济的发展，“运输”变得越来越复杂，运输量有时非常巨大，科学组织运输显得十分必要。

3.1　运输问题的数学模型

我们知道，在国民经济中如何组织好一个地区乃至全国范围内的物资调运工作是十分重要的。譬如说，某类产品有若干个生产地，已知每个生产地的产量；这类产品有若干个消费地，各地消费量也知道。假如总产量和总消费量恰好相等，由产地运到各消费地的运费单价已知，现如何来编制一个最优的运输计划，使总的运输费用为最小。本章研究物资的运输调度问题，其典型情况是：设某种物品有 m 个产地（A_1，A_2，…，A_m），各产地的产量分别是 a_1，a_2，…，a_m；有 n 个销地（B_1，B_2，…，B_n），各销地的销量分别是 b_1，b_2，…，b_n；假定从产地向销地运输单位物品的运价是 c_{ij}。问：怎样调运这些物品才能使总运费最小?

设变量 x_{ij} 为第 i 个产地运往第 j 个销地的产品数量。为直观起见，可将产品产地、销地的产销量及运输物品的单价汇总为一个表，如表 3-1 所示。

表 3-1

产地 \ 销地 / 运费	B_1	B_2	…	B_n	产　量
A_1	x_{11}　c_{11}	x_{12}　c_{12}		x_{1n}　c_{1n}	a_1
A_2	x_{21}　c_{21}	x_{22}　c_{22}		x_{2n}　c_{2n}	a_2
⋮					⋮
A_m	x_{m1}　c_{m1}	x_{m2}　c_{m2}		x_{mn}　c_{mn}	a_m
销　量	b_1	b_2	…	b_n	

如果运输问题的总产量等于其总销量，即有

$$\sum_{i=1}^{m} a_i = \sum_{j=1}^{n} b_j \tag{3-1}$$

则称该运输问题为产销平衡运输问题；反之，称为产销不平衡运输问题。

产销平衡运输问题的数学模型可表示如下：

目标函数　$\min z=\sum_{i=1}^{m}\sum_{j=1}^{n}c_{ij}x_{ij}$

$$\text{约束条件}\quad\begin{cases}\sum_{j=1}^{n}x_{ij}=a_i & (i=1,2,\cdots,m)\\ \sum_{i=1}^{m}x_{ij}=b_j & (j=1,2,\cdots,n)\end{cases}\qquad(3-2)$$

决策变量　$x_{ij}\geqslant 0$　$(i=1,\ 2,\ \cdots,\ m;\ \ j=1,\ 2,\ \cdots,\ n)$

其中，约束条件右侧的常数 a_i 和 b_j 满足总量平衡条件。

在模型（3-2）中，目标函数表示运输总费用极小化；前 m 个约束条件的意义是：由某一产地运往各个销地的物品数量之和等于该产地的产量；中间 n 个约束条件是指由各产地运往某一销地的物品数量之和等于该销地的销量；后 $m\times n$ 个约束条件为变量非负条件。运输问题模型是线性规划问题的特例，可用单纯形法求解，但是，需要引进很多个人工变量，计算量大而复杂，因而应该寻求更简便、更好的解法。

例 3-1　某公司经销甲产品，下设 3 个加工厂 A_1，A_2，A_3。每日的产量分别为 A_1——7 t，A_2——4 t，A_3——9 t。该公司把这些产品分别运往 4 个销售点 B_1，B_2，B_3，B_4。各销售点每日的销量为 B_1——3 t，B_2——6 t，B_3——5 t，B_4——6 t。已知从各工厂到各销售点的单位产品运价如表 3-2 所示。

问：该公司应如何调运产品，在满足各销售点需要量的前提下，使总运费为最少。

解　先画出这个问题的产销平衡表和单位运价表，如表 3-2 所示。

表 3-2

销地 / 运费/万元·t⁻¹ / 产地	B_1	B_2	B_3	B_4	产量/t
A_1	3	11	3	10	7
A_2	1	9	2	8	4
A_3	7	4	10	5	9
销量/t	3	6	5	6	

（1）决策变量

设 x_{ij} 为第 i 个产地运到第 j 个销地的产品数量，$i=1,\ 2,\ 3$；$j=1,\ 2,\ 3,\ 4$。

（2）目标函数

设 z 为总费用（万元），故目标函数为

$$\min z=3x_{11}+11x_{12}+3x_{13}+10x_{14}+x_{21}+9x_{22}+2x_{23}+8x_{24}+7x_{31}+4x_{32}+10x_{33}+5x_{34}$$

(3) 约束条件

$$\begin{cases} x_{11}+x_{12}+x_{13}+x_{14}=7 \\ x_{21}+x_{22}+x_{23}+x_{24}=4 \\ x_{31}+x_{32}+x_{33}+x_{34}=9 \\ x_{11}+x_{21}+x_{31}=3 \\ x_{12}+x_{22}+x_{32}=6 \\ x_{13}+x_{23}+x_{33}=5 \\ x_{14}+x_{24}+x_{34}=6 \end{cases}$$

3.2 运输问题的性质

3.2.1 运输问题有有限最优解

对于运输问题(3-2),若令其变量

$$x_{ij}=\frac{a_i b_j}{Q} \quad (i=1, 2, \cdots, m; \quad j=1, 2, \cdots, n) \tag{3-3}$$

其中,$Q=\sum_{i=1}^{m} a_i=\sum_{j=1}^{n} b_j$。

模型(3-3)就是运输问题(3-2)的一个可行解;另一方面,(3-2)的目标函数有下界,目标函数值不会趋于$-\infty$。由此可知,运输问题必存在有限最优解。

3.2.2 运输问题约束条件的系数矩阵

将式(3-2)的结构约束加以整理,可知其系数矩阵具有下列形式:

$$\begin{array}{c} \begin{matrix} x_{11} & x_{12} & \cdots & x_{1n} & x_{21} & x_{22} & \cdots & x_{2n} & \cdots & x_{m1} & x_{m2} & \cdots & x_{mn} \end{matrix} \\ \left[\begin{matrix} 1 & 1 & \cdots & 1 & & & & & & & & & \\ & & & & 1 & 1 & \cdots & 1 & & & & & \\ & & & & & & & & \ddots & & & & \\ & & & & & & & & & 1 & 1 & \cdots & 1 \\ 1 & & & & 1 & & & & & 1 & & & \\ & 1 & & & & 1 & & & & & 1 & & \\ & & \ddots & & & & \ddots & & & & & \ddots & \\ & & & 1 & & & & 1 & & & & & 1 \end{matrix}\right] \begin{matrix} \left.\begin{matrix} \\ \\ \\ \\ \end{matrix}\right\} m\text{行} \\ \left.\begin{matrix} \\ \\ \\ \\ \end{matrix}\right\} n\text{行} \end{matrix} \end{array}$$

其系数列向量的结构是:

$$\mathbf{A}_{ij}=(0, \cdots, 0, \underset{\text{第}i\text{个}}{1}, 0, \cdots, 0, \underset{\text{第}m+j\text{个}}{1}, 0, \cdots, 0)^{\mathrm{T}}$$

即除第 i 个和第（$m+j$）个分量为 1 外，其他分量全等于 0。

由此可知，运输问题具有下述特点：

- 约束条件系数矩阵的元素等于 0 或 1；
- 约束条件系数矩阵的每一列有两个非零元素，这说明每一个变量在前 m 个约束方程中出现一次，在后 n 个约束方程中也出现一次。

对产销平衡运输问题，除上述两个特点外，还具有以下特点：

- 所有约束条件都是等式约束；
- 各产地产量之和等于各销地销量之和。

3.2.3　运输问题的解

根据运输问题的数学模型求出的运输问题的解 $\boldsymbol{X}=(x_{ij})$，代表着一个运输方案，其中每一个变量 x_{ij} 的值表示由 A_i 调运数量为 x_{ij} 的物品给 B_j。前已指出运输问题是一种线性规划问题，可设想用迭代法进行求解，即先找出它的某一个基可行解，再进行解的最优性检验；若它不是最优解，就进行迭代调整，以得到一个新的更好的解；继续检验和调整改进，直至得到最优解为止。

为了能按上述思路求解运输问题，要求每步得到的解 $\boldsymbol{X}=(x_{ij})$ 都必须是基可行解，这意味着：①解 $\boldsymbol{X}$ 必须满足模型中的所有约束条件；②基变量对应的约束方程组的系数列向量线性无关；③解中非零变量 x_{ij} 的个数不能大于（$m+n-1$）个，原因是运输问题中虽有（$m+n$）个结构约束条件，但由于总产量等于总销量，故只有（$m+n-1$）个约束条件是线性独立的；④为使迭代顺利进行，基变量的个数在迭代过程中保持为（$m+n-1$）个。

运输问题解的每一个分量，都唯一对应其运输表中的一个格。得出运输问题的一个基可行解后，就将基变量的值 x_{ij} 填入运输表相应的格（A_i，B_j）内，并将这种格称为填有数字格（可以含 0），非基变量对应格不填，称为空格。

3.3　表上作业法

表上作业法是求解运输问题的一种简便而有效的方法，其求解工作在运输表上进行，它是一种迭代法，迭代步骤为：先按某种规则找出一个初始解（初始调运方案），再对现行解作最优性判别；若这个解不是最优解，就在运输表上将其调整改进，得出一个新解；再判别，再改进；直至得到运输问题的最优解为止。如前所述，迭代过程中得出的所有解都要求是运输问题的基可行解。

3.3.1　初始基可行解的确定

下面介绍两种常用的方法。

1. 最小元素法

基本思想：应优先考虑单位运价最小（或运距最短）的供销业务，最大限度地满足其供销量。即对所有 i 和 j 找出 $c_{i0\,j0}=\min(c_{ij})$，并将 $x_{i0\,j0}\triangleq\min\{a_{i0}, b_{j0}\}$ 的物品量由 A_{i0} 供应给 B_{j0}。若 $x_{i0\,j0}=a_{i0}$，则产地 A_{i0} 的可供物品已用完，以后不再继续考虑这个产地，且 B_{j0} 的需求量由 b_{j0} 减少为 $b_{j0}-a_{i0}$；若 $x_{i0\,j0}=b_{j0}$，则销地 B_{j0} 的需求已全部得到满足，以后不再考虑这个销地，且 A_{i0} 的可供量由 a_{i0} 减少为 $a_{i0}-b_{j0}$。然后，在余下的供、销点的供销关系中，继续按上述方法安排调运，直至安排完所有供销任务，得到一个完整的调运方案（完整的解）为止。这样就得到了运输问题的一个初始基可行解（初始调运方案）。

由于该方法基于优先满足单位运价（或运距）最小的供销业务，故称为最小元素法。用最小元素法给出的初始解，是从单位运价表中逐次地挑选最小元素，并比较产量和销量。当产大于销，去掉该元素所在列。当产小于销，去掉该元素所在行。然后在未去掉的元素中再找最小元素，再确定供应关系。这样在产销平衡表上每填入一个数字，在运价表上就去掉一行或一列。表中共有 m 行 n 列，总共可去掉 $(m+n)$ 条直线。但当表中只剩一个元素时，这时在产销平衡表上填这个数字时，应在运价表上同时去掉一行和一列。此时把单价表上所有元素都去掉了，相应地在产销平衡表上填了 $(m+n-1)$ 个数字，即给出了 $(m+n-1)$ 个基变量的值。以例 3－1 进行讨论。

第 1 步：从产销平衡汇总表中找出最小运价为 1，这表示先将 A_2 的产品供应给 B_1。因 $a_2>b_1$，A_2 除满足 B_1 的全部需要外，还可剩余 1 t 产品。在表的 (A_2, B_1) 交叉格处填上 3，并将表中产销量最小值对应的 B_1 列运价去掉。

第 2 步：在表中未去掉的元素中再找出最小运价 2，即确定 A_2 剩余的 1 t 供应 B_3，并重复第一步填写运量去掉相应的行或列的方法，进入下一步。

第 3 步：在表中未去掉的元素中再找出最小运价 3；这样一步步地进行下去，直到单位运价表上的所有元素去掉为止。最后在产销平衡表上得到一个调运方案，如表 3－3 所示。这方案的总运费为 86 元。

表 3－3

运费/(万元·t⁻¹) 销地 / 产地	B_1	B_2	B_3	B_4	产量/t
A_1	(3)	(11)	4 (3)	3 (10)	7
A_2	3 (1)	(9)	1 (2)	(8)	4
A_3	(7)	6 (4)	(10)	3 (5)	9
销量/t	3	6	5	6	

用最小元素法给出的初始解是运输问题的基可行解，有可能在产销平衡表上填入一个数字后，在单位运价表上同时去掉一行和一列，这时就出现退化。关于退化时的处理将在 3.3.4 中讲述。

例 3-2　某部门有 3 个生产同类产品的工厂（产地），生产的产品由 4 个销售点（销地）出售，各工厂的生产量、各销售点的销售量（单位：t）及各工厂到各销售点的单位运价（元/t）列于表 3-4 中。问：产品如何调运才能使总运费最小？

表 3-4

产地＼运费＼销地	B_1	B_2	B_3	B_4	产　量
A_1	4	12	4	11	16
A_2	2	10	3	9	10
A_3	8	5	11	6	22
销　量	8	14	12	14	48

解　由于总产量和总销量均为 48，故知这是一个产销平衡运输问题。最小费用法的初始分配方案如表 3-5 所示。

表 3-5

产地＼运费＼销地	B_1	B_2	B_3	B_4	产　量	
A_1	4	12	4 10	11 6	16	⑥
A_2	2 8	10	3 2	9	10	②
A_3	8	5 14	11	6 8	22	⑤
销　量	8	14	12	14	48	
	①	④	③	⑥		

总运费（目标函数值）

$$z=10\times4+6\times11+8\times2+2\times3+14\times5+8\times6=246$$

这个解满足所有约束条件，其非零变量的个数为 $6(m+n-1=3+4-1=6)$。不难验证，这 6 个非零变量（基变量）对应的约束条件系数列向量线性无关。

2. 伏格尔法（Vogel 法）

初看起来，最小元素法十分合理。但是，有时按最小单位运价优先安排物品调运时，却可能导致不得不采用运费很高的其他供销点对，从而使整个运输费用增加。对每一个供应地或销售地，均可由它到各销售地或到各供应地的单位运价中找出最小单位运价和次小单位运价，并称这两个单位运价之差为该供应地或销售地的罚数。若罚数的值不大，当不能按最小单位运价安排运输时造成的运费损失不大；反之，如果罚数的值很大，不按最小运价组织运输就会造成很大损失，故应尽量按最小单位运价安排运输。伏格尔法就是基于这种考虑提出来的。

基本思想：首先计算运输表中每一行和每一列的次小单位运价和最小单位运价之间的差值，并分别称之为行罚数和列罚数。将算出的行罚数填入位于运输表右侧行罚数栏的左边第一列的相应格子中，列罚数填入位于运输表下边列罚数栏的第一行的相应格子中（如表3－6所示）。在这些罚数中，确定最大者，对应的运输格优先填入尽可能大的运量，同最小元素法一样，去掉相应的行或列。在尚未去掉的各行和各列中如上重新计算各行罚数和列罚数，根据其最大罚数值的位置在运输表的适当格中填入一个尽可能大的运输量，并去掉对应的一行或一列。用这种方法可以得到一个初始基可行解。

以例 3－2 为例，用伏格尔法给出初始调运方案的过程示于表 3－6 中。伏格尔法的步骤介绍如下。

表 3－6

产地＼销地（运费）	B_1	B_2	B_3	B_4	产　量	行差值(行罚数) 1	2	3	4	5
A_1	4	12	12　4	4　11	16	0	0	0	⑦	0
A_2	8　2	10	3	2　9	10	1	1	1	6	0
A_3	8	14　5	11	8　6	22	1	2			
销　量	8	14	12	14	48					

列差值(列罚数)		B_1	B_2	B_3	B_4
	1	2	⑤	1	3
	2	2		1	③
	3	②		1	2
	4			1	2
	5				②

第 1 步：在表 3－6 中分别计算出各行和各列的最小运费和次最小运费的差额，并填入该表的最右列和最下行。

第 2 步：从行或列差额中选出最大者，选择它所在行或列的最小元素。在表 3－6 中 B_2 列差额最大为 5。在该列最小元素位置填上产销量的最小值 14，然后将运价表中的 B_2 列数字划去；运价表中划去 B_2 列数字后重新计算行或列差额，形成第二次列和行的罚数，进入下一步，如表 3－6 所示。

第 3 步：对表 3－6 中未去掉的元素再分别计算出各行、各列的最小运费和次最小运费的差额，并填入该表的最右列和最下行，重复第1、2步，直到给出初始解为止。

用此法给出例3-2的初始解，由上述计算过程可见伏格尔法同最小元素法除在确定供求关系的原则上不同外，其余步骤相同。伏格尔法给出的初始解比用最小元素法给出的初始解更接近最优解。

目标函数值 $z=12\times4+8\times2+2\times9+14\times5+8\times6=244$

用伏格尔法给出例3-1的初始解如表3-7所示。

表3-7

产地＼销地（运费）	B_1		B_2		B_3		B_4		产　量
A_1		3		11	5	3	2	10	7
A_2	3	1		9		2	1	8	4
A_3		7	6	4		10	3	5	9
销　量	3		6		5		6		

本例用伏格尔法给出的初始解就是最优解。此方案的总运费为

$$z=5\times3+2\times10+3\times1+1\times8+6\times4+3\times5=85(\text{元})$$

一般来说，伏格尔法得出的初始解的质量最好，常用来作为运输问题最优解的近似解，最小元素法求解的目标函数值比较大。

3.3.2　最优解的判断

得到了运输问题的初始可行解以后，即应对这个解进行最优性判别，看它是不是最优解。判别的方法是计算空格（非基变量）的检验数。因运输问题的目标函数要求实现最小化，故当所有的检验数都大于等于零时为最优解。下面介绍两种常用的方法：闭回路法和位势法（也称为对偶变量法）。

(1) 闭回路法

要判别运输问题的某个解是否为最优解，可仿照一般单纯形法，检验这个解的各非基变量（对应于运输表中的空格）的检验数 σ_{ij}。若有某空格的检验数为负，说明将其变成基变量将使运输费用减少，故当前这个解不是最优解。若所有空格的检验数 σ_{ij} 全为非负，则不管怎样变换，解均不能使运输费用降低，即目标函数值已无法改进，这个解就是最优解。

为了求某个空格（非基变量）的检验数，先要找出它在运输表上唯一对应的闭回路。在给出调运方案的计算表上，从每一空格处找一条闭回路。它是以某空格为起点，用水平或垂直线向前画，每碰到一数字格判别转90°后能否遇到数字格，若能遇到数字格则转90°后继续前进，直到数字格构成的折线顶点能回到起始空格为止。这个闭回路的顶点，除这个空格外（该顶点通常记为第一个顶点，又称为奇数次顶点），其他均为填有数字的格（基变量

格），由水平线段和竖直线段依次连接这些顶点构成一个封闭多边形。可以证明，每个空格都唯一存在这样的一条闭回路。位于闭回路上的一组变量，它们对应的运输问题约束条件的系数列向量线性相关，因而在运输问题基可行解的迭代过程中，不允许出现全部顶点由填有数字的格构成的闭回路。这就是说，在确定运输问题的基可行解时，除要求非零变量的个数为（$m+n-1$）外，还要求运输表中填有数字的格不构成闭回路（当然还要满足所有约束条件）。

从每一空格出发一定存在并可以找到唯一的闭回路。因（$m+n-1$）个数字格（基变量）对应的系数向量是一个基，任一空格（非基变量）对应的系数向量是这个基的线性组合，如 $\boldsymbol{P}_{ij}$（i，$j\in\mathbf{N}$）可表示为

$$\boldsymbol{P}_{ij}=\boldsymbol{P}_{ik}-\boldsymbol{P}_{lk}+\boldsymbol{P}_{ls}-\boldsymbol{P}_{us}+\boldsymbol{P}_{uj}$$

其中，$\boldsymbol{P}_{ik}$，$\boldsymbol{P}_{lk}$，$\boldsymbol{P}_{ls}$，$\boldsymbol{P}_{us}$，$\boldsymbol{P}_{uj}\in\boldsymbol{B}$，而这些向量构成了闭回路。

空格（i，j）对应非基变量 x_{ij}，其检验数为 σ_{ij}，σ_{ij} =（闭回路上奇数次顶点的运价之和）−（闭回路上偶数次顶点的运价之和）。

闭回路法计算检验数的经济解释如下。在已给出初始解的表 3-8 中，可从任一空格出发，如（A_1，B_1），若让 A_1 的产品调运 1 t 给 B_1，为了保持产品平衡，就要依次作调整：在（A_1，B_3）处减少 1 t，（A_2，B_3）处增加 1 t，（A_2，B_1）处减少 1 t，即构成了以（A_1，B_1）空格为起点，其他为数字格的闭回路，如表 3-8 中折线所示。在此表中闭回路各顶点所在格的右上角数字是单位运价。检验数通常可用㊀5等数字表示，正的检验数可简记为⊕。

表 3-8

产地 \ 运费 \ 销地	B_1	B_2	B_3	B_4	产　量
A_1	⊕　[4]	㊀12　[5]	10　[4]	6　[11]	16
A_2	8　[2]	㊀6　[10]	2　[3]	⊕　[9]	10
A_3	⊕　[8]	14　[12]	⊕　[11]	8　[6]	22
销　量	8	14	12	14	48

用闭回路法计算例 3-2 最小元素法得到的初始解的检验数。当检验数还存在负数时，说明原方案不是最优解。

（2）位势法

用闭回路法判定一个运输方案是否为最优方案，需要找出所有空格的闭回路，并计算出其检验数。当运输问题的产地和销地很多时，空格的数目很大，计算检验数的工作十分繁

重，而用位势法就简便得多。

对产销平衡运输问题（3-2），若 u_1，u_2，…，u_m分别表示前 m 个约束等式相应的对偶变量，v_1，v_2，…，v_n分别表示后 n 个等式约束相应的对偶变量，从线性规划的对偶理论可知，$\boldsymbol{C}_{\mathrm{B}}\boldsymbol{B}^{-1}=(u_1, u_2, \cdots, u_m; v_1, v_2, \cdots, v_n)$ 为对偶变量向量。对产销平衡问题，记 u_1，u_2，…，u_m分别表示每行的位势（前 m 个约束等式相应的对偶变量），记 v_1，v_2，…，v_n分别表示每列的位势（后 n 个约束等式相应的对偶变量），即有对偶变量向量

$$\boldsymbol{Y}=(u_1, u_2, \cdots, u_m; v_1, v_2, \cdots, v_n)$$

而每个决策变量 x_{ij} 对应的系数向量为 $\boldsymbol{C}_{\mathrm{B}}\boldsymbol{B}^{-1}\boldsymbol{P}_{ij}$，于是检验数 $\sigma_{ij}=c_{ij}-\boldsymbol{C}_{\mathrm{B}}\boldsymbol{B}^{-1}\boldsymbol{P}_{ij}=c_{ij}-(u_i+v_j)$，由单纯形法得知所有基变量的检验数等于0，即 $c_{ij}-(u_i+v_j)=0$。

运输问题的对偶问题为：

$$\max z'=\sum_{i=1}^{m}a_iu_i+\sum_{j=1}^{n}b_jv_j$$

$$c_{ij}-(u_i+v_j)\geqslant 0$$

例如，在例3-1由最小元素法得到的初始解中 x_{23}，x_{34}，x_{21}，x_{32}，x_{13}，x_{14}是基变量，因基变量的检验数为0。对应的检验数满足以下6个方程：

基变量	检验数	
x_{23}	$c_{23}-(u_2+v_3)=0$	$2-(u_2+v_3)=0$
x_{34}	$c_{34}-(u_3+v_4)=0$	$5-(u_3+v_4)=0$
x_{21}	$c_{21}-(u_2+v_1)=0$	$1-(u_2+v_1)=0$
x_{32}	$c_{32}-(u_3+v_2)=0$	$4-(u_3+v_2)=0$
x_{13}	$c_{13}-(u_1+v_3)=0$	$3-(u_1+v_3)=0$
x_{14}	$c_{14}-(u_1+v_4)=0$	$10-(u_1+v_4)=0$

可令 u_i 或 v_j 中任意一个取值为0，例如令 $u_1=0$，则从中可求得

$$u_1=0;\ u_2=-1;\ u_3=-5;\ v_1=2;\ v_2=9;\ v_3=3;\ v_4=10;$$

运用已知的 u_i，v_i值，计算表格中非基变量的检验数。本书规定，检验数以ⓘ的形式放在调运方案表的非基底空格的右下方。正检验数用⊕表示，负检验数用符号和数值表示，如㊀5。以例3-1说明，如表3-9所示。

第1步：按最小元素法给出表3-3的初始解，只保留数字格运价，并增加一行一列。

第2步：在增加列中填入 u_i，在增加行中填入 v_j。先令 $u_1=0$，然后按 $u_i+v_j=c_{ij}$，相继确定 u_i，v_j。由表3-9可见，当 $u_1=0$ 时，由 $u_1+v_3=0$ 可得 v_3，以此类推可确定所有的 u_i，v_j 的数值。

第 3 步：按 $\sigma_{ij}=c_{ij}-(u_i+v_j)$，$i$，$j\in \mathbf{N}$，计算所有空格的检验数。

这些计算可直接在表 3 - 3 上进行，其结果如表 3 - 9 所示。

表 3 - 9

产地＼销地（运费）	B_1	B_2	B_3	B_4	u_i
A_1	(+) 3	(+) 11	3	10	0
A_2	1	(+) 9	2	(−1) 8	−1
A_3	(+) 7	4	(+) 10	5	−5
v_j	2	9	3	10	

在表 3 - 9 中还有负检验数。说明未得最优解，还可以改进。

3.3.3 改进的方法——闭回路调整法

闭回路调整法是改进当前基本可行解的方法。当表中空格处出现负检验数时，表明未得最优解。若有两个和两个以上的负检验数，一般选其中最小的，以它对应的空格为调入格，即以它对应的非基变量为换入变量。由表 3 - 9 得（2，4）为调入格。以此格为出发点，作一闭回路，如表 3 - 10 所示。

表 3 - 10

产地＼销地	B_1	B_2	B_3	B_4	产　量
A_1			4（+1）	3（−1）	7
A_2	3		1（−1）	（+1）	4
A_3		6		3	9
销　量	3	6	5	6	

（2，4）格的调入量 θ 是选择闭回路上具有（—1）的数字格中的最小者，即 $\theta=\min\{1,3\}=1$，其原理与单纯形法中按 θ 规划来确定换出变量相同。然后按闭回路上的正、负号，加入和减去此值，得到调整方案，如表 3 - 10 所示。

对表 3 - 10 得出的解，再用闭回路法或位势法求各空格的检验数，标在表格空格的右下方。表中的所有检验数都非负，故表 3 - 10 中的解为最优解，这时得到的总运费最小是 85 元。

3.3.4 表上作业法中的问题

1. *无穷多最优解*

在前面提到，产销平衡的运输问题必存在最优解。那么有唯一最优解还是无穷多最优解?

依线性规划单纯形最优解判别标准，即某个非基变量（空格）的检验数为0时，该问题有无穷多最优解。表3-10中空格（1，1）的检验数是0，表明例3-1有无穷多最优解。可在表3-10中以（1，1）为调入格，作闭回路$(1，1)_{+}\rightarrow(1，4)_{-}\rightarrow(2，4)_{+}\rightarrow(2，1)_{-}\rightarrow(1，1)_{+}$。确定$\theta=\min\{2，3\}=2$，经调整后得到另一最优解（略）。

2. 退化

用表上作业法求解运输问题，当出现退化时，在相应的格中一定要填一个0，以表示此格为数字格。主要有两种情况。

① 当确定初始解的各供求关系时，若在（i，j）格填入某数字后，出现A_i处的余量等于B_j处的需量，这时在产销平衡表上填一个数，而在单位运价表上相应地要划去一行和一列。为了使在产销平衡表上有（$m+n-1$）个数字格。这时需要添一个“0”。它的位置可在对应同时划去的那行或那列的任一空格处。

② 在用闭回路法调整时，在闭回路上出现两个和两个以上的具有（-1）标记的相等的最小值。这时只能选择其中一个作为调入格，而经调整后，得到退化解。这时有一个数字格则必须填入一个0，表明它是基变量，当出现退化解后，并作改进调整时，可能在某闭回路上有标记为（-1）的取值为0的数字格，设应取调整量$\theta=0$。

3.4 其他运输问题的处理

3.4.1 产销不平衡的运输问题及其求解方法

3.3节所讲的表上作业法，都是以产销平衡为前提的。但在实际问题中产销往往是不平衡的，就需要把产销不平衡的问题化为产销平衡的问题。

1. 产量大于销量的运输问题

当$\sum_{i=1}^{m}a_i>\sum_{j=1}^{n}b_j$时，得到产大于销的运输问题的数学模型。

$$\min z=\sum_{j=1}^{n}\sum_{i=1}^{m}c_{ij}x_{ij}$$

$$\text{s.t.}\begin{cases}\sum_{j=1}^{n}x_{ij}\leqslant a_i & (i=1，2，\cdots，m)\\ \sum_{i=1}^{m}x_{ij}=b_j & (j=1，2，\cdots，n)\\ x_{ij}\geqslant 0 & (i=1，\cdots，m；j=1，\cdots，n)\end{cases}\qquad(3-4)$$

只要在式（3-4）的前m个不等式中引入松弛变量，使之成为

$$\sum_{j=1}^{n} x_{ij} + x_{i,n+1} = a_i \quad (i=1,\ 2,\ \cdots,\ m)$$

然后，虚拟一个销地 B_{n+1}，设它的需要量为：

$$b_{n+1} = \sum_{i=1}^{m} a_i - \sum_{j=1}^{n} b_j$$

我们就可以把松弛变量 $x_{i,n+1}$，看成是从产地 A_i 运往销地 B_{n+1} 的数量，而运费 $c_{i,n+1}=0$ $(i=1,\cdots,\ m)$。这样一来，由式（3-4）所描述的产销不平衡运输问题就转化成了一个产销平衡的运输问题。

2. 销量大于产量的运输问题

当 $\sum_{i=1}^{m} a_i < \sum_{j=1}^{n} b_j$ 时，给出的问题具有以下形式：

$$\min z = \sum_{i=1}^{m} \sum_{j=1}^{n} c_{ij} x_{ij}$$

$$\text{s. t.} \begin{cases} \sum_{j=1}^{n} x_{ij} = a_i & (i=1,\ 2,\ \cdots,\ m) \\ \sum_{i=1}^{m} x_{ij} \leqslant b_j & (j=1,\ 2,\ \cdots,\ n) \\ x_{ij} \geqslant 0 & (i=1,\ \cdots,\ m;\ j=1,\cdots,n) \end{cases} \tag{3-5}$$

由销地以其他方式解决欠缺的部分，可以假设一个虚拟的产地 A_{m+1}，其产量为总的供需缺口，即 $a_{m+1} = \sum_{j=1}^{n} b_j - \sum_{i=1}^{m} a_i$，而到各个销地的单位运费 $c_{m+1,j}=0$，设 A_{m+1} 到 B_j 的运量为 $x_{m+1,j}$，则模型可以化为产销平衡的形式如下。

$$\min z = \sum_{i=1}^{m+1} \sum_{j=1}^{n} c_{ij} x_{ij}$$

$$\text{s. t.} \begin{cases} \sum_{j=1}^{n} x_{ij} = a_i & (i=1,\ 2,\ \cdots,\ m+1) \\ \sum_{i=1}^{m+1} x_{ij} = b_j & (j=1,\ 2,\ \cdots,\ n) \\ x_{ij} \geqslant 0 & (i=1,\ \cdots,\ m,\ m+1;\ j=1,\ \cdots,\ n) \end{cases}$$

利用产销平衡的运输问题的表上作业法，就可以求出其解。其中若 $x_{m+1,j}=0$，则表示 B_j 的销量得到满足，若 $x_{m+1,j}>0$，则表示 B_j 的销量得不到满足，尚需自行解决的量为 $x_{m+1,j}$。

例 3-3 设有 3 个化肥厂供应 4 个地区的农用化肥，假定等量的化肥在这些地区使用效果相同，各化肥厂年产量、各地区年需要量及从各化肥厂到各地区运送单位化肥的运价如表 3 - 11所示，试求出总的运费最节省的化肥调拨方案。

表 3 - 11

化肥厂＼需求地区	Ⅰ	Ⅱ	Ⅲ	Ⅳ	产量/万吨
A	16	13	22	17	50
B	14	13	19	15	60
C	19	20	23	—	50
最低需求/万吨	30	70	0	10	
最高需求/万吨	50	70	30	不限	

解　这是一个产销不平衡的运输问题，总产量为 160 万吨，4 个地区的最低需求为 110 万吨，最高需求为无限。根据现有产量，第Ⅳ个地区每年最多能分配到货 60 万吨，这样最高需求为 210 万吨，大于产量。为了求得平衡，在产销平衡表中增加一个假想的化肥厂 D，其年产量为 50 万吨，由于各地区的需要量包含两部分，如地区Ⅰ，其中 30 万吨是最低需求，故不能由假想化肥厂 D 提供，按前面讲的，令相应运价为零。对凡是需求分两种情况的地区，实际上可按照两个地区看待，这样可以写出这个问题的产销平衡表（表 3 - 12）和单位运价表（表 3 - 13）。

表 3 - 12

产地＼销地	Ⅰ	Ⅰ′	Ⅱ	Ⅲ	Ⅳ′	Ⅳ″	产　量
A							50
B							60
C							50
D							50
销　量	30	20	70	30	10	50	

表 3 - 13

产地＼销地	Ⅰ	Ⅰ′	Ⅱ	Ⅲ	Ⅳ′	Ⅳ″
A	16	16	13	22	17	17
B	14	14	13	19	15	15
C	19	19	20	23	M	M
D	M	0	M	0	M	0

根据表上作业法计算，可以求得这个问题的最优方案如表 3 - 14 所示。

表 3-14

产地＼销地	Ⅰ	Ⅰ′	Ⅱ	Ⅲ	Ⅳ′	Ⅳ″	产　量
A			50				50
B			20		10	30	60
C	30	20	0				50
D				30		20	50
销　量	30	20	70	30	10	50	

3.4.2 运输问题的应用

例 3-4 某厂按照合同规定每个季度末分别提供 10，15，25，20 台的柴油机。该厂各季度的生产能力及生产每台柴油机的成本如表 3-15 所示。生产出来的柴油机当季不交货的，每台每积压一个季度存储、维护等费用为 0.15 万元。要求在完成合同的情况下，作出使该厂全年生产费用（包括存储、维护）最小的决策。

表 3-15

季　度	生产能力/台	单位成本/万元
1	25	10.8
2	35	11.1
3	30	11.0
4	10	11.3

解 由于每个季度生产出来的柴油机不一定当季交货，所以设 x_{ij} 为第 i 季度生产的用于第 j 季度交货的柴油机数。

根据合同，必须满足：

$$\begin{aligned} x_{11} \qquad\qquad\qquad\quad &= 10 \\ x_{12}+x_{22} \qquad\qquad &= 15 \\ x_{13}+x_{23}+x_{33} \quad &= 25 \\ x_{14}+x_{24}+x_{34}+x_{44} &= 20 \end{aligned}$$

又每季度生产的用于当季和以后各季交货的柴油机数不可能超过该季度的生产能力，故又有：

$$\begin{aligned} x_{11}+x_{12}+x_{13}+x_{14} &\leqslant 25 \\ x_{22}+x_{23}+x_{24} &\leqslant 35 \\ x_{33}+x_{34} &\leqslant 30 \\ x_{44} &\leqslant 10 \end{aligned}$$

第 i 季度用于第 j 季度交货的每台柴油机的实际成本 c_{ij} 应该是该季度单位成本加上存

储、维护等费用。c_{ij}的具体数值如表3-16所示。

表3-16

j / i	1	2	3	4
1	10.8	10.95	11.10	11.25
2		11.10	11.25	11.40
3			11.00	11.15
4				11.30

设用a_i表示该厂第i季度的生产能力，b_j表示第j季度的合同供应量，则问题可写成

$$\min z=\sum_{i=1}^{4}\sum_{j=1}^{4}c_{ij}x_{ij}$$

$$\begin{cases}\sum_{j=1}^{4}x_{ij}\leqslant a_i\\ \sum_{i=1}^{4}x_{ij}=b_j\\ x_{ij}\geqslant 0\end{cases}$$

显然，这是一个产大于销的运输问题模型。注意到当$i>j$时，$x_{ij}=0$。所以令对应的$c_{ij}=M$，再加上一个假想的需求D，就可把这个问题变成产销平衡的运输模型，并写出产销平衡表和单价运价表（如表3-17所示）。

表3-17

销地 / 产地	1	2	3	4	D	产　量
1	10.8	10.95	11.10	11.25	0	25
2	M	11.10	11.25	11.40	0	35
3	M	M	11.00	11.15	0	30
4	M	M	M	11.30	0	10
销　量	10	15	25	20	30	

用表上作业法求解，可得到多个最优方案，表3-18中列出最优方案之一，即第1季度生产25台，10台当季交货，15台2季度；2季度生产5台，用于3季度交货；3季度生产30台，其中有20台于当季交货，10台于4季度交货。4季度生产10台，于当季交货。按此方案生产，该厂总的生产（包括存储、维护）费用为773万元。

表 3-18

生产季度＼销售季度	1	2	3	4	*D*	产　量
1	10	15	0			25
2			5		30	35
3			20	10		30
4				10		10
销　量	10	15	25	20	30	

运输问题也适用于运输时间最短的调运方案、效益最大的运输调运方案、带有中转的运输问题及其他如车辆、船舶回程调运等中转运输问题实际应用。

例 3-5　某航运公司承担 6 个港口城市 A，B，C，D，E，F 中的 4 条固定航线的物资运输任务，已知各条航线的起点、终点城市及每天航班数如表 3-19 所示。

表 3-19

航　线	起点城市	终点城市	每天航班数
1	E	D	3
2	B	C	2
3	A	F	1
4	D	B	1

假定：各城市间的航程天数如表 3-20 所示。又知每条船只每次装卸货的时间各需 1 天，问：至少应配备多少条船只，能满足各条航线的货运要求？

表 3-20

起点＼终点	A	B	C	D	E	F
A	0	1	2	14	7	7
B	1	0	3	13	8	8
C	2	3	0	15	5	5
D	14	13	15	0	17	20
E	7	8	5	17	0	3
F	7	8	5	20	3	0

解　该公司所需配置的船只分两部分。

① 载货航程所需的周转船只数。例如：航线 1，在港口 E 装货 1 天，E—D 航程 17 天，在 D 卸货 1 天，总计 19 天，每天 3 航班，故该航线周转船只需要 57 只。各条航线周转所需的船只数如表 3-21 所示，以上累计共需周转船只数 91 只。

表 3-21

航　　线	装货天数	航程天数	卸货天数	小　　计	航 班 数	需周转船数
1	1	17	1	19	3	57
2	1	3	1	5	2	10
3	1	7	1	9	1	9
4	1	13	1	15	1	15

② 各港口间所需船只数。有些港口到达数少于需求数，例如港口 B。各港口每天余缺的船只数如表 3-22 所示。

表 3-22

港口城市	每天到达	每天需求	余 缺 数
A	0	1	−1
B	1	2	−1
C	2	0	2
D	3	1	2
E	0	3	−3
F	1	0	1

为使配备船只数最少，应做到周转的空船数最少，因此建立以下运输问题，表 3-23 为其产销平衡表。

表 3-23

	A	B	E	每天多余船只
C				2
D				2
F				1
每天缺少船只	1	1	3	

单位运价表为相应港口之间的船只航程天数，如表 3-24 所示。

表 3-24

	A	B	E
C	2	3	5
D	14	13	17
F	7	8	3

用表上作业法求出空船的最优调度方案如表 3-25 所示。

表 3-25

	A	B	E	每天多余船只
C	1		1	2
D		1	1	2
F			1	1
每天缺少船只	1	1	3	

由表 3-25 知最少需周转的空船数为 40 条，这样在不考虑维修、储备等情况下，该公司至少应配备 131 条船。

习　题

1. 某钢铁公司有 3 个铁矿，日产矿石分别为 5 000 t、3 000 t 和 1 000 t。该公司有 4 个炼铁厂，每天所需的矿石量分别为 4 000 t、2 500 t、1 000 t 和 1 500 t。这 3 个铁矿与炼铁厂的距离如表 3-26 所示。

表 3-26

铁矿 \ 距离/km \ 炼铁厂	B_1	B_2	B_3	B_4
A_1	16	30	41	50
A_2	34	30	32	45
A_3	55	40	24	30

问该公司应如何安排运输，既满足各炼铁厂的需要，又使总的运输费用（按吨公里计）最小？试建立数学模型。

2. 设有 3 个煤矿 A_1，A_2，A_3，其产量分别为 9 万吨、10 万吨、6 万吨；有 4 个城市 B_1，B_2，B_3，B_4需要煤，各市需煤量分别为 6 万吨、6 万吨、3 万吨、10 万吨。已知从各煤矿到各市每万吨煤的运价如表 3-27 所示。又假定运费与运量成正比，问应该如何安排调运计划，才能既保证各市的需要，又使总运费最少？

表 3-27

煤矿 \ 城市	B_1	B_2	B_3	B_4	产量
A_1	10	4	9	3	9
A_2	3	1	5	2	10
A_3	4	5	2	4	6
需要量	6	6	3	10	

3. 某食品公司下有 A_1，A_2，A_3 3个糖果厂，每天产量分别为 7 t、4 t、9 t。公司需将各厂每天生产的糖果分别运往 B_1，B_2，B_3，B_4 4个地区的门市部销售，每天的销量分别为 3 t、6 t、5 t、6 t。已知从各加工厂至各销售门市部运送 1 t 糖果的运价如表 3-28 所示，问该公司如何调运，能既满足各销售门市部的需要，又使总运费为最低？试建立运输模型，并用表上作业法求出最佳调运方案。

表 3-28

工厂＼地区	B_1	B_2	B_3	B_4	产量/t
A_1	3	11	3	10	7
A_2	1	9	2	8	4
A_3	7	4	10	5	9
销量/t	3	6	5	6	

4. 回答下述问题：

(1) 试分析论述运输问题数学模型的特征，并说明为什么 $(m+n)$ 个约束中最多只有 $(m+n-1)$ 个是独立的？

(2) 试描述最小元素法确定运输问题初始基可行解的基本步骤。

(3) 试画一流程图描述用位势法求检验数的步骤。

(4) 试述表上作业法的特点及其系统步骤。

5. 表 3-29 和表 3-30 分别给出了各产地和各销地的产量和销量，以及各产地至各销地的单位运价，试用表上作业法求最优解。

表 3-29

产地＼销地	B_1	B_2	B_3	B_4	产　量
A_1	3	6	2	6	55
A_2	5	3	6	4	70
A_3	9	7	7	8	75
销　量	40	45	55	60	200

表 3-30

产地＼销地	B_1	B_2	B_3	B_4	产　量
A_1	9	5	6	7	30
A_2	7	2	7	6	25
A_3	8	3	4	8	45
销　量	20	20	25	35	100

6. 试求产销不平衡运价表（表 3－31）给出的产销不平衡运输问题的最优解。

表 3－31

销地 产地	B_1	B_2	B_3	B_4	产　量
A_1	2	11	3	4	7
A_2	10	3	5	9	5
A_3	7	8	1	2	7
销　量	2	3	4	6	

7. 某电站设备制造厂根据合同要从当年起连续 3 年末提供 3 种规格、型号相同的大型电站设备。已知该厂这 3 年内生产大型电站设备的能力及每套电站设备的成本如表 3－32 所示。

已知加班生产时，每套电站设备成本比正常生产时高出 70 万元，又知生产出来的电站设备如当年不交货，每套每积压一年造成积压损失为 40 万元。在签订合同时，该厂已积压了两套未交货的电站设备，而该厂希望在第 3 年末完成合同后还能存储一套备用。问该厂如何安排每年电站设备的生产量，在满足上述各项要求的情况下，使总的生产费用为最少？

表 3－32

年度	正常生产时间内可完成的电站设备数	加班生产时间内可完成的电站设备数	正常生产时每套成本/万元
1	2	3	500
2	4	2	600
3	1	3	550

第 4 章　线性规划的应用举例

一般来说，当一个经济、管理方面的问题满足以下条件时，才能建立线性规划模型。

① 求解问题的目标函数能用数值指标来反映，且为线性函数。

② 存在着多种方案。

③ 要求达到的目标是在一定约束条件下实现的，这些约束条件可用线性等式或线性不等式来描述。

下面举例说明线性规划在经济、管理等方面的应用。

4.1　套裁下料问题

合理利用有限的材料问题简称为合理下料问题。合理下料是许多工业部门中经常遇到的问题。例如，机械加工时，常常在一定的条形金属原材料或板料上切割出若干段或块，加工成所需的毛坯。在一般情况下，材料不可能被完全利用，就有边角余料要处理，造成大材小用，优材劣用，甚至当成废物收集，搬运回炉。这样产品耗材多，成本也高。因此，如何最大限度地减少边角余料，提高原材料利用率，就是提高经济效益的规划问题。

例 4-1　合理利用线材问题　有一批长度为 180 cm 的钢管，需截成 70 cm、52 cm 和 35 cm 三种管料。它们的需求量应分别不少于 100 根、150 根和 100 根。问应如何下料才能使钢管的消耗量为最少?

分析：我们知道，下料方案是满足尺寸条件下在可能的各种下料方式中去选择。因此，应首先求出材料的全部下料方式，建立该问题的数学模型。

解　①确定变量。设在 180 cm 长的钢管上能够截成 u 个 70 cm 管料、v 个 52 cm 管料和 w 个 35 cm 管料，则必须符合条件：$70u+52v+35w\leqslant 180$。其中管料个数 u，v，w 只能是正整数。

我们从最大尺寸的管料下起，按照字典规则形式，根据上述约束条件，下料方式如表 4-1所示。

表 4-1

	u	v	w	余料<35
①	2	0	1	5
②	1	2	0	6
③	1	1	1	23

续表

	u	v	w	余料<35
④	1	0	3	5
⑤	0	3	0	24
⑥	0	2	2	6
⑦	0	1	3	23
⑧	0	0	5	5

为使钢管耗用最少，就是在上述 8 种下料方式中选择若干种，使其满足三种管料的根数，又使钢管耗用最少。为此，设 x_1，x_2，x_3，x_4，x_5，x_6，x_7，x_8 分别表示上述 8 种下料方式切割钢管的根数。

② 目标函数。此问题的目标是既可使钢管数耗用最少，又可使其切割后的余料最少。设 z 表示钢管的耗用的根数，z_1 表示切割后的余料数（cm）则有

$$z=x_1+x_2+x_3+x_4+x_5+x_6+x_7+x_8$$

$$z_1=5x_1+6x_2+23x_3+5x_4+24x_5+6x_6+23x_7+5x_8$$

③ 约束条件。必须使各种下料方式提供的管料个数不少于需求量，即

u 约束 $2x_1+x_2+x_3+x_4 \geqslant 100$

v 约束 $2x_2+x_3+3x_5+2x_6+x_7 \geqslant 150$

w 约束 $x_1+x_3+3x_4+2x_6+3x_7+5x_8 \geqslant 100$

归纳上述三种情况，该问题的线性规划数模如下

$$\min z=x_1+x_2+x_3+x_4+x_5+x_6+x_7+x_8$$

或者

$$\min z_1=5x_1+6x_2+23x_3+5x_4+24x_5+6x_6+23x_7+5x_8$$

$$\text{s.t.}\begin{cases}2x_1+x_2+x_3+x_4 \geqslant 100\\ 2x_1+x_3+3x_5+2x_6+x_7 \geqslant 150\\ x_1+x_3+3x_4+2x_6+3x_7+5x_8 \geqslant 100\\ x_j \geqslant 0 \text{ 且为整数}，j=1，2，\cdots，8\end{cases}$$

合理下料问题的一般数学模型如下：

假设需要切割 m 种零件毛坯，其数量分别以 b_i 表示（$i=1，2，\cdots，m$）；设可能有 n 种下料方式，并分别以 a_{1j}，a_{2j}，…，a_{mj} 表示第 j 种下料方式每根原料（或每块板料）所切割出来的 m 种零件毛坯数量。

设 x_j 表示第 j 种下料方式所消耗的原材料根数（或块数），则有

$$\min z=\sum_{j=1}^{n} x_j$$

$$
\text{s.t.}\begin{cases}
a_{11}x_1+a_{12}x_2+\cdots+a_{1n}x_n\geqslant b_1\\
a_{21}x_1+a_{22}x_2+\cdots+a_{2n}x_n\geqslant b_2\\
\quad\vdots\\
a_{m1}x_1+a_{m2}x_2+\cdots+a_{mn}x_n\geqslant b_m\\
x_j\geqslant 0\text{ 且为整数，}j=1,\ 2,\ \cdots,\ n
\end{cases}
$$

4.2　资源合理利用问题

资源合理利用问题简称为配料问题。企业资源合理利用是企业编制生产计划时经常考虑的实际问题。其任务是企业（也可以是一个地区，甚至整个国家）如何规划和调配它的有限资源以达到生产的目的，并使企业获取最大的利润；或是使资源、材料耗费最少，从而使生产成本为最小。

例 4-2　配料问题 1　某厂生产 A，B 两种产品，都需要用煤、金属材料、电力等资源。已知制造 A 产品 1 t 需用煤 6 t、金属材料 80 kg，电力 50 kW；制造 B 产品 1 t 需用煤 8 t，金属材料 50 kg，电力 10 kW。现该厂仅有煤 540 t，电力 2 000 kW，金属材料 4 t 可供利用，其他资源可以充分供应。又知：A、B 产品能得到利润分别为 6 000 元/t 和 5 000 元/t。问：在现有这些资源限制条件下，应分别生产多少吨 A 和 B 产品，使企业获得利润最大？

解　① 确定变量。设 x_1 和 x_2（单位：t）分别表示 A、B 产品的产量。

② 目标函数。企业要求利润最大，设 z 表示企业利润，则有 $z=6x_1+5x_2$(千元)。

③ 约束条件。该问题有煤、金属材料和电力三种资源的限制，据此可建立这三种资源的限制约束条件如下：

煤　　$6x_1+8x_2\leqslant 540(\text{t})$

金属材料　　$80x_1+50x_2\leqslant 4\ 000(\text{kg})$

电力　　$50x_1+10x_2\leqslant 2\ 000(\text{kW})$

归纳上述三种情况，可得该线性规划的数学模型如下

$$\max z=6x_1+5x_2$$

$$
\text{s.t.}\begin{cases}
6x_1+8x_2\leqslant 540\\
80x_1+50x_2\leqslant 4\ 000\\
50x_1+10x_2\leqslant 2\ 000\\
x_1,\ x_2\geqslant 0
\end{cases}
$$

例 4-3　某工厂用原料 A、B、C 制作糖果甲、乙、丙，其配比要求见表 4-2，每月应生产这三种型号的糖果各多少千克，可使该厂获利最大？

表 4-2

原料 \ 产品	甲	乙	丙	原料成本/(元/千克)	每月限制用量/千克
A	≥60%	≥15%		2.00	2 000
B				1.50	2 500
C	≤20%	≤60%	≤50%	1.00	1 200
加工费	0.50	0.40	0.30		
售价	3.40	2.85	2.25		

解 设在产品甲中，原料 A、B、C 的用量分别为 x_1，x_2，x_3，则 $x_1+x_2+x_3$ 为甲产品的产量，其中，A 原料的含量≥60%，可表示为

$$\frac{x_1}{x_1+x_2+x_3}\geqslant 0.6，即 -0.4x_1+0.6x_2+0.6x_3\leqslant 0$$

同理，甲产品中 C 原料的用量≤20%，可表示为

$$\frac{x_3}{x_1+x_2+x_3}\leqslant 0.2 \quad 即 \quad -0.2x_1-0.2x_2+0.8x_3\leqslant 0$$

设乙产品中 A、B、C 原料的用量分别为 x_4，x_5，x_6，则有

$$\frac{x_4}{x_4+x_5+x_6}\geqslant 0.15, \quad \frac{x_6}{x_4+x_5+x_6}\leqslant 0.6$$

设丙产品中 A、B、C 原料的用量分别为 x_7，x_8，x_9，则有

$$\frac{x_9}{x_7+x_8+x_9}\leqslant 0.5$$

原料用量约束（A）：$x_1+x_4+x_7\leqslant 2\,000$

原料用量约束（B）：$x_2+x_5+x_8\leqslant 2\,500$

原料用量约束（C）：$x_3+x_6+x_9\leqslant 1\,200$

目标函数为

$z=(3.4-0.5)(x_1+x_2+x_3)+(2.85-0.40)(x_4+x_5+x_6)+(2.25-0.30)(x_7+x_8+x_9)-[(x_1+x_4+x_7)\times 2.00+(x_2+x_5+x_8)\times 1.50+(x_3+x_6+x_9)\times 1]$

整理上述表达式即可得到相应的线性规划模型。

4.3 生产工艺优化问题

有些产品的生产过程要通过许多道工序来完成，而各道工序之间的联系可以用数学模型来描述。人们可以运用数学模型来优化其生产过程，提高设备利用率，从而提高经济效益，而其中有些问题只需建立线性规划模型就可以达到优化目的。

例 4-4 生产工艺优化问题 某日化厂生产洗衣粉和洗涤剂。生产原料由市场供应，单

价为 5 元/kg，供应量无限制。该厂加工 1 kg 原料可产出 0.5 kg 普通洗衣粉和 0.3 kg 普通洗涤剂。工厂还可以对普通洗衣粉及普通洗涤剂进行精加工，加工 1 kg 普通洗衣粉可以得到 0.5 kg浓缩洗衣粉，加工 1 kg 普通洗涤剂可产出 0.25 kg 高级洗涤剂，如图 4-1 所示。市场售价为：普通洗衣粉 8 元/kg、浓缩洗衣粉 24 元/kg、普通洗涤剂 12 元/kg、高级洗涤剂 55 元/kg。1 kg 原料的加工成本为 1 元，1 kg 精加工产品的加工成本为 3 元，工厂设备每天最多可处理 4 t 原料，而对精加工没有限制。若市场对产品需求也没有限制，问该厂应如何安排生产能使每日的利润最大？

解 设每日生产普通洗衣粉的产量为 x_1 kg，生产浓缩洗衣粉的产量为 x_2 kg，生产普通洗涤剂的产量为 x_3 kg，生产高级洗涤剂的产量为 x_4 kg，每日加工原料为 x_0 kg。

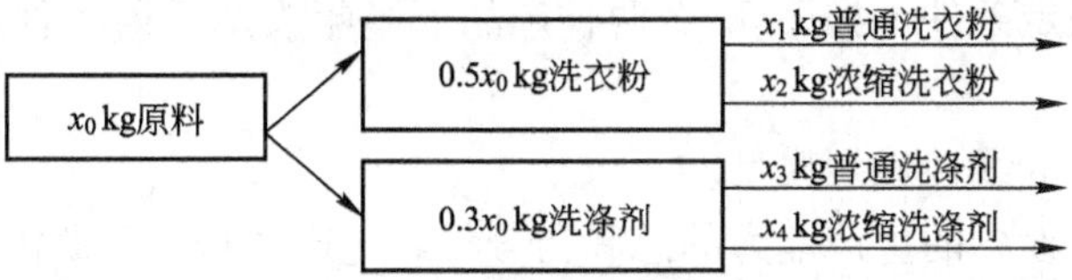

图 4-1 生产过程示意图

工厂的利润 z 应是每日的产品销售价减去原料成本与加工成本，故目标函数为

$$\max z=8x_1+12x_3+24x_2+55x_4-3x_2-3x_4-5x_0-x_0$$

约束条件为加工过程中物流的平衡约束及原料的供应限制

$$0.5x_0=x_1+\frac{x_2}{0.5}$$

$$0.3x_0=x_3+\frac{x_4}{0.25}$$

$$x_0\leqslant 4\ 000$$

整理化简，本例的数学模型为

$$\max z=8x_1+21x_2+12x_3+52x_4-6x_0$$

$$\text{s.t.}\begin{cases}0.5x_0-x_1-2x_2=0\\0.3x_0-x_3-4x_4=0\\x_0\leqslant 4\ 000\\x_0,\ x_1,\ x_2,\ x_3,\ x_4\geqslant 0\end{cases}$$

例 4-5 成批生产企业按月分配年度生产计划问题 在成批生产的机械制造企业中，不同产品劳动量在结构上可能有很大差别。如某种产品要求有较多的车床加工时间，而另一种产品的劳动量可能集中在铣床和其他机床上。因此企业在按月分配年度计划任务时，应考虑到各种设备的均衡及最大负荷。

在年度计划按月分配时一般要考虑：①在数量和品种上保证年度计划的完成；②成批的产品尽可能在各个月内均衡生产或集中在几个月内生产；③由于生产技术准备等方面原因，

某些产品要在某个月后才能投产；④根据合同要求，某些产品要求在年初交货；⑤批量小的产品尽量集中在一个月或几个月内生产出来，以便减少各个月的品种数量等。如何在满足上述条件的基础上，使设备均衡且负荷最大。

解 如果对全年每一个月同时计算，会使问题非常复杂，我们可以根据上述条件，从1月份到12月份，逐月分别计算。

假定工厂有 m 类设备，分别用 i 表示（$i=1, 2, \cdots, m$），生产 n 种产品，分别用 j 表示（$j=1, 2, \cdots, n$），这些产品的全年计划产量用 d_j 表示。用 a_{ij} 表示加工单位第 j 种产品需要的第 i 类设备的台时数，b_{ik} 表示 k 月份内（$k=1, 2, \cdots, 12$）第 i 类设备的生产能力（台时）。x_{jk} 表示 k 月份计划生产第 j 种产品的数量。

再根据前面的假定条件，如第5、8两种产品下半年投产，第4种产品要求2月底前完成全年计划。

首先考虑1月份的线性规划模型。

以1月份内各种设备的生产能力的总和为分母，生产各种产品所需要的各类设备的总台时数为分子，可计算出1月份的平均设备利用系数 z，以 z 为目标函数，就可得到1月份的线性规划模型

$$\max z=\frac{\sum_{i=1}^{m}\sum_{j=1}^{n}a_{ij}x_{j1}}{\sum_{i=1}^{m}b_{i1}}$$

满足

$$\begin{cases}x_{51}=x_{81}=0\\ \sum_{j=1}^{n}a_{ij}x_{j1}\leqslant b_{i1} \quad (i=1, 2, \cdots, m)\\ x_{j1}\leqslant d_j \quad (j=1, 2, \cdots, n)\\ x_{j1}\geqslant 0\end{cases}$$

这里 d_j 是第 j 种产品全年的产量。

考虑2月份的线性规划模型：①从全年计划中减去1月份已生产的数量；②对批量小的产品，如1月份已安排较大产量的，2月份可以将剩余部分都安排生产；③保证第4种产品在2月底以前全部交货等。

2月份的线性规划模型可表述如下

$$\max z=\frac{\sum_{i=1}^{m}\sum_{j=1}^{n}a_{ij}x_{j2}}{\sum_{i=1}^{m}b_{i2}}$$

满足

$$\begin{cases} x_{52}=x_{82}=0 \\ x_{42}=d_4-x_{41} \\ \sum\limits_{j=1}^{n} a_{ij}x_{j2} \leqslant b_{i2} \quad (i=1,2,\cdots,m) \\ x_{j2} \leqslant d_j - x_{j1} \quad (j=1,2,\cdots,n) \\ x_{j2} \geqslant 0 \end{cases}$$

这样，我们可以依次对 12 个月列出线性规划模型及求解，再根据具体情况对计算出来的结果进行必要的调整。

4.4　有配套约束的资源优化问题

这也是一类常见的线性规划问题，即在一定的资金（或其他资源）限制条件下，对所研究的对象又有配套要求。属于这类问题的有购买产品问题、产品加工的设备分配问题等。

例 4-6　有配套约束的资源优化问题　某公司计划用资金 60 万元来购买 A，B，C 三种运输汽车。已知 A 种汽车每辆为 1 万元，每班需 1 名司机，可完成 2 100 t · km。B 种汽车每辆为 2 万元，每班需 2 名司机，可完成 3 600 t · km。C 种汽车每辆 2.3 万元，每班需要 2 名司机，可完成 3 780 t · km。每辆汽车每天最多安排 3 班，每个司机每天最多安排 1 班。购买汽车数量不超过 30 辆，司机不超过 145 人。问：每种汽车应购买多少辆，可使该公司今后每天可完成的货运周转量（t · km）最大？

解　设购买的 A 种汽车中，每天只安排 1 班的为 x_{11} 辆，每天安排 2 班的为 x_{12} 辆，每天安排 3 班的为 x_{13} 辆；同样设购买的 B 种汽车为 x_{21}，x_{22}，x_{23} 辆；购买的 C 种汽车为 x_{31}，x_{32}，x_{33} 辆（其中所有变量为整数）。建立其数学模型为

$$\max z=0.21x_{11}+0.42x_{12}+0.63x_{13}+0.36x_{21}+0.72x_{22}+1.08x_{23}+0.378x_{31}+0.756x_{32}+1.134x_{33}$$

$$\text{s.t.}\begin{cases} 1.0(x_{11}+x_{12}+x_{13})+2.0(x_{21}+x_{22}+x_{23})+2.3(x_{31}+x_{32}+x_{33}) \leqslant 60 \\ x_{11}+x_{12}+x_{13}+x_{21}+x_{22}+x_{23}+x_{31}+x_{32}+x_{33} \leqslant 30 \\ x_{11}+2x_{12}+3x_{13}+2x_{21}+4x_{22}+6x_{23}+2x_{31}+4x_{32}+6x_{33} \leqslant 145 \\ x_{ij} \geqslant 0 \text{ 且为整数} \quad (i,j=1,2,3) \end{cases}$$

例 4-7　产品加工的设备分配问题　某工厂生产 3 种产品Ⅰ，Ⅱ，Ⅲ，每种产品均要经过 A，B 两道工序加工。该厂现有两种规格的设备 A_1，A_2 均能完成 A 道工序；有 3 种规格的设备 B_1，B_2，B_3 均能完成 B 道工序；而产品Ⅰ可在 A，B 的任一种规格的设备上加工；产品Ⅱ可在 A_1，A_2 的任一种设备上完成 A 工序，但只能在 B_1 上完成 B 工序；产品Ⅲ

只能在 A_2 与 B_2 设备上加工。已知在各种设备上加工的单件工时、原料单价、产品销售单价、各种设备的有效台时及满负荷操作时的设备费用，如表 4 - 3 所示。现要制订产品的加工方案，使该厂的利润最大。

表 4 - 3

设　备	产品的单件工时			设备的有效台时	满负荷时的设备费用/元
	Ⅰ	Ⅱ	Ⅲ		
A_1	5	10		6 000	300
A_2	7	9	12	10 000	321
B_1	6	8		4 000	250
B_2	4		11	7 000	783
B_3	7			4 000	200
原料单价/(元/件)	0.25	0.35	0.50		
销售单价/(元/件)	1.25	2.00	2.80		

解　本例比例 4 - 6 稍复杂一些。产品与设备的配套不仅呈现多样化，而且有可选择性。现在将产品与设备的配套方案全部列出，都作为决策变量，这样建立数学模型较为方便。

产品Ⅰ的加工方案有 6 种，分别可采用：A_1 与 B_1，A_1 与 B_2，A_1 与 B_3，A_2 与 B_1，A_2 与 B_2，A_2 与 B_3 的设备组合。记 x_{11}，x_{12}，x_{13}，x_{14}，x_{15}，x_{16} 分别表示 6 个方案加工产品Ⅰ的件数。产品Ⅱ的加工方案为：A_1 与 B_1，A_2 与 B_1 的设备组合，记 x_{21}，x_{22} 分别表示用这两个方案加工产品Ⅱ的件数。记 x_{31} 表示用设备 A_2 与 B_2 加工产品Ⅲ的件数。

该厂一个加工周期的利润 $=\sum_{i=1}^{3}$[(销售单价－原料单价)×该产品件数]$-\sum_{j=1}^{5}$(每台时的设备费用×该设备实际使用的总台时)。故目标函数为：

$$\begin{aligned}\max z=&(1.25-0.25)(x_{11}+x_{12}+x_{13}+x_{14}+x_{15}+x_{16})+\\&(2.00-0.35)(x_{21}+x_{22})+(2.80-0.50)x_{31}-\\&\frac{300}{6\,000}[5(x_{11}+x_{12}+x_{13})+10x_{21}]-\\&\frac{321}{10\,000}[7(x_{14}+x_{15}+x_{16})+9x_{22}+12x_{31})]-\\&\frac{250}{4\,000}[6(x_{11}+x_{14})+8(x_{21}+x_{22})]-\\&\frac{783}{7\,000}[4(x_{12}+x_{15})+11x_{31}]-\\&\frac{200}{4\,000}[7(x_{13}+x_{16})]\end{aligned}$$

即

$$\max z=0.375x_{11}+0.3x_{12}+0.4x_{13}+0.4x_{14}+0.325x_{15}+0.425x_{16}+0.65x_{21}+0.861x_{22}+0.672x_{31}$$

$$\text{s.t.}\begin{cases}5(x_{11}+x_{12}+x_{13})+10x_{21} \leqslant 6\,000\\7(x_{14}+x_{15}+x_{16})+9x_{22}+12x_{31}\leqslant 10\,000\\6(x_{11}+x_{14})+8(x_{21}+x_{22}) \leqslant 4\,000\\4(x_{12}+x_{15})+11x_{31} \leqslant 7\,000\\7(x_{13}+x_{16}) \leqslant 4\,000\end{cases}$$

所有变量大于等于 0，且为整数。

例 4－8　多周期动态生产计划问题　线性规划还可以用来描述多周期的动态生产计划。企业管理者经常会面临这样一个问题：各个时期订单数量不同，但企业管理者希望尽可能地均衡生产，且可采用加班生产及库存进行调节，在完成各个时期订单条件下使生产成本最低。

解　设 x_{i1} 为第 i 个季度正常生产的柴油机台数，x_{i2} 为第 i 个季度加班生产的柴油机台数，x_{i3} 为第 i 个季度期初的库存数（$i=1，2，3，4$）。第 1 个季度期初及年底的库存数均为零，若记 d_i 为第 i 个季度的需求量，c_1，c_2，c_3 分别为正常生产、加班生产、库存（每季度）每台柴油机的成本，则本例的数学模型为

$$\min z=\sum_{i=1}^{4}(c_1x_{i1}+c_2x_{i2}+c_3x_{i3})$$

$$\text{s.t.}\begin{cases}x_{i1}+x_{i2}+x_{i3}-x_{(i+1),3}=d_i & (i=1,2,3,4)\\x_{i1},\ x_{i2},\ x_{i3}\geqslant 0 \text{ 且为整数}，x_{53}=0 & (i=1,2,3,4)\end{cases}$$

4.5　连续投资问题

例 4－9　连续投资问题　某部门在今后 5 年内考虑给下列项目投资，已知：

① 项目 A，从第 1 年到第 4 年每年年初需要投资，并于次年年末回收本利 115%；

② 项目 B，第 3 年年初需要投资，到第 5 年年末能回收本利 125%，但规定最大投资额不超过 4 万元；

③ 项目 C，第 2 年年初需要投资，到第 5 年年末能回收本利 140%，但规定最大投资额不超过 3 万元；

④ 项目 D，5 年内每年年初可购买公债，于当年年末归还，并加利息 6%。

该部门现有资金 10 万元，问应如何确定各项目每年的投资额，使到第 5 年年末拥有资金的本利总额为最大？

解　① 确定变量。这是一个连续投资问题，与时间有关，但这里设法用线性规划方法静态地处理。以 x_{iA}，x_{iB}，x_{iC}，x_{iD}（$i=1，2，\cdots，5$）分别表示第 i 年年初给项目 A，

B，C，D 的投资额。它们都是待定的未知变量，根据给定的条件，将变量列于表 4-4 中。

表 4-4

项目＼年份	1	2	3	4	5
A	x_{1A}	x_{2A}	x_{3A}	x_{4A}	
B			x_{3B}		
C		x_{2C}			
D	x_{1D}	x_{2D}	x_{3D}	x_{4D}	x_{5D}

② 投资额应等于手中拥有的资金额。由于项目 D 每年都可以投资，并且当年末即能回收本息，所以该部门每年应把资金全部投出去，手中不应当有剩余的呆滞资金。

第 1 年：该部门年初拥有 100 000 元，所以有

$$x_{1A}+x_{1D}=100\ 000$$

第 2 年：因第 1 年给项目 A 的投资要到第 2 年年末才能回收，所以该部门在第 2 年年初拥有资金额仅为项目 D 在第 1 年回收的本息 $x_{1D}(1+6\%)$，于是第 2 年的投资分配是

$$x_{2A}+x_{2C}+x_{2D}=1.06x_{1D}$$

第 3 年：第 3 年年初的资金额是从项目 A 第 1 年投资及项目 D 第 2 年投资回收的本利总和。于是第 3 年的资金分配为

$$x_{3A}+x_{3B}+x_{3D}=1.15x_{1A}+1.06x_{2D}$$

第 4 年：同以上分析，可得

$$x_{4A}+x_{4D}=1.15x_{2A}+1.06x_{3D}$$

第 5 年：同以上分析，可得

$$x_{5D}=1.15x_{3A}+1.06x_{4D}$$

此外，由于对项目 B、C 的投资有限额的规定，即

$$x_{3B}\leqslant 40\ 000$$

$$x_{2C}\leqslant 30\ 000$$

③ 目标函数。问题是要求在第 5 年年末该部门手中拥有的资金额达到最大，这个目标函数可表示为：

$$\max z=1.15x_{4A}+1.40x_{2C}+1.25x_{3B}+1.06x_{5D}$$

约束方程整理为

$$x_{1A}+x_{1D}=100\ 000$$

$$-1.06x_{1D}+x_{2A}+x_{2C}+x_{2D}=0$$

$$-1.15x_{1A}-1.06x_{2D}+x_{3A}+x_{3B}+x_{3D}=0$$

$$-1.15x_{2A}-1.06x_{3D}+x_{4A}+x_{4D}=0$$

$$-1.15x_{3A}-1.06x_{4D}+x_{5D}=0$$

$$x_{3B}\leqslant 40\ 000$$

$$x_{2C}\leqslant 30\ 000$$

单纯形法解出结果为　$x_{1A}=34\ 783$，　$x_{1D}=65\ 217$

$x_{2A}=39\ 130$，　$x_{2C}=30\ 000$，　$x_{2D}=0$

$x_{3A}=0$，　$x_{3B}=40\ 000$，　$x_{3D}=0$，

$x_{4A}=45\ 000$，　$x_{4D}=0$

$x_{5D}=0$

到第 5 年拥有资金总额为 143 750 元，盈利 43.75%。

例 4－10　投资方案选择问题　某炼油公司为提高炼油能力和增加企业经济效益，经研究有 5 种技术改造的投资方案可供选择，它们所需的投资费用年收益如表 4－5 所示。

表 4－5

方案序号	技改方案内容	决策变量	投资/万元		年收益/万元
			第 1 年	第 2 年	
1	更新旧装置，提高炼油能力 500 桶/天	x_1	200	200	100
2	建造新装置，提高炼油能力 1 000 桶/天	x_2	300	150	200
3	往新厂建输油管，提高炼油能力 100 桶/天	x_3	150	50	50
4	往老厂建输油管，提高炼油能力 50 桶/天	x_4	100	70	30
5	增加槽车运输能力，提高炼油能力 20 桶/天	x_5	50	40	20

其中，方案 1 和方案 2 只能选择其中一种，不能兼而实现，并且，如选择方案 2，则方案 3 必须同时选择，或者都不选择。

现该公司可供支配的资金总额为：第 1 年有 650 万元，第 2 年仅有 460 万元。技术履行的结果要求至少应增加出油能力 500 桶/天，但又不得超过 1 100 桶/天，试确定该公司总经济效益最大的投资方案。

解　建模过程如下：

① 确定决策变量。本例题要求从 5 种投资方案中选择 1 种或若干种方案。设以决策变量 x_j（$j=1, 2, \cdots, 5$）表示第 j 方案的取舍，则当 $x_j=1$ 规定为第 j 方案被采纳；反之，$x_j=0$ 规定为第 j 方案被舍弃，所以变量 x_j 的取值仅有 1 和 0 两种状态。

② 目标函数。为使公司总经济效益最大，即求在选取的方案情况下年收益最大。设 z 表示年收益，则目标函数为 $\max z=100x_1+200x_2+50x_3+30x_4+20x_5$（万元）。

③ 约束条件。本例题的约束条件有投资总额约束（包括第 1 年和第 2 年两个约束条

件），生产能力增加约束（包括下限和上限两个约束），方案约束条件（包括 1，2 方案不能兼而实现和 2，3 方案必须同时选择），以及变量的取值限制，即有

$$
\text{s. t.}\begin{cases}
200x_1+300x_2+150x_3+100x_4+50x_5\leqslant 650(\text{万元})\\
200x_1+150x_2+50x_3+70x_4+40x_5\leqslant 460(\text{万元})\\
500x_1+1\,000x_2+100x_3+50x_4+20x_5\geqslant 500(\text{桶/天})\\
500x_1+1\,000x_2+100x_3+50x_4+20x_5\leqslant 1\,100(\text{桶/天})\\
x_1+x_2\leqslant 1\\
-x_2+x_3=0\\
x_j=\begin{cases}1\\0\end{cases}\quad (j=1,\ 2,\ \cdots,\ 5)
\end{cases}
$$

4.6 带有中转的运输问题

在以上讨论中，假定物品由产地直接送到销售目的地，不经中间转运。但是，常常会遇到这种情形：需要将物品由产地运到某个中间转运站（可能是另外的产地、销地或中间转运仓库），然后再转运到销售目的地。有时，经转运比直接运到目的地更为经济。总之，在很多情况下，在决定运输方案时有必要把转运也考虑进去。显然，考虑转运将使运输问题变得更为复杂。

假定 m 个产地 A_1，A_2，…，A_m 和 n 个销地 B_1，B_2，…，B_n 都可以作为中间转运站使用，从而发送物品的地点和接收物品的地点都有 $m+n$ 个。这样一来，我们就得到了一个扩大了的运输问题。

解 为建立其数学模型，令

a_i——第 i 个产地的产量（净供应量）；

b_j——第 j 个销地的销售量（净销售量）；

x_{ij}——由第 i 个发送地运到第 j 个接收地的物品数量；

c_{ij}——由第 i 个发送地到第 j 个接收地的单位运价；

t_i——第 i 个地点转运物品的数量；

c_i——第 i 个地点转运单位物品的费用。

现将产地和销地统一编号，并把产地排在前面，销地排在后面，则有

$$a_{m+1}=a_{m+2}=\cdots=a_{m+n}=0$$
$$b_1=b_2=\cdots=b_m=0$$

假定为运输问题，即有

$$\sum_{i=1}^{m}a_i=\sum_{j=m+1}^{m+n}b_j=Q$$

根据前面对平衡运输问题的讨论，可得该扩大了的运输问题的数学模型如下

$$\min z=\sum_{\substack{i=1\\i\neq j}}^{m+n}\sum_{\substack{j=1\\j\neq i}}^{m+n}c_{ij}x_{ij}+\sum_{i=1}^{m+n}c_it_i$$

$$\begin{cases}x_{i1}+x_{i2}+\cdots+x_{i,i-1}+x_{i,i+1}+\cdots+x_{i,m+n}=a_i+t_i & (i=1,2,\cdots,m) & \text{(a)}\\ x_{i1}+x_{i2}+\cdots+x_{i,i-1}+x_{i,i+1}+\cdots+x_{i,m+n}=t_i & (i=m+1,m+2,\cdots,m+n) & \text{(b)}\\ x_{1j}+x_{2j}+\cdots+x_{j-1,j}+x_{j+1,j}+\cdots+x_{m+n,j}=t_j & (j=1,2,\cdots,m) & \text{(c)}\\ x_{1j}+x_{2j}+\cdots+x_{j-1,j}+x_{j+1,j}+\cdots+x_{m+n,j}=b_j+t_j & (j=m+1,m+2,\cdots,m+n) & \text{(d)}\\ x_{ij}\geqslant 0 & (i,j=1,2,\cdots,m+n;\ i\neq j)\end{cases}$$

(4-1)

在模型（4-3）中，(a) 指的是由第 i 个产地发送到各个地方的物品数量之和，等于该产地的产量加上经它转运的物品数量；(b) 的意义同上，但由于它们原为销地，不生产物品，故约束条件的右侧常数仅为该地的转运量；(c) 和 (d) 的意义为由各地运到第 j 地的物品数量之和，前者等于其转运量，后者等于净需求量加上转运量。

将模型（4-3）中的各约束等式右侧的 t_i 或 t_j 移到等号左侧，然后在各式等号两端分别加上 Q，并令

$$x_{ii}=Q-t_i$$

或

$$x_{jj}=Q-t_j$$

则可把模型写成

$$\min z=\sum_{\substack{i=1\\i\neq j}}^{m+n}\sum_{\substack{j=1\\j\neq i}}^{m+n}c_{ij}x_{ij}+\sum_{i=1}^{m+n}c_iQ$$

$$\begin{cases}\sum_{j=1}^{m+n}x_{ij}=Q+a_i & (i=1,2,\cdots,m)\\ \sum_{j=1}^{m+n}x_{ij}=Q+a_i & (i=m+1,m+2,\cdots,m+n)\\ \sum_{i=1}^{m+n}x_{ij}=Q & (j=1,2,\cdots,m)\\ \sum_{i=1}^{m+n}x_{ij}=Q & (j=m+1,m+2,\cdots,m+n)\\ x_{ij}\geqslant 0 & (i,j=1,2,\cdots,m+n)\end{cases}\qquad (4-2)$$

要特别注意，在模型（4-4）中，对所有 $i=j$，$c_{ij}=-c_i$。

由于目标函数中 $\sum_{i=1}^{m+n} c_i Q$ 这一项为常数，它不影响求最优解，在优化过程中可不予考虑。该模型的运输表和运价表分别示于表 4-6 和表 4-7 中。

当不考虑转运费时，可令 $c_i=0(i=1, 2, \cdots, m+n)$。

表 4-6

发送＼接收		产地			销地			发送量
		1	$\cdots$	m	$m+1$	$\cdots$	$m+n$	
产	1	x_{11}	$\cdots$	x_{1m}	$x_{1,m+1}$	$\cdots$	$x_{1,m+n}$	$Q+a_1$
	$\vdots$	$\vdots$		$\vdots$	$\vdots$		$\vdots$	$\vdots$
地	m	x_{m1}	$\cdots$	x_{mm}	$x_{m,m+1}$	$\cdots$	$x_{m,m+n}$	$Q+a_m$
销	$m+1$	$x_{m+1,1}$	$\cdots$	$x_{m+1,m}$	$x_{m+1,m+1}$	$\cdots$	$x_{m+1,m+n}$	Q
	$\vdots$	$\vdots$		$\vdots$	$\vdots$		$\vdots$	$\vdots$
地	$m+n$	$x_{m+n,1}$	$\cdots$	$x_{m+n,m}$	$x_{m+n,m+1}$	$\cdots$	$x_{m+n,m+n}$	Q
接收量		Q	$\cdots$	Q	$Q+b_{m+1}$	$\cdots$	$Q+b_{m+n}$	

表 4-7

发送＼接收		产地			销地			发送量
		1	$\cdots$	m	$m+1$	$\cdots$	$m+n$	
产	1	$-c_1$	$\cdots$	c_{1m}	$c_{1,m+1}$	$\cdots$	$c_{1,m+n}$	$Q+a_1$
	$\vdots$	$\vdots$		$\vdots$	$\vdots$		$\vdots$	$\vdots$
地	m	c_{m1}	$\cdots$	$-c_{mm}$	$c_{m,m+1}$	$\cdots$	$c_{m,m+n}$	$Q+a_m$
销	$m+1$	$c_{m+1,1}$	$\cdots$	$c_{m+1,m}$	$-c_{m+1,m+1}$	$\cdots$	$c_{m+1,m+n}$	Q
	$\vdots$	$\vdots$		$\vdots$	$\vdots$		$\vdots$	$\vdots$
地	$m+n$	$c_{m+n,1}$	$\cdots$	$c_{m+n,m}$	$c_{m+n,m+1}$	$\cdots$	$-c_{m+n,m+n}$	Q
接收量		Q	$\cdots$	Q	$Q+b_{m+1}$	$\cdots$	$Q+b_{m+n}$	

习　题

1. 某厂生产 A，B，C 三种产品。每单位产品 A 需要 2 小时的技术准备（指设计、试验等）、10 小时直接劳动和 3 kg 材料；每单位产品 B 需要 1 小时的技术准备、4 小时劳动和 2 kg 材料；每单位产品 C 需要 1 小时的技术准备、5 小时劳动和 1 kg 材料。可利用的技术准备时间为 100 小时，劳动时间为 700 小时，材料为 400 kg。公司对大量购买者提供较大的折扣，利润数字如表 4-8 所示。列出决定利润最大产品品种方案的线性规划数学模型。

表 4-8

产品 A		产品 B		产品 C	
销售量/件	单位利润/元	销售量/件	单位利润/元	销售量/件	单位利润/元
0～40	10	0～50	5	0～100	5
40～100	9	50～100	4	100 以上	4
100～150	8	100 以上	3		
150 以上	7				

2. 某市政建设工程项目在随后的 4 年中需分别拨款 200 万元、400 万元、800 万元和 500 万元，要求拨款在该年年初提供。市政府拟以卖长期公债的办法筹款。长期公债在筹款的 4 年中市场利息率预计分别为 7%、6%、6.5%和 7.5%，并按复利计算，工程完工后 20 年还本付息。在工程建设的头 3 年，卖公债筹款的多余部分投入银行作为当年定期储蓄，以使用于随后几年的工程拨款，银行的定期储蓄利息率预计为 6%、5.5%和 4.5%。现在的问题是求政府最优的卖公债方案，使该项市政建设工程得以完成，且还本付息最低。

3. 某公司董事会决定将 200 万元现金进行债券投资。现有 5 种债券是较好的投资对象，它们是：黄河汽车、长发汽车、华东电器、西南电器、华山纸业。它们的投资回报率如表 4-9所示。为减少风险，董事会要求，对汽车业的投资不得超过 120 万元，对电器业的投资不得超过 80 万元，其中对长发汽车的投资不得超过对汽车业投资的 65%，对纸业的投资不得低于对汽车投资的 20%。该公司应如何投资，才能在满足董事会要求的前提下使得总回报额最大?

表 4-9

债券名称	黄河汽车	长发汽车	华东电器	西南电器	华山纸业
投资回报率	0.065	0.092	0.045	0.055	0.042

4. 北京北方食品公司为北京市大型现代化肉类食品加工企业，其主营业务为屠宰、加工、批发鲜冻猪肉，公司位于北京南郊。现公司主要向市区 106 个零售商店批发猪肉，并负责送货。目前公司经营中主要存在的问题是客户反映公司送货不及时，有时商店营业后货仍未送到，影响客户经营。问题产生的主要原因是冷藏车量不足，配置不合理，均为 4 t 冷藏车，每辆车送货 6～8 个点，送货时间较长，特别是 7:00 以后，交通难以保障，致使送货延迟，但准时送货是客户十分看重的服务问题，几次送货不及时就能丢失 1 个客户。公司在 1998 年经营中因此问题曾丢失 10 多个客户。因此，如何保障准时送货成为制约企业发展的瓶颈。为此，公司准备增加冷藏车数量。现就该公司如何在保障送货的前提下最优配置冷藏车问题作一个简要探讨。

问题简述

北方公司 106 个零售点中：50 个点在距工厂半径 5 km 内，送货车 20 min 可达；36 个在 10 min 内，送货车 40 min 可达；20 个在 10 km 以上，送货车 60 min 到达。冷藏车种类有 2 t、4 t 两种。该问题实际上是如何用最少的投资（冷藏车）在指定时间内以最少的成本（费用）完成运输任务。该问题包括运输问题、最短路线问题，且各点之间距离不等。为便于计算，对该问题各类条件作如下简化。

① 106 个零售点日销售量为 0.3～0.6 t，但大多数为 0.4～0.5 t。假设每个点日销售量为 0.5 t。

② 将 5 km 内点设为 A 类点，5～10 km 内点设为 B 类点，10 km 以上设为 C 类点。从工厂到 A 类点的时间为 20 min，到 B 类点的时间为 40 min，到达 C 类点的时间为 60 min。A 类点间运输时间为 5 min，B 类点间运输时间为 10 min，C 类点间运输时间为 20 min。不同类型点间运输时间为 20 min，每点卸货、验收时间为 30 min。

③ 工厂从凌晨 4:00 开始发货，车辆发车先后时间忽略不计。因 7:00 后交通没有保障，故要求冷藏车必须在 7:00 前到达零售点。故最迟送完货时间为 7:30。全程允许时间为 210 min。

④ 可将该问题看作线性规划问题中的剪裁问题，将冷藏车的可能运输方案作为裁剪方案处理。

第5章 整数规划

整数规划是数学规划的一个重要分支。整数规划在实践中有广泛的应用背景，例如著名的指派问题、背包问题、旅行推销商问题都是整数规划问题。整数规划又是最难求解的问题之一，至今还没有找到非常有效的算法，所以整数规划一直是比较活跃的研究领域。在这一章中，我们先引入整数规划模型的概念，然后重点介绍比较成熟的、求解一般整数规划模型的分支定界法和割平面法，并进一步介绍0-1型和指派问题两种特殊的整数规划模型及其求解算法。

5.1 整数规划问题的提出

5.1.1 整数规划的数学模型

线性规划的一个重要假设是决策变量可取非整数的连续值，然而这一假设在很多情况下是不满足的。一般称对决策变量有整数要求的数学规划问题为整数规划问题（Integer Programming，可简称为IP)。整数规划又有线性整数规划和非线性整数规划之分，这里只讨论线性整数规划。举一个简单的例子如下。

例5-1 某工厂有资金13万元用于购置新机器，可在两种机器中任意选购。已知机器A每台购置费2万元，机器B每台为4万元。该厂维修能力只能维修7台机器B；若维修机器A，1台折算2台机器B。已知1台A可增加年产值6万元，1台B可增加年产值4万元，问应购置A和B各多少台才能使年产值增加最多？

设决策变量 x_1，x_2 分别表示A、B两种机器的购置台数，根据实际机器台数应为整数，故该问题的优化模型为

$$\max z=6x_1+4x_2$$

$$\text{s. t.}\begin{cases}2x_1+4x_2\leqslant 13\\2x_1+x_2\leqslant 7\\x_1,\ x_2\geqslant 0\\x_1,\ x_2\text{ 是整数}\end{cases}$$

这是一个线性整数规划问题。而根据变量取值的限制形式，整数规划又可分为三种。

① 纯整数规划（IP)：所有决策变量取整数值。

② 混合整数规划（MIP)：部分决策变量取整数值。

③ 0-1整数规划（BIP)：整数变量只能取0或1，0-1整数规划又可分为0-1纯整数

规划和 0－1 混合整数规划。

显然，放松整数约束的整数规划就成为线性规划，此线性规划被称之为整数规划的线性规划松弛问题。这样，一个线性整数规划可以看成是一个线性规划再加上整数约束构成的。

5.1.2　整数规划问题的求解

下面我们用图解法来求解例 5－1 所示的整数规划问题。整数规划问题和线性规划模型的不同之处只在于增加了最后一个约束条件。现在暂时不考虑整数约束，用图解法求解。图 5－1 中画出了两个约束条件方程直线及目标函数值为 23 的等值直线，最优解是 $x_1=2.5$，$x_2=2$，$z_c=23$。用凑整的方法得到的整数解是 $x_1=2$，$x_2=2$，$z_r=20$。目标函数值损失的上限值是 3 万元，决策人认为有必要求出最优整数解或验证 $x_1=2$，$x_2=2$ 是否为最优整数解。

整数规划问题的可行域是一组可行点，就是在线性规划问题的可行域内坐标值为整数的点，如图 5－2 中 $(x_1, x_2)=(2, 2)$ 等。很明显，当等值直线从左下方向右上方平行移动时，先经过 (2, 2)，再经过 (3, 1)，所以这个问题的最优整数解是 $x_1=3$，$x_2=1$，目标函数值为 22 万元。因此，不能用凑整的方法去求整数规划问题的最优解，用四舍五入凑整得到的解通常与最优整数解相差甚远，甚至得不到可行整数解。

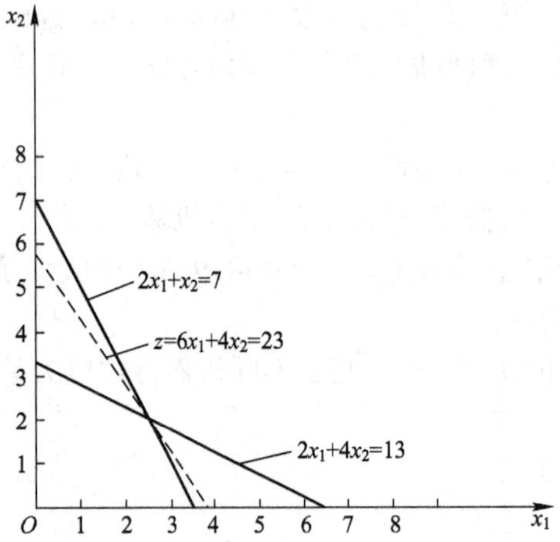

图 5－1　整数规划示例

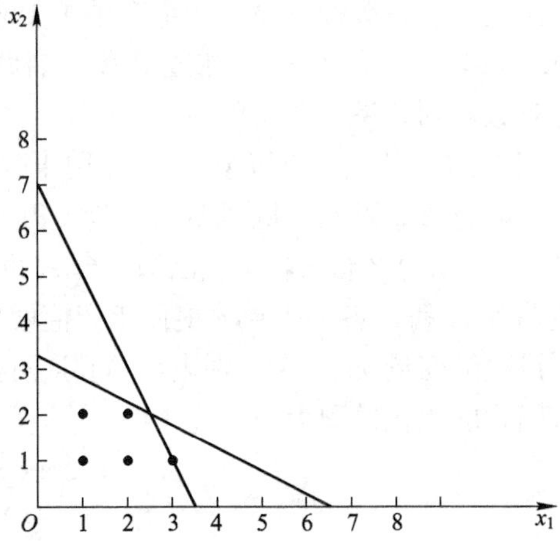

图 5－2　可行解

由上例可知，整数规划的所有可行解包含在线性规划松弛问题的可行域内。因此，整数规划可行解的数量远远小于线性规划松弛问题可行解的数量，这一事实也给出了整数规划最优解和线性规划松弛问题最优解的下述关系：

① 松弛问题的最优解值≥整数规划最优解值（对 max 型问题）；

② 松弛问题的最优解值≤整数规划最优解值（对 min 型问题）。

这一关系在整数规划问题的求解中扮演着非常重要的角色。

如果线性规划松弛问题的可行域有界的话，整数规划可行解的数量是有限的。理论上讲，这样的整数规划问题可以通过计算和比较所有整数点的目标函数来求解，这种方法称为穷举法。穷举法的计算量很大，求解几个变量的小问题还可以使用。当整数变量的数目增加时，穷举法的计算量呈指数增长。一个有 100 个 0－1 整数变量的整数规划问题如果用穷举法计算，即便使用目前最现代化的计算机也要计算上亿年。因此，穷举法无法用来求解实际问题。

目前求解整数规划问题比较成熟的方法是分支定界法和割平面法。接下来对这两种方法分别加以介绍。

5.2　分支定界法

分支定界法的基本思想是根据某种策略将原问题的可行域分解为越来越小的子域，并检查某个子域内整数解的情况，直到找到最优的整数解或证明整数解不存在。根据整数规划问题性质的不同，存在许多不同的分支定界法及分支定界的技巧，本节只对分支定界方法的一般原理作简单的介绍。

5.2.1　分支与定界

在介绍具体算法之前，我们先讨论以下几个重要的事实。①如果求解一个整数规划的线性规划松弛问题时得到一个整数解，这个解一定也是整数规划的最优解。然而，求解实际问题时，这种巧合的概率很小；②如果得到的解不是一个整数解，则最优整数解值一定不会好于所得到的线性规划松弛问题的目标函数值。因此，线性规划松弛问题的解值是整数规划目标函数值的一个界（对最大化问题为上界，对最小化问题为下界）；③如果在求解过程中已经找到一个整数解，则最优整数解一定不会劣于该整数解。因此，它也是最优整数解的一个界（对最大化问题为下界，对最小化问题为上界）。

如果用 z_0 表示线性规划松弛问题的解值，用 z_i 表示已经找到的最好的整数解（后面可知，z_i 亦为进行剪枝的界），z^* 为最优整数解，$\underline{z}$ 表示下界，$\overline{z}$ 表示上界，则最优整数解一定满足以下关系：

$$\underline{z}=z_i\leqslant z^*\leqslant z_0=\overline{z}\quad（对最大化问题）$$

$$\underline{z}=z_0\leqslant z^*\leqslant z_i=\overline{z}\quad（对最小化问题）$$

如果能找到一种方法，不断降低上界，提高下界，最后使得下界等于上界，就可以搜索到最优整数解。分支定界法就是按照这一原理设计的。它从求解线性规划松弛问题开始，将线性规划问题的可行域分成许多小的子域，这一过程称为分支；通过分支和找到更好的整数解来不断修改问题的上下界，这一过程称为定界，这就是分支定界法名称的由来。以下对分支定界法的基本步骤进行简单的讨论（假定问题求极大值）。

1. 初始化

对给定的整数规划问题，放松整数约束，求解它的线性松弛问题，如果得到的解是整数解，该解即为整数规划的最优解。否则，所得到的线性规划解可作为该问题最优整数解的初始上界。初始下界一般可设为负无穷。

2. 分支与分支树

从任何一个问题或子问题的不满足整数要求的变量中选出一个进行处理的过程称为分支。分支通过加入一对互斥的约束将一个（子）问题分解为两个受到进一步约束的子问题，并强迫不为整数的变量进一步逼近整数值。例如，如果选中的变量的整数部分为 k，则一个子问题加入的约束为该变量大于等于 $k+1$，另一个子问题加入的约束为该变量小于等于 k。分支砍掉了在 k 和 $k+1$ 之间的非整数域，缩小了搜索的区域。

子问题若不满足整数要求还可继续向下进行分支，分支可以形成一个倒置的分支树。树的根节点是线性规划松弛问题，它有两个后续子节点，每个子节点又会有两个子节点，分支可继续进行下去，直到找到一个整数节点或该节点不可行时为止。为方便起见，我们称前导节点为父节点，后续节点为子节点。除了根节点是纯父节点和最底层节点是纯子节点外，树中的其他节点既是父节点又是子节点。分支树上的每个节点都代表一个子问题，如果该子问题还没有求解过，则称该节点为打开节点，已求解过的节点被称为关闭节点。

3. 定界与剪枝

通过不断地分支和求解各个子问题，分支定界法不断修正其上下界的过程称为定界。上界通常由各打开节点中最大的目标函数值确定，下界则由已经找到的最好的整数解来确定。求解任何一个子问题都有以下三种可能的结果。

① 子问题无可行解。此时无需继续向下分支，该节点因不可行而被关闭。因为与父节点相比，子节点是一个约束得更紧的问题（比父节点多一个约束）。如果父节点不可行，子节点也一定不可行。

② 得到一个整数解，则不必继续向下分支，该节点因有一个整数解也被关闭。如果该整数解是目前得到的最好的整数解，则被记录下来，并且它的值作为新的下界。

③ 得到一个非整数解时才有可能进一步向下分支，是否向下分支取决于该节点的目标函数值是否优于由最好整数解表示的下界。分支树的一个非常重要的特点是各节点的目标函数值严格有序，即子节点的目标函数值一定不会大于父节点的目标函数值。这一特点是分支定界法进行定界和剪枝，减少搜索计算量的重要依据。用于剪枝的界一般由已得到的最好的整数解值确定。剪枝的依据是：如果某个子节点的目标函数值劣于剪枝值，则该节点以后的子节点也不可能提供优于剪枝值的整数解，所以不必再向下分支。只有当该节点的目标函数值大于剪枝值时，其后续节点中才有可能找到更好的整数解，才有继续向下搜索的必要。因此，存在以下两种情况：

- 目标函数值大于剪枝界，继续向下分支；
- 目标函数值小于或等于剪枝界，该子问题因剪枝而被关闭。

4. 搜索迭代

每完成一次分支过程即完成一次搜索。在搜索过程中，每当下界被修改后，都应检查所有打开的节点并关闭那些目标函数值小于新下界的节点。这一剪枝过程可明显减少搜索的计算量。所有节点被关闭表明搜索已经完成。如果此时没有找到任何整数解，则该问题没有整数解；否则搜索过程中得到的最好的整数解就是该问题的最优解。

5.2.2 分支定界法的应用

下面结合一具体例子来说明分支定界法是如何工作的。

例 5-2 求解整数规划问题 A。

$$\max z = 40x_1 + 90x_2 \quad (5-1)$$

$$\text{s.t.}\begin{cases} 9x_1 + 7x_2 \leqslant 56 & (5-2) \\ 7x_1 + 20x_2 \leqslant 70 & (5-3) \\ x_1,\ x_2 \geqslant 0 & (5-4) \\ x_1,\ x_2 \text{整数} & (5-5) \end{cases}$$

解 先不考虑条件（5-5），即解相应的线性规划松弛问题 $B(5-1)\sim(5-4)$（如图5-3所示），得最优解

$$x_1 = 4.81,\ x_2 = 1.82,\ z_0 = 356$$

可见它不符合整数条件（5-5）。这时 z_0 是问题 A 的最优目标值 z^* 的上界，记作 $z_0 = \bar{z}$。而 $x_1 = 0$，$x_2 = 0$ 时，显然是问题 A 的一个整数可行解，这时 $z = 0$ 是 z^* 的一个下界，记作 $\underline{z} = 0$，即 $0 \leqslant z^* \leqslant 356$。

分支定界法的解法，首先注意其中一个非整数变量的解，如 x_1，在问题 B 的解中 $x_1 = 4.81$。于是对原问题增加两个约束条件

$$x_1 \leqslant 4,\ x_1 \geqslant 5$$

可将原问题分解为两个子问题 B_1 和 B_2（即两支），给每支增加一个约束条件，如图5-4所示。

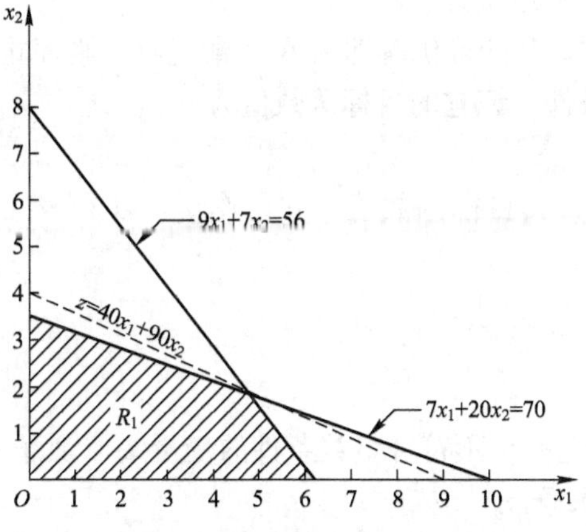

图 5-3　整数规划的松弛问题

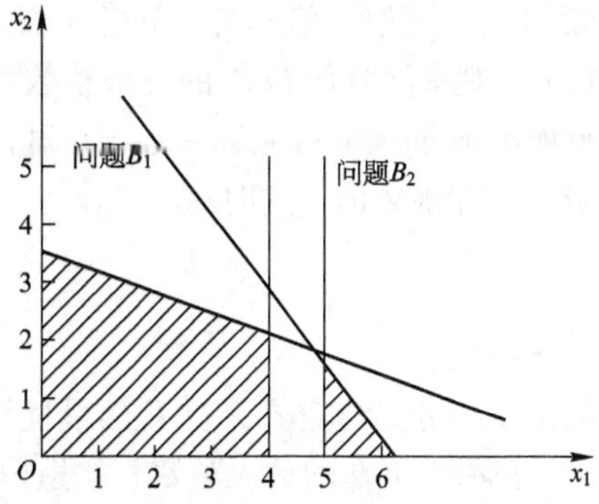

图 5-4　分支

这并不影响问题 A 的可行域，不考虑整数条件来求解问题 B_1 和 B_2，称为第 1 次迭代，得到最优解如表 5－1 所示。

表 5－1

问题 B_1	问题 B_2
$z_1=349$	$z_2=341$
$x_1=4.00$	$x_1=5.00$
$x_2=2.10$	$x_2=1.57$

显然没有得到全部变量是整数的解。现存在两个打开节点 B_1 和 B_2，因 $z_1>z_2$，故将 $\bar{z}$ 改为 349，那么必存在最优整数解，得到 z^*，并且

$$0\leqslant z^*\leqslant 349$$

继续对问题 B_1 和 B_2 进行分解，因 $z_1>z_2$，故先分解 B_1 为两支。增加条件 $x_2\leqslant 2$ 者，称为问题 B_3；增加条件 $x_2\geqslant 3$ 者，称为问题 B_4。在图 5－4 中再舍去 $x_2>2$ 与 $x_3<3$ 之间的可行域，再进行第 2 次迭代，解题过程的结果都列在图 5－5 中。可见问题 B_3 的解已都是整数，它的目标函数值 $z_3=340$，可取为 $\underline{z}$，而它大于 $z_4=327$。所以再分解 B_4 已无必要。而问题 B_2 的 $z_2=341$，所以 z^* 可能在 $340\leqslant z^*\leqslant 341$ 之间有整数解。于是对 B_2 分解，得问题 B_5 和问题 B_6。问题 B_5 既无整数解，且 $z_5=308<z_3$，问题 B_6 无可行解。于是可以断定

$$z_3=\underline{z}=z^*=340$$

问题 B_3 得解 $x_1=4.00$，$x_2=2.00$ 为最优整数解。

将要求解的整数规划问题称为问题 A，将与它相应的线性规划松弛问题称为问题 B。从以上解题过程可得用分支定界法求解整数规划（最大化）问题的步骤如下。

（1）解问题 B

① B 没有可行解，这时 A 也没有可行解，则停止。

② B 有最优解，并符合问题 A 的整数条件，B 的最优解即为 A 的最优解，则停止。

③ B 有最优解，但不符合问题 A 的整数条件，记它的目标函数值为 $\bar{z}_0$。

（2）用观察法找问题 A 的一个整数可行解

一般可取 $x_j=0$（$j=1, \cdots, n$）试探，求得其目标函数值，并记作 $\underline{z}_0$，以 z^* 表示问题 A 的最优目标函数值，这时有

$$\underline{z}_0\leqslant z^*\leqslant \bar{z}_0$$

下面进行迭代。

第 1 步：分支与定界。在 B 的最优解中任选一个不符合整数条件的变量 x_j，其值为 b_j，以 $[b_j]$ 表示小于 b_j 的最大整数。构造两个约束条件

$$x_j\leqslant[b_j] \text{和} x_j\geqslant[b_j]+1,$$

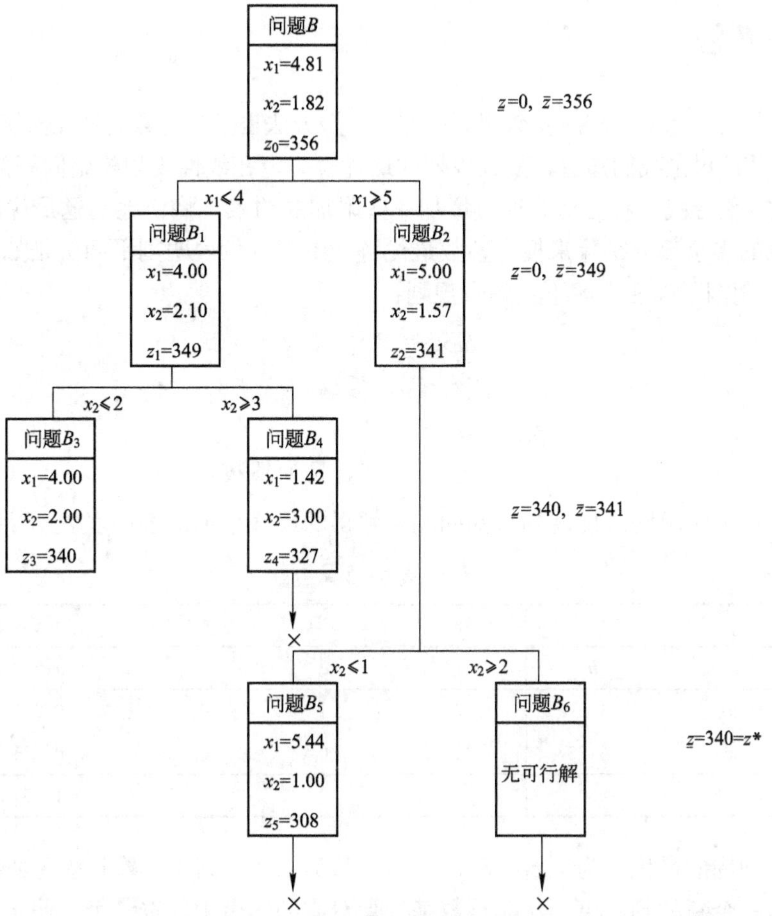

图 5-5　整数规划问题的求解过程

将这两个约束条件分别加入问题 B，求两个后继规划问题 B_1 和 B_2。不考虑整数条件求解这两个后继问题。

在打开节点对应问题解的结果中，找出最优目标函数值最大者作为新的上界 $\bar{z}$。从已符合整数条件的关闭节点各分支中，找出目标函数值为最大者作为新的下界 $\underline{z}$，若无可行解，$\underline{z}=0$。

第 2 步：比较与剪枝。各分支的最优目标函数中，若有小于 $\underline{z}$ 者，则剪掉这枝（用打×表示），即以后不再考虑了；若大于 $\underline{z}$，且不符合整数条件，则重复第 1 步骤，一直到最后得到 $z^*=\underline{z}$ 为止，得最优整数解 x_j^* $(j=1, 2, \cdots, n)$。

用分支定界法可解纯整数规划问题和混合整数规划问题。它比穷举法优越，因为它仅在一部分可行解的整数解中寻求最优解，计算量比穷举法小。若变量数目很大，其计算工作量也是相当大的。

5.3 割平面法

割平面法是另一重要的求解整数规划的方法。该方法也是受整数规划几何解释的启发而形成的。由 5.2 节的讨论我们知道，整数规划的最优解一定在线性规划松弛问题的最优解附近。这一事实启发人们寻找一种方法，通过增加一些附加的约束，将松弛问题最优解附近不含整数解的可行域的多余部分割除来搜寻整数最优解。下面举例说明割平面法是如何工作的。

例 5-3 用割平面法求解下列整数规划：

$$\max z=8x_1+5x_2$$
$$\text{s.t.}\begin{cases}2x_1+3x_2\leqslant 12\\2x_1-x_2\leqslant 6\\x_1,\ x_2\geqslant 0，且为整数\end{cases}\tag{5-6}$$

解 用单纯形法求解线性规划松弛问题，解得的最优单纯形表如表 5-2 所示。

表 5-2

$c_j\to$			8	5	0	0	θ_i
$\boldsymbol{C}_B$	$\boldsymbol{X}_B$	$\boldsymbol{b}$	x_1	x_2	x_3	x_4	
5	x_2	1.5	0	1	0.25	−0.25	
8	x_1	3.75	1	0	0.125	0.375	
$\sigma_j\to$			0	0	−2.25	−1.75	$z=37.5$

线性规划松弛问题的最优解为（$x_1=3.75$，$x_2=1.5$，$z=37.5$），两个基变量都不满足整数要求。为加入一个新的割约束，从非整数基变量对应的约束中任选一个。假定选择表5-2中的第 2 个约束，该约束可表示为：

$$x_1+0.125x_3+0.375x_4=3.75\tag{5-7}$$

如果将式（5-7）中所有不是整数的系数写成一个整数和一个纯正小数之和，则该约束可改写为：

$$x_1+(0+0.125)x_3+(0+0.375)x_4=3+0.75\tag{5-8}$$

将所有整数项移到等式的左边，小数项移到等式的右边，可得：

$$x_1-3=0.75-0.125x_3-0.375x_4\tag{5-9}$$

式（5-9）左端是整数，右端也应该是整数，而右端的 $0.75<1$，x_3、x_4 是正整数，其差值小于 1，所以右端的值要小于等于 0。

加入的新约束由上式的小数部分构成：

$$0.75-0.125x_3-0.375x_4\leqslant 0$$

即
$$-x_3-3x_4\leqslant-6 \tag{5-10}$$
该约束也被称为割平面方程，将其加到最优单纯形表中，用对偶单纯形法继续求解得表5-3。

表 5-3

$c_j\to$0			8	5	0	0	0
$\boldsymbol{C}_B$	$\boldsymbol{X}_B$	$\boldsymbol{b}$	x_1	x_2	x_3	x_4	x_5
5	x_2	1.5	0	1	0.25	−0.25	0
8	x_1	3.75	1	0	0.125	0.375	0
0	x_5	−6	0	0	−1	−3	1
	$\sigma_j\to$		0	0	−2.25	−1.75	0
5	x_2	2	0	1	1/3	0	−1/12
8	x_1	3	1	0	0	0	1/8
0	x_4	2	0	0	1/3	1	−1/3
	$\sigma_j\to$		0	0	−5/3	0	−7/12

经过一次迭代后得到最优整数解（$x_1=2$，$x_2=3$，$z=34$）。新约束是非基变量的表达式，在这个问题中，所有的非基变量都是松弛变量，所以新约束要经过适当的变换才能在图中直观地表示出来。由式（5-6）的标准形式，将松弛变量 $x_3=12-2x_1-3x_2$ 和 $x_4=6-2x_1+x_2$ 代入式（5-10）可得等价的切割方程 $x_1\leqslant3$（如图 5-6 所示）。

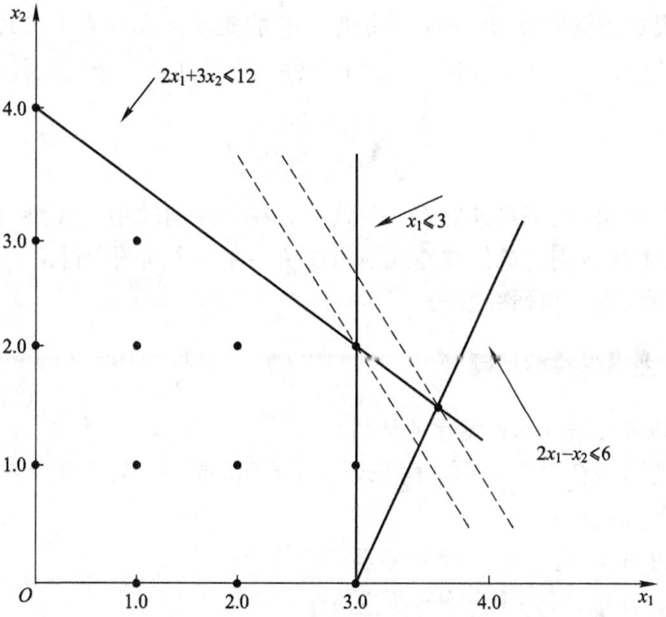

图 5-6　割平面方程

例 5-3 是一个很简单的问题，只需要一个割平面方程约束就得到了整数最优解。对较复杂的问题则需要较多的割平面方程才能求得最优整数解。由上述方法形成的割平面方程有以下特性。

① 新加入的约束不会割去任何整数解，即原问题的所有整数解满足新的割约束。这一特点可以通过割约束的构成来说明。还以例 5～3 为例，从方程（5-9）的推导过程可知，该方程右端的常数是一个小于 1 的数，而且右端所有变量的系数都为负，所以无论这些变量取何值，等式右端的值一定小于 1。保持等式两边相等的必要条件是等式左端的值也要小于 1。对原问题的任何一个整数解，左端整数部分的值一定是一个整数，且该整数必须满足割约束（5-10）。

② 线性规划松弛问题的最优解不满足新的割约束。在松弛问题的最优解中，非基变量一定都取零，而由非基变量构成的割约束（5-10）不允许所有非基变量同时为零，否则不等式无法满足，因此当前的最优解不能满足新加入的割约束，该解将从可行域中割去。

割约束的作用也可从图 5-6 中看出：所有的整数解满足新加入的割约束，而松弛问题的最优解和临近的一部分可行域被排除在新的可行域之外。这样不断迭代下去，总可以在有限的迭代内找到最优整数解。割平面法有很重要的理论意义，但在实际计算中不如分支定界法效率高，因此商业软件很少使用该方法。

5.4　0-1 型整数规划

0-1 型整数规划是整数规划中的特殊情形，它的变量 x_i 仅取值 0 或 1。这时 x_i 称为0-1 变量，或称二进制变量。x_i 仅取值 0 或 1 这个条件可由下述约束条件所代替。

$$x_i \leqslant 1$$
$$x_i \geqslant 0,\ \text{整数}$$

它和一般整数规划的约束条件形式是一致的。在实际问题中，如果引入 0-1 变量，就可以把有各种情况需要分别讨论的线性规划问题统一在一个问题中讨论了。在本节先介绍引入 0-1 变量的实际问题，再研究解法。

5.4.1　引入 0-1 变量的实际问题

1. 投资场所的选定——相互排斥的计划

例 5-4　某公司拟在市东、西、南三区建立门市部。拟议 7 个位置（点）A_i（$i=1$，2，…，7)可供选择。规定：

① 在东区，由 A_1，A_2，A_3 三个点中至多选两个；

② 在西区，由 A_4，A_5 两个点中至少选一个；

③ 在南区，由 A_6，A_7 两个点中至多选一个。

如选用 A_i 点，设备投资估计为 b_i 元，每年可获利润估计为 c_i 元，但投资总额不能超过 B 元。问应选择哪几个点可使年利润为最大？

解题时先引入 0-1 变量 x_i（$i=1, 2, \cdots, 7$）

令

$$x_i=\begin{cases}1, & \text{当 } A_i \text{ 点被选用，}\\ 0, & \text{当 } A_i \text{ 点没被选用。}\end{cases} \quad (i=1, 2, \cdots, 7)$$

于是问题可列成：

$$\max z=\sum_{i=1}^{7} c_i x_i$$

$$\text{s.t.}\begin{cases}\sum_{i=1}^{7} b_i x_i \leqslant B\\ x_1+x_2+x_3 \leqslant 2\\ x_4+x_5 \geqslant 1\\ x_6+x_7 \leqslant 1\\ x_i=0 \text{ 或 } 1\end{cases}$$

2. 相互排斥的约束条件

如果有 m 个互相排斥的约束条件（$\leqslant$型）

$$a_{i1}x_1+a_{i2}x_2+\cdots+a_{in}x_n \leqslant b_i \quad (i=1, 2, \cdots, m)$$

为了保证这 m 个约束条件只有一个起作用，引入 m 个 0-1 变量 y_i（$i=1, 2, \cdots, m$）和一个充分大的常数 M，而下面这一组 $m+1$ 个约束条件

$$a_{i1}x_1+a_{i2}x_2+\cdots+a_{in}x_n \leqslant b_i+y_iM \quad (i=1, 2, \cdots, m) \tag{5-11}$$

$$y_1+y_2+\cdots+y_m=m-1 \tag{5-12}$$

就符合上述的要求。这是因为，由于式（5-12），m 个 y_i 中只有一个能取 0 值，设 $y_{i^*}=0$，代入式（5-11）就只有 $i=i^*$ 的约束条件起作用，而别的式子都是多余的。

3. 关于固定费用的问题（fixed cost problem）

在讨论线性规划时，有些问题要求使成本最小。那时总是将固定成本设为常数，并在线性规划的模型中不必明显列出。但有些固定费用（固定成本）的问题不能用一般线性规划来描述，但可改变为混合整数规划来解决，见例 5-5。

例 5-5　某工厂为了生产某种产品，有几种不同的生产方式可供选择，如选定投资高的生产方式（选购自动化程度高的设备），由于产量大，因而分配到每件产品的变动成本就降低；反之，如选定投资低的生产方式，将来分配到每件产品的变动成本可能增加，所以必须全面考虑。今设有三种方式可供选择，令

x_j 表示采用第 j 种方式时的产量；

c_j 表示采用第 j 种方式时每件产品的变动成本；

k_j 表示采用第 j 种方式时的固定成本。

为了说明成本的特点，暂不考虑其他约束条件。采用各种生产方式的总成本分别为

$$P_j=\begin{cases}k_j+c_jx_j, & \text{当 } x_j>0\\ 0, & \text{当 } x_j=0\end{cases}\quad (j=1,\ 2,\ 3)$$

在构成目标函数时，为了统一在一个问题中讨论，现引入 0-1 变量 y_i，令

$$y_i=\begin{cases}1, & \text{当采用第 } j \text{ 种生产方式，即 } x_j>0 \text{ 时，}\\ 0, & \text{当不采用第 } j \text{ 种生产方式，即 } x_j=0 \text{ 时。}\end{cases}\tag{5-13}$$

于是目标函数为

$$\min z=(k_1y_1+c_1x_1)+(k_2y_2+c_2x_2)+(k_3y_3+c_3x_3)$$

式（5-13）可由下述 3 个线性约束条件表示：

$$x_j\leqslant y_jM\quad (j=1,\ 2,\ 3)\tag{5-14}$$

其中 M 是个充分大的常数。式（5-14）说明，当 $x_j>0$ 时，y_j 必须为 1；当 $x_j=0$ 时，只有 y_j 为 0 时才有意义，所以式（5-14）完全可以代替式（5-13）。

5.4.2 0-1 整数规划的解法

全枚举法是解 0-1 规划的一种算法，就是检查每个变量等于 0 或 1 的所有组合，满足所有约束条件并使目标函数值最优的组合就是 0-1 规划的最优解。若 0-1 变量有 n 个，需要检查 2^n 个变量组合。当 $n>15$ 时，这几乎是不可能的，因此有人提出隐枚举法，只要检查全部变量组合中的一部分组合就可求出最优解。下面介绍一种隐枚举法。

要应用这种算法，0-1 规划模型必须是下述标准型

$$\min z=\sum_{j=1}^{n}c_jx_j$$

$$\text{s. t.}\begin{cases}\sum\limits_{j=1}^{n}a_{ij}x_j\leqslant b_i & (i=1,\ 2,\ \cdots,\ m)\\ x_j=0 \text{ 或 } 1, & \text{对一切 } j\end{cases}$$

其中，$c_j\geqslant 0$，b_i 可以是正数、负数或 0，所有约束条件方程必须是"$\leqslant$"型式。

如果 0-1 规划模型不是标准型式，则可作下述变换，使其成为标准型式：

① 如目标函数是求最大值，可将目标函数乘-1 并求最小；

② 如约束条件方程是"$\geqslant$"型式，可将不等式两端乘-1，变换为"$\leqslant$"型式；

③ 如约束条件是"$=$"型式，则将它变换为一个"$\leqslant$"型式和一个"$\geqslant$"型式的约束条件方程，并对后一方程两端乘-1，使其成为"$\leqslant$"型式；

④ 如果有一个变量 x_j' 的目标函数系数 $c_j<0$，则 x_j' 可用 $1-x_j'$ 替换。例如：

$$\min z=2x_1-3x_2'+3x_3,$$

可替换成

$$\min z = 2x_1 - 3(1 - x_2) + 3x_3,$$

化简

$$\min z = 2x_1 + 3x_2 + 3x_3 - 3,$$

等价于

$$\min z = 2x_1 + 3x_2 + 3x_3。$$

问题解出后，如最优解的 $x_j = 0$，则 $x_j' = 1$；如 $x_j = 1$，则 $x_j' = 0$。

解决问题的思路与解整数规划的分支定界法有相似之处，利用变量只能取 0 或 1 两个值的特性，进行分支。首先令全部变量取 0 值，检验解是否可行。若可行，$z = 0$，已得最优解；若不可行，则令一个变量取值为 0 或 1（此变量称为固定变量），将问题分成两个子域，其余未被指定取值的变量称为自由变量。由于这些自由变量在目标函数中的系数都是正数，因此令自由变量为 0 与固定变量组成的子域的解使目标函数值最小。经过几次检验，或者停止分支，或者将第二个自由变量转为固定变量，令其值为 0 或 1，将此子域再分成两个子域。如此继续进行，直至没有自由变量或全部子域停止分支为止，就求出最优解。具体计算步骤介绍如下。

第 1 步：令全部 x_j 都是自由变量且取 0 值，检验解是否可行。如可行，已得最优解；如不可行，进行第 2 步。

第 2 步：将某一变量转为固定变量，令其取值为 1 或 0，使问题分为两个子域。令一个子域中的自由变量都取 0 值，加上固定变量取值，组成此子域的解。

第 3 步：计算此解的目标函数值，与已求出的可行解的最小目标函数值比较，若前者大，则不必检验其是否可行而停止分支；若子域都检验过，转第 7 步，否则转第 6 步。因继续分支即使得到可行解，其目标函数值也较大，不会是最优解；如前者小，进行第 4 步。对第一次算出的目标函数值，不必进行比较，直接转第 4 步。

第 4 步：检验解是否可行。如可行，已得一个可行解，计算并记下它的 z 值，并停止分支，若子域都检验过，转第 7 步；否则，转第 6 步。因继续分支，即使得到可行解，目标函数值也比记下的 z 值大，不会是最优解；如不可行，进行第 5 步。

第 5 步：将子域固定变量的值代入第一个不等式约束条件方程，并令不等式左端的自由变量当系数为负时取值为 1，系数为正时取值为 0，这就是左端所能取的最小值。若此最小值大于右端值，则称此子域为不可行子域，不再往下分支，若子域都检验过，转第 7 步；否则，转第 6 步。若此最小值小于右端值，则依次检验下一个不等式约束方程，直至所有的不等式约束方程都通过，若子域都检验过，转第 7 步；否则，转第 6 步。

第 6 步：定出尚未检验过的另一个子域的解，进行第 3 步至第 5 步，若所有子域都停止分支，计算停止，目标函数值最小的可行解就是最优解；否则，转第 7 步。

第 7 步：检查有无自由变量。若有，转第 2 步；若没有，计算停止。目标函数值最小的可行解就是最优解。

由于第 3、4、5 步都有停止分支的情况，对这些子域自由变量取 0 或 1 值的一切可能组合都被隐含地考虑过了，不必再一一列举。所以这种方法称为隐枚举法，与全枚举法比较，计算量可大大减少。

现举例说明上述计算步骤。

例 5 - 6

$$\min z=8x_1+2x_2+4x_3+7x_4+5x_5$$

$$\text{s. t.}\begin{cases}-3x_1-3x_2+x_3+2x_4+3x_5\leqslant -2\\-5x_1-3x_2-2x_3-x_4+x_5\leqslant -4\\x_j=0\text{ 或 }1,\quad \text{对一切 } j\end{cases}$$

解 这个问题的枚举树如图 5 - 7 所示。

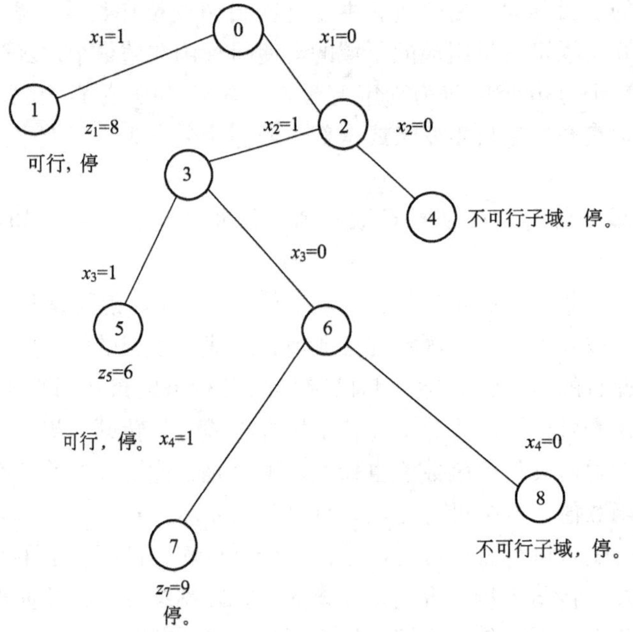

图 5 - 7　0 - 1 规划的枚举树

下面对树中的几个子域加以说明。

① 经过第 1、2、3 步，进行第 4 步，子域 1 的解 $(1, 0, 0, 0, 0)^T$ 可行，记下 $z_1=8$，不再分支，转第 6 步，对子域 2 进行检验计算。$z_2=0<z_1$，进行第 4 步，此解 (0，0，0，0，0) 不可行，但第 5 步能通过两个不等式约束方程，转第 7 步，尚有自由变量，对子域 2 分支成子域 3 及 4。

② 子域 3 的解 $(0, 1, 0, 0, 0)^T$，$z_3=2<z_1$，不可行，但能通过两个不等式约束方程，转第 6 步，对子域 4 进行检验计算。

③ 子域 4 的解 $(0, 0, 0, 0, 0)^T$ 与初始解相同，$z_4=0<z_1$，不可行，进行第 5 步。将 $x_1=0$，$x_2=0$，代入第一约束方程，并令 $x_3=x_4=x_5=0$，求出左端的可能最小值为 0，大于右端值−2，可知子域 4 是不可行子域，不再分支，转第 7 步，对子域 3 进行分支得子域 5 及 6。

④ 子域5的解 $(0, 1, 1, 0, 0)^T$，$z_5=6<z_1$ 此解可行，记下 z_5 值，不再分支，转第6步。

⑤ 子域6的解为 $(0, 1, 0, 0, 0)^T$，与子域3的解相同，直接进行第5步，能通过两个不等式约束方程，进行第7步，对子域6进行分支，得子域7及8。

⑥ 子域7的解 $(0, 1, 0, 1, 0)^T$，$z_7=9>z_6$，不再分支。子域8是不可行子域，所有子域都停止分支，计算停止。

⑦ 此问题的最优解是子域5的解 $(0, 1, 1, 0, 0)^T$，$z=6$。

实际解题时，第2步可取对目标函数影响最大（目标函数系数最小）的自由变量转为固定变量，如例5-4中第一次分支令 $x_2=0$ 或1，第二次分支令 $x_3=0$ 或1，这样计算速度可能快一些。

5.5　指派问题

5.5.1　指派问题的数学模型

在生活中经常遇到这样的问题，某单位需完成 n 项任务，恰好有 n 个人可以承担这些任务。由于每人的专长不同，各人完成的任务不同，效率（或所费时间）也不同。应指派哪个人去完成哪项任务，使完成 n 项任务的总效率最高（或所需总时间最小）。这类问题称为指派问题或分派问题（assignment problem）。

例5-7　有一份中文说明书，需译成英、日、德、俄4种文字，分别记作E、J、G、R。现有甲、乙、丙、丁4人，他们将中文说明书翻译成不同语种的说明书所需时间如表5-4所示。问应指派何人去完成何工作，能使所需总时间最少？

表5-4

人员＼任务	E	J	G	R
甲	2	15	13	4
乙	10	4	14	15
丙	9	14	16	13
丁	7	8	11	9

类似有：有 n 项加工任务，怎样指派到 n 台机床上分别完成的问题；有 n 条航线，怎样指定 n 艘船去航行的问题……对应每个指派问题，需有类似表5-4那样的数表，称为效率矩阵或系数矩阵，其元素 $c_{ij}>0$ $(i, j=1, 2, \cdots, n)$ 表示指派第 i 人去完成第 j 项任务时的效率（或时间、成本等）。解题时需引入变量 x_{ij}，其取值只能是1或0。并令

$$x_{ij}=\begin{cases}1 & \text{当指派第 } i \text{ 人去完成第 } j \text{ 项任务}\\ 0 & \text{当不指派第 } i \text{ 人去完成第 } j \text{ 项任务}\end{cases}$$

当问题要求极小化时数学模型是：

$$\min z=\sum_i \sum_j c_{ij} x_{ij} \tag{5-15}$$

$$\text{s.t.}\begin{cases}\sum_i x_{ij}=1 \quad (j=1,\ 2,\ \cdots,\ n) & (5-16)\\ \sum_j x_{ij}=1 \quad (i=1,\ 2,\ \cdots,\ n) & (5-17)\\ x_{ij}=1 \text{ 或 } 0 & (5-18)\end{cases}$$

约束条件（5-16）说明第 j 项任务只能由 1 人去完成；约束条件（5-17）说明第 i 人只能完成 1 项任务。满足约束条件（5-16）～（5-18）的可行解 x_{ij} 也可写成表格或矩阵形式，称为解矩阵。如本例的一个可行解矩阵是

$$(x_{ij})=\begin{bmatrix}0 & 1 & 0 & 0\\ 0 & 0 & 1 & 0\\ 1 & 0 & 0 & 0\\ 0 & 0 & 0 & 1\end{bmatrix}$$

显然，这不是最优的。解矩阵（x_{ij}）中各行各列的元素之和都是 1。

指派问题是 0-1 规划的特例，也是运输问题的特例，即 $n=m$，$a_j=b_i=1$。当然可用整数规划，0-1 规划或运输问题的解法去求解，这就如同用单纯形法求解运输问题一样是不合算的。利用指派问题的特点可有更简便的解法。

5.5.2 匈牙利算法

指派问题的最优解有这样的性质，若从系数矩阵（c_{ij}）的一行（列）各元素中分别减去该行（列）的最小元素，得到新矩阵（b_{ij}），那么以（b_{ij}）为系数矩阵求得的最优解和用原系数矩阵求解的最优解相同。

利用这个性质，可使原系数矩阵变换为含有很多 0 元素的新系数矩阵，而最优解保持不变。在系数矩阵（b_{ij}）中，我们关心位于不同行不同列的 0 元素，以下简称为独立的 0 元素。若能在系数矩阵（b_{ij}）中找出 n 个独立的 0 元素，则令解矩阵（x_{ij}）中对应这 n 个独立的 0 元素的元素取值为 1，其他元素取值为 0。将其带入目标函数中得到 $z_b=0$，它一定是最小。这就是以（b_{ij}）为系数矩阵的指派问题的最优解，这也就得到了原问题的最优解。

库恩（W. W. Kuhn）于 1955 年提出了指派问题的解法，他引用了匈牙利数学家康尼格（D. Konig）一个关于矩阵中 0 元素的定理：系数矩阵中独立 0 元素的最多个数等于能覆盖所有 0 元素的最少直线数。此解法称为匈牙利算法，此后在方法上虽有不断改进，但仍沿用这名称。以下用例 5-7 来说明指派问题的解法。

第 1 步：使指派问题的系数矩阵经变换，在各行各列中都出现 0 元素。

① 将系数矩阵的每行元素减去该行的最小元素；

② 再从所得系数矩阵的每列元素中减去该列的最小元素。

若某行（列）已有 0 元素，那就不必再减了。例 5-7 的计算为

$$(c_{ij})=\begin{bmatrix}2 & 15 & 13 & 4\\10 & 4 & 14 & 15\\9 & 14 & 16 & 13\\7 & 8 & 11 & 9\end{bmatrix}\begin{matrix}\text{min}\\2\\4\\9\\7\end{matrix}\rightarrow\begin{bmatrix}0 & 13 & 11 & 2\\6 & 0 & 10 & 11\\0 & 5 & 7 & 4\\0 & 1 & 4 & 2\end{bmatrix}\rightarrow\begin{bmatrix}0 & 13 & 7 & 0\\6 & 0 & 6 & 9\\0 & 5 & 3 & 2\\0 & 1 & 0 & 0\end{bmatrix}=(b_{ij})$$

$$\begin{matrix}0 & 0 & 4 & 2 & \text{min}\end{matrix}$$

第 2 步：进行试指派，以寻求最优解。为此，按以下步骤进行。

经第 1 步变换后，系数矩阵中每行每列都已有了 0 元素；但需找出 n 个独立的 0 元素。若能找出，就以这些独立 0 元素对应解矩阵（x_{ij}）中的元素为 1，其余为 0，这就得到最优解。当 n 较小时，可用观察法、试探法去找出 n 个独立 0 元素；若 n 较大时，就必须按一定的步骤去找，常用的步骤介绍如下。

① 从只有一个 0 元素的行（列）开始，给这个 0 元素加圈，记作◎。这表示对这行所代表的人，只有一种任务可指派。然后去掉◎所在列（行）的其他 0 元素，记作 Φ。这表示这列所代表的任务已指派完，不必再考虑别人了。

② 给只有一个 0 元素列（行）的 0 元素加圈，记作◎；然后去掉◎所在行（列）的 0 元素，记作 Φ。

③ 反复进行①，②两步，直到所有 0 元素都被圈出和去掉为止。

④ 若仍有没有画圈的 0 元素，且同行（列）的 0 元素至少有两个（表示对这个可以从两项任务中指派其一）。这可用不同的方案去试探。从剩有 0 元素最少的行（列）开始，比较这行各 0 元素所在列中 0 元素的数目，选择 0 元素少的那列的这个 0 元素加圈（表示选择性多的要“礼让”选择性少的），然后去掉同行同列的其他 0 元素。可反复进行，直到所有 0 元素都已圈出和去掉为止。

⑤ 若◎元素的数目 m 等于矩阵的阶数 n，那么这指派问题的最优解已得到，若 $m<n$，则转入下一步。

现用例 5-7 的（b_{ij}）矩阵，按上述步骤进行运算。按步骤①，先给 b_{22} 加圈，然后给 b_{31} 加圈，去掉 b_{11}，b_{41}；按步骤②，给 b_{43} 加圈，去掉 b_{44}，最后给 b_{14} 加圈，得到

$$\begin{bmatrix}\Phi & 13 & 7 & \circledcirc\\6 & \circledcirc & 6 & 9\\\circledcirc & 5 & 3 & 2\\\Phi & 1 & \circledcirc & \Phi\end{bmatrix}$$

可见 $n=m=4$，所以得最优解为

$$(x_{ij})=\begin{bmatrix}0&0&0&1\\0&1&0&0\\1&0&0&0\\0&0&1&0\end{bmatrix}$$

这表示：指定甲译出俄文，乙译出日文，丙译出英文，丁译出德文。所需总时间最少

$$\min z_b=\sum_i\sum_j b_{ij}x_{ij}=0$$

$$\min z=\sum_i\sum_j c_{ij}x_{ij}=c_{31}+c_{22}+c_{43}+c_{14}=28(\text{小时})$$

例 5-8 求表 5-5 所示效率矩阵的指派问题的最小解。

表 5-5

任务 / 人员	A	B	C	D	E
甲	12	7	9	7	9
乙	8	9	6	6	6
丙	7	17	12	14	9
丁	15	14	6	6	10
戊	4	10	7	10	9

解题时按上述第 1 步，将此系数矩阵进行变换。

$$\begin{bmatrix}12&7&9&7&9\\8&9&6&6&6\\7&17&12&14&9\\15&14&6&6&10\\4&10&7&10&9\end{bmatrix}\begin{matrix}\min\\7\\6\\7\\6\\4\end{matrix}\rightarrow\begin{bmatrix}5&0&2&0&2\\2&3&0&0&0\\0&10&5&7&2\\9&8&0&0&4\\0&6&3&6&5\end{bmatrix}$$

经依次运算即得每行每列都有 0 元素的系数矩阵，再按上述步骤运算，得到

$$\begin{bmatrix}5&⓪&2&\Phi&2\\2&3&\Phi&⓪&\Phi\\⓪&10&5&7&2\\9&8&⓪&\Phi&4\\\Phi&6&3&6&5\end{bmatrix} \qquad ①$$

这里⓪的个数 $m=4$，而 $n=5$，所以解题没有完成，这时应按以下步骤继续进行。

第 2 步：作最少的直线覆盖所有 0 元素，以确定该系数矩阵中能找到最多的独立元素数。为此按以下步骤进行：

① 对没有⓪的行打√号；

② 对已打√的行中所有含 Φ 元素的列打√；

③ 再对打有√的列中含⓪元素的行打√；

④ 重复②，③直到得不出新的打√的行、列为止；

⑤ 对没有打√的行画一横线，对有打√的列画一纵线，这就得到覆盖所有 0 元素的最少直线数。

令此直线数为 l。若 $l<n$，说明必须再变换当前的系数矩阵，才能找到 n 个独立的 0 元素，为此转第 3 步；若 $l=n$，而 $m<n$，应回到第 2 步④，另行试探。

在例 5 - 8 中，对矩阵①按以下次序进行：

先在第 5 行旁打√，接着可判断应在第 1 列下打√，接着在第 3 行旁打√。经检查不能再打√了。对没有打√行，画一条直线以覆盖 0 元素，已打√的列画一条直线以覆盖 0 元素，得

$$\begin{bmatrix} 5 & \textcircled{0} & 2 & \Phi & 2 \\ 2 & 3 & \Phi & \textcircled{0} & \Phi \\ \textcircled{0} & 10 & 5 & 7 & 2 \\ 9 & 8 & \textcircled{0} & \Phi & 4 \\ \Phi & 6 & 3 & 6 & 5 \end{bmatrix}\begin{matrix} \\ \\ \checkmark \\ \\ \checkmark \end{matrix} \qquad ②$$

（第 1 列下打 √；第 1、2、4 行及第 1 列画有直线）

由此可见 $l=4<n$，所以应继续对②矩阵进行变换，转第 3 步。

第 3 步：对②矩阵进行变换的目的是增加 0 元素。为此在没有被直线覆盖的部分中找出最小元素，然后在打√行各元素中都减去这个最小元素，而在打√列的各元素都加上这个最小元素，以保证原来 0 元素不变。这样得到新系数矩阵（它的最优解和原问题相同），若得到 n 个独立的 0 元素，则已得最优解，否则回到第 2 步重复进行。

在例 5 - 8 的矩阵②中，在没有被覆盖部分（第 3，5 行）中找出最小元素为 2，然后在第 3、5 行各元素分别减去 2，给第 1 列各元素加 2，得到新矩阵③。按第 2 步，找出所有独立的 0 元素，得到矩阵④。

$$\begin{bmatrix} 7 & 0 & 2 & 0 & 2 \\ 4 & 3 & 0 & 0 & 0 \\ 0 & 8 & 3 & 5 & 0 \\ 11 & 8 & 0 & 0 & 4 \\ 0 & 4 & 1 & 4 & 3 \end{bmatrix} \qquad ③$$

$$\begin{bmatrix} 7 & ⓪ & 2 & \Phi & 2 \\ 4 & 3 & \Phi & ⓪ & \Phi \\ \Phi & 8 & 3 & 5 & ⓪ \\ 11 & 8 & ⓪ & \Phi & 4 \\ ⓪ & 4 & 1 & 4 & 3 \end{bmatrix} \quad ④$$

它具有 n 个独立 0 元素。这就得到了最优解，相应的解矩阵为

$$\begin{bmatrix} 0 & 1 & 0 & 0 & 0 \\ 0 & 0 & 0 & 1 & 0 \\ 0 & 0 & 0 & 0 & 1 \\ 0 & 0 & 1 & 0 & 0 \\ 1 & 0 & 0 & 0 & 0 \end{bmatrix}$$

由解矩阵得最优指派方案

甲—B，乙—D，丙—E，丁—C，戊—A

本例还可以得到另一最优指派方案

甲—B，乙—C，丙—E，丁—D，戊—A

所需总时间为 $\min z=32$

当指派问题的系数矩阵，经过变换得到了同行和同列中都有两个或两个以上的 0 元素时，这时可以任选一行（列）中某一个 0 元素，再去掉同行（列）的其他 0 元素，这时会出现多重解。

5.5.3 非标准的指派问题

我们将上述“任务”数目和“人员”数目相等的极小化指派问题称作标准的指派问题，但在实际问题中，常常会遇到各种各样非标准形式的指派问题。对于非标准指派问题，通常先将其转化成标准的指派问题，然后再用匈牙利算法求解。

对于“任务”和“人员”数目不等的指派问题，若“人员”数 N_1 小于“任务”数 N_2，则添上 N_2-N_1 个虚拟的“人员”，这些虚拟“人员”完成每一项“任务”的费用为 0。如果指派方案中某项目“任务”由虚拟人员来完成，则实际上该项目没有人来执行。若“人员”数 N_1 大于“任务”数 N_2，则添上 N_1-N_2 个虚拟“任务”，这些虚拟“任务”被各“人员”完成的费用也取 0。同样，如果指派方案中某人员去完成虚拟任务，则说明该人员是空闲的。

在指派问题中，如果某“人员”可以承担多项“任务”，则相应将该“人员”看作相同的多个“人员”，这几个“人员”完成同一项“任务”的费用是相同的。如果某一“人员”一定不能承担某一“任务”，则相应的费用取值为足够大的正数 M。

对于极大化的指派问题，即求

$$\max z=\sum_i \sum_j c_{ij} x_{ij}$$

可令

$$b_{ij}=M-c_{ij}$$

其中 M 是足够大的常数（如选 c_{ij} 中最大元素为 M 即可），这时系数矩阵可变换为

$$B=(b_{ij})$$

这时 $b_{ij}\geqslant 0$，符合匈牙利算法的条件。目标函数经变换后，即解

$$\min z'=\sum_i\sum_j b_{ij}x_{ij}$$

所得最小解就是原问题的最大解，因为

$$\begin{aligned}\sum_i\sum_j b_{ij}x_{ij}&=\sum_i\sum_j(M-c_{ij})x_{ij}\\&=\sum_i\sum_j Mx_{ij}-\sum_i\sum_j c_{ij}x_{ij}\\&=nM-\sum_i\sum_j c_{ij}x_{ij}\end{aligned}$$

因 nM 为常数，所以当 $\sum_i\sum_j b_{ij}x_{ij}$ 取最小值时，$\sum_i\sum_j c_{ij}x_{ij}$ 便为最大。

例 5-9　①某大型工程有5个工程项目，决定向社会公开招标，有5家建筑能力相当的建筑公司分别获得中标承建。已知建筑公司 A_i（$i=1$，2，…，5）的报价 C_{ij}（百万元）如表5-6所示。问相关部门应如何分配建造任务，才能使总建造费用最小？②为了保证工程质量，决定舍弃 A_4，A_5，而剩下的每家公司最多可承担两项任务，则应如何分配建造任务？

表 5-6

公司 \ 工程项目	B_1	B_2	B_3	B_4	B_5
A_1	4	8	7	15	12
A_2	7	9	17	14	10
A_3	6	9	12	8	7
A_4	6	7	14	6	10
A_5	6	9	12	10	6

解　① 变换系数矩阵得

$$\begin{bmatrix}4&8&7&15&12\\7&9&17&14&10\\6&9&12&8&7\\6&7&14&6&10\\6&9&12&10&6\end{bmatrix}\begin{matrix}4\\7\\6\\6\\6\end{matrix}\overset{\min}{\rightarrow}\begin{bmatrix}0&4&3&11&8\\0&2&10&7&3\\0&3&6&2&1\\0&1&8&0&4\\0&3&6&4&0\end{bmatrix}\rightarrow\begin{bmatrix}0&3&0&11&8\\0&1&7&7&3\\0&2&3&2&1\\0&0&5&0&4\\0&2&3&4&0\end{bmatrix}$$

$$\begin{matrix}\quad 1 & 3 & \quad\min\end{matrix}$$

试指派得

$$
\begin{bmatrix}
\Phi & 3 & \textcircled{0} & 11 & 8 \\
\textcircled{0} & 1 & 7 & 7 & 3 \\
\Phi & 2 & 3 & 2 & 1 \\
\Phi & \Phi & 5 & \textcircled{0} & 4 \\
\Phi & 2 & 3 & 4 & \textcircled{0}
\end{bmatrix}
$$

这里 0 的个数 $m=4$，而 $n=5$，所以解题没有完成，进一步作最少的直线覆盖所有 0 元素，得

$$
\begin{array}{c}
\left[\begin{array}{ccccc}
\Phi & 3 & \textcircled{0} & 11 & 8 \\
\textcircled{0} & 1 & 7 & 7 & 3 \\
\Phi & 2 & 3 & 2 & 1 \\
\Phi & \Phi & 5 & \textcircled{0} & 4 \\
\Phi & 2 & 3 & 4 & \textcircled{0}
\end{array}\right]
\begin{array}{c} \\ \surd \\ \surd \\ \\ \\ \end{array} \\
\begin{array}{ccccc} \surd & \quad & \quad & \quad & \quad \end{array}
\end{array}
\qquad ①
$$

在矩阵①中，在没有被覆盖部分（第 2、3 行）中找出最小元素为 1，然后将第 2、3 行的各元素分别减去 1，给第 1 列各元素加 1，得到新矩阵②。试指派找出所有独立的 0 元素，得到矩阵③。

$$
\begin{bmatrix}
1 & 3 & 0 & 11 & 8 \\
0 & 0 & 6 & 6 & 2 \\
0 & 1 & 2 & 1 & 0 \\
1 & 0 & 5 & 0 & 4 \\
1 & 2 & 3 & 4 & 0
\end{bmatrix} \quad ② \qquad
\begin{bmatrix}
1 & 3 & \textcircled{0} & 11 & 8 \\
\Phi & \textcircled{0} & 6 & 6 & 2 \\
\textcircled{0} & 1 & 2 & 1 & 1 \\
1 & \Phi & 5 & \textcircled{0} & 4 \\
1 & 2 & 3 & 4 & \textcircled{0}
\end{bmatrix} \quad ③
$$

它具有 5 个独立 0 元素。这就得到了最优解，相应的解矩阵为

$$
\begin{bmatrix}
0 & 0 & 1 & 0 & 0 \\
0 & 1 & 0 & 0 & 0 \\
1 & 0 & 0 & 0 & 0 \\
0 & 0 & 0 & 1 & 0 \\
0 & 0 & 0 & 0 & 1
\end{bmatrix}
$$

由解矩阵得最优指派方案

$$A_1-B_3,\ A_2-B_2,\ A_3-B_1,\ A_4-B_4,\ A_5-B_5$$

所需总费用为 min $z=34$(百万元)。

② 这是非标准的指派问题。先将 A_1，A_2，A_3 分别看作两个相同的公司去承担工程项目，这样有 6 个“公司”，而只有 5 个工程项目，因而再增加一个虚拟的项目成为标准的指派问题。具体求解过程为

$$
\begin{bmatrix} 4 & 8 & 7 & 15 & 12 & 0 \\ 4 & 8 & 7 & 15 & 12 & 0 \\ 7 & 9 & 17 & 14 & 10 & 0 \\ 7 & 9 & 17 & 14 & 10 & 0 \\ 6 & 9 & 12 & 8 & 7 & 0 \\ 6 & 9 & 12 & 8 & 7 & 0 \end{bmatrix} \to \begin{bmatrix} 0 & 0 & 0 & 7 & 5 & 0 \\ 0 & 0 & 0 & 7 & 5 & 0 \\ 3 & 1 & 10 & 6 & 3 & 0 \\ 3 & 1 & 10 & 6 & 3 & 0 \\ 2 & 1 & 5 & 0 & 0 & 0 \\ 2 & 1 & 5 & 0 & 0 & 0 \end{bmatrix} \to \begin{bmatrix} \textcircled{0} & \Phi & \Phi & 7 & 5 & \Phi \\ \Phi & \textcircled{0} & \Phi & 7 & 5 & \Phi \\ 3 & 1 & 10 & 6 & 3 & \textcircled{0} \\ 3 & 1 & 10 & 6 & 3 & \Phi \\ 2 & 1 & 5 & \textcircled{0} & \Phi & \Phi \\ 2 & 1 & 5 & \Phi & \textcircled{0} & \Phi \end{bmatrix}
$$

$$
\begin{array}{c} \\ \\ \to \\ \\ \\ \\ \\ \end{array}
\begin{bmatrix} \textcircled{0} & \Phi & \Phi & 7 & 5 & \Phi \\ \Phi & \textcircled{0} & \Phi & 7 & 5 & \Phi \\ 3 & 1 & 10 & 6 & 3 & \textcircled{0} \\ 3 & 1 & 10 & 6 & 3 & \Phi \\ 2 & 1 & 5 & \textcircled{0} & \Phi & \Phi \\ 2 & 1 & 5 & \Phi & \textcircled{0} & \Phi \end{bmatrix}
\begin{array}{c} \\ \\ \surd \\ \surd \\ \\ \\ \end{array}
$$

$$
\begin{array}{cccccc} & & & & & \surd \end{array}
$$

$$
\to \begin{bmatrix} 0 & 0 & 0 & 7 & 5 & 1 \\ 0 & 0 & 0 & 7 & 5 & 1 \\ 2 & 0 & 9 & 5 & 2 & 0 \\ 2 & 0 & 9 & 5 & 2 & 0 \\ 2 & 1 & 5 & 0 & 0 & 1 \\ 2 & 1 & 5 & 0 & 0 & 1 \end{bmatrix} \to \begin{bmatrix} \textcircled{0} & \Phi & \Phi & 7 & 5 & 1 \\ \Phi & \Phi & \textcircled{0} & 7 & 5 & 1 \\ 2 & \textcircled{0} & 9 & 5 & 2 & \Phi \\ 2 & \Phi & 9 & 5 & 2 & \textcircled{0} \\ 2 & 1 & 5 & \textcircled{0} & \Phi & 1 \\ 2 & 1 & 5 & \Phi & \textcircled{0} & 1 \end{bmatrix}
$$

相应的解矩阵为

$$
\begin{bmatrix} 1 & 0 & 0 & 0 & 0 & 0 \\ 0 & 0 & 1 & 0 & 0 & 0 \\ 0 & 1 & 0 & 0 & 0 & 0 \\ 0 & 0 & 0 & 0 & 0 & 1 \\ 0 & 0 & 0 & 1 & 0 & 0 \\ 0 & 0 & 0 & 0 & 1 & 0 \end{bmatrix}
$$

由解矩阵得最优指派方案

$$A_1-B_1, B_3; A_2-B_2; A_3-B_4, B_5$$

所需总费用为 $\min z=35$(百万元)。

习　　题

1. 对下列整数规划问题，用先解相应的线性规划然后凑整的办法能否求得最优整数解？

(1) $\max z=3x_1+2x_2$

$$\text{s.t.}\begin{cases}2x_1+3x_2\leqslant 14.5\\4x_1+x_2\leqslant 16.5\\x_1,\ x_2\geqslant 0\\x_1,\ x_2\text{整数}\end{cases}$$

(2) $\max z=3x_1+2x_2$

$$\text{s.t.}\begin{cases}2x_1+3x_2\leqslant 14\\2x_1+x_2\leqslant 9\\x_1,\ x_2\geqslant 0\\x_1,\ x_2\text{整数}\end{cases}$$

2. 用分支定界法求解整数规划。

$$\max z=3x_1+2x_2$$

$$\text{s.t.}\begin{cases}2x_1+3x_2\leqslant 14,\\2x_1+x_2\leqslant 9,\\x_j\geqslant 0,\quad x_j\text{为整数}\ (j=1,\ 2)。\end{cases}$$

3. 用割平面法解第 2 题。

4. 某城市的消防总部将全市划分为 11 个消防区，设有 4 个消防（救火）站。图 5-8 表示各防火区域与消防站的位置，其中①②③④表示消防站，1，2，…，11 表示防火区域。根据历史资料证实，各消防站可在事先规定的允许时间内对所负责地区的火灾予以消灭。图中虚线即表示各地区由哪个消防站负责（没有虚线连接，就表示不负责）。现在总部提出：可否减少消防站的数目，仍能同样负责各地区的防火任务？如果可以，应当关闭哪个消防站？

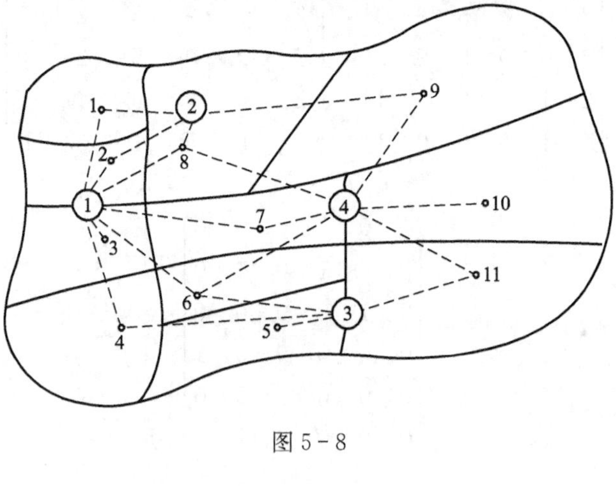

图 5-8

提示：对每个消防站定义一个 0-1 变量 x_j，令

$$x_j=\begin{cases}1, & \text{当某防火区域可由第 } j \text{ 消防站负责时,}\\ 0, & \text{当某防火区域不由第 } j \text{ 消防站负责时,}\end{cases}\quad (j=1, 2, 3, 4)$$

然后对每个防火区域列一个约束条件。

5. 设有互相排斥的约束条件的问题中，如果约束条件是（≤）型的，我们用加 y_iM 项（y_i是 0-1 变量，M 是很大的常数）的方法统一在一个问题中。如果约束条件是（≥）型的，我们将怎样利用 y_i和 M 呢？

6. 解 0-1 规划：

(1) $\min z=4x_1+3x_2+2x_3$

$$\text{s.t.}\begin{cases}2x_1-5x_2+3x_3\leqslant 4\\ 4x_1+x_2+3x_3\geqslant 3\\ x_2+x_3\geqslant 1\\ x_1,\ x_2,\ x_3=0 \text{ 或 } 1\end{cases}$$

(2) $\min z=2x_1+5x_2+3x_3+4x_4$

$$\text{s.t.}\begin{cases}-4x_1+x_2+x_3+x_4\leqslant 4\\ -2x_1+4x_2+2x_3+4x_4\geqslant 4\\ x_1+x_2-x_3+x_4\geqslant 1\\ x_1,\ x_2,\ x_3,\ x_4=0 \text{ 或 } 1\end{cases}$$

7. 有 4 个工人，要指派他们分别完成 4 种工作，每人做各种工作所消耗的时间如表 5-7所示，问指派哪个人去完成哪种工作，可使总的消耗时间为最小？

表 5-7

工人 \ 工种	A	B	C	D
甲	15	18	21	24
乙	19	23	22	18
丙	26	17	16	19
丁	19	21	23	17

8. 学生 A、B、C、D 的各门成绩如表 5-8 所示，现将此 4 名学生派去参加各门课的单项竞赛。竞赛同时举行，每人只能参加一项。若以他们的成绩作为选派依据，应如何分配最为有利？

表 5-8

学生 \ 课程	数 学	物 理	化 学	外 语
A	89	92	68	81
B	87	88	65	78
C	95	90	85	72
D	75	78	89	96

9. 有 4 种工作可由 5 台不同的机床加工，每种工作在每种机床上加工的准备工作时间

(min) 如表 5－9 所示，求总准备时间最少的最优分配方案。

表 5－9

工作＼机床	一	二	三	四	五
一	10	11	4	2	8
二	7	11	10	14	12
三	5	6	9	12	14
四	13	15	11	10	7

第 6 章　动 态 规 划

动态规划是解决多阶段决策过程最优化问题的一种方法。该方法是由美国数学家贝尔曼（R. Bellman）等人在 20 世纪 50 年代初提出的。他们针对多阶段决策问题的特点，提出了解决这类问题的“最优化原理”，并成功地解决了生产管理、工程技术等方面的许多实际问题，从而建立了运筹学的一个新分支——动态规划。1957 年，R. Bellman 发表了动态规划方面的第一本专著《动态规划》。

动态规划是现代企业管理中的一种重要决策方法，可用于解决最优路径问题、资源分配问题、生产计划与库存问题、投资问题、装载问题、排序问题及生产过程的最优控制等。由于它有独特的解题思路，在处理某些优化问题时，常比线性规划或非线性规划方法更有效。

动态规划模型的分类，根据决策过程的时间参数是离散的还是连续的，过程的演变是确定性的还是随机性的，可以组合成离散确定型、离散随机型、连续确定型和连续随机型 4 种。其中，离散确定型是最基本的，本章主要针对这种类型的问题，介绍动态规划的基本思想、原理和方法，这些对其他类型的问题也适用。然后通过几个典型的动态规划模型来介绍它的应用。

6.1　多阶段决策过程及实例

在生产和科学实验中，有一类活动的过程，由于其特殊性，可将过程分为若干个互相联系的阶段，在它的每一个阶段都需要作出决策，从而使整个过程达到最好的活动效果。因此，各个阶段决策的选取不是任意确定的，它依赖于当前面临的状态，又影响以后的发展。当各个阶段决策确定后，就组成了一个决策序列，因而也就决定了整个过程的一条活动路线。这种把一个问题看作是一个前后关联具有链状结构的多阶段过程就称为多阶段决策过程，也称序贯决策过程（如图 6 - 1 所示）。这种问题就称为多阶段决策问题。

图 6 - 1　多阶段决策过程示意图

在多阶段决策问题中，各个阶段采取的决策，一般来说是与时间有关的，决策依赖于当前的状态，又随即引起状态的转移，一个决策序列就是在变化的状态中产生出来的，故有“动态”的含义。因此，把处理它的方法称为动态规划方法。但是，一些与时间没有关系的静态规划（如线性规划、非线性规划等）问题，只要人为地引进“时间”因素，也可以把它视为多阶段决策问题，用动态规划方法去处理。

多阶段决策问题很多，现举例如下。

例 6-1 最短路线问题 设某厂 A 要把一批货运到 E 城出售，中间可经过①～⑧城市，各城市间的交通线及距离如图 6-2 所示。问应选择什么路线，可使总距离最短？

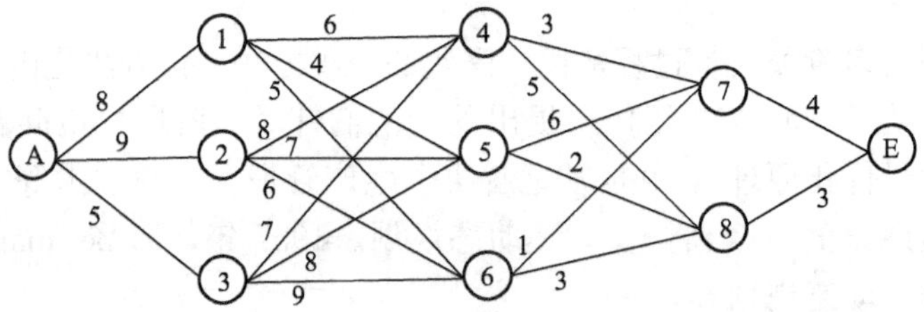

图 6-2 最短路线问题举例

这是一个 4 阶段决策问题。

例 6-2 生产与存储问题 某工厂生产并销售某种产品，已知今后 4 个月市场需求预测如表 6-1 所示，每月生产 j 单位产品的费用为

$$c(j)=\begin{cases}0 & (j=0)\\ a+bj & (j=1,\ 2,\ 3,\ \cdots,\ m)\end{cases} \quad (千元)$$

其中 a 为生产的固定费用，b 为可变生产费率，m 为生产能力。供应需求所剩余产品应存入仓库，单位产品的库存费为 c，每月库存 j 单位产品的费用为

$$E(j)=c\times j \quad (千元)$$

计划开始和计划期末库存量都是 0。试制定 4 个月的生产计划，在满足用户需求的条件下使总费用最小。

表 6-1

i 月	1	2	3	4
y_i（需求）	2	3	2	4

这也是一个 4 阶段决策问题。

更多的例子将在后面结合求解方法介绍。

6.2 动态规划的基本概念和方法

6.2.1 动态规划的基本概念

使用动态规划方法解决多阶段决策问题，首先要将实际问题转化为动态规划模型，此时要用到以下概念：①阶段；②状态；③决策和策略；④状态转移方程；⑤指标函数。

下面我们结合例题说明这些概念。

(1) 阶段 (Stage)

将所给问题的过程，按时间或空间特征分解成若干互相联系的阶段，以便按次序去求解每阶段的解，常用字母 k 表示阶段变量。

例如在例 6-1 中，我们可以将 A—E 间的最短线路问题按其空间分布分解成一个 4 阶段决策问题。第 1 阶段包括（A，1），（A，2），（A，3）。第 2 阶段包括从城市 1、2、3 到达城市 4、5、6 的交通线，即（1，4）、（1，5）、（1，6）、（2，4）、（2，5）、（2，6）、（3，4）、（3，5）、（3，6）。其余阶段以此类推。

在例 6-2 中，我们可以按时间把每个月作为一个阶段，共分为 4 个阶段。

本书规定：$k=1$ 表示实际问题中的第 1 决策阶段。在一个 n 阶段决策问题中，$k=n$ 表示最后一个决策阶段（有些书中存在相反规定）。

(2) 状态 (State)

各阶段开始时的客观条件叫做状态。描述各阶段状态的变量称为状态变量，常用 s_k 表示第 k 阶段的状态变量，状态变量 s_k 的取值集合称为状态集合，用 S_k 表示。

在例 6-1 中，第 1 阶段状态为 A，第 2 阶段则有 3 个状态：城市①，②，③。状态变量 s_1 的集合 $S_1=\{A\}$，后面各段的状态集合分别是：$S_2=\{1, 2, 3\}$，$S_3=\{4, 5, 6\}$，$S_4=\{7, 8\}$。

在例 6-2 中，我们可以把每月月初的产品库存量作为状态。

动态规划中的状态应具有如下性质：当某阶段状态给定以后，在这阶段以后过程的发展不受这段以前各段状态的影响。也就是说，过程的过去历史只能通过当前状态去影响它未来的发展，这称为无后效性。如果所选定的变量不具备无后效性，就不能作为状态变量来构成动态规划模型。如例 6-1 中，当某段的初始状态即所在的城市选定以后，从这个状态以后的运货路线只与这个城市有关，不受以前的运货路线影响，所以是满足状态的无后效性的。又例如，研究物体（把它看作一个质点）受外力作用后其空间运动的轨迹问题，从描述轨迹这点着眼，可以只选择坐标位置（x_k，y_k，z_k）作为过程的状态，但这样不能满足无后效性，因为即使知道了外力的大小和方向，仍无法确定物体受力后的运动方向和轨迹，只有把位置（x_k，y_k，z_k）和速度（$\dot{x}_k$，$\dot{y}_k$，$\dot{z}_k$）都作为过程的状态变量，才能确定物体运动下一步的方向和轨迹，实现无后效性要求。

(3) 决策和策略 (Decision and Policy)

当各阶段的状态确定以后，就可以作出不同的决定（或选择），从而确定下一阶段的状态，这种决定称为决策。表示决策的变量称为决策变量，常用 $u_k(s_k)$ 表示第 k 阶段当状态为 s_k 时的决策变量。在实际问题中，决策变量的取值往往限制在一定的范围内，我们称此范围为允许决策集合，常用 $D_k(s_k)$ 表示第 k 阶段从状态 s_k 出发的允许决策集合，显然有 $u_k(s_k)\in D_k(s_k)$。

在例 6-1 中，第 2 阶段的状态集合 $S_2=\{1, 2, 3\}$，从城市①出发，可选择走城市④，

⑤，⑥，即其允许决策集合为 $D_2(1)=\{4，5，6\}$。如我们决定选择城市⑤，则此时决策变量可表示为：

$$u_2(1)=5$$

在例 6－2 中，决策变量是各月的产品产量。

各段决策确定后，整个问题的决策序列就构成一个策略，用 $p_{1,n}(u_1，u_2，\cdots，u_n)$ 表示。对每个实际问题，可供选择的策略有一定范围，称为允许策略集合，用 P 表示。使整个问题达到最优效果的策略就是最优策略。

（4）状态转移方程

动态规划中本阶段的状态往往是上一阶段的决策结果。如果给定了第 k 阶段的状态 s_k，本阶段决策为 $u_k(s_k)$，则第 $k+1$ 阶段的状态 s_{k+1} 也就完全确定，它们的关系可用公式

$$s_{k+1}=T_k(s_k，u_k)$$

表示，由于它表示了由 k 阶段到 $k+1$ 阶段的状态转移规律，所以称为状态转移方程。

例 6－1 中，状态转移方程为

$$s_{k+1}=u_k$$

例 6－2 中，第 $k+1$ 阶段的库存量等于第 k 阶段的库存量与产量的和减去当月的需求量，即

$$s_{k+1}=s_k+u_k-g_k$$

（5）指标函数

用于衡量所选定策略优劣的数量指标称为指标函数。一个 n 段决策过程，从 1 到 n 叫作问题的原过程，对于任意一个给定的 $k(1\leqslant k\leqslant n)$，从第 k 段到第 n 段的过程称为原过程的一个后部子过程。$V_{1,n}(s_1，p_{1,n})$ 表示初始状态为 s_1 采用策略 $p_{1,n}$ 时原过程的效益值，而 $V_{k,n}(s_k，p_{k,n})$ 表示在第 k 阶段状态为 s_k 采用策略 $p_{k,n}$ 时，后部子过程的效益值。最优指标函数记为 $f_k(s_k)$，它表示从 k 阶段状态为 s_k 采用最优策略 $p^*_{k,n}$ 时，后部子过程的最优效益值。$f_k(s_k)$ 与 $V_{k,n}(s_k，p_{k,n})$ 间有关系：

$$f_k(s_k)=V_{k,n}(s_k，p^*_{k,n})=\underset{p_{k,n}\in P_{k,n}}{\mathrm{opt}}\ V_{k,n}(s_k，p_{k,n})$$

注：opt 全称为 optimization，表示最优。

当 $k=1$ 时，$f_1(s_1)$ 就是从初始状态 s_1 到全过程结束的整体最优函数。

在例 6－1 中，指标函数是距离。如第 2 阶段，状态为城市②时，$V_{2,4}$ 表示从城市②到城市 E 的距离，而 $f_2(2)$ 则表示从城市②到城市 E 的最短距离。本问题的总目标是求 $f_1(\mathrm{A})$，即从城市 A 到城市 E 的最短距离。

而例 6－2 中，衡量决策效果的指标函数是生产与存储的费用。最优指标函数则是指生产与存储费用之和最低。本问题的总目标是求 $f_1(0)$，即初始库存量为 0 时，1 月至 4 月的最低总费用。

6.2.2 动态规划的基本思想

我们结合例6-1最短路线问题介绍动态规划的基本思想。

6.1节已分析过，这是个多阶段问题，可以把A到E的路分成4段，第1段从A到城市①、②、③有3种选择，若我们把这段决策定为选择城市②，则②就是下一阶段的起点。第2段从②状态出发，又可以有城市④、⑤、⑥3种选择，依此类推，可依阶段求出一个决策序列，即一个策略。由于所选路线不同，会有若干个不同策略，我们希望得到一个最优策略，使它们所确定的路线是从A至E的最短路线。

为了求得最短路线，一种简单的方法可以求出所有从A至E的可能走法的路长并加以比较。不难知道从A至E共有18条不同路径，每条路径要做4次加法，要求出最短路线需要作72次加法运算，17次比较运算，这种方法就是穷举法。可以看出，当问题的段数很多，各段的状态也很多时，这种方法的计算量会大大增加，甚至使得求优成为不可能。

下面介绍动态规划方法。动态规划方法基于贝尔曼（R. Bellman）等人提出的最优化原理，这个最优化原理指出：一个过程的最优策略具有这样的性质，即无论初始状态或初始决策如何，对于先前决策所形成的状态而言，其以后的所有决策须构成最优策略。动态规划最优性原理对应到该最短路线问题是：从A点到E点的最短路线若经过s_k点，则此路线由s_k点到E点的部分，必是由s_k点到E点的最短路线。

现在我们利用动态规划最优性原理，由最后一段路线开始，向最初阶段递推求解，逐步求出各段各点到终点E的最短路线，最后求得A点到E点的最短路线。

上面我们已经规定了本例的阶段数、状态变量、决策变量，给出了转移方程、指标函数等。再用$d(s_k, u_k)$表示由状态s_k点出发，采用决策u_k到达下一阶段s_{k+1}点时的两点间距离。

第1步，从$k=4$开始，状态变量s_4可取两种状态⑦、⑧，它们到E点的路长分别为4，3，即$f_4(7)=4$，$f_4(8)=3$。

第2步，$k=3$，状态变量s_3可取3种状态④、⑤、⑥，这是经过一个中途点到达终点E的两级决策问题，从城市④到E有2条路线，需加以比较，取其中最短的，即

$$f_3(4)=\min\left\{\begin{matrix} d(4, 7)+f_4(7) \\ d(4, 8)+f_4(8) \end{matrix}\right\}=\min\left\{\begin{matrix} 3+4 \\ 5+3 \end{matrix}\right\}=7$$

这说明由城市④到终点E最短距离为7，其路径为④→⑦→E。相应决策为$u_3^*(4)=7$。

$$f_3(5)=\min\left\{\begin{matrix} d(5, 7)+f_4(7) \\ d(5, 8)+f_4(8) \end{matrix}\right\}=\min\left\{\begin{matrix} 6+4 \\ 2+3 \end{matrix}\right\}=5$$

即城市⑤到终点最短距离为5，其路径为⑤→⑧→E。相应决策为$u_3^*(5)=8$。

$$f_3(6)=\min\begin{Bmatrix}d(6,\ 7)+f_4(7)\\d(6,\ 8)+f_4(8)\end{Bmatrix}=\min\begin{Bmatrix}1+4\\3+3\end{Bmatrix}=5$$

即城市⑥到终点最短距离为 5，其路径⑥→⑦→E。相应决策为 $u_3^*(6)=7$。

第 3 步，$k=2$，这是具有 3 个初始状态①、②、③，要经过 2 个中途站才能到达终点的 3 级决策问题。由于第 3 段各点④、⑤、⑥到终点 E 的最短距离 $f_3(4)$，$f_3(5)$，$f_3(6)$已知，所以我们若求城市①到 E 的最短距离，只需以它们为基础，分别加上城市①与④、⑤、⑥的一段距离，加以比较取其短者即可。

$$f_2(1)=\min\begin{Bmatrix}d(1,\ 4)+f_3(4)\\d(1,\ 5)+f_3(5)\\d(1,\ 6)+f_3(6)\end{Bmatrix}=\min\begin{Bmatrix}6+7\\4+5\\5+5\end{Bmatrix}=9$$

即城市①到终点的最短距离为 9，其路径为①→⑤→⑧→E。本段相应决策为 $u_2^*(1)=5$。

同理有

$$f_2(2)=\min\begin{Bmatrix}d(2,\ 4)+f_3(4)\\d(2,\ 5)+f_3(5)\\d(2,\ 6)+f_3(6)\end{Bmatrix}=\begin{Bmatrix}8+7\\7+5\\6+5\end{Bmatrix}=11$$

$u_2^*(2)=6$。

$$f_2(3)=\min\begin{Bmatrix}d(3,\ 4)+f_3(4)\\d(3,\ 5)+f_3(5)\\d(3,\ 6)+f_3(6)\end{Bmatrix}=\min\begin{Bmatrix}7+7\\8+5\\9+5\end{Bmatrix}=13$$

$u_2^*(3)=5$。

第 4 步，$k=1$，只有一个状态 A，则

$$f_1(A)=\min\begin{Bmatrix}d(A,\ 1)+f_2(1)\\d(A,\ 2)+f_2(2)\\d(A,\ 3)+f_2(3)\end{Bmatrix}=\min\begin{Bmatrix}8+9\\9+11\\5+13\end{Bmatrix}=17$$

即从城市 A 到城市 E 的距离为 17。本段决策为 $u_1^*(A)=1$。

再按计算顺序反推可得最优决策序列 $\{u_k\}$，即 $u_1^*(A)=1$，$u_2^*(1)=5$，$u_3^*(5)=8$，$u_4^*(8)=E$。所以最优路线为

A→城市①→城市⑤→城市⑧→E。

从例 6-1 的计算过程中可以看出，在求解的各阶段，都利用了第 k 段和 $k+1$ 段的如下关系：

$$\begin{cases} f_k(s_k)=\min\{d_k(s_k, u_k)+f_{k+1}(s_{k+1})\} \quad (k=4, 3, 2, 1) & (6-1) \\ f_5(s_5)=0 & (6-2) \end{cases}$$

这种递推关系称为动态规划的基本方程，式（6－2）称为边界条件。

上述最短路线的计算过程也可用图直观表示出来，如图 6－3 所示，每个结点上方括号内的数，表示该点到终点 E 的最短距离。连接各点到 E 点的粗线表示最短路径。这种在图上直接计算的方法叫标号法。

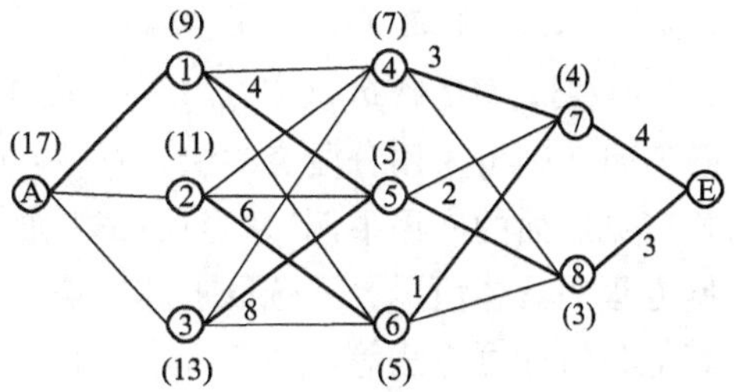

图 6－3　最短路线

容易算出这种方法只进行了 18 次加运算，11 次比较运算，比穷举法计算量小而且随着问题阶段数的增加和复杂程度的提高，计算量将呈指数规律减少。其次，动态规划的计算结果不仅得到了从 A 到 E 的最短路线，而且得到了中间段任一点到 E 的最短路线，这对许多实际问题来讲，是很有意义的。因为我们往往期望知道所有点到终点的最优决策，动态规划方法可以使我们得到整族的最优决策。

现将动态规划方法的基本思想总结如下。

① 将多阶段决策过程划分阶段，恰当地选取状态变量、决策变量及定义最优指标函数，从而把问题化成一族同类型的子问题，然后逐个求解。

② 求解时从最后一阶段开始，逆方向行进，逐段递推寻优。在每一个子问题求解时，都要使用它前面已求出的子问题的最优结果，最后一个子问题的最优解就是整个问题的最优解。

③ 动态规划方法是既把当前一段与未来各段分开，又把当前效益和未来效益结合起来考虑的一种最优化方法，因此每段的最优决策选取是从全局考虑的，与该段的最优选择一般是不同的。

6.2.3　动态规划模型及其求解

给一个实际问题建立动态规划模型，必须做到下面 5 点。

① 将问题按时空特性恰当地划分为若干个阶段。

② 正确地规定状态变量 s_k，使它既能描述过程的演变，又具有无后效性。

③ 正确地规定决策变量 u_k 及每阶段的允许决策集合 $D_k(s_k)$。

④ 正确地写出状态转移方程 $s_{k+1}=g_k(s_k, u_k)$。

⑤ 正确地定义各阶段的直接指标函数 $d_k(s_k, u_k)$ 和后部子过程的最优指标函数 $f_k(s_k)$，并写出其基本方程：

$$\begin{cases} f_k(s_k)=\underset{u_k\in D_k(s_k)}{\text{opt}}\{d_k(s_k, u_k)\oplus f_{k+1}(g_k(s_k, u_k))\} \quad (k=1, 2, \cdots, n) \\ f_{n+1}(s_{n+1})=0 \quad 或 \quad 1 \qquad 边界条件 \end{cases}$$

其中⊕为＋或×，当⊕为＋时，边界条件 $f_{n+1}(s_{n+1})=0$；当⊕为×时，$f_{n+1}(s_{n+1})=1$。opt 为 min 或 max。

以上 5 点也称为动态规划模型的 5 要素。

动态规划模型的求解，是从 $k=n$ 开始，逐步向前推进，依次求解第 k 阶段的后部最优指标 $f_k(s_k)$ 和最优子策略 $p_{k,n}(u_k^*, \cdots, u_n^*)$。当 $k=1$ 时，就求出了原过程的最优指数 $f_1(s_1)$和最优策略 $p_{1,n}(u_1^*, u_2^* \cdots, u_n^*)$。当动态规划模型中的状态变量与决策变量只能取离散值时，则可采用分段穷举法，这一点例 6 - 1 的求解中已经说明问题，而一般使用表格形式（见后面的应用举例）。当动态规划模型中的状态变量与决策变量取连续变量时，则要根据方程的具体情况灵活选取求解方法，如经典解析方法、线性规划方法、非线性规划方法和其他数值计算方法等。

下面举例说明经典解析方法。

例 6 - 3 用动态规划方法求解下面问题。

$$\max E=4x_1+9x_2+2x_3^2$$

$$\text{s. t.}\begin{cases}x_1+x_2+x_3=10\\ x_i\geqslant 0 \quad (i=1, 2, 3)\end{cases}$$

解 这是一个非线性的静态规划模型。用动态规划方法来求解静态规划模型，可通过人为地引入时间因素，按照不同决策变量依次决策，从而形成多阶段决策问题。这里按决策变量划分阶段，可视为 3 阶段决策问题。

直接取静态规划模型中的决策变量 $x_k(k=1, 2, 3)$ 为动态规划模型中各阶段的决策变量，而状态变量 s_k 表示第 k 阶段开始时的剩余资源数量。原静态模型中的约束条件视为某种资源约束，资源总数为 10，则状态转移方程为

$$s_{k+1}=s_k-x_k$$

3 个阶段的直接收益函数分别为

$$g_1(x_1)=4x_1, \quad g_2(x_2)=9x_2, \quad g_3(x_3)=2x_3^2$$

其中，$0\leqslant x_1\leqslant s_1=10$，$0\leqslant x_2\leqslant s_2$，$0\leqslant x_3\leqslant s_3$

令最优指数函数 $f_k(s_k)$ 表示第 k 阶段初状态为 s_k 时，从第 k 阶段到第 3 阶段的后部最优收益，则该问题的基本方程为

$$\begin{cases}f_k(s_k)=\max\limits_{x_k}\{g_k(x_k)+f_{k+1}(s_{k+1})\} \quad (k=1, 2, \cdots, n)\\ f_4(s_4)=0\end{cases}$$

这里的状态变量和决策变量均取连续值，所以每阶段求优时不能用穷举方法处理。

① $k=3$ 时，$f_3(s_3)=\max\limits_{0\leqslant x_3\leqslant s_3}\{2x_3^2\}$，这是一个简单的函数求极值问题，易知：当 $x_3^*=s_3$ 时，取得极大值 $2s_3^2$，即

$$f_3(s_3)=\max_{0\leqslant x_3\leqslant s_3}\{2x_3^2\}=2s_3^2$$

② $k=2$ 时，$f_2(s_2)=\max\limits_{0\leqslant x_2\leqslant s_2}\{9x_2+f_3(s_3)\}$

$$=\max_{0\leqslant x_2\leqslant s_2}\{9x_2+2s_3^2\}$$

$$=\max_{0\leqslant x_2\leqslant s_2}\{9x_2+2(s_2-x_2)^2\}$$

这是一个非线性规划问题。令 $h_2(s_2,\ x_2)=9x_2+2(s_2-x_2)^2$，用经典解析方法求其极值点。由$\dfrac{\mathrm{d}h_2}{\mathrm{d}x_2}=9+4(s_2-x_2)(-1)=0$，解得

$$x_2=s_2-9/4$$

而$\dfrac{\mathrm{d}^2h_2}{\mathrm{d}x_2^2}=4>0$，所以 $x_2=s_2-9/4$ 是极小点。极大值只可能在 $[0,\ s_2]$ 端点取得，$f_2(0)=2s_2^2$，$f_2(s_2)=9s_2$。

当 $s_2\geqslant 9/2$ 时，$f_2(0)\geqslant f_2(s_2)$，此时 $x_2^*=0$。

当 $s_2<9/2$ 时，$f_2(0)<f_2(s_2)$，此时 $x_2^*=s_2$。

③ $k=1$ 时，$f_1(s_1)=\max\limits_{0\leqslant x_1\leqslant s_1}\{4x_1+f_2(s_2)\}$

当 $f_2(s_2)=9s_2$时，$f_1(10)=\max\limits_{0\leqslant x_1\leqslant 10}\{4x_1+9s_1-9x_1\}$

$$=\max_{0\leqslant x_1\leqslant 10}\{9s_1-5x_1\}=9s_1\quad(x_1^*=0)$$

但此时 $s_2=s_1-x_1=10-0=10>9/2$，与 $s_2<9/2$ 矛盾，故舍去。

当 $f_2(s_2)=2s_2^2$时，$f_1(10)=\max\limits_{0\leqslant x_1\leqslant 10}\{4x_1+2\times(s_1-x_1)^2\}$

令 $$h_1(s_1,\ x_1)=4x_1+2(s_1-x_1)^2$$

由 $$\frac{\mathrm{d}h_1}{\mathrm{d}x_1}=4+4(s_1-x_1)(-1)=0$$

解得 $$x_1=s_1-1$$

而$\dfrac{\mathrm{d}^2h_1}{\mathrm{d}x_1^2}>0$，所以 $x_1=s_1-1$ 是极小点。比较 $[0,\ 10]$ 两个端点，$x_1=0$，$f_1(10)=200$；$x_1=10$，$f_1(10)=40$。所以 $x_1^*=0$。再由转移方程顺推，$s_2=s_1-x_1^*=10-0=10$。由于 $s_2\geqslant 9/2$，因此 $x_2^*=0$，$s_3=s_2-x_2^*=10-0=10$，所以 $x_3^*=s_3=10$，最优目标函数值 $z^*=f_1(10)=200$。

前面我们介绍的动态规划方法，其递推求解过程和实际决策过程是相反的，故称之为动态规划的逆序解法。顺便指出，很多问题也可以按与实际决策过程相同的方向逐阶段递推，寻求最优策略，这称为动态规划顺序解法。例如前面用逆序解法求解的例 6-1 和例 6-3，都可用顺序解法来求解。

6.3 资源分配问题

所谓资源分配问题，就是将数量一定的一种或若干种资源（例如原材料、资金、机器设备、劳力、食品等），恰当地分配给若干个使用者，而使目标函数为最优。

6.3.1 一维离散资源分配问题

设有某种原料，总数量为 a，用于生产 n 种产品。若分配数量 x_i 用于生产第 i 种产品，其收益为 $g_i(x_i)$。问应如何分配，才能使生产 n 种产品的总收入最大？

此问题可写成动态规划问题：

$$\max z=g_1(x_1)+g_2(x_2)+\cdots+g_n(x_n)$$
$$\begin{cases}x_1+x_2+\cdots+x_n=a\\ x_i\geqslant 0 \quad (i=1,\ 2,\ \cdots,\ n)\end{cases}$$

当 $g_i(x_i)$ 都是线性函数时，它是一个线性规划问题；当 $g_i(x_i)$ 是非线性函数时，它是一个非线性规划问题。当 n 比较大时，具体求解是比较麻烦的。然而，由于这类问题的特殊结构，可以将它看成一个多阶段决策问题，并利用动态规划的递推关系来求解。

在应用动态规划方法处理这类“静态规划”问题时，通常以把资源分配给一个或几个使用者的过程作为一个阶段，将问题中的变量 x_i 作为决策变量，将累计的量或随递推过程变化的量选为状态变量。

设状态变量 s_k 表示分配用于生产第 k 种产品至第 n 种产品的原料数量。决策变量 u_k 表示分配给生产第 k 种产品的原料数，即 $u_k=x_k$。

状态转移方程：

$$s_{k+1}=s_k-u_k=s_k-x_k$$

允许决策集合：

$$D_k(s_k)=\{u_k \mid 0\leqslant u_k=x_k\leqslant s_k\}$$

令最优值函数 $f_k(s_k)$ 表示以数量为 s_k 的原料分配给第 k 种产品至第 n 种产品所得到的最大总收入。因而可写出动态规划的逆推关系式为：

$$\begin{cases}f_k(s_k)=\max\limits_{0\leqslant x_k\leqslant s_k}\{g_k(x_k)+f_{k+1}(s_k-x_k)\} \quad (k=n-1,\ \cdots,\ 1)\\ f_n(s_n)=\max\limits_{x_n=s_n} g_n(x_n)\end{cases}$$

利用这个递推关系式进行逐段计算，最后求得 $f_1(a)$ 即为所求问题的最大总收入。

例 6-4 某工业部门根据国家计划的安排，拟将某种高效率的设备 5 台，分配给所属的甲、乙、丙3个工厂，各工厂若获得这种设备之后，可以为国家提供盈利如表6-2所示。问：这5台设备如何分配给各工厂，才能使国家得到的盈利最大？

表6-2

盈利/万元 工厂 设备台数	甲	乙	丙
0	0	0	0
1	3	5	4
2	7	10	6
3	9	11	11
4	12	11	12
5	13	11	12

解 将问题按工厂分为3个阶段，甲、乙、丙3个工厂分别编号为1、2、3，设s_k表示给第k个工厂分配设备时，剩余的设备台数。x_k表示分配给第k个工厂的设备台数。

则

$$s_{k+1}=s_k-x_k$$

$P_k(x_k)$ 表示x_k台设备分配到第k个工厂所得的盈利值。$f_k(s_k)$ 表示s_k台设备分配给第k个工厂至第3个工厂时所得到的最大盈利值。因而可写出递推关系式为

$$\begin{cases} f_k(s_k)=\max\limits_{0\leqslant x_k\leqslant s_k}\{P_k(x_k)+f_{k+1}(s_k-x_k)\} \quad (k=3,\ 2,\ 1) \\ f_4(s_4)=0 \end{cases}$$

下面从最后一个阶段开始向前逆推计算。

第3阶段：设将s_3台设备（$s_3=0$，1，2，3，4，5）全部分配给工厂丙时，其最大盈利值为

$$f_3(s_3)=\max_{x_3} P_3(x_3)$$

其中

$$x_3=s_3=0,\ 1,\ 2,\ 3,\ 4,\ 5。$$

因为此时只有一个工厂，有多少台设备就全部分配给工厂丙，故它的盈利值就是该段的最大盈利值。其数值如表6-3所示。

表6-3

s_3 \ x_3	$p_3(x_3)$						$f_3(s_3)$	x_3^*
	0	1	2	3	4	5		
0	0						0	0
1		4					4	1
2			6				6	2
3				11			11	3
4					12		12	4
5						12	12	5

表中 x_3^* 表示使 $f_3(s_3)$ 为最大值时的最优决策。

第 2 阶段：设把 s_2 台设备（$s_2=0$，1，2，3，4，5）分配给工厂乙和工厂丙，则对每个 s_2 值，有一种最优分配方案，使最大盈利值为

$$f_2(s_2)=\max_{x_2}\{P_2\ (x_2)+f_3(s_2-x_2)\}$$

其中 $x_2=0$，1，2，3，4，5

因为给工厂乙 x_2 台，其盈利为 $p_2(x_2)$，余下的 s_2-x_2 台就给工厂丙，则它的盈利最大值为 $f_2(s_2-x_2)$。现要选择 x_2 的值，使 $p_2(x_2)+f_3(s_2-x_2)$ 取最大值。其数值计算如表6-4 所示。

表 6-4

s_2 \ x_2	$p_2(x_2)+f_3(s_2-x_2)$						$f_2(s_2)$	x_2^*
	0	1	2	3	4	5		
0	0						0	0
1	0+4	5+0					5	1
2	0+6	5+4	10+0				10	2
3	0+11	5+6	10+4	11+0			14	2
4	0+12	5+11	10+6	11+4	11+0		16	1，2
5	0+12	5+12	10+11	11+6	11+4	11+0	21	2

第 1 阶段：设把 s_1 台（这里只有 $s_1=5$ 的情况）设备分配给甲、乙、丙 3 个工厂时，则最大盈利值为

$$f_1(5)=\max_{x_1}\{p_1(x_1)+f_2(5-x_1)\}$$

其中 $x_1=0$，1，2，3，4，5

因为给工厂甲 x_1 台，其盈利为 $p_1(x_1)$，剩下的 $5-x_1$ 台就分给乙和丙两个工厂，则它的盈利最大值为 $f_2(5-x_1)$。现要选择 x_1 的值，使 $p_1(x_1)+f_2(5-x_1)$ 取最大值，它就是所求的总盈利最大值，其数值计算如表 6-5 所示。

表 6-5

s_1 \ x_1	$p_1(x_1)+f_2(5-x_1)$						$f_1(5)$	x_1^*
	0	1	2	3	4	5		
5	0+21	3+16	7+14	9+10	12+5	13+0	21	0，2

然后按计算表格的顺序反推算，可知最优分配方案有 2 个。

① 由于 $x_1^*=0$，根据 $s_2=s_1-x_1^*=5-0=5$，查表 6-4 知 $x_2^*=2$，由 $s_3=s_2-x_2^*=5-2=3$，故 $x_3^*=s_3=3$。即得工厂甲分配 0 台，工厂乙分配 2 台，工厂丙分配 3 台。

② 由于 $x_1^*=2$，根据 $s_2=s_1-x_1^*=5-2=3$，查表 6-4 知 $x_2^*=2$，由 $s_3=s_2-x_2^*=3-2=$

1，故 $x_3^*=s_3=1$。即得工厂甲分配 2 台，工厂乙分配 2 台，工厂丙分配 1 台。

以上 2 个分配方案所得到的总盈利均为 21 万元。

在这个问题中，如果原设备的台数不是 5 台，而是 4 台或 3 台，用其他方法解时，往往要从头再算，但用动态规划解时，这些列出的表仍旧有用。只需要修改最后的表格，就可以得到：①当设备台数为 4 台时，最优分配方案为 $x_1^*=1$，$x_2^*=2$，$x_3^*=1$；或 $x_1^*=2$，$x_2^*=2$，$x_3^*=0$，总盈利为 17 万元；②当设备台数为 3 台时，最优分配方案为 $x_1^*=0$，$x_2^*=2$，$x_3^*=1$，总盈利为 14 万元。

这个例子是决策变量取离散值的一类分配问题。在实际中，如销售店分配问题、投资分配问题、货物分配问题等，均属于这类分配问题。这种只将资源合理分配不考虑回收的问题，又称为资源平行分配问题。

6.3.2　一维连续资源分配问题

在资源分配问题中，还有一种要考虑资源回收利用的问题，这里决策变量为连续值，故称为资源连续分配问题。这类分配问题一般叙述如下。

设有数量为 s_1 的某种资源，可投入 A 和 B 两种生产。第 1 年若以数量 u_1 投入生产 A，剩下的量 s_1-u_1 就投入生产 B，则可得收入为 $g(u_1)+h(s_1-u_1)$，其中 $g(u_1)$ 和 $h(s_1-u_1)$ 为已知函数，且 $g(0)=h(0)=0$。这种资源在投入 A、B 生产后，年终还可回收再投入生产。设年回收率分别为 $0<a<1$ 和 $0<b<1$，则在第 1 年生产后，回收的资源量合计为 $s_2=au_1+b(s1-u_1)$。第 2 年再将资源数量 s_2 中的 u_2 和 s_2-u_2 分别再投入 A、B 两种生产，则第 2 年又可得到收入为 $g(u_2)+h(s_2-u_2)$。如此继续进行 n 年，试问：应当如何决定每年投入 A 生产的资源量 u_1，u_2，…，u_n，才能使总的收入最大？

此问题写成静态规划问题为

$$\max z=g(u_1)+h(s_1-u_1)+g(u_2)+h(s_2-u_2)+\cdots+g(u_n)+h(s_n-u_n)$$

$$\text{s.t.}\begin{cases} s_2=au_1+b(s_1-u_1) \\ s_3=au_2+b(s_2-u_2) \\ \quad\vdots \\ s_{n+1}=au_n+b(s_n-u_n) \\ 0\leqslant u_i\leqslant s_i \quad (i=1,\ 2,\ \cdots,\ n) \end{cases}$$

下面用动态规划方法来处理。

设 s_k 为状态变量，它表示在第 k 阶段（第 k 年）可投入 A、B 两种生产的资源量。u_k 为决策变量，它表示在第 k 阶段（第 k 年）用于 A 生产的资源量，则 s_k-u_k 表示用于 B 生产的资源量。状态转移方程为

$$s_{k+1}=au_k+b(s_k-u_k)$$

最优值函数 $f_k(s_k)$ 表示有资源量 s_k，从第 k 阶段至第 n 阶段采取最优分配方案进行生产后所得到的最大总收入。

因此可写出动态规划的逆推关系式为

$$\begin{cases} f_k(s_k)=\max\limits_{0\leqslant u_k\leqslant s_k}\{g(u_k)+h(s_k-u_k)+f_{k+1}[au_k+b(s_k-u_k)]\} \\ \qquad\qquad\qquad\qquad\qquad\qquad (k=n,\ n-1,\ \cdots,\ 2,\ 1) \\ f_{n+1}(s_{n+1})=0 \end{cases}$$

最后求出 $f_1(s_1)$ 即为所求问题的最大总收入。

例 6-5　机器负荷分配问题　某种机器可在高低两种不同的负荷下进行生产，设机器在高负荷下生产的产量函数为 $g=8u_1$，其中 u_1 为投入生产的机器数量，年完好率 $a=0.7$；在低负荷下生产的产量函数为 $h=5y$，其中 y 为投入生产的机器数量，年完好率为 $b=0.9$。

假定开始生产时完好的机器数量 $s_1=1\ 000$ 台，试问每年如何安排机器在高、低负荷下的生产，使在 5 年内生产的产品总产量最高。

解　先构造这个问题的动态规划模型。设阶段序数 k 表示年度，$k=1,\ 2,\ 3,\ 4,\ 5$。状态变量 s_k 为第 k 年度初拥有的完好机器数量，同时也是第 $k-1$ 年度末时的完好机器数量。决策变量 u_k 为第 k 年度中分配在高负荷下生产的机器数量，于是 s_k-u_k 为该年度中分配在低负荷下生产的机器数量。

这里 s_k 和 u_k 均取连续变量，它们的非整数值可以这样理解，如 $s_k=0.6$，就表示一台机器在 k 年度中正常工作时间只占 6/10；$u_k=0.3$，就表示一台机器在该年度只有 3/10 的时间能在高负荷下工作。

状态转移方程为

$$s_{k+1}=au_k+b(s_k-u_k)=0.7u_k+0.9(s_k-u_k)\quad (k=1,\ 2,\ \cdots,\ 5)$$

k 段允许决策集合为　$D_k(s_k)=\{u_k\,|\,0\leqslant u_k\leqslant s_k\}$ 设 $v_k(s_k,\ u_k)$ 为第 k 年度的产量，则

$$v_k=8u_k+5(s_k-u_k)$$

令最优值函数 $f_k(s_k)$ 表示由资源量 s_k 出发，从第 k 年开始到第 5 年结束时所生产的产品的总产量最大值。因而有递推关系式：

$$\begin{cases} f_k(s_k)=\max\limits_{v_k\in D_k(s_k)}\{8u_k+5(s_k-u_k)+f_{k+1}[0.7u_k+0.9(s_k-u_k)]\} \\ \qquad\qquad\qquad\qquad\qquad\qquad (k=1,\ 2,\ 3,\ 4,\ 5) \\ f_6(s_6)=0 \end{cases}$$

从第 5 年度开始，向前逆推计算。

① 当 $k=5$ 时，有

$$f_5(s_5)=\max_{0\leqslant u_5\leqslant s_5}\{8u_5+5(s_5-u_5)+f_6[0.7u_5+0.9(s_5-u_5)]\}$$

$$=\max_{0\leqslant u_5\leqslant s_5}\{8u_5+5(s_5-u_5)\}$$

$$=\max_{0\leqslant u_5\leqslant s_5}\{3u_5+5s_5\}$$

因 f_5 是 u_5 的线性单调增函数，故得最大解 $u_5^*=s_5$，相应的有 $f_5(s_5)=8s_5$。

② 当 $k=4$ 时，有

$$f_4(s_4)=\max_{0\leqslant u_4\leqslant s_4}\{8u_4+5(s_4-u_4)+f_5[0.7u_4+0.9(s_4-u_4)]\}$$

$$=\max_{0\leqslant u_4\leqslant s_4}\{8u_4+5(s_4-u_4)+8[0.7u_4+0.9(s_4-u_4)]\}$$

$$=\max_{0\leqslant u_4\leqslant s_4}\{13.6u_4+12.2(s_4-u_4)\}$$

$$=\max_{0\leqslant u_4\leqslant s_4}\{1.4u_4+12.2s_4\}$$

故得到最大解，$u_4^*=s_4$，相应的有 $f_4(s_4)=13.6s_4$。以此类推，可求得

$$u_3^*=s_3\text{，相应的 } f_3(s_3)=17.52s_3$$

$$u_2^*=0\text{，相应的 } f_2(s_2)=20.768s_2$$

$$u_1^*=0\text{，相应的 } f_1(s_1)=23.691\,2s_1$$

因 $s_1=1\,000$，故 $f_1(s_1)=23\,691.2$(台)。

计算结果表明：最优策略为 $u_1^*=0$，$u_2^*=0$，$u_3^*=s_3$，$u_4^*=s_4$，$u_5^*=s_5$，即前 2 年应把年初全部完好机器投入低负荷生产，后 3 年应把年初全部完好机器投入高负荷生产，这样所得的产量最高，其最高产量为 23 691.2 台。

在得到整个问题的最优指标函数值和最优策略后，还需反过来确定每年年初的状态，即从始端向终端递推计算出每年年初完好机器数。已知 $s_1=1\,000$ 台，于是可得

$$s_2=0.7u_1^*+0.9(s_1-u_1^*)=0.9s_1=900(\text{台})$$

$$s_3=0.7u_2^*+0.2(s_2-u_2^*)=0.9s_2=810(\text{台})$$

$$s_4=0.7u_3^*+0.9(s_3-u_3^*)=0.7s_3=567(\text{台})$$

$$s_5=0.7u_4^*+0.9(s_4-u_4^*)=0.7s_4=396.9(\text{台})$$

$$s_6=0.7u_5^*+0.9(s_5-u_5^*)=0.7s_5=277.83(\text{台})$$

上面讨论的最优策略过程，始端状态 s_1 是固定的，终端状态 s_6 是自由的。由此所得的最优策略称为始端固定终端自由的最优策略，实现的目标函数使 5 年里的产品总量最高。

如果在终端也附加上一定的约束条件，如规定在第 5 年度结束时，完好的机器数量为

500 台（上面只有 277.83 台），问应如何安排生产，才能在满足这一终端要求的情况下产量最高？读者作为练习自己计算之。

6.3.3　二维资源分配问题

设有两种原料，数量各为 a 和 b 单位，需要分配用于生产 n 种产品。如果第 1 种原料以数量 x_i 为单位，第 2 种原料以数量 y_i 为单位，用于生产第 i 种产品，其收入为 $g_i(x_i, y_i)$。问应如何分配这两种原料于 n 种产品的生产使总收入最大？

此问题可写成静态规划问题：

$$\max\{g_1(x_1, y_1)+g_2(x_2, y_2)+\cdots+g_n(x_n, y_n)\}$$

$$\begin{cases} x_1+x_2+\cdots+x_n=a \\ y_1+y_2+\cdots+y_n=b \\ x_i\geqslant 0, \quad y_i\geqslant 0, \quad i=1, 2, \cdots, n \end{cases}$$

用动态规划方法来解，状态变量和决策变量要取二维的。

设状态变量 (x, y)：

x——分配用于生产第 k 种产品至第 n 种产品的第 1 种原料的单位数量；

y——分配用于生产第 k 种产品至第 n 种产品的第 2 种原料的单位数量。

决策变量 (x_k, y_k)：

x_k——分配给第 k 种产品用的第 1 种原料的单位数量；

y_k——分配给第 k 种产品用的第 2 种原料的单位数量。

状态转移关系：

$$x^{\sim}=x-x_k$$

$$y^{\sim}=y-y_k$$

式中 $x^{\sim}$ 和 $y^{\sim}$ 分别表示用来生产第 $k+1$ 种产品至第 n 种产品的第 1 种和第 2 种原料的单位数量。

允许决策集合：

$$D_k(x, y)=\left\{u_k \,\middle|\, \begin{matrix} 0\leqslant x_k\leqslant x \\ 0\leqslant y_k\leqslant y \end{matrix}\right\}$$

$f_k(x, y)$ 表示以第 1 种原料数量为 x 单位，第 2 种原料数量为 y 单位，分配用于生产第 k 种产品至第 n 种产品时所得到的最大收入。故可写出逆推关系为

$$\begin{cases} f_k(x, y)=\max\limits_{\substack{0\leqslant x_k\leqslant x \\ 0\leqslant y_k\leqslant y}}\{g_k(x_k, y_k)+f_{k+1}(x-x_k, y-y_k)\} \\ \qquad\qquad\qquad\qquad\qquad\qquad (k=n, n-1, \cdots, 1) \\ f_{n+1}(x, y)=0 \end{cases}$$

最后求得 $f_1(a, b)$ 即为所求问题的最大收入。

在实际问题中，由于 $g(x, y)$ 的复杂性，一般计算较难，常利用这个递推关系进行数值计算，并采用下面的方法进行降维和简化处理，以求得它的解或近似解。

1. 拉格朗日乘数法

引入拉格朗日乘数 λ，将二维分配问题化为

$$\max\{g_1(x_1, y_1)+g_2(x_2, y_2)+\cdots+g_n(x_n, y_n)-\lambda(y_1+y_2+\cdots+y_n)\}$$

满足条件

$$x_1+x_2+\cdots+x_n=a$$

$$x_i\geqslant 0,\ y_i\geqslant 0,\ i=1,\ 2,\ \cdots,\ n\ \text{且为整数}$$

其中 λ 作为一个固定的参数。

令
$$h_i(x_i)=h_i(x_i, \lambda)=\max_{y_i\geqslant 0}\{g_i(x_i, y_i)-\lambda y_i\}$$

$\left(\text{为了使此式有意义，可设}\lim\limits_{y_i\to\infty}\dfrac{g_i(x_i, y_i)}{y_i}=0\right)$

于是问题变为

$$\max\{h_1(x_1)+h_2(x_2)+\cdots+h_n(x_n)\}$$

满足

$$x_1+x_2+\cdots+x_n=a,\ x_i\geqslant 0\ \text{且为整数}$$

这是一个一维分配问题，可用对一维的方法去求解。这里，由于 λ 是参数，因此，最优解 $\overline{x_i}$ 是参数 λ 的函数，相应的 $\overline{y_i}$ 也是 λ 的函数，即 $x_i=\overline{x_i}(\lambda)$，$y_i=\overline{y_i}(\lambda)$ 为其解。如果 $\sum\limits_{i=1}^{n}\overline{y_i}(\lambda)=b$，则可证明 $\{\overline{x_i}, \overline{y_i}\}$ 为原问题的最优解。如果 $\sum\limits_{i=1}^{n}\overline{y_i}(\lambda)\neq b$，我们将调整 λ 的值（利用差值法逐渐确定 λ），直到 $\sum\limits_{i=1}^{n}\overline{y_i}(\lambda)=b$ 满足为止。

这样的降维方法在理论上有保证，在计算上是可行的，故对于高维的问题可以用上述拉格朗日乘数的思想来降低维数。

2. 逐次逼近法

这是另一种降维方法，先保持一个变量不变，对另一个变量实现最优化，然后交替地固定，以迭代的形式反复进行，直到获得某种要求的程度为止。

先设 $x^{(0)}=\{x_1^{(0)}, x_2^{(0)}, \cdots, x_n^{(0)}\}$ 为满足 $\sum\limits_{i=1}^{n}x_i^{(0)}=a$ 的一个可行解，固定 x 在 $x^{(0)}$，先对 y 求解，将二维分配问题变为一维问题：

$$\max\{g_1(x_1^{(0)}, y_1)+g_2(x_2^{(0)}, y_2)+\cdots+g_n(x_n^{(0)}, y_n)\}$$

$$y_1+y_2+\cdots+y_n=b,\quad y_i\geqslant 0\ \text{且为整数}$$

可用对一维的方法来求解。设解为 $y^{(0)}=\{y_1^{(0)}, y_2^{(0)}, \cdots, y_n^{(0)}\}$，然后再固定 y 为 $y^{(0)}$，对 x 求解，即

$$\max z = \sum_{i=1}^{n} g_i(x_i,\ y_i^{(0)})$$

$$\sum_{i=1}^{n} x_i = a,\quad x_i \geqslant 0 \text{ 且为整数}$$

设其解为 $x^{(1)}=\{x_1^{(1)},\ x_2^{(1)},\ \cdots,\ x_n^{(1)}\}$，再固定 x 为 $x^{(1)}$，对 y 求解，这样依次轮换下去得到一系列的解 $\{x^{(k)}\}$，$\{y^{(k)}\}(k=0,\ 1,\ \cdots)$。
因为

$$\sum_{i=1}^{n} g_i(x_i^{(0)},\ y_i) \leqslant \sum_{i=1}^{n} g_i(x_i^{(0)},\ y_i^{(0)}) \leqslant \sum_{i=1}^{n} g_i(x_i^{(1)},\ y_i^{(0)})$$

故数值序列 $\left\{\sum_{i=1}^{n} g_i(x_i^{(k)},\ y_i^{(k)})\right\}$ 是单调上升的，但不一定收敛到绝对的最优解，一般只收敛到某一局部最优解。因此，在实际计算时，可选择几个初始 $x^{(0)}$ 进行计算，然后从所得到的几个局部最优解中选出一个最好的。

3. 粗格子点法（疏密法）

在采用离散化的方法进行计算时，先将矩形定义域（$0\leqslant x\leqslant a$，$0\leqslant y\leqslant b$）分成网格，然后在这些格子点上进行计算。如将 a、b 各分为 m_1 和 m_2 等分，则总共有 $(m_1+1)\times(m_2+1)$ 个格子点，故对每个 k 值需要计算的 $f_k(x,\ y)$ 共有 $(m_1+1)\times(m_2+1)$ 个。因此这里的计算量是相当大的。随着分点加多，格子点数也增多，那时的计算量将大得惊人。为了使计算可行，往往根据问题要求的精确度，采用粗格子点法逐步缩小区域来减少计算量。

粗格子点法是先用少数的格子点进行粗糙的计算，求出相应的最优解后，再在最优解附近的小范围内进一步细分，并求在细分格子点上的最优解，如此继续细分下去直到满足精度要求为止。这种方法也可能出现最优解“漏网”的情况，应用此法时要结合对指标函数的特性进行分析。

逐次逼近法和粗格子点法虽有缺点，但在实际问题中，这两种方法的应用是比较广泛的。

6.4 生产与存储问题

在生产和经营管理中，经常遇到要合理安排生产（或购买）与库存的问题，达到既要满足社会的需要，又要尽量降低成本费用。因此，正确制定生产（或采购）策略，确定不同时期的生产量（或购买量）和库存量，以使总的生产成本费用和库存费用之和最小，这就是生产与存储问题的最优化目标。

6.4.1 生产计划问题

设某公司对某种产品要制定一项 n 个阶段的生产（或购买）计划。已知它的初始库存量为 0，每阶段生产（或购买）该产品的数量有上限 m 的限制；每阶段社会对该产品的需求量 d_k 是已知的，公司保证供应；在 n 阶段末的终结库存量为 0。问该公司如何制定每个阶段的生产（或采购）计划，从而使总成本最小。

用动态规划方法来求解，把它看作一个 n 阶段决策问题。令 s_k 为状态变量，它表示第 k 阶段开始时的库存量；x_k 为决策变量，它表示第 k 阶段的生产量。

状态转移方程为

$$s_{k+1}=s_k+x_k-d_k$$

第 k 阶段的成本费用包括生产成本和存储费用两项：$c_k(x_k)+h_k(x_k)$

其中：$c_k(x_k)$ 表示第 k 阶段生产产品 x_k 时的成本费用，它一般包括生产准备成本 K 和产品成本 ax_k（其中 a 是单位产品成本）两项费用。即

$$c_k(x_k)=\begin{cases}0 & \text{当 } x_k=0 \text{ 时}\\ K+ax_k & \text{当 } x_k=1,\ 2,\ \cdots,\ m \text{ 时}\\ \infty & \text{当 } x_k>m \text{ 时}\end{cases}$$

这里的 K 和 a 为已知参数，而 $h_k(x_k)$ 表示在第 k 阶段结束有库存量时所需的存储费用。

最优值函数 $f_k(s_k)$ 表示从第 k 阶段初库存量为 s_k 到第 n 阶段末库存量为 0 时的最小总费用。则基本方程为

$$\begin{cases}f_k(s_k)=\min\limits_{\sigma_k'\leqslant x_k\leqslant\sigma_k}\{c_k(x_k)+h_k(x_k)+f_{k+1}(s_{k+1})\}\\ \qquad\ =\min\limits_{\sigma_k'\leqslant x_k\leqslant\sigma_k}\{c_k(x_k)+h_k(x_k)+f_{k+1}(s_k+x_k-d_k)\} \quad (k=n,\ n-1,\ \cdots,\ 1)\\ f_{n+1}(s_{n+1})=0\end{cases}$$

其中 $\sigma_k=\min\left\{\sum\limits_{i=k}^{n}d_i-s_k,\ m\right\}$，这是因为一方面每阶段生产的上限为 m，另一方面保证第 n 阶段结束时库存量可以取 0。而 $\sigma_k'=\max\{d_k-s_k,\ 0\}$ 是为了保证第 k 阶段能满足需求。

例 6-6　某工厂生产并销售某种产品，已知今后 4 个月市场需求预测如表 6-6 所示。

表 6-6

i 月	1	2	3	4
y_i（需求）	2	3	2	4

假定该厂生产每批产品的固定成本为 3 千元，若不生产就为 0；每单位产品成本为 1 千元；每个月生产能力所允许的最大生产批量为不超过 6 个单位；每个月末未售出的产品，每单位需付存储费 0.5 千元。还假定在第 1 个月的初始库存量为 0，第 4 个月末的库存量也为

0。试问该厂应如何安排各月的生产与库存，才能在满足市场需要的条件下，使总成本最小。

解　用动态规划方法来求解，符号含义与上面相同。

按 4 个月份将问题分为 4 个阶段。由题意知，第 k 月的生产成本为

$$c_k(x_k)=\begin{cases}0 & x_k=0\\ 3+x & x_k=1,2,3,4,5,6\\ \infty & x_k>6\end{cases}$$

第 k 月末库存量为 s_{k+1} 时，存储费用为 $h_k(x_k)=0.5(s_k+x_k-d_k)$。故第 k 月内的总成本为 $c_k(x_k)+h_k(x_k)$，而动态规划的基本方程为

$$\begin{cases}f_k(s_k)=\min\limits_{\sigma_k'\leqslant x_k\leqslant\sigma_k}\{c_k(x_k)+h_k(x_k)+f_{k+1}(s_{k+1})\}\\ \qquad=\min\limits_{\sigma_k'\leqslant x_k\leqslant\sigma_k}\{c_k(x_k)+h_k(x_k)+f_{k+1}(s_k+x_k-d_k)\}\quad(k=4,3,2,1)\\ f_5(s_5)=0\end{cases}$$

其中 $\sigma_k=\min\{\sum\limits_{i=k}^{n}d_i-s_k,6\}$，$\sigma'_k=\max\{d_k-s_k,0\}$

下面从最后一个阶段开始向前逆推计算。

① 当 $k=4$ 时，$s_4\in\{0,1,2,3,4\}$，由于第 4 月末的库存量为 0，第 4 阶段的生产量 x_4 必为 $x_4=d_4-s_4$，其计算结果如表 6-7 所示。

表 6-7

s_4 \ x_4	$c_4(x_4)+h_4(x_4)$					$f_4(s_4)$	x_4^*
	0	1	2	3	4		
0					7	7	4
1				6		6	3
2			5			5	2
3		4				4	1
4	0					0	0

② 当 $k=3$ 时，由于第 3、第 4 阶段的需求量分别为 2、4，为了保证最后库存量能取 0，s_3 的允许状态集合为 $\{0,1,2,3,4,5,6\}$，而 $\sigma_3'\leqslant x_3\leqslant\sigma_3$，其中 $\sigma_3=\min\{6-s_3,6\}$，$\sigma_3'=\max\{2-s_3,0\}$。其计算结果如表 6-8 所示。

③ 当 $k=2$ 时，由于第 1 阶段的需求为 2，而每阶段的最大生产能力为 6，s_2 的最大取值为 4，因此 $s_2\in\{0,1,2,3,4\}$，而 $\sigma_2'\leqslant x_2\leqslant\sigma_2$，其中 $\sigma_2=\min\{9-s_2,6\}$，$\sigma_2'=\max\{3-s_2,0\}$。其计算结果如表 6-9 所示。

表 6-8

s_3 \ x_3	$c_3(x_3)+h_3(x_3)+f_4(s_3+x_3-d_3)$							$f_3(s_3)$	x_3^*
	0	1	2	3	4	5	6		
0			5+7	6+6.5	7+6	8+5.5	9+2	11	6
1		4+7	5+6.5	6+6	7+5.5	8+2		10	5
2	0+7	4+6.5	5+6	6+5.5	7+2			7	0
3	0+6.5	4+6	5+5.5	6+2				6.5	0
4	0+6	4+5.5	5+2					6	0
5	0+5.5	4+2						5.5	0
6	0+2							2	0

表 6-9

s_2 \ x_2	$c_2(x_2)+h_2(x_2)+f_3(s_2+x_2-d_2)$							$f_2(s_2)$	x_2^*
	0	1	2	3	4	5	6		
0				6+11	7+10.5	8+8	9+8	16	5
1			5+11	6+10.5	7+8	8+8	9+8	15	4
2		4+11	5+10.5	6+8	7+8	8+8	9+8	14	3
3	0+11	4+10.5	5+8	6+8	7+8	8+8	9+5	11	0
4	0+10.5	4+8	5+8	6+8	7+8	8+5		10.5	0

④ 当 $k=1$ 时，$s_1=0$，$2\leqslant x_1\leqslant 6$。其计算结果如表 6-10 所示。

表 6-10

s_1 \ x_1	$c_1(x_1)+h_1(x_1)+f_2(s_1+x_1-d_1)$					$f_1(s_1)$	x_1^*
	2	3	4	5	6		
0	5+16	6+0.5+15	7+1+14	8+1.5+11	9+2+10.5	20.5	5

再按计算的顺序反推算，可找出每个月的最优生产决策为：

$$x_1^*=5,\quad x_2^*=0,\quad x_3^*=6,\quad x_4^*=0$$

其相应的最小总成本为 20.5 千元。

6.4.2 不确定性的采购问题

在实际问题中，还会遇到某些多阶段决策过程，与前面所讨论的确定性不同，出现了随机性因素，状态转移不能完全确定，是按照某种已知的概率分布取值的。具有这种性质的多阶段决策过程称为随机性的决策过程。同处理确定性问题类似，用动态规划的方法也可处理这种随机性问题，有时又称随机性动态规划。下面举一个简单的例子加以说明。

例 6-7　采购问题　某厂生产上需要在近 5 周内采购一批原料，而估计在未来 5 周内价格会有波动，其浮动价格和概率如表 6 - 11 所示。试求在哪一周以什么价格购入，能使其采购价格的数学期望值最小？并求出期望值。

表 6 - 11

单　价	概　率	单　价	概　率
500	0.3	600	0.3
700	0.4		

解　这里价格是一个随机变量，是按某种已知的概率分布取值的。用动态规划方法处理，按采购期限 5 周分为 5 个阶段，将每周的价格看作该阶段的状态。设

y_k——状态变量，表示第 k 周的实际价格。

x_k——决策变量，当 $x_k=1$，表示第 k 周决定采购；当 $x_k=0$，表示第 k 周决定等待。

y_{kE}——第 k 周决定等待，而在以后采取最优决策时采购价格的期望值。

$f_k(y_k)$——第 k 周实际价格为 y_k时，从第 k 周至第 5 周采取最优决策所得的最小期望值。因而可写出逆序递推关系式为

$$f_k(y_k)=\min\{y_k,\ y_{kE}\},\quad y_k\in s_k \tag{6-3}$$

$$f_5(y_k)=y_5,\qquad y_5\in s_5 \tag{6-4}$$

其中

$$s_k=\{500,\ 600,\ 700\},\quad k=1,\ 2,\ 3,\ 4,\ 5 \tag{6-5}$$

由 y_{kE} 和 $f_k(y_k)$ 的定义可知：

$$y_{kE}=Ef_{k+1}(y_{k+1})=0.3f_{k+1}(500)+0.3f_{k+1}(600)+0.4f_{k+1}(700) \tag{6-6}$$

并且得出最优决策为：

$$x_k=\begin{cases}1(\text{采购}) & \text{当 } f_k(y_k)=y_k\\ 0(\text{等待}) & \text{当 } f_k(y_k)=y_{kE}\end{cases} \tag{6-7}$$

从最后一周开始，逐步向前递推计算，具体计算过程如下。

① $k=5$ 时，因 $f_5(y_5)=y_5$，$y_5\in s_5$，故有

$$f_5(500)=500,\quad f_5(600)=600,\quad f_5(700)=700$$

即在第 5 周时，若所需的原料尚未买入，则无论市场价格如何，都必须采购，不能再等。

② $k=4$ 时，由式 (6 - 6) 可知

$$\begin{aligned}y_{4E}&=0.3f_5(500)+0.3f_5(600)+0.4f_5(700)\\&=0.3\times500+0.3\times600+0.4\times700=610\end{aligned}$$

于是，由式 (6 - 3) 得

$$f_4(y_4)=\min_{y_4\in s_4}\{y_4, y_{4E}\}=\min_{y_4\in s_4}\{y_4, 610\}=\begin{cases}500 & 若\ y_4=500\\600 & 若\ y_4=600\\610 & 若\ y_4=700\end{cases}$$

由式（6-7）可知，第4周的最优决策为

$$x_4=\begin{cases}1(采购) & 若\ y_4=500\ 或\ 600\\0(等待) & 若\ y_4=700\end{cases}$$

同理求得 $$f_3(y_3)=\min_{y_3\in s_3}\{y_3, y_{3E}\}=\min_{y_3\in s_3}\{y_3, 574\}=\begin{cases}500 & 若\ y_3=500\\574 & 若\ y_3=600\ 或\ 700\end{cases}$$

所以 $$x_3=\begin{cases}1 & 若\ y_3=500\\0 & 若\ y_3=600\ 或\ y_3=700\end{cases}$$

$$f_2(y_2)=\min_{y_2\in s_2}\{y_2, y_{2E}\}=\min_{y_2\in s_2}\{y_2, 551.8\}=\begin{cases}500 & 若\ y_2=500\\551.8 & 若\ y_2=600\ 或\ 700\end{cases}$$

所以 $$x_2=\begin{cases}1 & 若\ y_2=500\\0 & 若\ y_2=600\ 或\ 700\end{cases}$$

$$f_1(y_1)=\min_{y_1\in s_1}\{y_1, y_{1E}\}=\min_{y_1\in s_1}\{y_1, 536.26\}=\begin{cases}500 & 若\ y_1=500\\536.26 & 若\ y_1=600\ 或\ y_1=700\end{cases}$$

所以 $$x_1=\begin{cases}1 & 若\ y_1=500\\0 & 若\ y_1=600\ 或\ y_1=700\end{cases}$$

由上可知，最优采购策略为：在第1、2、3周时，若价格为500就采购，否则应该等待；在第4周时，价格为500或600应采购，否则就等待；在第5周时，无论什么价格都要采购。

按照上述最优策略进行采购时，价格（单价）的数学期望为

$$500\times0.3[1+0.7+0.7^2+0.7^3+0.7^3\times0.4]+600\times0.3[0.7^3+0.4\times0.7^3]+700\times0.4^2\times0.7^3=$$

$$500\times0.801\,06+600\times0.144\,06+700\times0.054\,88=$$

$$525.382\approx525$$

且 $$0.801\,06+0.144\,06+0.054\,88=1$$

6.5 背包问题

本节举例说明用动态规划求解背包问题。

例6-8 一架货运飞机，有效载重量为24 t，可运输物品的重量及运费收入如表6-12所示，问题是选运哪几件物品使收入最多。这类问题称为背包问题（一个徒步旅行者在他容量有限的背包里放置哪些旅行必需品使总价值最大的问题）。

表 6-12

物品	重量/t	收入	物品	重量/t	收入
1	7	3	4	6	2
2	5	2	5	13	5
3	9	4	6	8	3

解 问题可以按物品数划分为 6 个阶段（$k=1, 2, \cdots, 6$），假定实际过程是先决定是否运送物品 1，因而求解时第 k 阶段要决定是否运送物品 k。状态 s_k 为飞机剩余的吨位。每阶段的决策变量 x_k 可取两个值：$x_k=0$(不运) 和 $x_k=1$(运)。

第 6 阶段可能的状态是 $s_6=0, 1, 2, \cdots, 24$，但可将 0，1，2，…，7 合并为一类；8，9，…，24 合并为一类，因为为了运送物品 6，至少需要 8 t 剩余吨位，$s_6=0, 1, 2, \cdots, 7$ 时能采取的决策是相同的，即 $x_6=0$。在这一阶段 $f_6(s_6, x_6)=d_6(s_6, x_6)$，$d_6(s_6, 0)=0$，$d_6(s_6, 1)=3$（当 $s_6\geqslant 8$）。计算结果如表 6-13 所示。x_6^* 一栏表示在相应状态下的最优决策变量。如果状态在 8～24 范围内，最优决策是运送物品 1：

$$f_6(s_6)=\max_{x_6} f_6(s_6, x_6)=\max\{0, 3\}=3, \quad x_6^*=1(\text{运})。$$

表 6-13

s_6	$f_6(s_6, x_6)=d_6(s_6, x_6)$		x_6^*	$f_6(s_6)$
	$x_6=1$	$x_6=0$		
0～7	0	—	0	0
8～24	0	3	1	3

第 5 阶段：

$$d_5(s_5, 0)=0, \ \forall s_5, \ d_5(s_5, 1)=5, \quad s_5\geqslant 13。$$

状态转移方程是：

$$s_{k+1}=s_k-w_k x_k \quad (w_k\text{为物品的重量})。$$

对于本阶段：

$$s_6=s_5-13x_5。$$

在列举本阶段可能的状态时，我们也希望将那些具有相同计算结果的状态加以合并，以减少计算次数，如果只孤立地考虑阶段 5，则可将 s_5 的可能值 0～24 划为 0～12 和 13～24 两个小区间，因为在 0～12 区间内只能决定不运物品 2，而在 13～24 区间内，都同样可以作运或不运两种决策。但是这样划分区间是不正确的，例如 $s_5=7$ 和 $s_5=8$ 时，$f_5(s_5, 0)$ 不相等：

$$f_5(7, 0)=d_5(7, 0)+f_6(7)=0+0=0,$$

$$f_5(8, 0)=d_5(8, 0)+f_6(8)=0+3=3。$$

所以在确定状态划分区间时需要同时考虑阶段 5 和阶段 6。为此可以借助矩阵形式找出所谓隔开值。矩阵的第0列是阶段6的隔开值，第0行是只考虑阶段5决策的隔开值。然后将元素 $(i, 0)$ 与元素 $(j, 0)$ 相加，得元素 (i, j)。元素 (i, j) 就是阶段5的隔开值，$i=1, 2, j=1, 2$。隔开值矩阵如下：

$(k=5)$

	0	13	第0行
0	0	13	第1行
8	8	21	第2行
第0列	第1列	第2列	

因此将区间0～24分成4个小区间：0～7，8～12，13～20，21～24。

第5阶段的决策过程如表6-14所示。

表6-14

s_5	$f_5(s_5, x_5)=d_5(s_5, x_5)+f_6(s_5-w_5x_5)$		x_5^*	$f_5(s_5)$
	$x_5=0$	$x_5=1$		
0～7	0	—	0	0
8～12	3	—	0	3
13～20	3	5	1	5
21～24	3	8	1	8

举两个例子说明表6-14中数字的计算：

当 $s_2=8\sim12$ 时，$f_2(s_2, 0)=d_2(s_2, 0)+f_1(s_2-0)=0+3=3$；

当 $s_2=21\sim24$ 时，$f_2(s_2, 1)=d_2(s_2, 1)+f_1(s_2-13)=5+3=8$。

现在考虑第4阶段。

首先列出求隔开值的矩阵：

$(k=4)$

		0	6
	0	0	6
	8	8	14
$(k=5)$			
	13	13	19
	21	21	27

阶段4的小区间为0～5，6～7，8～12，13，14～18，19～20，21～24。本阶段的决策过程如表6-15所示。

表 6-15

s_4	$f_4(s_4, x_4)=d_4(s_4, x_4)+f_5(s_4-w_4x_4)$		x_4^*	$f_4(s_4)$
	$x_4=0$	$x_4=1$		
0～5	0	—	0	0
6～7	0	2	1	2
8～12	3	2	0	3
13	5	2	0	5
14～18	5	5	0，1	5
19～20	5	7	1	7
21～24	8	7	0	8

如果可运输的物品只有 4，5，6 三种，那么计算到这个阶段就得到了最优解。最优策略是：不运物品 4（$s_4=24$，表 6-15 中末行：$x_4^*=0$），运物品 5（$s_5=24-0=24$，表 6-14 中末行：$x_5^*=1$），运物品 6（$s_6=24-13=11$，表 6-13 中末行：$x_6^*=1$）。

如果飞机吨位只有 14 t，则有两个最优策略。一个是：不运物品 4（表 6-15 中 $s_4=14$ 行中 x_4 有两个值，取 $x_4^*=0$），运物品 5（$s_5=14$，表 6-14 中 $s_5=14$ 行：$x_5^*=1$），不运物品 6（$s_6=14-13=1$，表 6-13 中 $s_6=1$ 行：$x_6^*=0$）。另一个最优策略是：运物品 4（取表 6-15 中 $s_4=14$ 行 x_4^* 的另一个值，即 $x_4^*=1$），不运物品 5（$s_5=14-6=8$，表 6-14 中 $s_5=8$ 行 $x_5^*=0$），运物品 6（$s_6=8-0=8$，表 6-13 中 $s_6=8$ 行：$x_6^*=1$）。

现在回到原来的问题上来，第 3 阶段至第 1 阶段的决策，请读者自己完成。这里需要指出，对于已计算完毕的第 6，5，4 三个阶段，实际是最后 3 个决策阶段，由于前面各实际决策阶段的决策组合是多种多样的，因而每个阶段可能的状态就很多，甚至不妨认为有 0～24 共 25 种状态。但是前面的实际决策阶段，可能的状态并不多。例如，第 1 阶段的状态只能是 24，第 2 阶段的可能状态只能是 24（如果 $x_1=0$）和 17（如果 $x_1=1$），因而不必求出隔开值，将 0～24 区间划分为小区间。

6.6 复合系统可靠性问题

本节举例说明用动态规划求解复合系统可靠性问题。

例 6-9 某系统由 3 个工作部件（A，B，C）串联而成，3 个部件的工作是相互独立的。据统计资料，各部件的故障率（以在统计时间内因故障而停止工作的时间与统计时间之比表示）：A 为 0.3，B 为 0.2，C 为 0.4。如果 3 个环节各配备一个部件，则系统正常工作的概率（它是衡量系统工作可靠性的尺度）为

$$P(\text{正常})=(1-0.3)(1-0.2)(1-0.4)=0.336$$

现在管理部门决定，各环节除工作部件外也可增设备用部件，以使系统具有较高的可靠

性。用于购买部件的金额为10万元。各部件的单价：A为2万元，B为3万元，C为1万元。问3个环节各应配备多少部件，才能使系统的正常工作概率达到最大。

解 这个问题可划分为3个决策阶段：第1阶段对配备部件A作出决策，第2阶段对配备部件B作出决策，第3阶段对配备部件C作出决策。

定义：

s_k——第k阶段可用来购买部件的金额；

x_k——第k阶段（环节k）配备部件数；

c_k——环节k部件的单价，$c_1=2$，$c_2=3$，$c_3=1$；

P_k——环节k单个部件的故障率，$P_1=0.3$，$P_2=0.2$，$P_3=0.4$。

因为目标是使系统正常工作概率最大，所以直接指标取各环节配备x_k个部件时的正常工作概率：

$$d_k(s_k, x_k)=1-(P_k)^{x_k}$$

状态转移方程：

$$s_{k+1}=s_k-c_kx_k$$

指标递推方程：

$$f_k(s_k, x_k)=[d_k(s_k, x_k)][f_{k+1}(s_k-c_kx_k)]$$

$$f_4(s_4)=1$$

$$f_k(s_k)=\max f_k(s_k, x_k)$$

现在分阶段进行计算。

第3阶段：

因为部件A和部件B至少各购买一个，所以状态变量（即剩下可用来购买C的金额）不会大于5；部件C也至少配备一个，所以也不小于1。每一状态下的最优决策显然是购买尽量多的部件C。计算结果如表6-16所示。

表6-16

s_3	x_3^*	$f_3(s_3)=d_3(s_3,x_3)$
1	1	0.600
2	2	0.840
3	3	0.936
4	4	0.974
5	5	0.990

计算举例：

$$d_3(1, 1)=1-P_3=1-0.4=0.6$$

$$d_3(4,\ 4)=1-P_3^4=1-(0.4)^4=0.974$$

第 2 阶段：

因为 B，C 至少各配备一个，所以状态变量 s_2 不得小于 4；A 也至少配备一个，所以 s_2 也不会大于 8。决策结果如表 6－17 所示。

表 6－17

s_2	$f_2(s_2,\ x_2)$		x_2^*	$f_2(s_2)$
	$x_2=1$	$x_2=2$		
4	0.480	—	1	0.480
5	0.672	—	1	0.672
6	0.749	—	1	0.749
7	0.779	0.576	1	0.779
8	0.792	0.806	2	0.806

计算举例：

$$\begin{aligned} f_2(8,\ 2) &= [d_2(8,\ 2)][f_1(8-3\times 2)] \\ &= [1-P_2^2]f_1(2) \\ &= [1-(0.2)^2]0.84=0.806。\end{aligned}$$

第 1 阶段计算结果如表 6－18 所示。

表 6－18

s_1	$f_1(s_1,\ x_1)$			x_1^*	$f_1(s_1)$
	$x_3=1$	$x_3=2$	$x_3=3$		
10	0.564	0.682	0.467	2	0.682

计算举例：

$$\begin{aligned} f_3(10,\ 3) &= [d_3(10,\ 3)][f_2(10-2\times 3)] \\ &= [1-P_3^3][f_2\ (4)] \\ &= [1-(0.3)^3]0.48=0.467。\end{aligned}$$

最优配备方案：A 部件 2 个，B 部件 1 个，C 部件 3 个，系统可靠性可达 0.682。

6.7 排序问题

设有 n 个工件需要在机床 A、B 上加工，每个工件都必须经过先 A 而后 B 的两道加工工序（如图6-4所示）。以 a_i、b_i 分别表示工件 $i(1\leqslant i\leqslant n)$ 在A、B上的加工时间。问应如何在两机床上安排各工件加工的顺序，使在机床A上加工第一个工件开始到在机床B上将最后一个工件加工完为止，所用的加工总时间最少？

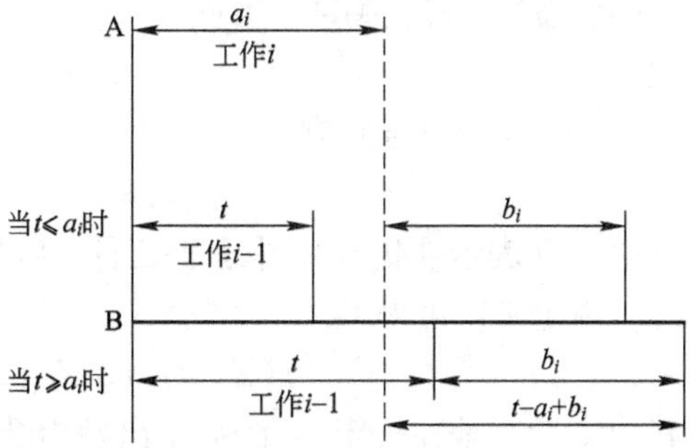

图6-4 排序问题示意图

加工工件在机床A上有加工顺序问题，在机床B上也有加工顺序问题。它们在A、B两台机床上加工工件的顺序是可以不同的。当机床B上的加工顺序与机床A不同时，意味着在机床A上加工完毕的某些工作，不能在机床B上立即加工，而是要等到另一个或一些工件加工完毕之后才能加工。这样，使机床B的等待加工时间加长，从而使总的加工时间加长了。可以证明：最优加工顺序在两台机床上可同时产生。因此最优排序方案只能在机床A、B上加工顺序相同的排序中去寻找。即使如此，所有可能的方案仍有 $n!$ 个，这是一个不小的数，用穷举法是不现实的。下面用动态规划方法来研究同顺序两台机床加工 n 个工件的排序问题。

当加工顺序取定以后，工件在A上加工时没有等待时间，而在B上则常常等待。因此，寻找最优排序方案只有尽量减少在B上等待加工的时间，才能使总加工时间最短。设第 i 个工件在机床A上加工完毕以后，在B上要经过若干时间才能加工完，故对同一个工件来说，在A、B上总是出现加工完毕的时间差，我们以它来描述加工状态。

现在，我们以在机床A上更换工件的时刻作为时段。以 X 表示在机床A上等待加工的按取定顺序排列的工件集合。以 x 表示不属于 X 的在A上最后加工完的工件。以 t 表示从在A上加工完 x 的时刻算起到B上加工完 x 所需的时间。这样，在A上加工完一个工件之后，就有 (X, t) 与之对应。

选取 (X, t) 作为描述机床A、B在加工过程中的状态变量。这样选取状态变量，则当 X 包含有 s 个工件时，过程上有 s 段，其时段数已隐含在状态变量之中。因而，指标最优值函数只依赖于状态而不明显依赖于时段数。

令 $f(X, t)$ 为由状态 (X, t) 出发，对未加工的工件采取最优加工顺序后，将 X 中所有工件加工完所需时间。

$f(X, t, i)$ 为由状态 (X, t) 出发，在A上加工工件 i，然后再对以后的加工工件采取最优顺序后，把 X 中工件全部加工完所需要的时间。

$f(X, t, i, j)$ 为由状态 (X, t) 出发，在A上相继加工工件 i 与 j 后，对以后加工的工件采取最优顺序后，将 X 中的工件全部加工完所需要的时间。

因而，不难得到

$$f(X, t, i)=\begin{cases}a_i+f(X/i, t-a_i+b_i) & \text{当 } t\geqslant a_i \text{ 时}\\ a_i+f(X/i, b_i) & \text{当 } t\leqslant a_i \text{ 时}\end{cases} \tag{6-8}$$

式中状态 t 的转换关系参看图 6-4。

记
$$z_i(t)=\max\{t-a_i,\ 0\}+b_i$$
式（6-8）就可合并成
$$f(X,\ t,\ i)=a_j+f[X/i,\ z_i(t)]$$
其中 X/i 表示在集合 X 中去掉工件 i 后剩下的工件集合。

由定义，可得
$$f(X,\ t,\ i,\ j)=a_i+a_j+f[X/\{i,\ j\},\ z_{ij}(t)]$$
其中 $z_{ij}(t)$ 是在机床 A 上从 X 出发相继加工工件 i、j，并从它将 j 加工完的时刻算起，至在 B 上相继加工工件 i、j 并将工件加工完所需的时间。故（$X/\{i,\ j\}$，$z_{ij}(t)$）是在 A 加工 i、j 后所形成的新状态，即在机床 A 上加工 i、j 后由状态（X，t）转移到状态（$X/\{i,\ j\}$，$z_{ij}(t)$）。

仿照 $z_i(t)$ 的定义，以 $X/\{i,\ j\}$ 代替 X/i，$z_i(t)$ 代替 t，a_j 代替 a_i，b_j 代替 b_i，则可得
$$z_{ij}(t)=\max\{z_i(t)-a_j,\ 0\}+b_j$$
故
$$\begin{aligned}z_{ij}(t)&=\max\{\max\{t-a_i,\ 0\}+b_i-a_j,\ 0\}+b_j\\&=\max\{\max\{t-a_i-a_j+b_i,\ b_i-a_j\},\ 0\}+b_j\\&=\max\{t-a_i-a_j+b_i+b_j,\ b_i+b_j-a_j,\ b_j\}\end{aligned}$$

将 i、j 对调，可得
$$f(X,\ t,\ j,\ i)=a_i+a_j+f[X/\{i,\ j\},\ z_{ij}(t)]$$
$$z_{ji}(t)=\max\{t-a_i-a_j+b_i+b_j,\ b_i+b_j-a_i,\ b_i\}$$
由于 $f(X,\ t)$ 为 t 的单调上升函数，故当 $z_{ij}(t)\leqslant z_{ji}(t)$ 时，有
$$f(X,\ t,\ i,\ j)\leqslant f(X,\ t,\ j,\ i)$$
因此，不管 t 为何值，当 $z_{ij}(t)\leqslant z_{ji}(t)$ 时，工件 i 放在工件 j 之前加工可以使总的加工时间短些。而由 $z_{ij}(t)$ 和 $z_{ji}(t)$ 的表示式可知，这只需要下面不等式成立即可。即
$$\max\{b_i+b_j-a_j,\ b_j\}\leqslant\max\{b_i+b_j-a_i,\ b_i\}\tag{6-9}$$
将式（6-9）两边同减去 b_i 与 b_j，得
$$\max\{-a_j,\ -b_i\}\leqslant\max\{-a_i,\ -b_j\}$$
即有
$$\min\{a_i,\ b_j\}\leqslant\max\{a_j,\ b_i\}\tag{6-10}$$

这个条件就是工件 i 应该排在工件 j 之前的条件。即对于从头到尾的最优排序而言，它的所有前后相邻接的两个工件所组成的对，都必须满足不等式（6-10）。根据这个条件，得到最优排序的规则如下：

① 先作工件的加工时间的工时矩阵
$$\boldsymbol{M}=\begin{pmatrix}a_1 & a_2 & \cdots & a_n\\ b_1 & b_2 & \cdots & b_n\end{pmatrix}$$

② 在工时矩阵 $\boldsymbol{M}$ 中找出最小元素（若最小的不止一个，可任选其一）；若它在上行，

则将相应的工件排在最前位置；若它在下行，则将相应的工件排在最后位置。

③ 将排定位置的工件所对应的列从 $\boldsymbol{M}$ 中划掉，对余下的工件重复按②进行排列。但那时的最前位置（或最后位置）是在已排定位置的工件之后（或之前）。如此继续下去，直到把所有工件都排完为止。

这个同顺序两台机床加工 n 个工件的最优排序规则，是 Johnson 在 1954 年提出的。概括起来说，它的基本思路是：尽量减少在机床 B 上等待加工的时间。因此，把在机床 B 上加工时间长的工件先加工，在 B 上加工时间短的工件后加工。

例 6-10 设有 5 个工件需在机床 A、B 上加工，加工的顺序是先 A 后 B，每个工件所需加工时间（单位：小时）如表 6-19 所示。问如何安排加工顺序，使机床连续加工完所有工作的加工总时间最少？并求出总加工时间。

表 6-19

机床 / 加工时间/小时 / 工件号码	A	B
1	3	6
2	7	2
3	4	7
4	5	3
5	7	4

解 工件的加工工时矩阵为

$$\boldsymbol{M}=\begin{pmatrix} 3 & 7 & 4 & 5 & 7 \\ 6 & 2 & 7 & 3 & 4 \end{pmatrix}$$

根据最优排序规则，故最优加工顺序为

$$1\to3\to5\to4\to2$$

总加工时间为 28 小时。

6.8 设备更新问题

在工业和交通运输企业中，经常碰到设备陈旧或部分损坏需要更新的问题。从经济上来分析，一种设备应该用多少年后进行更新更为恰当，即更新的最佳策略应该如何，从而使在某一时间内的总收入达到最大（或总费用达到最小）。

现以一台机器为例，随着使用年限的增加，机器的使用效率降低，收入减少，维修费用增加。而且机器使用年限越长，它本身的价值就越小，因而更新时所需的净支出费用就愈多。设：

$I_j(t)$——在第 j 年机器役龄为 t 年的一台机器运行所得的收入。

$O_j(t)$——在第 j 年机器役龄为 t 年的一台机器运行所需的费用。

$C_j(t)$——在第 j 年机器役龄为 t 年的一台机器更新时所需净费用。

α——折扣因子（$0\leqslant\alpha\leqslant1$），表示 1 年以后的单位收入价值视为现年的 α 单位。

T——在第 1 年开始时，正在使用的机器的役龄。

n——计划的年限总数。

$g_j(t)$——在第 j 年开始使用一个役龄为 t 年的机器时，从第 j 年至第 n 年内的最佳收入。

$x_j(t)$——决策变量，表示在第 j 年开始时的决策（保留或更新）。

为了写出递推关系式，先从两个方面分析问题。若在第 j 年开始时购买了新机器，则从第 j 年至第 n 年得到的总收入应等于在第 j 年中由新机器获得的收入，减去在第 j 年的运行费用，减去在第 j 年开始时役龄为 t 年的机器的更新净费用，加上在第 $j+1$ 年开始使用役龄为 1 年的机器从第 $j+1$ 年至第 n 年的最佳收入；若在第 j 年开始时继续使用役龄为 t 年的机器，则从第 j 年至第 n 年的总收入应等于在第 j 年由役龄为 t 年的机器得到的收入，减去在第 j 年役龄为 t 年的机器的运行费用，加上在第 $j+1$ 年开始使用役龄为 $t+1$ 年的机器从第 $j+1$ 年至第 n 年的最佳收入。然后，比较它们的大小，选取大的，并相应得出是更新还是保留的决策。

将上面这段话写成数学形式，即得递推关系式为：

$$g_j(t)=\max\begin{Bmatrix}\text{R：}I_j(0)-O_j(0)-C_j(t)+\alpha g_{j+1}(1)\\ \text{K：}I_j(t)-O_j(t)+\alpha g_{j+1}(t+1)\end{Bmatrix}$$

$$(j=1,\ 2,\ \cdots,\ n;\ t=1,\ 2,\ \cdots j-1,\ j+T-1)$$

其中“K”是 Keep 的缩写，表示保留使用；“R”是 Replacement 的缩写，表示更新机器。

由于研究的是今后 n 年的计划，故还要求

$$g_{n+1}(t)=0$$

对于 $g_1(t)$来说，允许的 t 值只能是 T。因为当进入计划过程时，机器必然已使用了 T 年。

应指出的是：这里研究的设备更新问题，是以机龄作为状态变量，决策是保留和更新两种。但可推广到多维情形，如还考虑对使用的机器进行大修作为一种决策，那时所需的费用和收入，不仅取决于机龄和购置的年限，也取决于上次大修后的时间。因此，必须使用两个状态变量来描述系统的状态，其过程与此类似。

例 6-11 假设 $n=5$，$\alpha=1$，$T=1$，有关数据如表 6-20 所示。试制定 5 年中的设备更新策略，使在 5 年内的总收入达到最大。

表 6-20

产品年序	第 1 年					第 2 年				第 3 年			第 4 年		第 5 年	期 前				
项目 \ 机龄	0	1	2	3	4	0	1	2	3	0	1	2	0	1	0	1	2	3	4	5
收　入	22	21	20	18	16	27	25	24	22	29	26	24	30	28	32	18	16	16	14	14
运行费用	6	6	8	8	10	5	6	8	9	5	5	6	4	5	4	8	8	9	9	10
更新费用	27	29	32	34	37	29	31	34	36	31	32	33	32	33	34	32	34	36	36	38

解 先解释符号的意思。因为第 j 年开始机龄为 t 年的机器，其制造年序应为 $j-t$ 年，因此，$I_5(0)$为第 5 年新产品的收入，$I_5(0)=32$。$I_3(2)$为第 3 年机龄为 2 年的收入，故 $I_3(2)=20$。同理 $O_5(0)=4$，$O_3(2)=8$。而 $C_5(1)$是第 5 年机龄为 1 年的机器（应为第 4 年的产品）的更新费用，故 $C_5(1)=33$。同理，$C_5(2)=33$，$C_3(1)=31$，其余类推。

当 $j=5$ 时，由于设 $T=1$，故从第 5 年开始计算时，机器使用了 1、2、3、4、5 年，则递推关系式为

$$g_5(t)=\max\begin{Bmatrix}\text{R：} I_5(0)-O_5(0)-C_5(t)+1\times g_6(1)\\ \text{K：} I_5(t)-O_5(t)+1\times g_6(t+1)\end{Bmatrix}$$

因此

$$g_5(1)=\max\begin{Bmatrix}\text{R：} 32-4-33+0=-5\\ \text{K：} 28-5+0=23\end{Bmatrix}=23,\quad x_5(1)=K$$

$$g_5(2)=\max\begin{Bmatrix}\text{R：} 32-4-33+0=-5\\ \text{K：} 24-6+0=18\end{Bmatrix}=18,\quad x_5(2)=K$$

同理

$$g_5(3)=13,\quad x_5(3)=K$$
$$g_5(4)=6,\quad x_5(4)=K$$
$$g_5(5)=4,\quad x_5(5)=K$$

当 $j=4$ 时，递推关系为

$$g_4(t)=\max\begin{Bmatrix}\text{R：} I_4(0)-O_4(0)-C_4(t)+g_5(1)\\ \text{K：} I_4(t)-O_4(t)+g_4(t+1)\end{Bmatrix}$$

故

$$g_4(1)=\max\begin{Bmatrix}\text{R：} 30-4-32+23=17\\ \text{K：} 26-5+18=39\end{Bmatrix}=39,\quad x_4(1)=K$$

同理

$$g_4(2)=29,\quad x_4(2)=K$$
$$g_4(3)=16,\quad x_4(3)=K$$
$$g_4(4)=13,\quad x_4(4)=R$$

当 $j=3$ 时，有

$$g_3(t)=\max\begin{Bmatrix}\text{R：} I_3(0)-O_3(0)-C_3(t)+g_4(1)\\ \text{K：} I_3(t)-O_3(t)+g_4(t+1)\end{Bmatrix}$$

故

$$g_3(1)=\max\begin{Bmatrix}\text{R：} 29-5-31+39=32\\ \text{K：} 25-6+29=48\end{Bmatrix}=48,\quad x_3(1)=K$$

同理

$$g_3(2)=31,\quad x_3(2)=R$$
$$g_3(3)=27,\quad x_3(3)=R$$

当 $j=2$ 时，有

$$g_2(t)=\max\begin{Bmatrix}\text{R：} I_2(0)-O_2(0)-C_2(t)+g_3(1)\\ \text{K：} I_2(t)-O_2(t)+g_3(t+1)\end{Bmatrix}$$

故
$$g_2(1)=\max\begin{cases}\text{R：}27-5-29+48=41\\ \text{K：}21-6+31=46\end{cases}=46,\quad x_2(1)=K$$

同理
$$g_2(2)=\max\begin{cases}\text{R：}27-5-34+48=36\\ \text{K：}16-8+27=35\end{cases}=36,\quad x_2(2)=R$$

当 $j=1$ 时，有

$$g_1(t)=\max\begin{cases}\text{R：}I_1(0)-O_1(0)-C_1(t)+g_2(1)\\ \text{K：}I_1(t)-O_1(t)+g_2(t+1)\end{cases}$$

故
$$g_1(1)=\max\begin{cases}\text{R：}22-6-32+46=30\\ \text{K：}18-8+36=46\end{cases}=46,\quad x_1(1)=K$$

最后，根据上面计算过程反推之，可求得最优策略如表 6－21 所示，相应的最佳收益为 46 单位。

表 6－21

年	机　龄	最佳策略	年	机　龄	最佳策略
1	1	K	4	2	K
2	2	R	5	3	K
3	1	K			

6.9　货郎担问题

货郎担问题在运筹学里是一个著名的命题，有一个走村串户的卖货郎，他从某个村庄出发，通过若干个村庄一次且仅一次，最后仍回到原出发的村庄，问应如何选择行走路线，能使总的行程最短。类似的问题有旅行路线问题，应如何选择行走路线，使总路程最短或费用最少。

现在把问题一般化。设有 n 个城市，以 1，2，…，n 表示之。d_{ij} 表示从 i 城到 j 城的距离。一个推销员从城市 1 出发到其他每个城市一次且仅一次，然后回到城市 1。问他如何选择行走的路线，使总的路程最短。这个问题属于组合最优化问题，当 n 不太大时，利用动态规划方法求解是很方便的。

由于规定推销员从城市 1 开始的，设推销员走到 i 城，记 $N_i=\{2, 3, \cdots, i-1, i+1, \cdots, n\}$ 表示由 1 城到 i 城的中间城市集合。S 表示到达 i 城之前中途所经过的城市的集合，则有 $S\subseteq N_i$

因此，可选取（i，S）作为描述过程的状态变量，决策为由一个城市走到另一个城市，并定义最优值函数 $f_k(i, S)$ 为从 1 城开始经由 k 个中间城市的 S 集到 i 城的最短路线的距离，则可写出动态规划的递推关系为

$$f_k(i, S)=\min_{j\in s}\{f_{k-1}(j, S/\{j\})+d_{ji}\}$$
$$(k=1, 2, \cdots, n-1; \quad i=2, 3, \cdots, n; \quad S\subseteq N_i)$$

边界条件为 $f_0(i, \Phi)=d_{1i}$

$P_k(i, S)$ 为最优决策函数，它表示从1城开始经 k 个中间城市的 S 集到 i 城的最短路线上紧挨着 i 城前面的那个城市。

例 6-12 求解4个城市旅行推销员问题，其距离矩阵如表6-22所示。当推销员从1城出发，经过每个城市一次且仅一次，最后回到1城，问按怎样的路线走，使总的行程距离最短。

表 6-22

距离 j \ i	1	2	3	4
1	0	8	5	6
2	6	0	8	5
3	7	9	0	5
4	9	7	8	0

解 由边界条件可知

$$f_0(2, \Phi)=d_{12}=8, \quad f_0(3, \Phi)=d_{13}=5, \quad f_0(4, \Phi)=d_{14}=6$$

当 $k=1$ 时，即从1城开始，中间经过1个城市到达 i 城的最短距离是：

$$f_1(2, \{3\})=f_0(3, \Phi)+d_{32}=5+9=14$$
$$f_1(2, \{4\})=f_0(4, \Phi)+d_{42}=6+7=13$$
$$f_1(3, \{2\})=8+8=16; \quad f_1(3, \{4\})=6+8=14$$
$$f_1(4, \{2\})=8+5=13; \quad f_1(4, \{3\})=5+5=10$$

当 $k=2$ 时，即从1城开始，中间经过2个城市（顺序随便）到达 i 城的最短距离是：

$$f_2(2, \{3, 4\})=\min\{f_1(3, \{4\})+d_{32}, \quad f_1(4, \{3\})+d_{42}\}$$
$$=\min\{14+9, 10+7\}=17, \quad p_2(2, \{3, 4\})=4$$
$$f_2(3, \{2, 4\})=\min\{13+8, 13+8\}=21, \quad p_2(3, \{2, 4\})=2 \text{ 或 } 4$$
$$f_2(4, \{2, 3\})=\min\{14+5, 16+5\}=19, \quad p_2(4, \{2, 3\})=2$$

当 $k=3$ 时，即从1城开始，中间经过3个城市（顺序随便）回到1城的最短距离是：

$$f_3(1, \{2, 3, 4\})=\min\{f_2(2, \{3, 4\})+d_{21}, \quad f_2(3, \{2, 4\})+d_{31}, \quad f_2(4, \{2, 3\})+d_{41}\}$$
$$=\min\{17+6, 21+7, 19+9\}=23, \quad p_3(1, \{2, 3, 4\})=2$$

由此可知，推销员的最短旅行路线是1→3→4→2→1。

实际中很多问题都可以归结为货郎担这类问题。如物资运输路线中，汽车应走怎样的路线使路程最短；工厂里在钢板上要挖些小圆孔，自动焊机的割嘴应走怎样的路线使路程最短；城市里在一些地方铺设管道时，管子应走怎样的路线使管子耗费最少，等等。

习　题

1. 写出下列问题的动态规划的基本方程。

(1) $\max z=\sum_{i=1}^{n}\phi_i(x_i)$

$$\text{s. t.}\begin{cases}\sum_{i=1}^{n}x_i=b & (b>0)\\ x_i\geqslant 0 & (i=1,2,\cdots,n)\end{cases}$$

(2) $\min z=\sum_{i=1}^{n}c_ix_i^2$

$$\text{s. t.}\begin{cases}\sum_{i=1}^{n}a_ix_i\geqslant b & (a_i>0)\\ x_i\geqslant 0 & (i=1,2,\cdots,n)\end{cases}$$

2. 有一部货车每天沿着公路给 4 个零售店卸下 6 箱货物，如果各零售店出售该货物所得利润如表 6－23 所示，试求在各零售店卸下几箱货物，能使获得的总利润最大？其值是多少？

表 6－23

利润 零售店 / 箱数	1	2	3	4
0	0	0	0	0
1	4	2	3	4
2	6	4	5	5
3	7	6	7	6
4	7	8	8	6
5	7	9	8	6
6	7	10	8	6

3. 设有某种肥料共 6 个单位重量，准备供给 4 块粮田用。每块田的施肥数量与增产粮食的数字关系如表 6－24 所示。试求对每块田施多少单位重量的肥料，才能使总的增产粮食量最多。

表 6－24

施　肥	粮　田			
	1	2	3	4
0	0	0	0	0
1	20	25	18	28
2	42	45	39	47
3	60	57	61	65
4	75	65	78	74
5	85	70	90	80
6	90	73	95	85

4. 某公司打算向它的3个营业区增设6个销售店，每个营业区至少增设一个。从各区赚取的利润（单位：万元）与增设的销售店个数有关，其数据如下。

销售店增加数	A区利润	B区利润	C区利润
0	100	200	150
1	200	210	160
2	280	220	170
3	330	225	180
4	340	230	200

试求各区应分配几个增设的销售店，才能使总利润最大？其值是多少？

5. 某工厂有100台机器，拟分4个周期使用，在每1周期有2种生产任务。据经验，把机器 x_1 台投入第1种生产任务，则在一个生产周期中将有 $x_i/3$ 台机器作废；余下的机器全部投入第2种生产任务，则有1/10台机器作废。如果干第1种生产任务每台机器可收益10，干第2种生产任务每台机器可收益7。问应怎样分配机器，使总收益最大？

6. 某厂生产一种产品，估计该产品在未来4个月的销售量分别为400、500、300、200件。该项产品的生产准备费用每批为500元，每件的生产费用为1元，存储费用每件每月为1元。假定1月初的存货为100件，4月底的存货为0。试求该厂在这4个月内的最优生产计划。

7. 某电视机厂为生产电视机而需要生产喇叭（单位：万只）。根据以往记录，一年的4个季度需要喇叭分别是3万、2万、3万、2万只。设每万只存放在仓库内一个季度的存储费为0.2万元，每生产一批的装配费为2万元，每万只的生产成本费为1万元。问应该怎样安排4个季度的生产，才能使总的费用最小？

8. 某公司需要对某产品决定未来半年内每个月的最佳存储量，以使总费用极小化。已知半年里对该产品的需求量和单位订货费用、单位存储费用等数据如表6-25所示。

表6-25

月份 k	1	2	3	4	5	6
需求量 d_k	50	55	50	45	40	30
单位订货费用 c_k	825	775	850	850	775	825
单位存储费用 p_k	40	30	35	20	40	

9. 某罐头制造公司在近5周内必须采购一批原料，估计在未来5周内价格会有波动，其浮动价格和概率如表6-26所示。试求各周以什么价格购入，使采购价格的数学期望值最小。

表 6-26

单　价	概　率
9	0.4
8	0.3
7	0.3

10. 现有最大载重量为 20 t 的大卡车一辆，可转运 3 种不同的货物，已知这 3 种货物的件数、每件重量、每件运费收入如表 6-27 所示。求运费收入最大的装运方案。

表 6-27

货　物	件　数	每件重量/t	每件运费收入/元
A	4	3	40
B	2	4	50
C	4	5	60

(1) 建立这个问题的整数规划模型。

(2) 用动态规划方法求解。

11. 某工厂生产 3 种产品，各产品重量与利润关系如表 6-28 所示。现将此 3 种产品运往市场出售，运输能力总重量不超过 6 t。问如何安排运输使总利润最大?

表 6-28

种　类	1	2	3
重　量	2	3	4
利　润	80	130	180

12. 某工厂在一年进行了 A、B、C 3 种新产品的试制，由于资金不足，估计在年内这 3 种新产品研制不成功的概率分别为 0.40、0.60、0.80，因而都研制不成功的概率为 $0.40\times 0.60\times 0.80=0.192$。为了促进 3 种新产品的研制，决定增拨 2 万元的研制费，并要资金集中使用，以万元为单位进行分配。其增拨研制费与新产品不成功的概率如表 6-29 所示。试问如何分配费用，使这 3 种新产品都研制不成功的概率为最小。

表 6-29

新产品 研制费 S	不成功概率		
	A	B	C
0	0.40	0.60	0.80
1	0.20	0.40	0.50
2	0.15	0.20	0.30

13. 某印刷厂有 6 项加工任务，对印刷车间和装订车间所需时间（单位：天）如表 6 - 30所示，试求最优的加工顺序和总加工天数。

表 6 - 30

车间＼任务	J_1	J_2	J_3	J_4	J_5	J_6
印刷车间	3	10	5	2	9	11
装订车间	8	12	9	6	5	2

14. 试制定 5 年中一台机器的更新策略，使总收入达到最大。设 $\alpha=1$，$T=2$，有关数据如表 6 - 31 所示。

表 6 - 31

项目＼机龄＼年序	第 1 年					第 2 年				第 3 年			第 4 年		第 5 年	期前				
	0	1	2	3	4	0	1	2	3	0	1	2	0	1	0	2	3	4	5	6
收入	20	19	18	16	14	25	23	22	20	27	24	22	28	26	30	16	14	14	12	12
运行费用	4	4	6	6	8	3	4	6	7	3	3	4	2	3	2	6	6	7	7	8
更新费用	25	27	30	32	35	27	29	32	34	29	30	31	30	31	32	30	32	34	34	36

15. 求解 6 个城市旅行推销员问题。其距离矩阵如表 6 - 32 所示。设推销员从 1 城出发，经过每个城市一次且仅一次，最后回到 1 城。问按怎样的路线走，使总的行程最短。

表 6 - 32

j＼距离＼i	1	2	3	4	5	6
1	0	10	20	30	40	50
2	12	0	18	30	25	21
3	23	9	0	5	10	15
4	34	32	4	0	8	16
5	45	27	11	10	0	18
6	56	22	16	20	12	0

第 7 章　图与网络分析

图论是近几十年来发展迅速、应用广泛的一个新的数学分支。它与数学的其他分支，如群论、矩阵论、概率论、拓扑学、数值分析、组合数学等都有着密切的联系。事实上，图论为任何一个包含了一种二元关系的系统提供了一个数学模型；也因为它使用了图解式的表示法，图就具有了一种直观的和符合美学的外形。在网络图论领域里存在着大量错综复杂的问题，虽然其中有些问题看似初等，却往往可以难住声誉卓著、极其老练的数学家。

图论的发展大致分为 3 个阶段。

第一阶段是从 18 世纪中叶到 19 世纪中叶，称为图论发展的萌芽期。起源是“七桥游戏”问题。18 世纪时，属于普鲁士的哥尼斯堡（现为俄罗斯加里宁格勒）位于普莱格尔（pergel）河的两岸，有 7 座桥将 pergel 河中的两个岛及两岸连接起来，如图 7 - 1 所示。有人提出了一个有趣的问题：能否从这 4 块陆地中的任何一块开始，通过每座桥一次，并且仅一次，再回到起点。

在提出这个近乎游戏性的问题之前，任何人也不会想到，这样一个有趣的问题竟引出一个新的数学分支——图论。1736 年，瑞士著名数学家欧拉（Euler）就这一问题发表了图论的首篇论文。他把这个问题抽象成一个图，用点代表陆地，每一座桥用两点间的边来代表，于是古老的七桥游戏可以抽象成如图 7 - 2 所示的图。

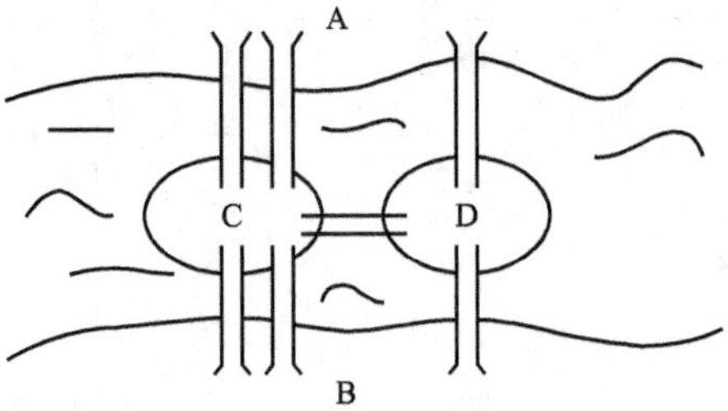

图 7 - 1　七桥游戏问题

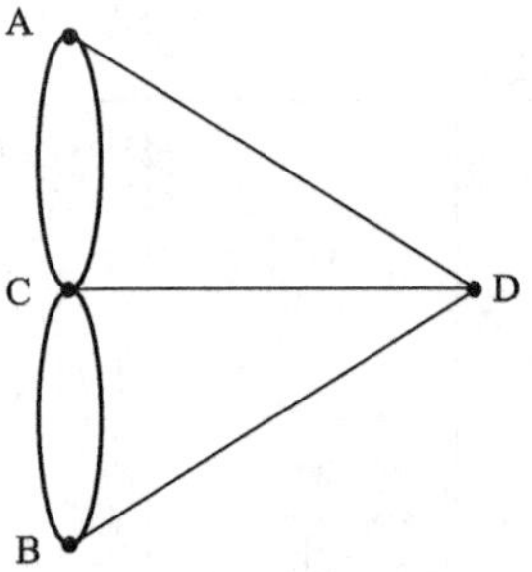

图 7 - 2　用图表示七桥游戏

欧拉证明了不存在七桥游戏问题的解，并且把这个问题（边一笔画问题）深入一步地一般化了，给出了一个图存在欧拉圈的判定法则，即此图必须是连通的，并且每个顶点都与偶数条边相关联。

值得一提的是，自从中国邮递员问题（Chinese Postman Problem）提出来以后，欧拉问题才具有了强烈的实用价值。

中国邮递员问题的提法是这样的：邮递员在沿着邮路出发之前，必须先从邮局取出他所应分发的邮件。为了节省时间，每一位邮递员都愿以尽可能少的行程走完他所必须走的所有路线。用图论的话来说，所谓中国邮递员问题是指如何以尽可能少的行程遍历邮路上所有各条街道后又回到他的出发点。很明显，不仅邮递员，很多其他类型的人员也都面临这类问题。这类问题的第一篇论文是由中国数学家、山东师范大学的管梅谷教授在 1962 年提出的，因而在国际上称这类问题为"中国邮递员问题"。

19 世纪中叶到 20 世纪中叶是图论发展的第二阶段。在这一时期图论问题大量涌现。其中以 Hamilton 问题和四色猜想问题最为著名。

1856 年英国数学家 William Hamilton 爵士发明了"绕行世界"的游戏。这个游戏用一个规则十二面体，它的 20 个顶点标以 20 个城市的名字，要求游戏者找一条从某一城市出发的路线，它经过每一个城市恰好一次，并且最后回到出发点。

将正十二面体投影到平面上（把它想象成用橡皮球做的，剪开一个面，然后把它拉开铺在平面上），就得到了图7 - 3。

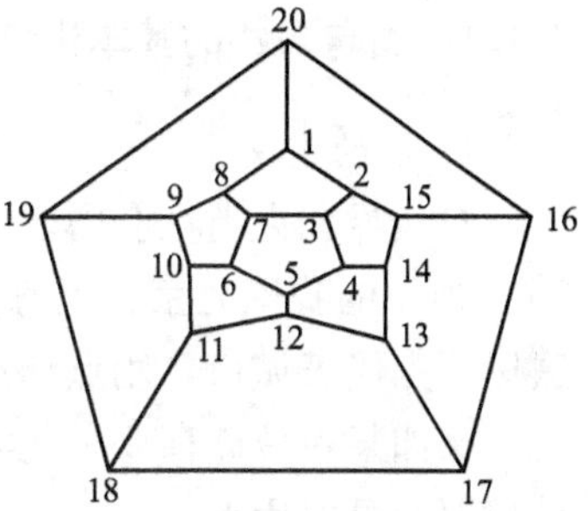

图 7 - 3　Hamilton 问题

Hamilton 周游世界问题，是图论中的点一笔画问题，实际上它是要在图 7 - 3 中，找出一条具有下面两个特点的一个圈 H：①图中的每个顶点都在圈 H 中出现；②在 H 中顶点不重复出现（起终点不算重复）。这个圈 H 称为 Hamilton 圈。

Hamilton 问题面向实际应用的拓展就是推销员问题。即：要去 m 个城镇推销商品，从一个城镇到另一个城镇需要一定时间，推销员要寻找一条旅行路线，使得他用尽可能少的时间，走遍 m 个城镇（如果存在 H 圈，则使时间最少的 H 圈即为所求，如果不存在 H 圈，则类似于中国邮路，求走遍所有城市的最小回路）。

四色猜想问题也是在图论中很著名的问题。四色猜想的起源比较模糊，但可以肯定，在 1840 年就有人熟悉这个问题，即能否仅用 4 种颜色给地图染色，使相邻的国家有不同的颜色。这一猜想听起来如此简单，然而它却几乎是图论乃至数学史上最出名的难题之一，这个诱惑着许多数学家为之贡献智慧的问题，直到 1976 年由 3 位美国学者借助电子计算机的帮助才作出了证明。

四色猜想问题用图来描述就是：用点来表示每个国家，两个国家若有公共边界，就用一条边将这两点连接起来，于是，四色猜想问题就转化为能否用四种颜色给平面的点染色，使相邻的点有不同颜色。四色猜想问题的研究带动了图论很重要的一个方面——染色理论的研究和应用。染色问题很典型的应用有两种：一种是点着色问题，另一种是边着色问题。

1936 年出现了图论的第一本专著《有限图与无限图理论》，它是匈牙利数学家寇尼格（Konig）所写，它总结了图论二百年的主要成果，是图论发展的重要里程碑。

20 世纪中叶以后，是图论发展的第三阶段。这个阶段，图论经历了一场爆炸性的发展，终于成长为数学科学中一门独立的学科。其中最重要的是：出现了一个研究问题和解决问题的强有力工具——计算机。正是由于计算机的介入，使得用图论的方法解决实际问题成为可能。图论被广泛应用到交通运输、军事作战、电子、化学、物理、天文、地理、生物等领域。理论应用于实践，也在实践中得到发展，这个时期出现了研究和解决图论问题的大量算法，出现了许多论文和专著。

7.1 图与网络的基本知识

7.1.1 图与网络的基本概念

1. 图的定义

自然界和人类社会中，大量的事物及事物之间的关系，常可以用图形来描述。例如：图 7-4 所示的我国北京、上海等 10 个城市间的交通图反映了这 10 个城市间铁路的分布情况。这里用点代表城市，用点和点之间的连线代表这两个城市之间有直通铁路。

又如某单位储存 5 种化学药品，其中，某些药品是不能放在同一库房里的，为了反映这种情况，可以用点 v_1、v_2、v_3、v_4、v_5 分别代表这 5 种药品。若药品 v_i 和药品 v_j 是不能存放在同一库房的，则在 v_i 和 v_j 之间连一条线，如图 7-5 所示。如果问题归结为寻求存放这五种化学药品的最少库房个数，则该问题就是点染色问题。事实上，至少需要 3 个库房来存放这些药品，即 v_1 和 v_4、v_2 和 v_5、v_3 各存放在一个库房里。

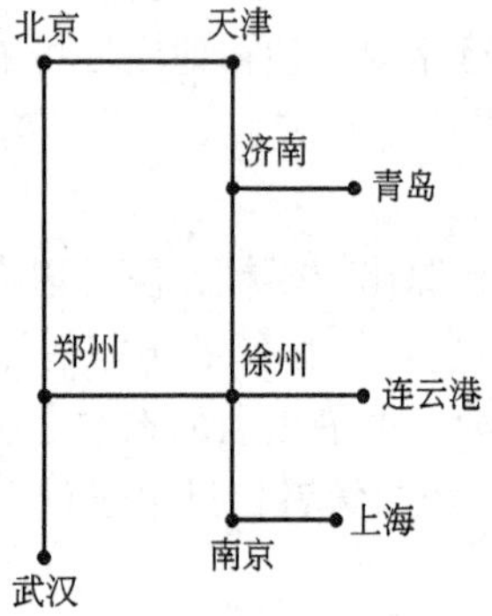

图 7-4　10 个城市间铁路分布图

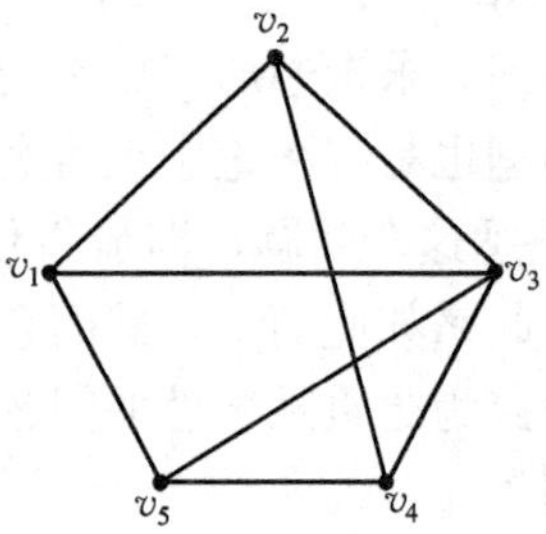

图 7-5　五个药品之间会发生化学反应的关系示意图

前面两个例子涉及的对象之间的关系具有“对称性”，就是说，如果甲与乙有这种关系，那么同时乙与甲也有这种关系。例如，如果甲药品不能和乙药品放在一起，那么，乙药品当然也不能和甲药品放在一起。在实际生活中，有许多关系不具有这种对称性。例如，有甲、乙、丙、丁、戊 5 个球队，各队之间的比赛情况如表 7-1 所示。5 个球队之间的胜负关系显然是一种非对称关系，如果球队甲胜了球队乙，可以用一条带箭头的连线表示，即 $v_{甲} \rightarrow$

$v_乙$。于是，表 7-1 的关系可以表示成如图 7-6 所示。

表 7-1　5 个球队的比赛情况表

	甲	乙	丙	丁	戊
甲	×	胜	负	胜	胜
乙	负	×	胜		
丙	胜	负	×	胜	
丁	负		负	×	负
戊	负			胜	×

从以上分析可以看出，我们常将所研究对象看成一个点，用连线（带箭头或不带箭头）表示对象之间的某种特定的关系，这时连线的长短曲直无关紧要，重要的是两点之间有无线相连。为了区别起见，把两点之间不带箭头的连线称为边，带箭头的连线称为弧。由此，我们便抽象出图的概念。

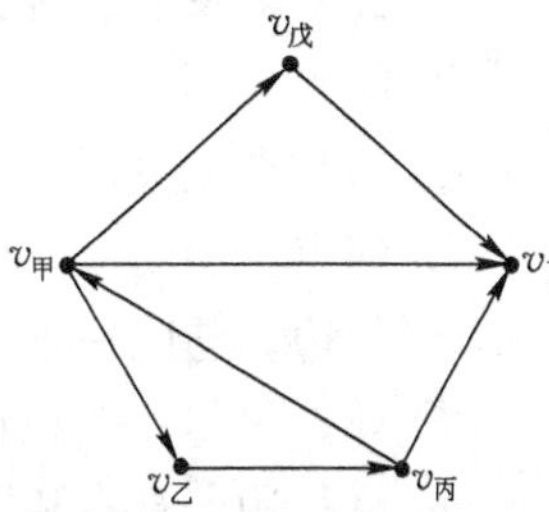

图 7-6　5 个球队比赛的胜负连线图

图是描述对象之间某种特定关系的工具，用数学语言描述如下。

定义 7.1　一个图是由一个非空集合 V，以及由 V 中元素的无序（或有序）点对组成的集合 E（或 A）所组成。V 中元素的无序点对构成的集合称为边集合 E，由点集合 V 和边集合 E 构成的图为无向图（简称图）记为 $G=(V, E)$，一条连接点 v_i、v_j(v_i、$v_j \in V$) 的边 e_{ij}，记为 $e_{ij}=[v_i, v_j]$ 或 $e_{ij}=[v_j, v_i]$。V 中元素的有序点对构成的集合称为弧集合 A，由点集合 V 和弧集合 A 构成的图为有向图，记为$D=(V, A)$（或 $G=(V, A)$），一条方向是从 v_i 指向 v_j 的弧记为 $a_{ij}=(v_i, v_j)$。

图 7-7 是一个无向图。该图可以表示为：

$$G=(V, E),\quad V=\{v_1, v_2, v_3, v_4\},\quad E=\{e_1, e_2, e_3, e_4, e_5, e_6, e_7\}$$

其中，$e_1=[v_1, v_2]$，$e_2=[v_1, v_2]$，$e_3=[v_2, v_3]$，$e_4=[v_3, v_4]$，$e_5=[v_1, v_4]$，$e_6=[v_1, v_3]$，$e_7=[v_4, v_4]$。

图 7-8 是一个有向图。该图可以表示为：

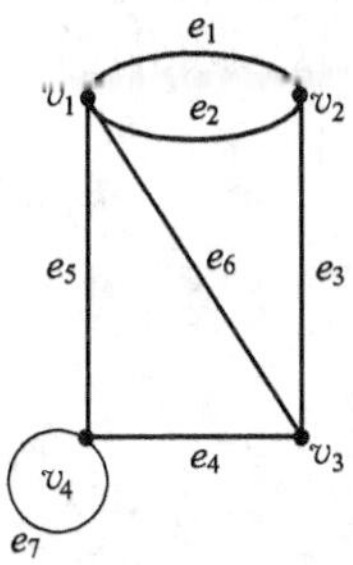

图 7-7　一个无向图

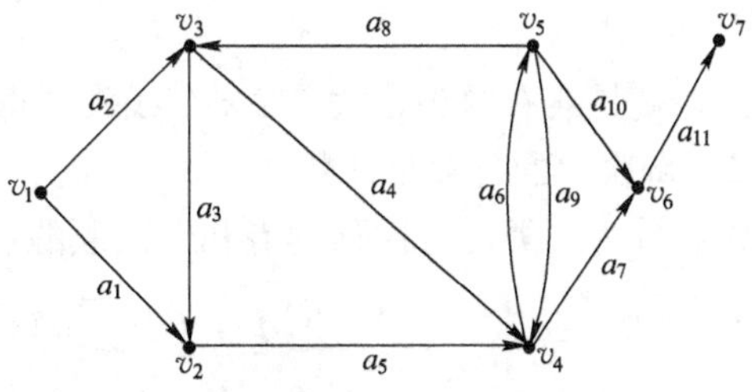

图 7-8　一个有向图

$D=(V, A)$， $V=\{v_1, v_2, v_3, v_4, v_5, v_6, v_7\}$， $A=\{a_1, a_2, a_3, a_4, \cdots, a_{11}\}$
其中，$a_1=(v_1, v_2)$，$a_2=(v_1, v_3)$，$a_3=(v_3, v_2)$，$a_4=(v_3, v_4)$，$a_5=(v_2, v_4)$，$a_6=(v_4, v_5)$，$a_7=(v_4, v_6)$，$a_8=(v_5, v_3)$，$a_9=(v_5, v_4)$，$a_{10}=(v_5, v_6)$，$a_{11}=(v_6, v_7)$。

若图 G 中，某个边的两个端点相同，则称 e 是环（如图 7-7 中 e_7），若两个点之间有多于一条的边，成为多重边（如图 7-7 中 e_1，e_2）。一个无环、无多重边的图称为**简单图**，无环但允许有多重边的图称为**多重图**。

图 G 或 D 中的点数记为 $n=|V|$，边（弧）数记为 $m=|E|(m=|A|)$，在不会引起混乱的情况下，分别简记为 n、m，其中点数 n 称为 G（或 D）的阶，若 n 是有限的，则称为有限阶。今后，我们只对有限阶的图进行讨论。

2. 图中有关点、边关系的术语

① 端点。当 $e_{ij}=[v_i, v_j]$时，与边 e_{ij} 相连的顶点 v_i、v_j 分别叫作 e_{ij} 的端点。

② 边与点相关联。当 $e_{ij}=[v_i, v_j]$时，e_{ij} 与 v_i、v_j 称为边顶相关联。

③ 邻点。当 $e_{ij}=[v_i, v_j]$时，v_i、v_j 之间叫作邻点。

④ 邻边。与同一顶点关联的边叫作邻边。

⑤ 环。只与一个顶点关联的边叫作环，如：$e_{ii}=[v_i, v_i]$。

⑥ 平行边。具有相同的两个端点的边称为平行边。

⑦ 邻域。图 G 中点 v_i 的邻域定义为 G 中与 v_i 相邻接的点的集合，记为

$$N_G(v_i)=\{v_j \mid [v_i, v_j]\in E\}$$

⑧ 次。以点 v_i 为端点的边的数目称为点 v_i 在 G 中的次，记为：$d_G(v_i)$或 $d(v_i)$。

如果有环，则按两条边记，即

$$d(v_i)=d_l(v_i)+2l(v_i) \tag{7-1}$$

其中：$d_l(v_i)$是与 v_i 相关联的非环边数，$l(v_i)$是与 v_i 相关联的环数。

⑨ 次序列。若 $V=\{v_1, v_2, \cdots, v_p\}$，则相对于每个点都有一个次，则可以得到一个次序列（$d(v_1)$，$d(v_2)$，…）。

定理 7.1 对于图 $G=(V, E)$，其中$|V|=n$，$|E|=m$，则有：

$$\sum_{v\in V} d(v)=2m \tag{7-2}$$

证明 每条边都有两个端点，在计算顶点的次时，每个端点都要计算对应边一次，故共有 $2m$ 次。

通俗地讲，就是线有两头，共有 $2m$ 个线头的意思。

定理 7.2 奇次顶的总数是偶数。

证明 将点分为两类，奇次顶的点和偶次顶的点，于是有：

$$\sum_{v_i\in V_0} d(v_i)+\sum_{v\in V_e} d(v)=2m \tag{7-3}$$

其中：V_0——奇次顶的集合，V_e——偶次顶的集合。

于是有：

$$\sum_{v_i \in V_0} d(v_i) = 2m - \sum_{v_i \in V_e} d(v_i)$$

偶数减去偶数仍是偶数，于是得证。

⑩ 悬点。G 中次为 1 的点称为悬挂点或悬点。

⑪ 悬边。悬挂点所关联的边称为悬边。

⑫ 孤立点。G 中次为 0 的点称为孤立点。

⑬ 链。设 $G=(V, E)$是给定的图。若 G 的某些点和边可以交错排成非空的有限序列：

$Q=(v_{i_0}, e_{i_1}, v_{i_1}, \cdots, v_{i_{s-1}}, e_{i_s}, v_{i_s}, \cdots, v_{i_{k-1}}, e_{i_k}, v_{i_k})$，且 $e_{i_s}=[v_{i_{s-1}}, v_{i_s}]$$(s=1, 2, \cdots, k)$，则称 Q 为 G 中一条连接 v_{i_0} 与 v_{i_k} 的链。如果 G 是简单图，则链 Q 记为$(v_{i_0}, v_{i_1}, \cdots, v_{i_k})$。

⑭ 初等链。若链 Q 中诸顶点皆不相同，则称 Q 为一条初等链。

⑮ 简单链。若一条链中的边都不相同，则称为简单链。

⑯ 链的长度。链的长度为它所包含的边数。

⑰ 圈。若点边交错序列 $Q=(v_{i_0}, e_{i_1}, v_{i_1}, \cdots, v_{i_{s-1}}, e_{i_s}, v_{i_s}, \cdots, v_{i_{k-1}}, e_{i_k}, v_{i_k})$中，有 $v_{i_0}=v_{i_{0k}}$，则称 Q 为一个圈。

⑱ 路。若$(v_{i_0}, a_{i_1}, v_{i_1}, \cdots, v_{i_s}, a_{i_s}, v_{i_{s+1}}, \cdots, v_{i_{k-1}}, a_{i_k}, v_{i_k})$是有向图 D 中的一条链，并且对 $s=1, 2, \cdots, k-1$，均有 $a_{i_s}=(v_{i_s}, v_{i_{s+1}})$，则称之为从 v_{i_1} 到 v_{i_k} 的一条路，用 P 表示，对于简单有向图 P 记为$(v_{i_0}, v_{i_1}, \cdots, v_{i_k})$。

⑲ 路径。若有向图中路的每个顶点都不相同则称为路径。

⑳ 回路。若路的第一个点和最后一个点相同，则称为回路。

3. 一些特殊图类

① 平凡图。节点数 $n=1$，边数 $m=0$ 的图。

② 零图。边数 $m=0$ 的图。

③ 连通图。若图中每对节点都有一条链（路）连接，则称这个图是连通的。

④ 树。无圈连通图。

⑤ 完备图。若 G 中任意两个顶点之间恰有一条边相关联，则称图 G 为完备图。

⑥ 二分图。若 $V(G)=X\cup Y$，$X\cap Y=\varnothing$，X 中的任两顶点不相邻，Y 中的任两顶点也不相邻，则 G 称为二分图，记为(S, X, Y)。

⑦ 完全二分图。设 $G=(S, X, Y)$，如果对任意 $u\in X$、$v\in Y$，都有$[u, v]\in E$，则称 G 是完全二分图。记为 $K_{m,n}$，其中 $m=|X|$，$n=|Y|$。

⑧ 正则图。如果 G 中每个点的次数都相同，则 G 叫做正则图。当正则图 G 的点的次数为 K 时，我们则称 G 为 K 正则图。

⑨ 有向网络。加权的有向图 $G=(V, A, W)$称为有向网络，也就是说，在有向网络中对于每条有向弧 $a\in A$，都有权 $w(a)$与之对应。

4. 图的运算

(1) 子图和支撑

子图、支撑子图都是对图 G 的点或边作删除运算得到的。

子图：设 $G=(V, E)$，$G_1=(V_1, E_1)$都是图，且 $V_1\subseteq V$，$E_1\subseteq E$，则称图 G_1 为图 G 的子图，并记为 $G_1\subseteq G$。

支撑子图：$G_1\subseteq G$，且 $V_1=V$，则称图 G_1 为图 G 的支撑子图。

例如，图 7-9(b) 是图 7-9(a) 的子图，图 7-9(c) 是图 7-9(a) 的支撑子图。

(2) 图的收缩运算

设图 $G=(V, E)$，$V_1\subseteq V$，若将 V_1 中的点重新设为一个点，G 与 V_1 中的点相关联的边变为与这个新点相关联的边，称这样的图为 G 关于 V_1 的收缩图，记为 $G\mathrm{o}V_1$。

(3) 割集

给定图 $G=(V, E)$，点集 $S\subseteq V$，$T\subseteq V$，定义 G 中边的集合 $[S, T]_G=\{[u, v]|u\in S, v\in T\}$为 G 的一个割集。

若 X 是 V 的真子集，$X\cup\overline{X}=V$，$X\cap\overline{X}=\varnothing$，割集 $[X, \overline{X}]_G$常记为$\Phi(X)$。

例如，图 7-9(a)，若 $X=\{v_1\}$，则 $\Phi(X)=\{[v_1, v_2], [v_1, v_4], [v_1, v_3]\}$，若 $X=\{v_1, v_2\}$，则 $\Phi(X)=\{[v_2, v_5], [v_1, v_4], [v_1, v_3]\}$。

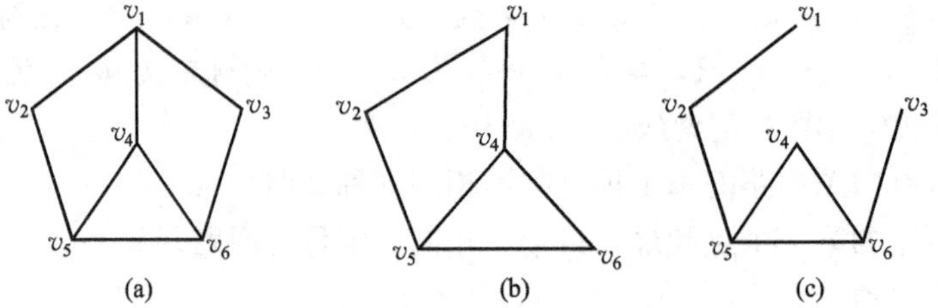

图 7-9　图、子图、支撑子图

(4) 图的同构

设 G_1 与 G_2是两个同阶图，若顶点集合 V_1 和 V_2 及边集 E_1和 E_2之间在保持关联性质条件下一一对应，则称图 G_1 和图 G_2 同构。例如：图 7-10(a) 和图 7-10(b) 就为同构。

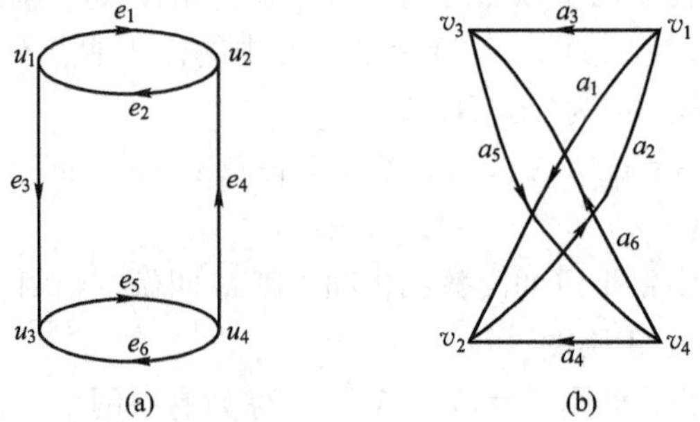

图 7-10　同构图

7.1.2　图的矩阵表示

图的基本信息一般以矩阵的形式输入到计算机中。图的矩阵表示法主要有邻接矩阵、关联矩阵、可达矩阵、权矩阵等。

1. 邻接矩阵

邻接矩阵用于描述两个顶点之间是否有边（弧）相连。

对于有 n 个顶点的无向图 $G=(V, E)$，定义邻接矩阵 $\boldsymbol{B}=(b_{ij})_{n\times n}$。其中：

$$b_{ij}=\begin{cases}0, & [v_i, v_j]\notin E\\ 1, & [v_i, v_j]\in E\end{cases}$$

对于有 n 个顶点的有向图 $G=(V, A)$，定义邻接矩阵 $\boldsymbol{B}=(b_{ij})_{n\times n}$。其中：

$$b_{ij}=\begin{cases}0, & (v_i, v_j)\notin A\\ 1, & (v_i, v_j)\in A\end{cases}$$

例 7-1　已知无向图 7-11，求其邻接矩阵。

解

$$\boldsymbol{R}=(b_{ij})_{6\times 6}=\begin{array}{c} \\ v_1\\ v_2\\ v_3\\ v_4\\ v_5\\ v_6\end{array}\begin{array}{c}\begin{array}{cccccc} v_1 & v_2 & v_3 & v_4 & v_5 & v_6\end{array}\\ \begin{bmatrix}0&1&1&0&0&0\\1&0&1&1&1&0\\1&1&0&1&1&0\\0&1&1&0&1&1\\0&1&1&1&0&1\\0&0&0&1&1&0\end{bmatrix}\end{array}$$

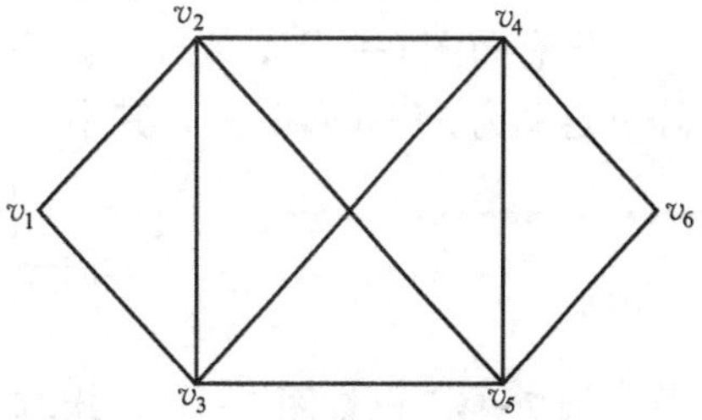

图 7-11　求无向图的邻接矩阵

显然，无向图的邻接矩阵是关于对角线的对称矩阵。

例 7-2　已知图 7-12，求其邻接矩阵。

解

$$\boldsymbol{B}=(b_{ij})_{6\times 6}=\begin{array}{c} \\ v_1\\ v_2\\ v_3\\ v_4\\ v_5\\ v_6\end{array}\begin{array}{c}\begin{array}{cccccc} v_1 & v_2 & v_3 & v_4 & v_5 & v_6\end{array}\\ \begin{bmatrix}0&1&1&0&0&0\\0&0&1&1&1&0\\0&0&0&1&0&0\\0&0&0&0&1&1\\0&0&1&0&0&1\\0&0&0&0&0&0\end{bmatrix}\end{array}$$

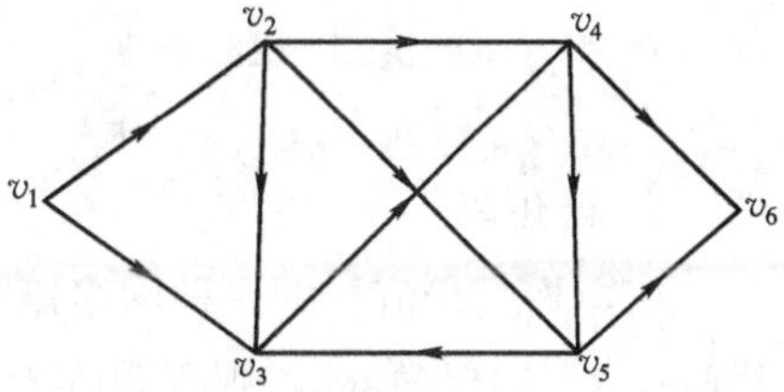

图 7-12　求有向图的邻接矩阵

2. 可达矩阵

在有向图中可达矩阵用于描述两点之间是否有路相连，即：$\boldsymbol{R}=(r_{ij})_{n\times n}$，其中：

$$r_{ij}=\begin{cases}1，当 v_i 经过一定的弧（顺箭头方向）可到达 v_j\\0，当 v_i 经过一定的弧（顺箭头方向）无法到达 v_j\end{cases}$$

例 7-3 已知图 7-12，求其可达矩阵。

解

$$\boldsymbol{R}=(r_{ij})_{6\times 6}=\begin{matrix} & v_1 & v_2 & v_3 & v_4 & v_5 & v_6 \\ v_1 & 1 & 1 & 1 & 1 & 1 & 1 \\ v_2 & 0 & 1 & 1 & 1 & 1 & 1 \\ v_3 & 0 & 0 & 1 & 1 & 1 & 1 \\ v_4 & 0 & 0 & 1 & 1 & 1 & 1 \\ v_5 & 0 & 0 & 1 & 1 & 1 & 1 \\ v_6 & 0 & 0 & 0 & 0 & 0 & 1 \end{matrix}$$

3. 关联矩阵

有向图的关联矩阵也称顶点—边关联矩阵。

设有向图 $G=(V, A)$，其中 $V=\{v_1, v_2, \cdots, v_n\}$，$A=\{a_1, a_2, \cdots, a_m\}$，则关联矩阵可定义为 $\boldsymbol{M}=(m_{ij})_{n\times m}$，其中：

$$m_{ij}=\begin{cases}1, & 当顶点 v_i 是弧 a_j 的起点\\-1, & 当顶点 v_i 是弧 a_j 的终点\\0, & 当顶点 v_i 与弧 a_j 无关\end{cases}$$

例 7-4 已知图 7-13，求其关联矩阵。

解 其关联矩阵为：

$$\boldsymbol{M}=(m_{ij})_{4\times 6}=\begin{matrix} & a_1 & a_2 & a_3 & a_4 & a_5 & a_6 \\ v_1 & 0 & 1 & -1 & 0 & 0 & -1 \\ v_2 & 1 & 0 & 1 & 1 & 0 & 0 \\ v_3 & -1 & -1 & 0 & 0 & 1 & 0 \\ v_4 & 0 & 0 & 0 & -1 & -1 & 1 \end{matrix}$$

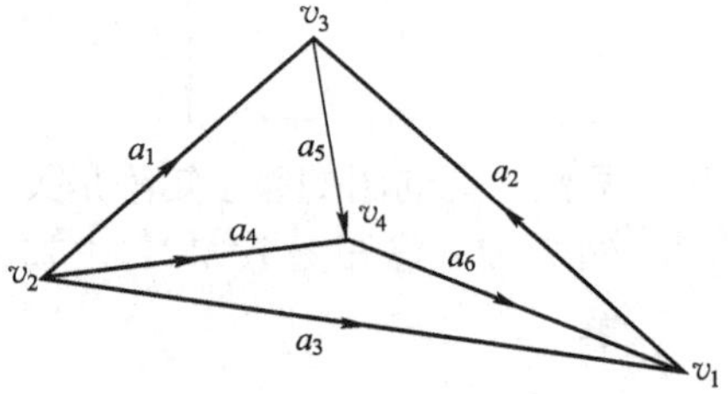

图 7-13 求有向图的关联矩阵

4. 权矩阵

权矩阵是最流行的一种网络矩阵表示法。对于有 n 个顶点的无向网络 $G=(V, E, W)$，边 $[v_i, v_j]$ 的权为 w_{ij}，则权矩阵 $\boldsymbol{D}=(d_{ij})_{n\times n}$，其中：

$$d_{ij}=\begin{cases}w_{ij}，& 当 [v_i, v_j]\in E\\\infty，& 当 [v_i, v_j]\notin E\\0，& 当 v_i=v_j\end{cases}$$

显然无向网络的权矩阵 $\boldsymbol{D}$ 是对角线对称的。

对于有 n 个顶点的有向网络 $G=(V, A, W)$，弧 (v_i, v_j) 的权为 w_{ij}，则权矩阵 $\boldsymbol{D}=$

$(d_{ij})_{n\times n}$，其中：

$$d_{ij}=\begin{cases}w_{ij}, & (v_i, v_j)\in A\\ \infty, & (v_i, v_j)\notin A\\ 0, & v_i=v_j\end{cases}$$

例 7-5　已知图 7-14，弧上的数字代表数，求 $\boldsymbol{D}=(d_{ij})_{5\times5}$。

解

$$(d_{ij})_{5\times5}=\begin{bmatrix}0 & \infty & 35 & \infty & 43\\ 19 & 0 & \infty & 85 & \infty\\ 18 & 43 & 0 & 11 & \infty\\ \infty & \infty & \infty & 0 & \infty\\ \infty & 16 & \infty & 77 & 0\end{bmatrix}$$

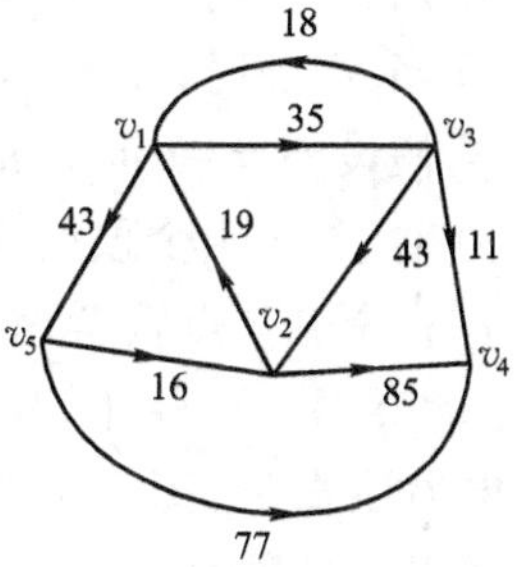

图 7-14　求有向网络的权矩阵

7.2　最小支撑树问题

7.2.1　树的定义及其基本性质

定义 7.2　无圈的连通图称为树。

图 7-15 是一个管道铺设方案路线图，是一棵树，其特征是任意两点之间都有唯一的一条链相连且没有圈。

树是一类重要的简单图。树的概念在实际中有很多应用。例如，管理中常用的组织机构图是一棵树，邮件、图书的分拣过程可以表示为一棵树，决策分析中也是用树的形式来表达决策过程的。树的概念亦是图论理论的重要基础，很多图论难题或猜想提出之后，往往先从树入手来解决问题。

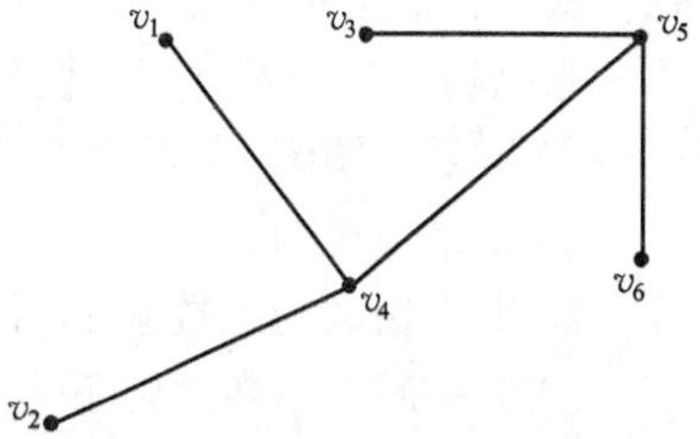

图 7-15　管道铺设方案路线图

由树的定义，可以得到树的几个相互关联的基本性质。

树的性质 1：若 T 是树，且树中点的个数 $n_T\geqslant2$，则 T 中至少有两个悬挂点。

证明　令 $Q=(v_1, v_2, \cdots, v_k)$ 是 T 中含边数最多的一条初等链，因 $n_T\geqslant2$，并且 T 是连通的，故链 Q 中至少有一条边，从而 v_1 与 v_k 是不同的。现在来证明：v_1 是悬挂点，即 $d(v_1)=1$。用反证法，如果 $d(v_1)\geqslant2$，则存在边 $[v_1, v_m]$，使 $m\neq2$。若点 v_m 不在 Q 上，那么 $(v_m, v_1, v_2, \cdots, v_k)$ 是 T 中的一条初等链，它含的边数比 Q 多一条，这与 Q 是含边数最多的初等链矛盾。若点 v_m 在 Q 上，那么 $(v_1, v_2, \cdots, v_m, v_1)$ 是 G 中的一个圈，这与树的定义矛盾。于是必有 $d(v_1)=1$，即 v_1 是悬挂点。同理可证 v_k 也是悬挂点。因而 G

中至少有两个悬挂点。

树的性质 2：图 T 是树，则 T 中的边数 m 等于点数 n 减 1，即：$m=n-1$。

证明 如果图 T 是树，则依树的定义可知 T 是连通图，对于 $m=n-1$ 可以用数学归纳法证明。

① 当 $n=1$ 时，$m=0$，$m=n-1$ 成立。

② 当 $n=2$ 时，$m=1$，$m=n-1$ 也成立。

③ 假设当 $n=k$ 时，$m=n-1$ 成立。

④ 对于 $k+1$ 个顶点的图 T 而言，由树的性质 1 可知，T 中至少有两个悬挂点。设 v_1 是 T 的一个悬挂点，考虑图 $T-\{v_1\}$，则图 $T-\{v_1\}$ 的顶点数为 k，由归纳假设可得：$m_{T-\{v_1\}}=n_{T-\{v_1\}}-1$，因为 $m_{T-\{v_1\}}=m_T-1$，$n_{T-\{v_1\}}=n_T-1$，则 $m_T=n_T-1$，证毕。

树的性质 3：图 T 是树的充分必要条件是任意两个顶点之间恰有一条链。

证明 必要性。因 T 是连通的，故任两个点之间至少有一条链。但如果某两个点之间有两条链的话，那么图 T 中含有圈，这与树的定义矛盾，从而任两个点之间恰有一条链。

充分性。设图 T 中任两个点之间恰有一条链，那么易见 T 是连通的，如果 T 中含有圈，那么这个圈上的两个顶点之间有两条链，这与假设矛盾，故 T 不含圈，于是 T 是树。

由树的性质 3，很容易推出如下结论。

① 从一个树中去掉任意一条边，则余下的图是不连通的。由此可知，在点集合相同的所有图中，树是含边数最少的连通图。

② 在树中不相邻的两个点间添上一条边，则恰好得到一个圈。进一步地说，如果再从这个圈上任意去掉一条边，可以得到一个树。

根据树的定义及其三个性质的证明，我们可以归纳出树 T 的 6 个基本性质，即：

① T 是无圈图；

② T 是连通图；

③ T 中边数为点数减 1，即 $m_T=n_T-1$；

④ T 中减去一条边则不连通；

⑤ T 中加一条边则恰有一个圈；

⑥ T 中至少有两个悬挂点。

7.2.2 图的支撑树

定义 7.3 设图 $T=(V, E')$是图 $G=(V, E)$的支撑子图，如果图 $T=(V, E')$是一个树，则称 T 是 G 的一个支撑树。

例如：图 7-16(b) 是图 7-16(a) 所示图的一个支撑树。

定理 7.3 图 G 有支撑树的充分必要条件是图 G 是连通的。

证明 必要性是显然的。

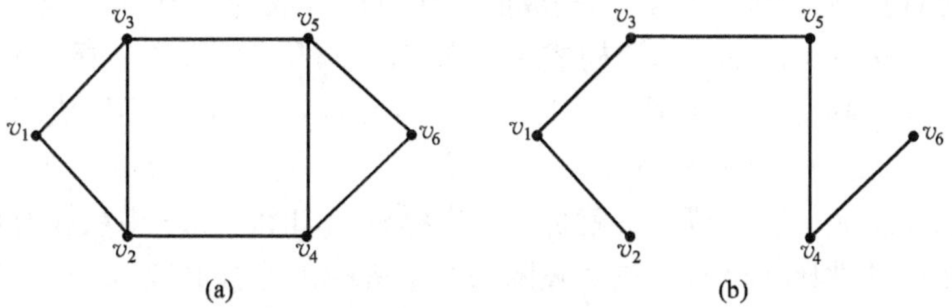

图 7－16　图与支撑树

充分性。设图 G 是连通图，如果 G 不含圈，那么 G 本身是一个树，从而 G 是它自身的一个支撑树。现设 G 含圈，任取一个圈，从圈中任意地去掉一条边，得到图 G 的一个支撑子图 G_1。如果 G_1 不含圈，那么 G_1 是 G 的一个支撑树（因为易见 G_1 是连通的）；如果 G_1 仍含圈，那么从 G_1 中任取一个圈，从圈中再去掉一条边，得到图 G 的一个支撑子图 G_2，如此重复，最终可以得到 G 的一个支撑子图 G_k，它不含圈，于是 G_k 是 G 的一个支撑树。

定理 7.3 中充分性的证明，提供了一个寻求连通图的支撑树的方法。这就是任取一个圈，从圈中去掉一边，对余下的图重复这个步骤，直到不含圈时为止，即得到一个支撑树，称这种方法为**“破圈法”**。

例 7－6　在图 7－17 中，用破圈法求出图的一个支撑树。

解　取一个圈（v_1，v_2，v_3，v_1），从这个圈中去掉边 $e_3=[v_2, v_3]$；在余下的图中，再取一个圈（v_1，v_2，v_4，v_3，v_1），去掉边 $e_4=[v_2, v_4]$；在余下的图中，从圈（v_3，v_4，v_5，v_3）中去掉边 $e_6=[v_5, v_3]$；再从圈（v_1，v_2，v_5，v_4，v_3，v_1）中去掉边 $e_8=[v_2, v_5]$。这时，剩下的图中不含圈，于是得到一个支撑树，如图 7－17 中粗线所示。

也可以用另一种方法来寻求连通图的支撑树。在图中任取一条边 e_1，找一条与 e_1 不构成圈的边 e_2，再找一条与 $\{e_1, e_2\}$ 不构成圈的边 e_3，一般设已有 $\{e_1, e_2, \cdots, e_k\}$，找一条与 $\{e_1, e_2, \cdots, e_k\}$ 中的任何一边不构成圈的边 e_{k+1}。重复这个过程，直到不能进行为止。这时，由所有取出的边所构成的图是一个支撑树，称这种方法为**“避圈法”**。

例 7－7　在图 7－18 中，用避圈法求出一个支撑树。

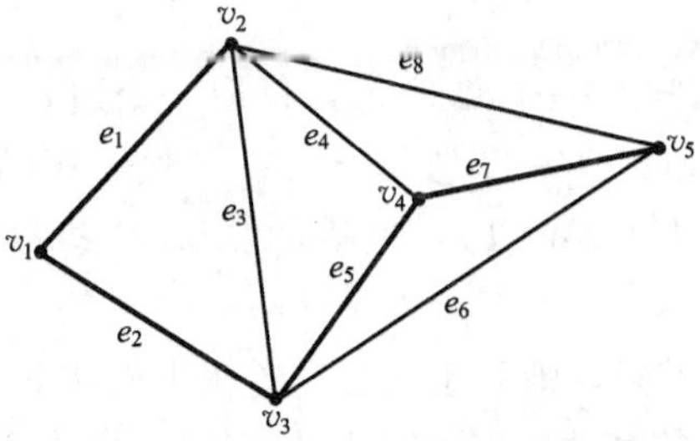

图 7－17　用破圈法求图的支撑树

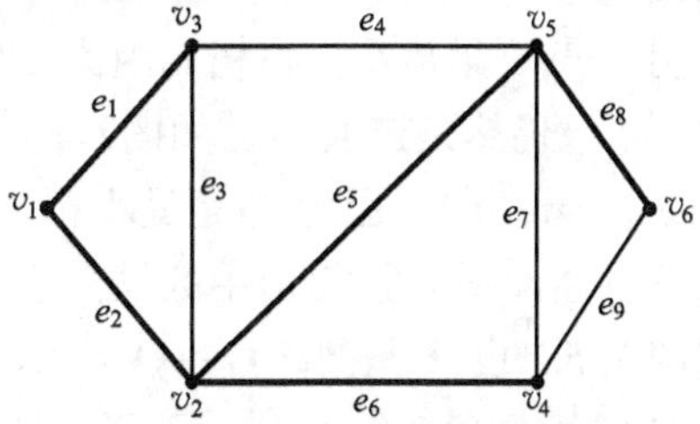

图 7－18　用避圈法求图的支撑树

解　首先任取边 e_1，因 e_2 与 e_1 不构成圈，所以可以取 e_2，因为 e_5 与 $\{e_1, e_2\}$ 不构成圈，故可以取 e_5（因 e_3 与 $\{e_1, e_2\}$ 构成一个圈 (v_1, v_2, v_3, v_1)，所以不能取 e_3）；因 e_6 与 $\{e_1, e_2, e_5\}$ 不构成圈，故可取 e_6；因 e_8 与 $\{e_1, e_2, e_5, e_6\}$ 不构成圈，故可取 e_8（注意，因 e_7 与 $\{e_1, e_2, e_5, e_6\}$ 中的 e_5，e_6 构成圈 (v_2, v_5, v_4, v_2)，故不能取 e_7）。这时由 $\{e_1, e_2, e_5, e_6, e_8\}$ 所构成的图就是一个支撑树，如图 7－18 中粗线所示。

实际上，由树的性质 2 可知，在“破圈法”中去掉的边数必是 $m-n+1$ 条，在“避圈法”中取出的边数必定是 $n-1$ 条。

7.2.3　最小支撑树的定义及有关定理

1. 最小支撑树的定义

定义 7.4　给定无向网络 $G=(V, E, W)$，对于 G 的每条边 $e\in E$，设权 $w(e)\geqslant 0$，对于 G 的每个支撑树 T，我们定义 T 的权为

$$W(T)=\sum_{e\in T}w(e)$$

如果支撑树 T^* 的权 $W(T^*)$ 是 G 的所有支撑树的权最小者，则称 T^* 是 G 的最小支撑树。

例如：为促进农村经济的发展，实现通公路的目标，准备修建新公路，把 5 个村庄连接起来。已知每两个村之间修建公路的费用概算如图 7－19 所示。问如何规划这个农村公路网，使村与村之间都有公路相通且总造价最小。

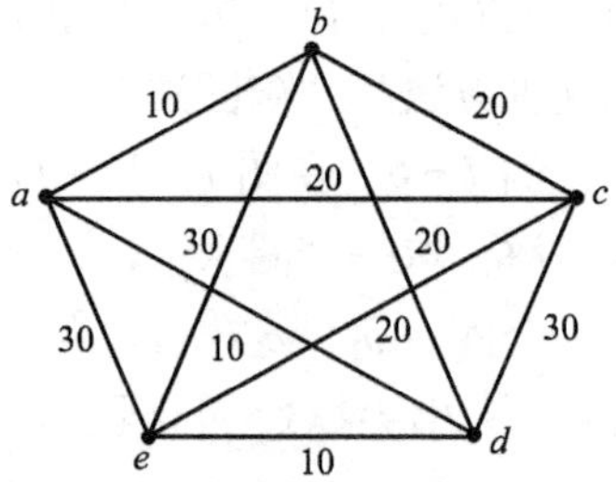

图 7－19　5 个村庄之间修路的费用概算示意图

保证村与村之间都有路相连，说明要找的图 7－19 的支撑子图 T 是连通的；为使总造价最小，则 T 中自然不应含圈，显然，上述问题就是化为寻找图 7－19 的最小支撑树问题。

2. 最小支撑树的定理

定理 7.4　设 T 是网络 $G=(V, E, W)$ 的支撑树，而任意一个树外的边 $e\in E\backslash T$，唯一决定一个圈 $C(e)$。除 e 外，$C(e)$ 的其他边都属于 T，如果 T 是 G 的最小支撑树，则 e 是 $C(e)$ 的最大边。

证明　若 T 是最小支撑树，因为 $T\cup\{e\}$ 含有唯一一个圈 $C(e)$，任取一个边 $e'\in C(e)$，$T\cup\{e\}-\{e'\}$ 仍然是连通不含圈的，即是一个树，记 $T'=T\cup\{e\}-\{e'\}$，则：$W(T')=W(T)+w(e)-w(e')$。因为 T 是最小树，所以 $W(T')\geqslant W(T)$，也就是说 $w(e)\geqslant w(e')$，由于 e' 的任意性，则 e 是 $C(e)$ 中的最大边。

定理 7.5　设 T 是网络 $G=(V, E, W)$ 的支撑树，则对于任意一条树上的边 $e\in T$，唯一地决定 G 的一个割集 $\Phi(e)$，除了 e 外，$\Phi(e)$ 上的其他边都不属于 T，如果 T 是 G 的最小支撑树，则 e 是 $\Phi(e)$ 的最小边。

证明　设 $T-\{e\}$ 有两个连通子图，它们的顶点集合分别是 V_1 和 V_2，任选一边 $e'\in\Phi(e)$，因为，$T'=T-\{e\}\cup\{e'\}$ 是连通的且不含圈，故 T' 也是 G 的支撑树，而且 $W(T')=W(T)-w(e)+w(e')$，如果 T 是最小树，则 $W(T')\geqslant W(T)$。因此，$w(e)\leqslant w(e')$。于是得证。

7.2.4　最小支撑树算法

最小支撑树算法主要有 3 个，其一为避圈法，其二为反圈法，其三为破圈法。

(1) 避圈法

由定理 7.4，得出最小支撑树的算法之一——避圈法，即 KRUSKAL 算法。其基本思想是：首先将网络 G 的边按权的大小排序，然后从最小边开始选起，每次选出一个新的边后要判断是否与所选的边构成一个圈，如果是则放弃该边，否则入选该边直至所选的边数为点数减 1 为止。该算法每次选择边时，总是优先选择权最小的边，所以避圈法又叫最小边优选法。具体的步骤如下。

第 1 步（初始化）：将 $G=(V, E, W)$ 的边按权的大小顺序从小到大排好，即，$w(e_1)\leqslant w(e_2)\leqslant\cdots\leqslant w(e_m)$，令 $i=0$（i 为已查过的边的数目），$j=0$（j 为已在树里的边数），$E_T=\Phi$（T 为最小支撑树，E_T 为所选的最小支撑树边的集合）。

第 2 步（选边）：令 $i=i+1$，判别 $E_T\cup\{e\}$ 是否含圈，如果含圈，转入第 3 步；否则转入第 4 步。

第 3 步：如果 $i<m$ 转入第 2 步；否则结束，网络不连通。

第 4 步：令 $E_T=E_T\cup\{e\}$，$j=j+1$，转入第 5 步。

第 5 步：如果 $j=n-1$，则结束，E_T 为最小支撑树边的集合。最后 $T(V, E_T)$ 即为所求最小支撑树。

例 7-8　已知图 7-20 的网络中，边上的数字代表权，试用避圈法求最小支撑树。

解　将各边按权从小到大排列为：

$$w_{23}\leqslant w_{24}\leqslant w_{45}\leqslant w_{56}\leqslant w_{46}\leqslant w_{12}\leqslant w_{35}\leqslant w_{13}\leqslant w_{25}$$

$i=0$，$j=0$，$E_T^{(0)}=\Phi$，$n=6$，$m=9$；

$i=1$，$E_T^{(0)}\cup\{e_{23}\}$ 无圈，$E_T^{(1)}=E_T^{(0)}\cup\{e_{23}\}=\{e_{23}\}$，$j=1<n-1$；

$i=2$，$E_T^{(1)}\cup\{e_{24}\}$ 无圈，$E_T^{(2)}=E_T^{(1)}\cup\{e_{24}\}=\{e_{23}, e_{24}\}$，$j=2<n-1$；

$i=3$，$E_T^{(2)}\cup\{e_{45}\}$ 无圈，$E_T^{(3)}=E_T^{(2)}\cup e_{45}=\{e_{23}, e_{24}, e_{45}\}$，$j=3<n-1$；

$i=4$，$E_T^{(3)}\cup\{e_{56}\}$ 无圈，$E_T^{(4)}=E_T^{(3)}\cup\{e_{56}\}=\{e_{23}, e_{24}, e_{45}, e_{56}\}$，$j=4<n-1$；

$i=5$，$E_T^{(4)}\cup\{e_{46}\}$ 含圈，$E_T^{(5)}=E_T^{(4)}$，$j=4<n-1$；

$i=6$，$E_T^{(5)}\cup\{e_{12}\}$ 无圈，$E_T^{(6)}=E_T^{(5)}\cup\{e_{12}\}=\{e_{23}, e_{24}, e_{45}, e_{56}, e_{12}\}$，$j=5=n-1$，结束。

$E_T^{(6)}$ 就是所求的最小支撑树的边的集合。$T(V, E_T^{(6)})$ 就是最小支撑树（如图 7-21

所示)。

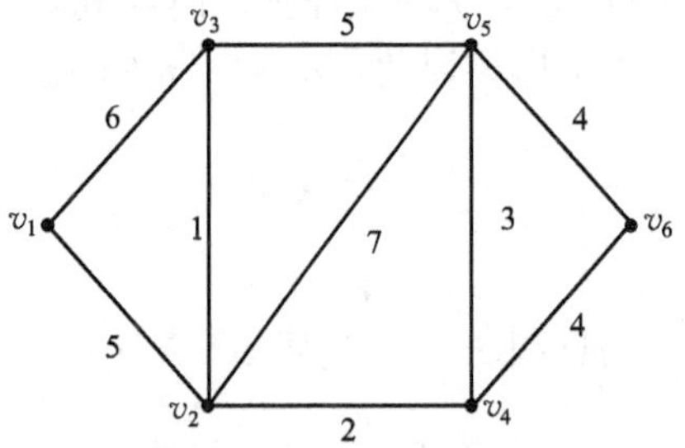

图 7-20 求最小支撑树的网络图

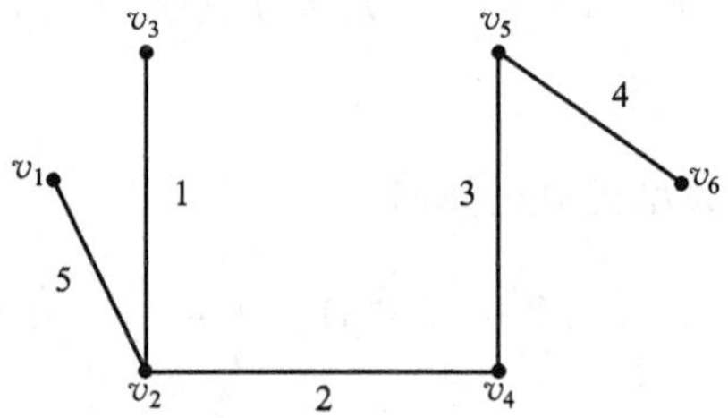

图 7-21 用避圈法求得图 7-20 的最小支撑树

最小支撑树的权为 5+1+2+3+4=15。

显然根据上述步骤，要想实现计算机编程求最小支撑树，关键在于将网络 G 的边按大小排序，及判断所选的边是否含圈这两部分。而技巧性相对较高的是如何判断是否含圈。

(2) 反圈法

由定理 7.4，得出最小支撑树的算法之二——反圈法，它是由 Prim (1957) 提出来的，因此又称为 PRIM 算法。其基本思想是：从图 $G(V, E)$ 中任取一个顶点放入树 T 的点集 V_T 中，对于将图 G 分成 V_T、$\overline{V}_T$ 两部分的割集 $\Phi(V_T)$ 来说，选取一个权最小的边放入树 T 的边集 E_T 中，并将该边所关联的顶点放入 V_T 中，重复上述步骤，直至 G 中所有的顶点都选入 V_T 为止。具体步骤如下。

第 1 步 (初始化)：令 $i=1$(i 为已在树里点的数目)，$E_T=\Phi$(E_T 为最小支撑树 T 的边集)，$V_T=\{v_1\}$(把 v_1 放入最小支撑树 T 的点集 V_T 中)。

第 2 步：对于顶点 $v_i\in\overline{V}_T$，比较 v_i 到 V_T 中所有顶点的边权，选取权最小的边，作为该点到 V_T 中点的权的标号，记为 DIST[v_i]，并记录下该最小权边在 V_T 中所关联的顶点，记 $\lambda[v_i]$，如果 v_i 与 V_T 中所有顶点都不关联，则 DIST[v_i]$=\infty$，$\lambda[v_i]=0$。

第 3 步：$\forall\, v_i\in\overline{V}_T$，比较 DIST[$v_i$]，选取 $v_k=\min\limits_{v_i\in\overline{V}_T}\{\text{DIST}[v_i]\}$，如果 DIST[$v_K$] 为 ∞，则输出“图不连通”，算法结束；否则将 v_K 放入 V_T 中，$i=i+1$，将 [v_k，$\lambda[v_k]$] 放入 E_T 中，如果 $i=n$ (n 为网络的顶点数)，则输出最小支撑树，算法结束，否则转第 2 步。

例 7-9 图 7-22 是一个无向网络，试用反圈法求最小支撑树。

解 第 1 轮：$i=1$，$ET=\{\Phi\}$，$\lambda[j]=0$($j=1, 2, \cdots, 7$)，DIST[j]$=\infty$($j=1, 2, \cdots, 7$)

选择节点 v_1，$V_T=\{1\}$，计算：

DIST[2]=43，　λ[2]=1；

DIST[3]=27，√　λ[3]=1；

DIST[4]=∞，　λ[4]=0；

DIST[5]=∞，　λ[5]=0；

DIST[6]=∞，　　λ[6]=0；

DIST[7]=∞，　　λ[7]=0。

参见图 7-23，其中虚线表示未选边，实线表示已选边。

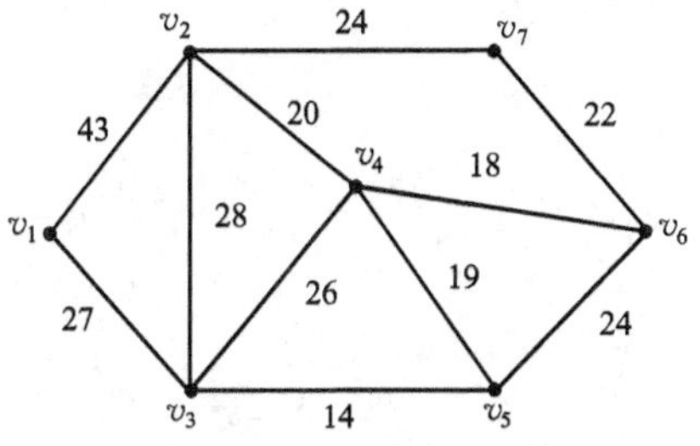

图 7-22　无向网络图

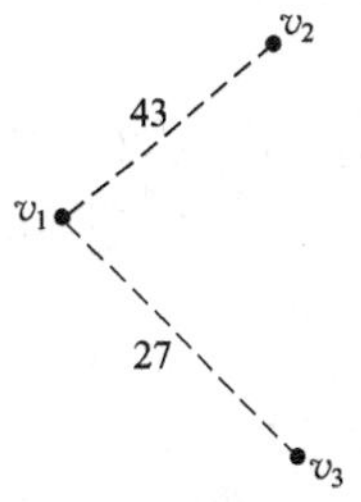

图 7-23　例 7-9 求解第 1 轮示意图

第 2 轮：选择节点 v_3，$i=2$，$V_T=\{1, 3\}$，$E_T=\{[1, 3]\}$。

DIST[2]=28，　　λ[2]=3；

DIST[4]=26，　　λ[4]=3；

DIST[5]=14，√　λ[5]=3；

DIST[6]=∞，　　λ[6]=0；

DIST[7]=∞，　　λ[7]=0。

参见图 7-24。

第 3 轮：选择节点 v_5，$i=3$，$V_T=\{1, 3, 5\}$，$E_T=\{[1, 3], [3, 5]\}$。

DIST[2]=28，　　λ[2]=3；

DIST[4]=19，√　λ[4]=5；

DIST[6]=24，　　λ[6]=5；

DIST[7]=∞，　　λ[7]=0。

参见图 7-25。

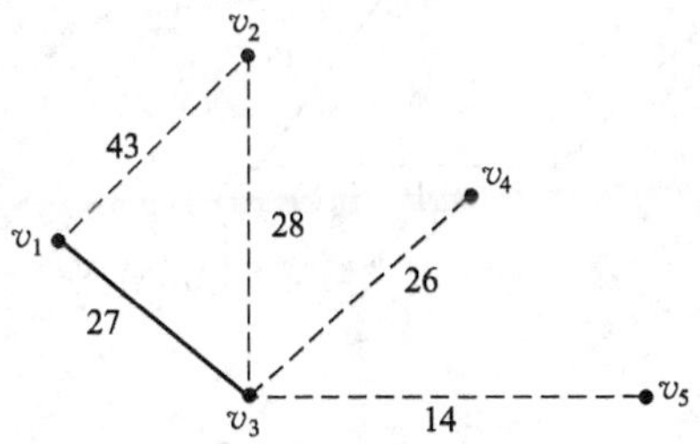

图 7-24　例 7-9 求解第 2 轮示意图

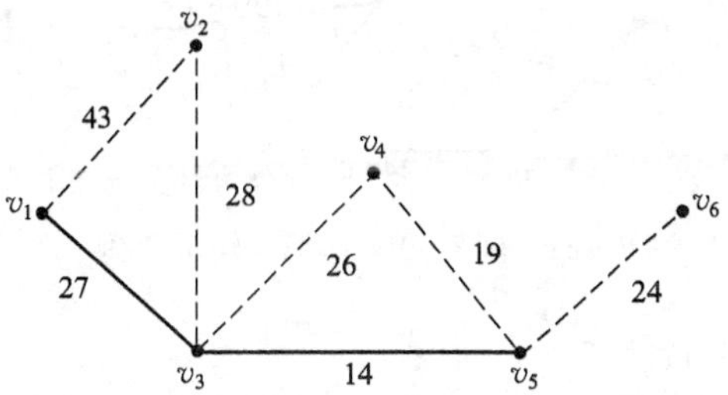

图 7-25　例 7-9 求解第 3 轮示意图

第 4 轮：选择节点 v_4，$i=4$，$V_T=\{1, 3, 4, 5\}$，$E_T=\{[1, 3], [3, 5], [4, 5]\}$。

DIST[2]=20，　　λ[2]=4；

DIST[6]=18，√　λ[6]=4；

DIST[7]=∞，　　λ[7]=0。

参见图 7-26。

第 5 轮：选择节点 v_6，$i=5$，$V_T=\{1, 3, 4, 5, 6\}$，$E_T=\{[1, 3], [3, 5], [4, 5], [4, 6]\}$。

DIST[2]=20，√　λ[2]=4；

DIST[7]=22，　　λ[7]=6。

参见图 7-27。

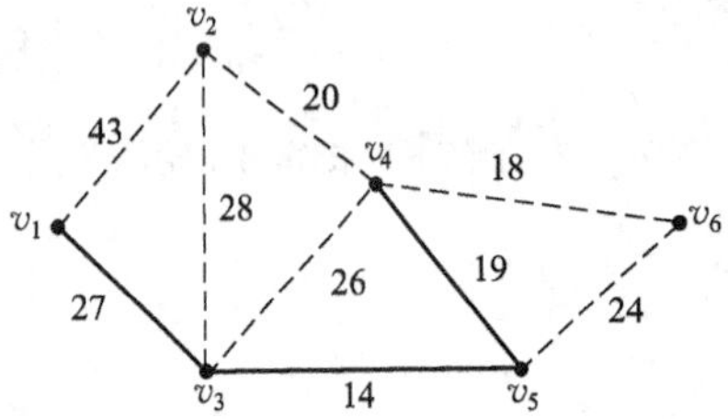

图 7-26　例 7-9 求解第 4 轮示意图

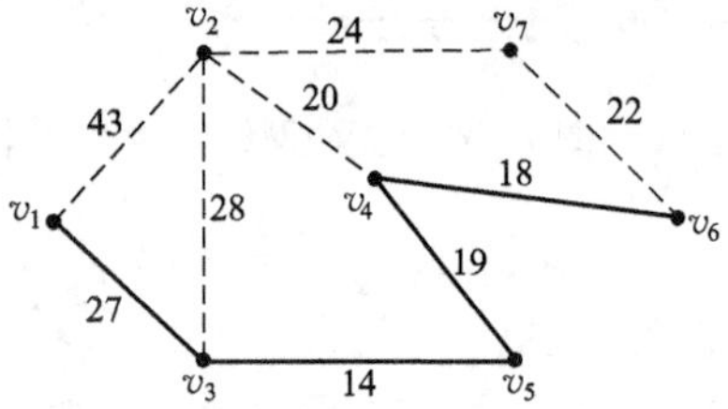

图 7-27　例 7-9 求解第 5 轮示意图

第 6 轮：选择节点 v_2，$i=6$，$V_T=\{1, 2, 3, 4, 5, 6\}$，$E_T=\{[1, 3], [3, 5], [4, 5], [4, 6], [2, 4]\}$。

DIST[7]=22，　　λ[7]=6。

参见图 7-28。

第 7 轮：选择节点 v_7，$i=7$，$V_T=\{1, 2, 3, 4, 5, 6, 7\}$，$E_T=\{[1, 3], [3, 5], [4, 5], [4, 6], [2, 4], [6, 7]\}$，得到最小支撑树。参见图 7-29。

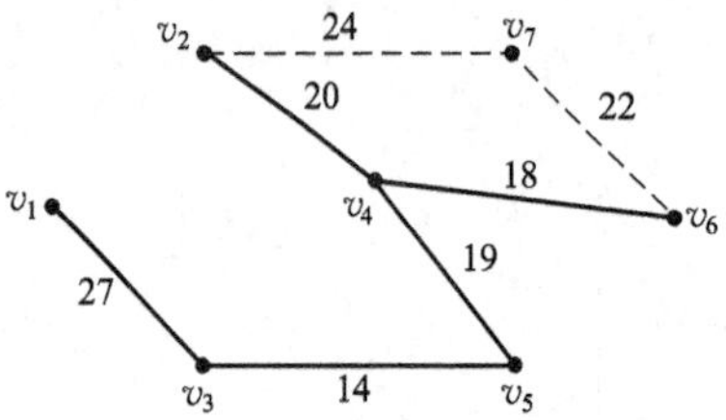

图 7-28　例 7-9 求解第 6 轮示意图

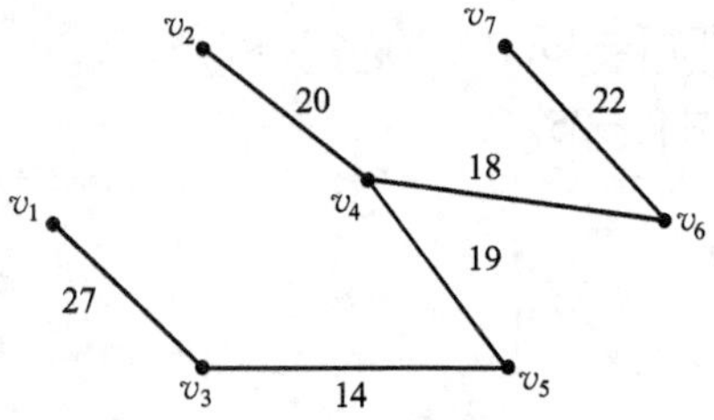

图 7-29　例 7-9 求解第 7 轮示意图

(3) 破圈法

破圈法是由 Rosens Tiehl 和管梅谷分别提出来的。其基本思路是：设 $G^{(k)}$ 是 G 的连通生成子图（开始 $G^{(0)}=G$），若 $G^{(k)}$ 中不包含圈，则它是最小支撑树；若 $G^{(k)}$ 中包含圈，设 $C^{(k)}$ 是 $G^{(k)}$ 中的一个圈，取 $C^{(k)}$ 上的一条权最大的边 $e^{(k)}$，令 $G^{(k+1)}=G^{(k)}-\{e^{(k)}\}$，重复上述过程，直到找不到圈为止。

例 7-10　图 7-22 的一个无向网络，使用破圈法，求最小支撑树。

解　第 1 轮：$G^{(0)}=G$，参见图 7-30，找到圈 $C^{(0)}$，最大权边 $e^{(0)}=[1,\ 2]$，$w(e^{(0)})=43$，去掉该边。

第 2 轮：$G^{(1)}=G^{(0)}-\{e^{(0)}\}$，参见图 7-31，找到圈 $C^{(1)}$，最大权边 $e^{(1)}=[2,\ 3]$，$w(e^{(1)})=28$，去掉该边。

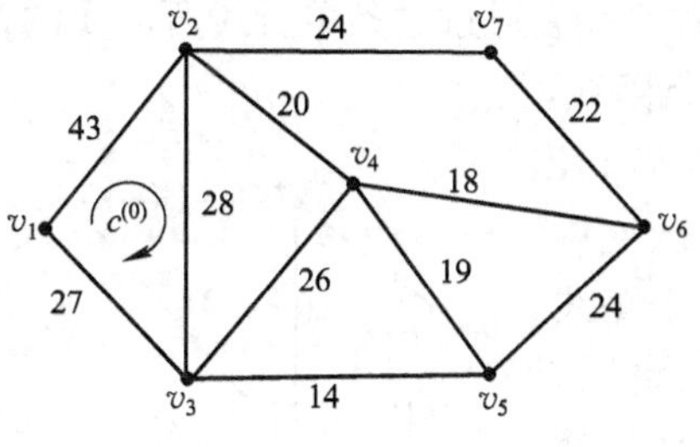

图 7-30　例 7-10 求解第 1 轮示意图

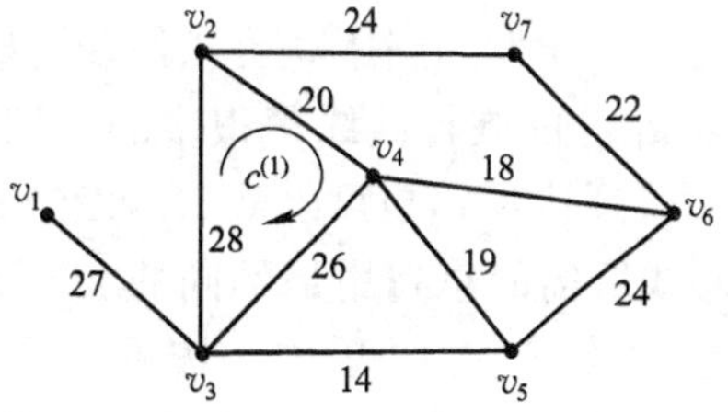

图 7-31　例 7-10 求解第 2 轮示意图

第 3 轮：$G^{(2)}=G^{(1)}-\{e^{(1)}\}$，参见图 7-32，找到圈 $C^{(2)}$，最大权边 $e^{(2)}=[2,\ 7]$，$w(e^{(2)})=24$，去掉该边。

第 4 轮：$G^{(3)}=G^{(2)}-\{e^{(2)}\}$，参见图 7-33，找到圈 $C^{(3)}$，最大权边 $e^{(3)}=[3,\ 4]$，$w(e^{(3)})=26$，去掉该边。

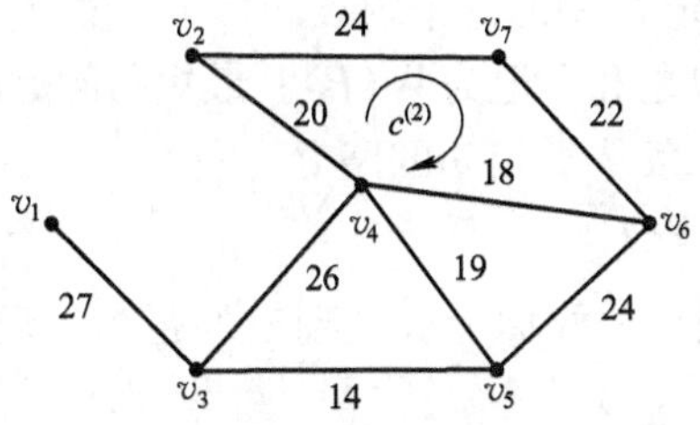

图 7-32　例 7-10 求解第 3 轮示意图

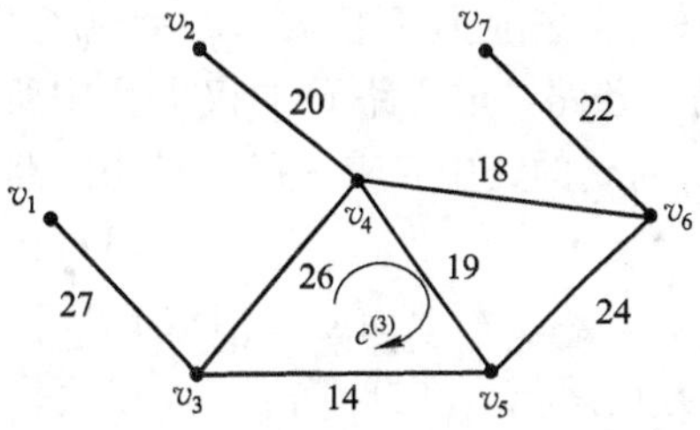

图 7-33　例 7-10 求解第 4 轮示意图

第 5 轮：$G^{(4)}=G^{(3)}-\{e^{(3)}\}$，参见图 7-34，找到圈 $C^{(4)}$，最大权边 $e^{(4)}=[5,\ 6]$，$w(e^{(4)})=24$，去掉该边。

第 6 轮：$G^{(5)}=G^{(4)}-\{e^{(4)}\}$，参见图 7-35，$G^{(5)}$ 中不存在圈，故已找到最小支撑树。

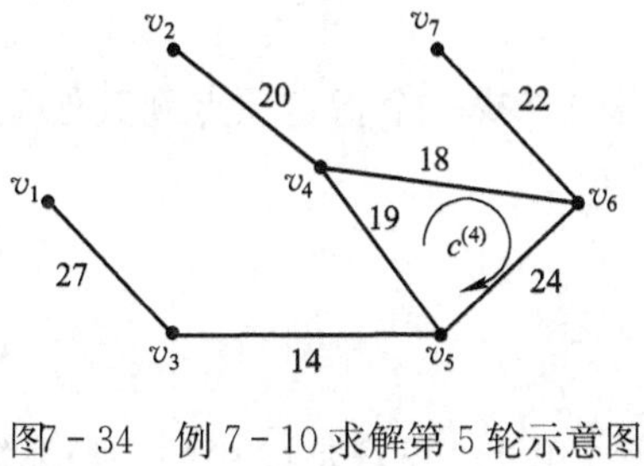

图 7-34　例 7-10 求解第 5 轮示意图

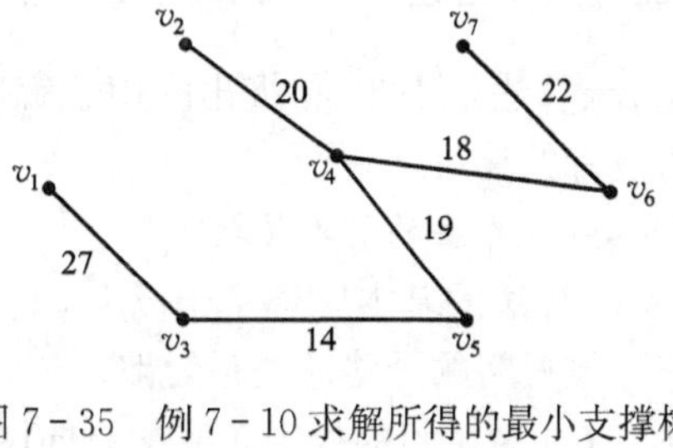

图 7-35　例 7-10 求解所得的最小支撑树

7.3 最短路问题

7.3.1 最短路问题定义

如图 7－36 所示的单行线交通网，每弧旁的数字代表通过这条单行线所需要的费用。现在某人要从 v_s 出发，到达 v_5，求使费用最小的旅行路线。

从 v_s 到 v_5 的旅行路线是很多的。例如，可以从 v_s 出发经 v_1、v_3 到达 v_5；也可以从 v_s 出发经 v_2、v_4 到达 v_5 等。不同的路线所需的总费用是不同的。比如按前一个路线，总费用是 $9+2+7=18$ 单位；按后一个路线，总费用是 $15+35+21=71$ 单位。不难看到，用图的语言来描述，从 v_s 到 v_5 的旅行路线与从 v_s 到 v_5 的路是一一对应的。比如，第 1 条旅行路线表示成路 (v_s, v_1, v_2, v_5)，第 2 条旅行路线表示成路 (v_s, v_2, v_4, v_5)。定义构成路的所有弧上的权（费用）的总和为该路的权（或费用）。则引出最短路定义如下。

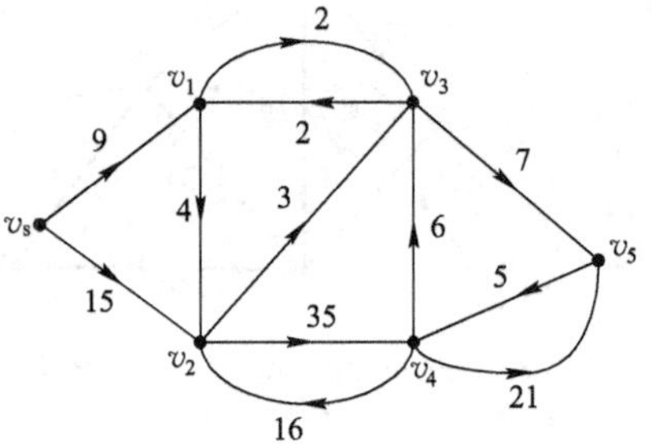

图 7－36 求最短路的有向网络图

定义 7.5 给定一个赋权有向图，即给了一个有向图 $G=(V, A, W)$，对每一个弧 $a_{ij}=(v_i, v_j)\in A$，相应地有权 $w(a_{ij})=w_{ij}\in W$，又给定 G 中的两个顶点 v_s，v_t。设 P 是 G 中从 v_s 到 v_t 的一条路，定义路 P 的权是 P 中所有弧的权之和，记为 $W(P)$。最短路问题就是要在所有从 v_s 到 v_t 的路中，求一条权最小的路，即求一条从 v_s 到 v_t 的路 P^*，使

$$W(P^*)=\min_P W(P)$$

称 P^* 是从 v_s 到 v_t 的最短路，记为 $P(v_s, v_t)$。路 P^* 的权称为从 v_s 到 v_t 的距离，记为 $d(v_s, v_t)$。显然，$d(v_s, v_t)$ 与 $d(v_t, v_s)$ 不一定相等。

最短路问题是重要的最优化问题之一，它不仅可以直接应用于解决生产实际的许多问题，如管道铺设、线路安排、厂区布局、设备更新等，而且经常被作为一个基本工具，用于解决其他的优化问题。

本节的最短路问题主要研究有向网络，对于无向网络，每条边可以看成双向弧。

7.3.2 最短路算法之一——Dijkstra 算法

Dijkstra 算法是 1959 年提出的用于解决非负权网络中寻找一个指定顶点到其他顶点的最短路的最好的算法之一。

1. Dijkstra 算法的基本依据

Dijkstra 算法的基本思想基于以下 3 个出发点。

第一，最短路的子路还是最短路。

定理 7.6 对于弧的权大于 0 的有向网络 $G=(V, A, W)$，若 P 是 G 中的一条最短路，

则 P 的子路也是最短路。

证明　设 v_s、v_t 是网络 G 中的任意两点，$P(v_s, v_t)$ 是从 v_s 到 v_t 的一条最短路。令 v_1、v_2 是最短路 $P(v_s, v_t)$ 上的任意两点，则 $P(v_s, v_t)$ 可以分为 3 段子路之和，即：$P(v_s, v_t)=P(v_s, v_1)\cup P(v_1, v_2)\cup P(v_2, v_t)$，若 $P(v_1, v_2)$ 不是 G 中从 v_1 到 v_2 的最短路，则我们找到 G 中的路 $P'(v_1, v_2)$，它的长度小于 $P(v_1, v_2)$。这样，G 中路径 $P'(v_s, v_t)=P(v_s, v_1)\cup P(v_1, v_2)\cup P(v_2, v_t)$ 的长度小于 $P(v_s, v_t)$。这与 $P(v_s, v_t)$ 是最短路径矛盾。故 $P(v_1, v_2)$ 也是最短路。

同理，$P(v_s, v_1)$，$P(v_1, v_t)$ 也是最短路。于是定理 7.6 得证。

第二，设非负权网络 $G=(V, A, W)$ 中，v_s 到所有其他顶点的最短路长度按大小排列为 $d_0\leqslant d_1\leqslant d_2\leqslant\cdots\leqslant d_n$。假设 d_1，…，d_k 已求得（d_0 为 v_s 到 v_s 的最短路距离，一般取 0），对应的最短路径分别为 $P_1=P(v_s, v_1)$，$P_2=P(v_s, v_2)$，…，$P_k=P(v_s, v_k)$，并记 $S_k=\{v_s, v_1, \cdots, v_k\}$，则 P_k 中弧的数目不大于 k。

显然，因 P_k 是长度为 d_k（第 k 条最短）的路，P_k 短路的子路还是最短的，则 P_k 中所包含的顶点一定在 S_k 中。

对于有 $k+1$ 个顶点的非负权网络中，任意两点的最短路的路长包含的弧的数目一定小于等于 k。因为若弧的数目大于 k，则路上一定至少有两个顶点重复出现，即有回路出现，那么这条路一定还不是最短路。因此，对于 $S_k=\{v_s, v_1, \cdots, v_k\}$，$S_k$ 中共有 $k+1$ 个顶点，则 $P(v_s, v_k)$ 的最短路所包含弧的数目一定不大于 k。

第三，最短路的迭代计算公式。

定理 7.7　对于非负权有向网络 $G=(V, A, W)$ 中，v_s 到所有其他顶点的最短路长度按大小排列为 $d_0\leqslant d_1\leqslant d_2\cdots\leqslant d_n$。假设 $P_1=P(v_s, v_1)$，$P_2=P(v_s, v_2)$，…，$P_k=P(v_s, v_k)$ 已求出，并记 $S_k=\{v_s, v_1, \cdots, v_k\}$，$\overline{S}_k=V-S_k$，则第 $k+1$ 条最短路的路长 d_{k+1} 可以按式 7-4 求得：

$$d_{k+1}=\min_{v_i\in S_k, v'\in\overline{S_k}}\{d(v_s, v_i)+w(v_i, v')\} \tag{7-4}$$

证明　设 v' 为 P_{k+1} 的终点，则 P_{k+1} 至少由一条弧组成，假定 P_{k+1} 的最后一条弧为 (v_i, v')，则 $P_{k+1}=P(v_s, v_i)\cup(v_i, v')$。根据定理 7.6，$P(v_s, v_i)$ 一定是从 v_s 到 v_i 的最短路，而且 $P(v_s, v_i)$ 的长度为 d_i。因为 $d_i<d_{k+1}$，所以 $v_i\in S_k(0\leqslant i\leqslant k)$，所以 d_{k+1} 具有 $d(v_s, v_i)+w(v_i, v')(v_i\in S_k, v'\in\overline{S_k})$ 的形式。于是定理 7.7 得证。

2. Dijkstra 算法的基本步骤及算例

(1) Dijkstra 最短路算法的基本思想

采用标号法，每个顶点有两个标号，一个用于标记路长，用 $d(v_i)$ 表示；另一个用于标记从起点到终点路径的最后一条弧的起始点号。网络顶点的标号分两类，一类是永久标号，一类是临时标号。当迭代至第 k 步时，获得永久标号的点意味着已经找到 v_s 到该点的最短路的路长和路径。将获得永久标号的点放在 S_k 集合中，获得永久标号的点的 d 值（路长标号）和 λ 值（路径标号）不再修改。获得临时标号的点意味着还没找到从 v_s 到该点的最短路。若 v_l 是临时标号的点，则路长标记值 $d(v_l)=\min\limits_{v_i'\in S_k, v_l\in \overline{S_k}}\{d(v_s, v_i)+w(v_i, v_l)\}$ 应该是从 v_s 到 v_l 的最短路路长的上界值，该值作为中间结果保留。若第 k 步，新求的永久标号点为 v_k，对于临时标号点 v_l 来说，求得 $d^{(k)}(v_l)$ 和 $\lambda^{(k)}(v_l)$，那么在第 $k+1$ 步，v_l 的 $d^{(k+1)}(v_l)$ 和 $\lambda^{(k+1)}(v_l)$ 的取值可以用式（7-5）、式（7-6）来计算：

$$d^{(k+1)}(v_l)=\min\{d^{(k)}(v_l), d(v_s, v_k)+w(v_k, v_l)\} \tag{7-5}$$

$$\lambda^{(k+1)}(v_l)=\begin{cases}\lambda^{(k)}(v_l), & d^{(k)}(v_l)\leqslant d(v_s, v_k)+w(v_k, v_l)\\ v_k, & d^{(k)}(v_l)>d(v_s, v_k)+w(v_k, v_l)\end{cases} \tag{7-6}$$

该算法从 v_s 出发，逐步向外探寻最短路。依次找 d_1，d_2，…，d_n 和它们对应的路径。这是计算最短路生成树的方法。

（2）Dijkstra 算法的步骤

第 1 步（初始化）：令 $k=0$，$S^{(0)}=\{v_s\}$（S 是永久标号点的集合），$T^{(0)}=\{v_1, v_2, \cdots, v_n\}$（$T$ 是临时标号点的集合），$d^{(0)}(v_s)=0$，$d^{(0)}(v_i)=\infty$（$d(v_i)$ 是 v_i 点被赋予的路长的临时初始标号，$i=1, 2, \cdots, n$）。$\lambda(v_i)=v_s$（$\lambda(v_i)$ 是 v_i 点被赋予的 $v_s\to v_i$ 路径的 v_i 先驱点号，resent$=v_s$（resent 用于表示最新获得永久标号的顶点）。

第 2 步：$k=k+1$ 对于所有临时标号 $v_l\in T^{(k-1)}$，计算：

$$d^{(k)}(v_l)=\min\{d^{(k-1)}(v_l), d(\text{resent})+w(\text{resent}, v_l)\}$$

如果 $d^{(k)}(v_l)<d^{(k-1)}(v_l)$，则 $\lambda^{(k)}(v_l)=\text{resent}$；否则，$\lambda^{(k)}(v_l)=\lambda^{(k-1)}(v_l)$。

第 3 步：若 v_k 满足 $d(v_k)=\min\limits_{v_l\in T^{(k-1)}}\{d^{(k)}(v_l)\}$，则 resent$=v_k$，$S^{(k)}=S^{(k-1)}\cup\{v_k\}$，$T^{(k)}=T^{(k-1)}-\{v_k\}$。若 $k=n$，则结束；否则，转第 2 步。

例 7-11　用 Dijkstra 算法求图 7-36 的最短路。

解　最短路的算法步骤如下。

赋初值：$k=0$。

$S^{(0)}=\{v_s\}$，$T^{(0)}=\{v_1, v_2, v_3, v_4, v_5\}$，$d^*(v_s)=0$，$d^{(0)}(v_i)=\infty(v_i\in T^{(0)})$，$\lambda^*(v_s)=v_s$，$\lambda^{(0)}(v_i)=v_s(v_i\in T^{(0)})$，resent$=v_s$。

第 1 轮：$k=1$。

$$d^{(1)}(v_i)=\min\{d^{(0)}(v_i), d^*(v_s)+w(v_s, v_i)\}(v_i\in T^{(0)}),$$

计算得：$d^{(1)}(v_1)=9$，$d^{(1)}(v_2)=15$，$d^{(1)}(v_3)=d^{(1)}(v_4)=d^{(1)}(v_5)=\infty$，$\lambda^{(1)}(v_i)=\lambda^{(0)}(v_i)$ $(v_i\in T^{(0)})$。因为 $d^{(1)}(v_1)=\min\{d^{(1)}(v_1), d^{(1)}(v_2), d^{(1)}(v_3), d^{(1)}(v_4), d^{(1)}(v_5)\}$，所以 v_1 获得永久标号，$S^{(1)}=\{v_s, v_1\}$，$T^{(1)}=\{v_2, v_3, v_4, v_5\}$，$d^*(v_1)=9$，$\lambda^*(v_1)=v_s$，resent$=v_1$。

具体如图 7-37 所示，图中方括号代表获得永久标号点的标号值，圆括号代表获临时标号值。

第 2 轮：$k=2$。

对于所有 $v_i \in T^{(1)}$，计算 $d^{(2)}(v_i)=\min\{d^{(1)}(v_i),\ d^{*}(v_1)+w(v_1,\ v_i)\}(v_i \in T^{(1)})$，计算得：$d^{(2)}(v_2)=13$，$d^{(2)}(v_3)=11$，$d^{(2)}(v_4)=\infty$，$d^{(2)}(v_5)=\infty$，因为 $d^{(2)}(v_2)<d^{(1)}(v_2)$，所以 $\lambda^{(2)}(v_2)=v_1$，同理 $\lambda^{(2)}(v_3)=v_1$，而 $\lambda^{(2)}(v_4)=\lambda^{(2)}(v_5)=v_s$。

又因为 $d^{(2)}(v_3)=\min\{d^{(2)}(v_3),\ d^{(2)}(v_2),\ d^{(2)}(v_4),\ d^{(2)}(v_5)\}$，所以 v_3 获得永久标号。于是，$S^{(2)}=\{v_s,\ v_1,\ v_3\}$，$T^{(2)}=\{v_2,\ v_4,\ v_5\}$，$\lambda^{*}(v_3)=v_1$，$d^{*}(v_3)=11$，resent$=v_3$。具体如图 7-38 所示。

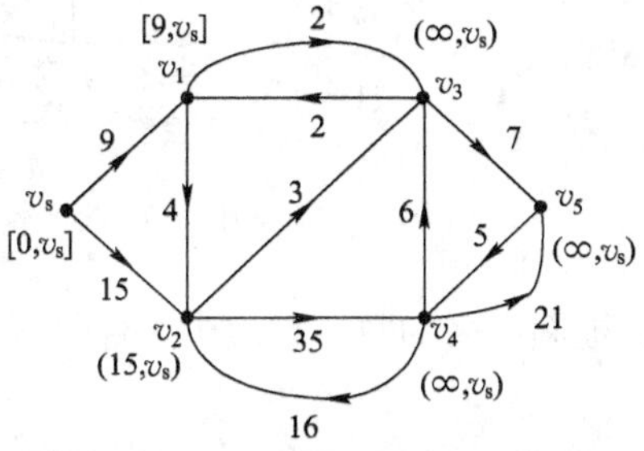

图 7-37　例 7-11 第 1 轮标号

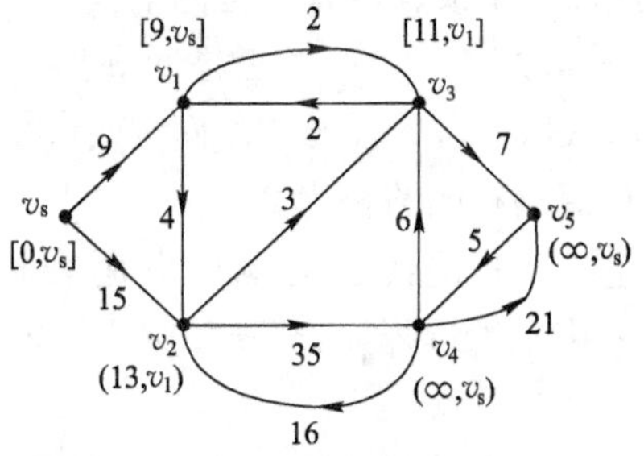

图 7-38　例 7-11 第 2 轮标号

第 3 轮：$k=3$。

对于所有 $v_i \in T^{(2)}$，计算 $d^{(3)}(v_i)=\min\{d^{(2)}(v_i),\ d^{*}(v_3)+w(v_3,\ v_i)\}$，计算得：$d^{(3)}(v_2)=13$，$d^{(3)}(v_4)=\infty$，$d^{(3)}(v_5)=18$。同时 $\lambda^{(3)}(v_2)=v_1$，$\lambda^{(3)}(v_4)=v_s$，$\lambda^{(3)}(v_5)=v_3$。又因为 $d^{(3)}(v_2)=\min\{d^{(3)}(v_2),\ d^{(3)}(v_4),\ d^{(3)}(v_5)\}$，所以 v_2 获得永久标号。$S^{(3)}=\{v_s,\ v_1,\ v_3,\ v_2\}$，$T^{(3)}=\{v_4,\ v_5\}$，$\lambda^{*}(v_2)=v_1$，$d^{*}(v_2)=13$，resent$=v_2$。具体如图 7-39 所示。

第 4 轮：$k=4$。

对于所有 $v_i \in T^{(3)}$，计算 $d^{(4)}(v_i)=\min\{d^{(3)}(v_i),\ d^{*}(v_2)+w(v_2,\ v_i)\}$，算得：$d^{(4)}(v_4)=48$，$d^{(4)}(v_5)=18$；同时 $\lambda^{(4)}(v_4)=v_2$，$\lambda^{(4)}(v_5)=v_3$。又因为 $d^{(4)}(v_5)=\min\{d^{(4)}(v_4),\ d^{(4)}(v_5)\}$，所以 v_5 获得永久标号，$S^{(4)}=\{v_s,\ v_1,\ v_2,\ v_3,\ v_5\}$，$T^{(4)}=\{v_4\}$，$\lambda^{*}(v_5)=v_3$，$d^{*}(v_5)=18$，resent$=v_5$。具体如图 7-40 所示。

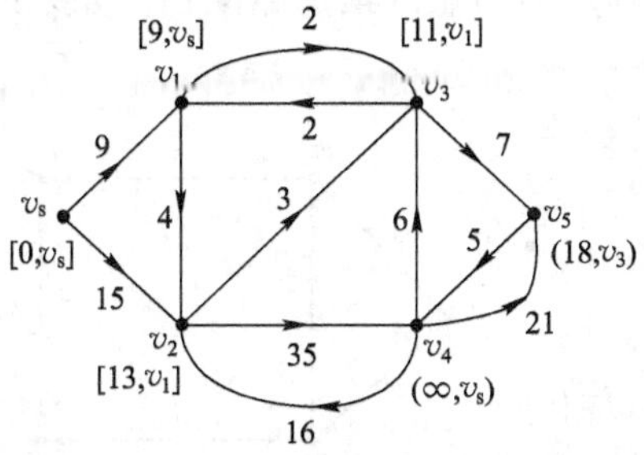

图 7-39　例 7-11 第 3 轮标号

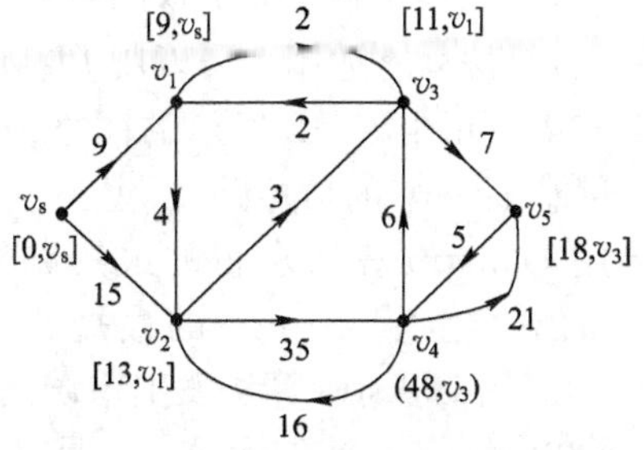

图 7-40　例 9-11 第 4 轮标号

第 5 轮：$k=5$。

对于 v_4，计算 $d^{(5)}(v_4)=\min\{d^{(4)}(v_4),\ d^*(v_5)+w(v_5,\ v_4)\}=23$，$\lambda^{(5)}(v_4)=v_5$，具体如图 7-41 所示。最后，$v_4$ 获得永久标号，$S^{(5)}=\{v_s,\ v_1,\ v_2,\ v_3,\ v_4,\ v_5\}$，算法结束。

图 7-41 中的粗黑线就是最短路支撑树。于是 $d^*(v_i)(v_i\in S^{(5)})$ 标记从 v_s 到 v_i 的最短路的路长。$\lambda^*(v_i)(v_i\in S^{(5)})$标记从 v_s 到 v_i 的最短路径中 v_i 的前一个顶点号。例如：$\lambda^*(v_4)=v_5$，意味着 v_s 到 v_4 的最短路径中 v_4 的前一个顶点是 v_5，再向前找，则有 $\lambda^*(v_5)=v_3$，$\lambda^*(v_3)=v_1$，$\lambda^*(v_1)=v_s$，于是回溯得 v_s 到 v_4 的最短路径为 $(v_s,\ v_1,\ v_3,\ v_5,\ v_4)$；而 $d^*(v_4)=23$ 意味着 v_s 到 v_4 的最短路径的路长为 23。

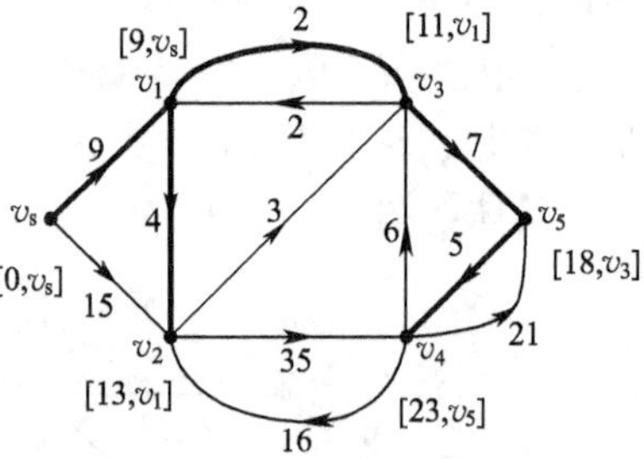

图 7-41　例 9-11 第 5 轮标号

上述方法的迭代过程也可以用表格形式表示。例 7-11的表格求解过程如表 7-2 所示。表 7-2 中，被圈起来的数字代表永久标号的值。

表 7-2

迭代步骤 k	路长标号 d						路径标号 λ						resent	永久标号点集合 $S^{(k)}$
	v_s	v_1	v_2	v_3	v_4	v_5	v_s	v_1	v_2	v_3	v_4	v_5		
0	0	∞	∞	∞	∞	∞	v_s	v_s	v_s	v_s	v_s	v_s	v_s	$\{v_s\}$
1	0	9	15	∞	∞	∞	v_s	v_s	v_s	v_s	v_s	v_s	v_1	$\{v_s\ v_1\}$
2	0	9	13	11	∞	∞	v_s	v_s	v_1	v_1	v_s	v_s	v_3	$\{v_s\ v_1\ v_3\}$
3	0	9	13	11	∞	18	v_s	v_s	v_1	v_1	v_s	v_3	v_2	$\{v_s\ v_1\ v_3\ v_2\}$
4	0	9	13	11	48	18	v_s	v_s	v_1	v_1	v_2	v_3	v_5	$\{v_s\ v_1\ v_3\ v_2\ v_5\}$
5	0	9	13	11	23	18	v_s	v_s	v_1	v_1	v_5	v_3	v_4	$\{v_1\ v_2\ v_3\ v_4\ v_5\}$

7.3.3　最短路算法之二——PDM 算法

Dijkstra 算法用于解决非负权网络中某一顶点到其他顶点的最短路问题。如果网络有负权，Dijkstra 算法就不适用，可以用 PDM 算法。

例 7-12　如图 7-42 所示的网络中，边上的数字代表权，试求 $v_1\to v_6$ 的最短路。

如果用 Dijkstra 算法求得的最短路径为 $(v_1,\ v_2,\ v_4,\ v_6)$，而事实上从 $v_1\to v_6$ 的最短路径为 $(v_1,\ v_3,\ v_2,\ v_4,\ v_6)$。用 Dijkstra 算法发生错误的根本原因在于 Dijkstra 算法中设立了永久标号，一旦某一顶点，如 v_2 顶点，获得永久标号后，就不再更改，这对于有负权的

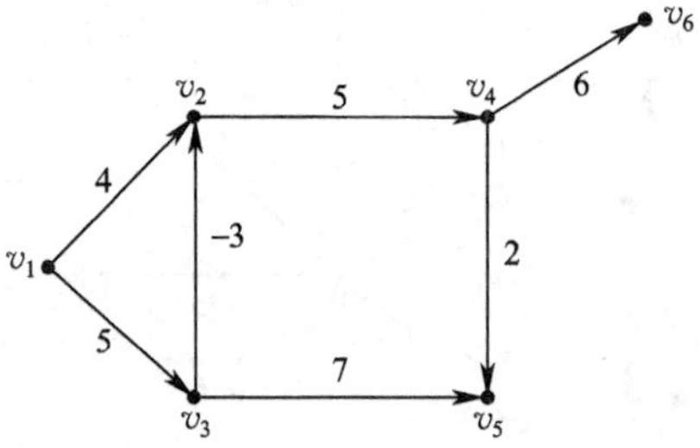
图 7-42　负权网络

网络不合适。

所谓负回路是指对于有向赋权网络 $G=(V, A, W)$ 来说，如果 C 是 G 中的一个回路，如果 C 的权 $W(C)$ 小于 0，则称 C 是 G 的一个负回路。显然，含有负回路的网络会存在两点之间的路径长度没有下界的情形。PDM 算法适用于有负权但不含负回路的有向赋权网络中一个顶点到多个顶点的最短路问题。

PDM 算法在 Dijkstra 算法的基础上进行了改进，取消了永久标号，用一个排队等待顶点集合 Q 取代 Dijkstra 算法中的永久标号集合。每一次从排队的顶点集合的队头取出一个顶点作为 resent 点，以此进行所有顶点的新一轮标号。

在标号过程中，如果某一个顶点的标号发生了改变，则把这个顶点排入队 Q 中，如果这个顶点在 Q 中以前从未出现过，则将这个顶点排在队尾，否则排在队头。如此往复，直到队 Q 为空集为止。

PDM 算法求解的步骤如下。

第 1 步（初始化）：$k=0$（k 为迭代次数）。

$Q=\{v_s\}$（Q 为排队的顶点集合，v_s 为指定的起点），$d^{(0)}(v_s)=0$（给起点赋初始的路长标号），$d^{(0)}(v_i)=\infty(v_i\in V, v_i\neq v_s)$（给网络 $G(V, A, W)$ 中除 v_s 外的其他顶点赋初始的路长标号），$\lambda^{(0)}(v_i)=v_s(v_i\in V)$（所有顶点赋初始的路径前驱点标号为 v_s）。

第 2 步：$k=k+1$。

从 Q 的队首中取一个顶点，并将其赋给 resent。对所有 $v_i\in V-\{v_s\}$，计算

$$d^{(k)}(v_i)=\min\{d^{(k-1)}(v_i), d^{(k-1)}(\text{resent})+w(\text{resent}, v_i)\}$$

如果 $d^{(k)}(v_i)<d^{(k-1)}(v_i)$，则 $\lambda^{(k)}(v_i)=\text{resent}$，并进一步判断 v_i 是否在 Q 中出现过，如果 v_i 在 Q 中出现过，则将 v_i 放在 Q 的队前；否则，将 v_i 放在 Q 的队尾。

如果 $d^{(k)}(v_i)=d^{(k-1)}(v_i)$，则 $\lambda^{(k)}(v_i)$ 不变，v_i 也不放在 Q 中。

第 3 步：$Q=Q-\{\text{resent}\}$，如果 Q 为空集，则结束；否则，转第 2 步。

例 7-12 的求解过程可以如表 7-3 所示。

表 7-3

k	排队顶点集合 Q	resent	集合 Q 头一个顶点出发弧	路长标号 d						路径标号 λ					
				v_1	v_2	v_3	v_4	v_5	v_6	v_1	v_2	v_3	v_4	v_5	v_6
0	v_1			0	∞	∞	∞	∞	∞	v_1	v_1	v_1	v_1	v_1	v_1
1	v_1	v_1	$w(v_1, v_2)=4$	0	4*	∞	∞	∞	∞	v_1	v_1	v_1	v_1	v_1	v_1
			$w(v_1, v_3)=5$	0	4	5*	∞	∞	∞	v_1	v_1	v_1	v_1	v_1	v_1
2	v_2，v_3	v_2	$w(v_2, v_4)=5$	0	4	5	9*	∞	∞	v_1	v_1	v_1	v_2^*	v_1	v_1
3	v_3　v_4	v_3	$w(v_3, v_2)=-3$	0	2*	5	9	∞	∞	v_1	v_3^*	v_1	v_1	v_1	v_1
			$w(v_3, v_5)=7$	0	2	5	9	12	∞	v_1	v_3	v_1	v_2	v_3^*	v_1
4	v_2　v_4　v_5	v_2	$w(v_2, v_4)=5$	0	2	5	7*	12	∞	v_1	v_3	v_1	v_2	v_3	v_1

续表

k	排队顶点集合 Q	resent	集合 Q 头一个顶点出发弧	路长标号 d						路径标号 λ					
				v_1	v_2	v_3	v_4	v_5	v_6	v_1	v_2	v_3	v_4	v_5	v_6
5	v_4　v_5	v_4	$w(v_4, v_5)=2$	0	2	5	7	9*	∞	v_1	v_3	v_1	v_2	v_4^*	v_1
			$w(v_4, v_6)=6$	0	2	5	7	9	13*	v_1	v_3	v_1	v_2	v_4	v_4^*
6	v_5　v_6	v_5		0	2	5	7	9	13	v_1	v_3	v_1	v_2	v_4	v_4
7	v_6	v_6		0	2	5	7	9	13	v_1	v_3	v_1	v_2	v_4	v_4

注：打 * 号表示发生变化

7.3.4　最短路算法之三——逐次逼近算法

逐次逼近算法的适用范围与 PDM 算法相同，适用于有负权但不含负回路的有向赋权网络中一个顶点到多个顶点标号的最短路问题。

逐次逼近算法的基本步骤与思路如下。

第 1 步（赋初值）：$k=1$（k 为迭代步骤）。

$$d_{1j}^{(1)}=\begin{cases}0 & v_1=v_j\\ w_{1j} & (v_1, v_j)\in A\\ \infty & (v_1, v_j)\notin A\end{cases}$$

对于赋权有向网络 $G=(V, A, W)$，v_1 是指定的起点，$d_{1j}^{(1)}$ 的含义为从 v_1 点到 v_j 点最多含有一个弧的最短路的路长。

$$\lambda_{1j}^{(1)}=v_1(v_j\in V)$$

$\lambda_{1j}^{(1)}$ 为从 v_1 点到 v_j 点最多含有一个弧的最短路的终点 v_j 的前一个顶点号。

第 2 步：$k=k+1$。

递推关系如式（7－7）所示：

$$d_{1j}^{(k)}=\min_i\{d_{1i}^{(k-1)}+w_{ij}\}\quad (j=1, \cdots, n)(w_{ij}\text{为弧}(v_i, v_j)\text{的权})\qquad (7-7)$$

$d_{1j}^{(k)}$ 为从 v_1 点到 v_j 点最多含有 k 个弧的最短路的路长。令 $P_{1j}^{(k)}$ 为从 v_1 到 v_j 含 k 个弧的最短路径。令 v_i 为 $P_{1j}^{(k)}$ 的最后一条弧的起点号，则路径 $P_{1j}^{(k)}$ 可以分为 $P_{1i}^{(k-1)}$ 和弧（v_i，v_j）两部分，$P_{1i}^{(k-1)}$ 是从 v_1 到 v_i 的最多含 $k-1$ 个弧的最短路径。于是 $d_{1j}^{(k)}$ 就具有 $d_{1i}^{(k-1)}+w_{ij}$ 的形式，由于 v_i 的任意性，则式（7－7）所得 $d_{1j}^{(k)}$ 就为 v_1 到 v_j 的最多含有 k 个弧的最短路的路长。

同时，路径标号 $\lambda_{1j}^{(k)}$ 的含义为从 v_1 点到 v_j 点最多含有 k 个弧的最短路的终点 v_j 的前一个顶点号。其计算式为

$$\lambda_{1j}^{(k)}=\begin{cases}\lambda_{1j}^{(k-1)} & d_{1j}^{k}=d_{1j}^{k-1}\\ v_l & d_{1j}^{(k)}<d_{1j}^{(k-1)}\text{，且 } d_{1j}^{(k)}=\min\limits_i\{d_{1i}^{(k-1)}+w_{ij}\}=d_{1l}^{(k-1)}+w_{lj}\end{cases}\qquad (7-8)$$

显然，式（7-8）中，v_l 是 P_{1j} 中 v_j 的前一个顶点号。

第 3 步：判断。

若 $\forall v_j \in V$，有 $d_{1j}^{(k)}=d_{1j}^{(k-1)}$，则算法结束；否则，进一步判断 k 是否为 $n-1$。若是则说明网络存在负回路，算法结束；否则，转第 2 步。

例 7-13　应用逐次逼近法求解图 7-42 的最短路。

解　用逐次逼近法求解过程如下。

第 1 轮：$k=1$。

$d_{11}^{(1)}=0$，$d_{12}^{(1)}=4$，$d_{13}^{(1)}=5$，$d_{14}^{(1)}=\infty$，$d_{15}^{(1)}=\infty$，$d_{16}^{(1)}=\infty$，$\lambda_{1j}^{(1)}=v_1(j=1, 2, \cdots, 6)$。

第 2 轮：$k=2$。

$d_{11}^{(2)}=0$

$d_{12}^{(2)}=\min\{d_{11}^{(1)}+w_{12}, d_{12}^{(1)}+w_{22}, d_{13}^{(1)}+w_{32}, d_{14}^{(1)}+w_{42}, d_{15}^{(1)}+w_{52}, d_{16}^{(1)}+w_{62}\}$
$=\min\{4, 4, 2, \infty, \infty, \infty\}=2$

$d_{13}^{(2)}=\min\{d_{11}^{(1)}+w_{13}, d_{12}^{(1)}+w_{23}, d_{13}^{(1)}+w_{33}, d_{14}^{(1)}+w_{43}, d_{15}^{(1)}+w_{53}, d_{16}^{(1)}+w_{63}\}$
$=\min\{5, \infty, 5, \infty, \infty, \infty\}=5$

$d_{14}^{(2)}=\min\{d_{11}^{(1)}+w_{14}, d_{12}^{(1)}+w_{24}, d_{13}^{(1)}+w_{34}, d_{14}^{(1)}+w_{44}, d_{15}^{(1)}+w_{54}, d_{16}^{(1)}+w_{64}\}$
$=\min\{\infty, 9, \infty, \infty, \infty, \infty\}=9$

$d_{15}^{(2)}=\min\{d_{11}^{(1)}+w_{15}, d_{12}^{(1)}+w_{25}, d_{13}^{(1)}+w_{35}, d_{14}^{(1)}+w_{45}, d_{15}^{(1)}+w_{55}, d_{16}^{(1)}+w_{65}\}$
$=\min\{\infty, \infty, 12, \infty, \infty, \infty\}=12$

$d_{16}^{(2)}=\min\{d_{11}^{(1)}+w_{16}, d_{12}^{(1)}+w_{26}, d_{13}^{(1)}+w_{36}, d_{14}^{(1)}+w_{46}, d_{15}^{(1)}+w_{56}, d_{16}^{(1)}+w_{66}\}$
$=\min\{\infty, \infty, \infty, \infty, \infty, \infty\}=\infty$

于是：$\lambda_{11}^{(2)}=v_1$，$\lambda_{12}^{(2)}=v_3$，$\lambda_{13}^{(2)}=v_1$，$\lambda_{14}^{(2)}=v_2$，$\lambda_{15}^{(2)}=v_3$，$\lambda_{16}^{(2)}=v_1$。

第 3 轮：$k=3$。

$d_{11}^{(3)}=0$

$d_{12}^{(3)}=\min\{d_{11}^{(2)}+w_{12}, d_{12}^{(2)}+w_{22}, d_{13}^{(2)}+w_{32}, d_{14}^{(2)}+w_{42}, d_{15}^{(2)}+w_{52}, d_{16}^{(2)}+w_{62}\}$
$=\min\{4, 2, 2, \infty, \infty, \infty\}=2$

$d_{13}^{(3)}=\min\{d_{11}^{(2)}+w_{13}, d_{12}^{(2)}+w_{23}, d_{13}^{(2)}+w_{33}, d_{14}^{(2)}+w_{43}, d_{15}^{(2)}+w_{53}, d_{16}^{(2)}+w_{63}\}$
$=\min\{5, \infty, 5, \infty, \infty, \infty\}=5$

$d_{14}^{(3)}=\min\{d_{11}^{(2)}+w_{14}, d_{12}^{(2)}+w_{24}, d_{13}^{(2)}+w_{34}, d_{14}^{(2)}+w_{44}, d_{15}^{(2)}+w_{54}, d_{16}^{(2)}+w_{64}\}$
$=\min\{\infty, 7, \infty, 9, \infty, \infty\}=7$

$d_{15}^{(3)}=\min\{d_{11}^{(2)}+w_{15}, d_{12}^{(2)}+w_{25}, d_{13}^{(2)}+w_{35}, d_{14}^{(2)}+w_{45}, d_{15}^{(2)}+w_{55}, d_{16}^{(2)}+w_{65}\}$
$=\min\{\infty, \infty, 12, 11, 12, \infty\}=11$

$d_{16}^{(3)}=\min\{d_{11}^{(2)}+w_{16}, d_{12}^{(2)}+w_{26}, d_{13}^{(2)}+w_{36}, d_{14}^{(2)}+w_{46}, d_{15}^{(2)}+w_{56}, d_{16}^{(2)}+w_{66}\}$
$=\min\{\infty, \infty, \infty, 15, \infty, \infty\}=15$

同时，$\lambda_{11}^{(3)}=v_1$，$\lambda_{12}^{(3)}=v_3$，$\lambda_{13}^{(3)}=v_1$，$\lambda_{14}^{(3)}=v_2$，$\lambda_{15}^{(3)}=v_4$，$\lambda_{16}^{(3)}=v_4$。

第 4 轮：$k=4$。

$d_{11}^{(4)}=0$

$d_{12}^{(4)}=\min\{d_{11}^{(3)}+w_{12},\ d_{12}^{(3)}+w_{22},\ d_{13}^{(3)}+w_{32},\ d_{14}^{(3)}+w_{42},\ d_{15}^{(3)}+w_{52},\ d_{16}^{(3)}+w_{62}\}$

$=\min\{4,\ 2,\ 2,\ \infty,\ \infty,\ \infty\}=2$

$d_{13}^{(4)}=\min\{d_{11}^{(3)}+w_{13},\ d_{12}^{(3)}+w_{23},\ d_{13}^{(3)}+w_{33},\ d_{14}^{(3)}+w_{43},\ d_{15}^{(3)}+w_{53},\ d_{16}^{(3)}+w_{63}\}$

$=\min\{5,\ \infty,\ 5,\ \infty,\ \infty,\ \infty\}=5$

$d_{14}^{(4)}=\min\{d_{11}^{(3)}+w_{14},\ d_{12}^{(3)}+w_{24},\ d_{13}^{(3)}+w_{34},\ d_{14}^{(3)}+w_{44},\ d_{15}^{(3)}+w_{54},\ d_{16}^{(3)}+w_{64}\}$

$=\min\{\infty,\ 7,\ \infty,\ 7,\ \infty,\ \infty\}=7$

$d_{15}^{(4)}=\min\{d_{11}^{(3)}+w_{15},\ d_{12}^{(3)}+w_{25},\ d_{13}^{(3)}+w_{35},\ d_{14}^{(3)}+w_{45},\ d_{15}^{(3)}+w_{55},\ d_{16}^{(3)}+w_{65}\}$

$=\min\{\infty,\ \infty,\ 12,\ 9,\ 11,\ \infty\}=9$

$d_{16}^{(4)}=\min\{d_{11}^{(3)}+w_{16},\ d_{12}^{(3)}+w_{26},\ d_{13}^{(3)}+w_{36},\ d_{14}^{(3)}+w_{46},\ d_{15}^{(3)}+w_{56},\ d_{16}^{(3)}+w_{66}\}$

$=\min\{\infty,\ \infty,\ \infty,\ 13,\ \infty,\ 15\}=13$

同时，$\lambda_{11}^{(4)}=v_1$，$\lambda_{12}^{(4)}=v_3$，$\lambda_{13}^{(4)}=v_1$，$\lambda_{14}^{(4)}=v_2$，$\lambda_{15}^{(4)}=v_4$，$\lambda_{16}^{(4)}=v_4$。

第 5 轮：同理计算得

$d_{11}^{(5)}=d_{11}^{(4)}$，$d_{12}^{(5)}=d_{12}^{(4)}$，$d_{13}^{(5)}=d_{13}^{(4)}$，$d_{14}^{(5)}=d_{14}^{(4)}$，$d_{15}^{(5)}=d_{15}^{(4)}$，$d_{16}^{(5)}=d_{16}^{(4)}$；

$\lambda_{11}^{(5)}=\lambda_{11}^{(4)}$，$\lambda_{12}^{(5)}=\lambda_{12}^{(4)}$，$\lambda_{13}^{(5)}=\lambda_{13}^{(4)}$，$\lambda_{14}^{(5)}=\lambda_{14}^{(4)}$，$\lambda_{15}^{(5)}=\lambda_{15}^{(4)}$，$\lambda_{16}^{(5)}=\lambda_{16}^{(4)}$。

于是算法结束。

$d_{1j}^{(5)}=d_{1j}^{(4)}$（$j=1,\ 2,\ \cdots,\ 6$）就是从 v_1 点到 v_j 点的最短路路长；

$\lambda_{1j}^{(5)}=\lambda_{1j}^{(4)}$（$j=1,\ 2,\ \cdots,\ 6$）记录下从 v_1 点到 v_j 点的最短路的 v_j 的前一个顶点号。

例如，$d_{16}^{(5)}=13$，意味着从 v_1 点到 v_6 点的最短路的路长为 13，通过 $\lambda_{16}^{(5)}=v_4$，$\lambda_{14}^{(5)}=v_2$，$\lambda_{12}^{(5)}=v_3$，$\lambda_{13}^{(5)}=v_1$，得 v_1 到 v_6 的最短路的路径为（v_1，v_3，v_2，v_4，v_6）。

例 7 - 13 的算法过程可以用表 7 - 4 来说明。

表 7 - 4

j \ i	w_{ij}						$d_{1i}^{(1)}$	$d_{1i}^{(2)}$	$d_{1i}^{(3)}$	$d_{1i}^{(4)}$	$d_{1i}^{(5)}$
	v_1	v_2	v_3	v_4	v_5	v_6					
v_1	0	4	5	∞	∞	∞	0	0	0	0	0
v_2	∞	0	∞	5	∞	∞	4	2	2	2	2
v_3	∞	-3	0	∞	7	∞	5	5	5	5	5
v_4	∞	∞	∞	0	2	6	∞	9	7	7	7
v_5	∞	∞	∞	∞	0	∞	∞	12	11	9	9
v_6	∞	∞	∞	∞	∞	0	∞	∞	15	13	13
$\lambda_{1j}^{(1)}$	v_1	v_1	v_1	v_1	v_1	v_1					
$\lambda_{1j}^{(2)}$	v_1	v_3	v_1	v_2	v_3	v_1					
$\lambda_{1j}^{(3)}$	v_1	v_3	v_1	v_2	v_4	v_4					
$\lambda_{1j}^{(4)}$	v_1	v_3	v_1	v_2	v_4	v_4					
$\lambda_{1j}^{(5)}$	v_1	v_3	v_1	v_2	v_4	v_4					

为了加快收敛速度，可以利用式（7-9）、式（7-10）的递推关系：

$$d_{1j}^{(1)}=w_{1j}(j=1,2,\cdots,n) \tag{7-9}$$

$$d_{1j}^{(k)}=\min\{\min_{i<j}\{d_{1i}^{(k)}+w_{ij}\},\ \min_{i\geqslant j}\{d_{1i}^{(k-1)}+w_{ij}\}\} \tag{7-10}$$

7.3.5　最短路算法之四——Floyd 算法

有时候我们需要求网络中任意两点间的最短路。这时，如果弧上的权都为非负，可以通过重复利用 Dijkstra 算法，依次改变起点得到想要的计算结果。如果弧上的权有负数，则可考虑多次调用逐次逼近算法。不过，这显然比较繁琐，本节介绍的 Floyd 算法，可以直接求出含有负权的网络任意两点间的最短路。

网络 $G=(V,A,W)$ 中，令矩阵 $\boldsymbol{D}=(d_{ij})_{n\times n}$，$d_{ij}$ 表示 G 中从 v_i 到 v_j 最短路的长度。

Floyd 算法的思路是：设 v_i、v_j 是网络 $G(V,A,W)$ 中点的集合 V 中的任意两点。令 $d_{ij}^{(0)}$ 为 v_i 到 v_j 不经过中间点的最短路路长，显然 $d_{ij}^{(0)}=\begin{cases}w_{ij}\ (v_i,v_j)\in A\\ \infty(v_i,v_j)\notin A\end{cases}$。$d_{ij}^{(1)}$ 为网络 G 中只考虑 v_i、v_j、v_1 这 3 个点的 v_i 到 v_j 的最短路路长，显然 $P_{ij}^{(1)}$ 的路径只有两种情况，一种是不经过 v_1 点，则 $d_{ij}^{(1)}=d_{ij}^{(0)}$，另一种是经过 v_1 点，则 $d_{ij}^{(1)}=d_{i1}^{(0)}+d_{1j}^{(0)}$，于是有 $d_{ij}^{(1)}=\min\{d_{ij}^{(0)},\ d_{i1}^{(0)}+d_{1j}^{(0)}\}$。令 $d_{ij}^{(k-1)}$ 为网络 G 中只考虑 v_i、v_j、v_1，v_2，…，v_{k-1} 点的 v_i 到 v_j 的最短路路长，如新加点 v_k，则 $d_{ij}^{(k)}$ 应满足递推关系：$d_{ij}^{(k)}=\min\{d_{ij}^{(k-1)},\ d_{ik}^{(k-1)}+d_{kj}^{(k-1)}\}$。当 $d_{ij}^{(k)}$ 取 $d_{ij}^{(k-1)}$ 的值时，说明在点集为 $\{v_i,\ v_j,\ v_1,\ v_2,\ \cdots,\ v_k\}$ 构成的子网络中，v_i 到 v_j 的最短路不经过新加的 v_k 点；当 $d_{ij}^{(k)}$ 取 $d_{ik}^{(k-1)}+d_{kj}^{(k-1)}$ 时，说明 v_i 到 v_j 的最短路经过新加的 v_k 点。其中 $d_{ik}^{(k-1)}$ 是点集为 $\{v_i,\ v_k,\ v_1,\ v_2,\ \cdots,\ v_{k-1}\}$ 子网络中 v_i 到 v_k 的最短路路长，$d_{kj}^{(k-1)}$ 是点集为 $\{v_k,\ v_j,\ v_1,\ v_2,\ \cdots,\ v_{k-1}\}$ 子网络中 v_k 到 v_j 的最短路路长。显然，以此递推，如果网络中有 n 个顶点，那么 $d_{ij}^{(n)}$ 就是所求的原网络中 v_i 到 v_j 的最短路路长，$\boldsymbol{D}=(d_{ij})_{n\times n}=(d_{ij}^{(n)})_{n\times n}$。

Floyd 算法因为没有固定永久标号，因此适用于有负权网络，但前提是网络中不含负回路。

如果计算结果希望给出具体的最短路的路径，则构造路径矩阵 $\boldsymbol{S}=(s_{ij})_{n\times n}$，$s_{ij}$ 表示 v_i 到 v_j 的最短路径的第 1 条弧的终点号。如 $s_{ij}^{(n)}=t$，则从 v_i 到 v_j 的最短路径的第 1 条弧为 $(v_i,\ v_t)$。

Floyd 算法的步骤介绍如下。

第 1 步：$k=0$。

$$\boldsymbol{D}^{(0)}=(d_{ij}^{(0)})_{n\times n},\ d_{ij}^{(0)}=\begin{cases}w_{ij}\ (v_i,\ v_j)\in A\\ \infty(v_i,\ v_j)\notin A\\ 0\quad v_i=v_j\end{cases};\ \boldsymbol{S}^{(0)}=(s_{ij}^{(0)})_{n\times n},\ s_{ij}^{(0)}=j(i,\ j=1,\ 2,\ \cdots,\ n)$$

第 2 步：$k=k+1$。

计算 $\boldsymbol{D}^{(k)}=(d_{ij}^{(k)})_{n\times n}$，$\boldsymbol{S}^{(k)}=(s_{ij}^{(k)})_{n\times n}$

其中：

$$d_{ij}^{(k)}=\min\{d_{ij}^{(k-1)},\ d_{ik}^{(k-1)}+d_{kj}^{(k-1)}\} \tag{7-11}$$

$$s_{ij}^{(k)}=\begin{cases}s_{ij}^{(k-1)} & d_{ij}^{(k-1)}\leqslant d_{ik}^{(k-1)}+d_{kj}^{(k-1)}\\ s_{ik}^{(k-1)} & d_{ij}^{(k-1)}>d_{ik}^{(k-1)}+d_{kj}^{(k-1)}\end{cases} \tag{7-12}$$

第 3 步：当 $k=n$ 时，算法结束。

$\boldsymbol{D}^{(n)}=(d_{ij}^{(n)})_{n\times n}$，$d_{ij}^{(n)}$ 是 v_i 到 v_j 的最短路路长；

$\boldsymbol{S}^{(n)}=(s_{ij}^{(n)})_{n\times n}$，$s_{ij}^{(n)}$ 是 v_i 到 v_j 最短路的第一条弧的终点。

例 7－14　求图 7－43 所示网络中各点之间的最短路。

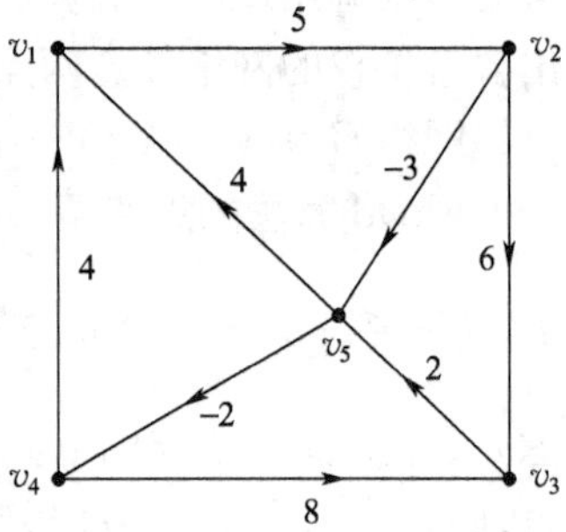

图 7－43　例 7－14 求两点间最短路示意图

解

赋初值：$k=0$。

$$\boldsymbol{D}^{(0)}=\begin{bmatrix}0 & 5 & \infty & \infty & \infty\\ \infty & 0 & 6 & \infty & -3\\ \infty & \infty & 0 & \infty & 2\\ 4 & \infty & 8 & 0 & \infty\\ 4 & \infty & \infty & -2 & 0\end{bmatrix}\qquad \boldsymbol{S}^{(0)}=\begin{bmatrix}1 & 2 & 3 & 4 & 5\\ 1 & 2 & 3 & 4 & 5\\ 1 & 2 & 3 & 4 & 5\\ 1 & 2 & 3 & 4 & 5\\ 1 & 2 & 3 & 4 & 5\end{bmatrix}$$

第 1 轮：$k=1$。

计算 $d_{ij}^{(1)}=\min\{d_{ij}^{(0)},\ d_{i1}^{(0)}+d_{1j}^{(0)}\}$，即在 $\boldsymbol{D}^{(0)}$ 中用直线画出第一行和第一列，对于 $\boldsymbol{D}^{(0)}$ 中的第 i 行和第 j 列的元素 $d_{ij}^{(0)}$，比较它与第 1 列第 i 行的 $d_{i1}^{(0)}$ 和第 1 行第 j 列的 $d_{1j}^{(0)}$ 之和的大小，取小者为 $d_{ij}^{(1)}$。且有

$$s_{ij}^{(1)}=\begin{cases}s_{ij}^{(0)},\ d_{ij}^{(0)}\leqslant d_{i1}^{(0)}+d_{1j}^{(0)}\\ s_{i1}^{(0)},\ d_{ij}^{(0)}>d_{i1}^{(0)}+d_{1j}^{(0)}\end{cases}$$

于是 $\boldsymbol{D}^{(1)}=\begin{bmatrix}0 & 5 & \infty & \infty & \infty\\ \infty & 0 & 6 & \infty & -3\\ \infty & \infty & 0 & \infty & 2\\ 4 & 9 & 8 & 0 & \infty\\ 4 & 9 & \infty & -2 & 0\end{bmatrix}\qquad \boldsymbol{S}^{(1)}=\begin{bmatrix}1 & 2 & 3 & 4 & 5\\ 1 & 2 & 3 & 4 & 5\\ 1 & 2 & 3 & 4 & 5\\ 1 & 1 & 3 & 4 & 5\\ 1 & 1 & 3 & 4 & 5\end{bmatrix}$

第 2 轮：$k=2$。

同理，计算 $d_{ij}^{(2)}=\min\{d_{ij}^{(1)},\ d_{i2}^{(1)}+d_{2j}^{(1)}\}$，$s_{ij}^{(2)}=\begin{cases}s_{ij}^{(1)}\text{，当 } d_{ij}^{(2)} \text{ 取 } d_{ij}^{(1)} \text{ 时}\\ s_{i2}^{(1)}\text{，当 } d_{ij}^{(2)} \text{ 取 } d_{i2}^{(1)}+d_{2j}^{(1)} \text{ 时}\end{cases}$

$$\boldsymbol{D}^{(2)}=\begin{bmatrix}0 & 5 & 11 & \infty & 2\\ \infty & 0 & 6 & \infty & -3\\ \infty & \infty & 0 & \infty & 2\\ 4 & 9 & 8 & 0 & 6\\ 4 & 9 & 15 & -2 & 0\end{bmatrix}\qquad \boldsymbol{S}^{(2)}=\begin{bmatrix}1 & 2 & 2 & 4 & 2\\ 1 & 2 & 3 & 4 & 5\\ 1 & 2 & 3 & 4 & 5\\ 1 & 1 & 3 & 4 & 1\\ 1 & 1 & 1 & 4 & 5\end{bmatrix}$$

第3轮：$k=3$。

计算 $d_{ij}^{(3)}=\min\{d_{ij}^{(2)},\ d_{i3}^{(2)}+d_{3j}^{(2)}\}$，$s_{ij}^{(3)}=\begin{cases} s_{ij}^{(2)}，当 d_{ij}^{(3)} 取 d_{ij}^{(2)} 时 \\ s_{i3}^{(2)}，当 d_{ij}^{(3)} 取 d_{i3}^{(2)}+d_{3j}^{(2)} 时 \end{cases}$

$$\boldsymbol{D}^{(3)}=\begin{bmatrix} 0 & 5 & 11 & \infty & 2 \\ \infty & 0 & 6 & \infty & -3 \\ \infty & \infty & 0 & \infty & 2 \\ 4 & 9 & 8 & 0 & 6 \\ 4 & 9 & 15 & -2 & 0 \end{bmatrix} \qquad \boldsymbol{S}^{(3)}=\begin{bmatrix} 1 & 2 & 2 & 4 & 2 \\ 1 & 2 & 3 & 4 & 5 \\ 1 & 2 & 3 & 4 & 5 \\ 1 & 1 & 3 & 4 & 1 \\ 1 & 1 & 1 & 4 & 5 \end{bmatrix}$$

在本轮中，$\boldsymbol{D}^{(3)}=\boldsymbol{D}^{(2)}$，$\boldsymbol{S}^{(3)}=\boldsymbol{S}^{(2)}$。

第4轮：$k=4$。

计算 $d_{ij}^{(4)}=\min\{d_{ij}^{(3)},\ d_{i4}^{(3)}+d_{4j}^{(3)}\}$，$s_{ij}^{(4)}=\begin{cases} s_{ij}^{(3)}，当 d_{ij}^{(4)} 取 d_{ij}^{(3)} 时 \\ s_{i4}^{(3)}，当 d_{ij}^{(4)} 取 d_{i4}^{(3)}+d_{4j}^{(3)} 时 \end{cases}$

$$\boldsymbol{D}^{(4)}=\begin{bmatrix} 0 & 5 & 11 & \infty & 2 \\ \infty & 0 & 6 & \infty & -3 \\ \infty & \infty & 0 & \infty & 2 \\ 4 & 9 & 8 & 0 & 6 \\ 2 & 7 & 6 & -2 & 0 \end{bmatrix} \qquad \boldsymbol{S}^{(4)}=\begin{bmatrix} 1 & 2 & 2 & 4 & 2 \\ 1 & 2 & 3 & 4 & 5 \\ 1 & 2 & 3 & 4 & 5 \\ 1 & 1 & 3 & 4 & 1 \\ 4 & 4 & 4 & 4 & 5 \end{bmatrix}$$

第5轮：$k=5$。

计算 $d_{ij}^{(5)}=\min\{d_{ij}^{(4)},\ d_{i5}^{(4)}+d_{5j}^{(4)}\}$，$s_{ij}^{(5)}=\begin{cases} s_{ij}^{(4)}，当 d_{ij}^{(5)} 取 d_{ij}^{(4)} 时 \\ s_{i5}^{(4)}，当 d_{ij}^{(5)} 取 d_{i5}^{(4)}+d_{5j}^{(4)} 时 \end{cases}$

$$\boldsymbol{D}^{(5)}=\begin{bmatrix} 0 & 5 & 8 & 0 & 2 \\ -1 & 0 & 3 & -5 & -3 \\ 4 & 9 & 0 & 0 & 3 \\ 4 & 9 & 8 & 0 & 6 \\ 2 & 7 & 6 & -2 & 0 \end{bmatrix} \qquad \boldsymbol{S}^{(5)}=\begin{bmatrix} 1 & 2 & 2 & 2 & 2 \\ 5 & 2 & 5 & 5 & 5 \\ 5 & 5 & 3 & 5 & 5 \\ 1 & 1 & 3 & 4 & 1 \\ 4 & 4 & 4 & 4 & 5 \end{bmatrix}$$

$\boldsymbol{D}^{(5)}$ 和 $\boldsymbol{S}^{(5)}$ 即为所求的网络 G 中两点间最短路的路长标号和路径标号。比如：$d_{13}^{(5)}=8$，表示 v_1 到 v_3 的最短路径的长度为 8。又因为：$s_{13}^{(5)}=2$，$s_{23}^{(5)}=5$，$s_{53}^{(5)}=4$，$s_{43}^{(5)}=3$，则 v_1 到 v_3 的最短路径为（v_1，v_2，v_5，v_4，v_3）。

7.3.6　应用举例

例 7－15　设备更新问题　某企业在生产过程中使用一台设备，企业领导部门在每年年初需要决定是购置新的还是使用旧的。若购置新设备，则需支付相应的购置费用；若继续使用旧设备，则需支付一定的维修费用，使用时间越长，维修费用越高。企业现欲制订一个设备更新的 5 年计划，以确定在 5 年中的什么时候购置新设备以使总费用最少。

现已知该设备在各年年初的价格如表 7－5 所示，使用不同时间的维修费用如表 7－6 所示。

表 7－5

计划时间	第 1 年	第 2 年	第 3 年	第 4 年	第 5 年
设备价格/万元	11	11	12	12	13

表 7－6

设备使用年数	当年	1	2	3	4
维修费用/万元	5	6	8	11	18

解 这个问题可以转化为最短路问题，模型如图 7－44 所示。用节点 v_i 代表"第 i 年年初购入一台新设备"这一状态，为方便起见，加设一个节点 v_6 来表示第 5 年年末。弧（v_i，v_j）表示在第 i 年年初购入设备一直使用到第 j 年年初（第 $j-1$ 年年底）。于是，$v_1 \to v_6$ 的任意一条路即代表了一种设备购置方案。例如，路（v_1，v_6）表示在第 1 年年初购置 1 台设备，一直使用到第 5 年年末（不再购置新设备）；路（v_1，v_3，v_6）表示在第 1 年年初购置 1 台设备，使用到第 2 年年末，再于第 3 年年初购置 1 台新设备使用到第 5 年年末；而路（v_1，v_2，v_3，v_4，v_5，v_6）则表示每年年初均购置 1 台新设备。

图 7－44 中每条弧（v_i，v_j）上的权值 w_{ij} 表示由状态 v_i 转移到 v_j 的费用。例如，w_{12} 表示"第 1 年年初购入 1 台新设备，且仅使用 1 年"所需的费用，此项费用包括购置费与当年维修费为（11＋5）万元＝16 万元；而 w_{35} 表示"第 3 年年初购入 1 台设备，且使用 2 年"所需的费用，包括购置费与当年及第二年的维修费为（12＋5＋6）万元＝23 万元。类似地可以确定其他权值。

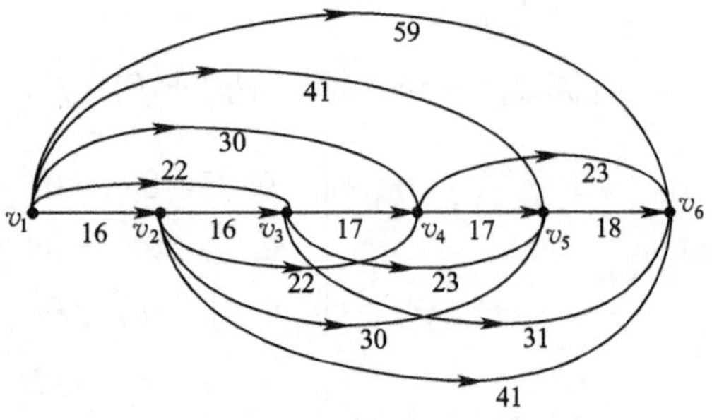

图 7－44 设备更新问题的图论模型

于是问题转化为求图 7－44 中 $v_1 \to v_6$ 的最短路。

利用标号法不难求出，$v_1 \to v_6$ 的最短路为（v_1，v_3，v_6）或（v_1，v_4，v_6），最短路长度为 53。故最优购置方案有 2 个：一是在第 1 年年初购入 1 台设备，使用 2 年，到第 3 年年初再购入 1 台设备，使用到第 5 年年末；二是在第 1 年年初购入 1 台设备，使用 3 年，到第 4 年年初再购入 1 台设备，使用到第 5 年年末。5 年的总费用均为 53 万元。

例 7－16 布点问题 某地 7 个村庄之间现有交通道路如图 7－45 所示，边旁的数字为各村庄之间的最短距离，要在某一村庄修建一商店和一小学。

试问：① 商店应建在何处，使各村都离之较近；

② 各村的小学人数分别为 40，25，45，30，20，35，50，则小学应建在何村，能使各村小学生走的总路程最短。

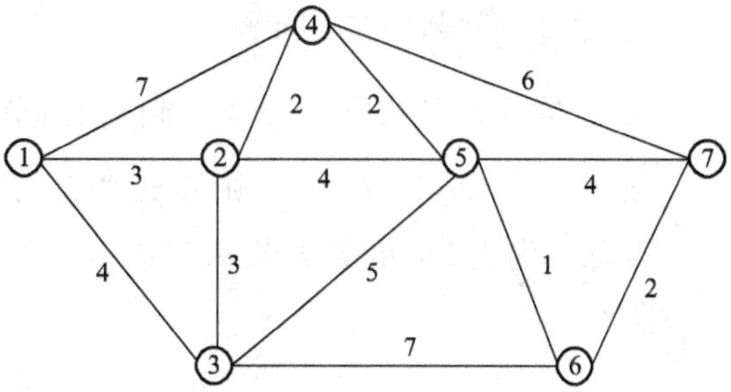

图 7 - 45　村庄间的道路交通图

解　① 第 1 个问题是一个中心选址问题，要求网络中心距最远的被服务点的距离尽可能小。令：

$$d(v_i)=\max_{1\leqslant j\leqslant n}\{d_{ij}\} \tag{7-13}$$

式（7 - 13）中，d_{ij} 为 v_i 到 v_j 之间的最短路路长，$d(v_i)$ 为其他各点距 v_i 的最远距离。若 $\min\limits_{1\leqslant i\leqslant n}\{d(v_i)\}=d(v_k)$，则称 v_k 为网络的中心。

依题意，首先用 Floyd 算法求各村庄之间的最短路。即：

$$D^{(0)}=\begin{bmatrix} 0 & 3 & 4 & 7 & \infty & \infty & \infty \\ 3 & 0 & 3 & 2 & 4 & \infty & \infty \\ 4 & 3 & 0 & \infty & 5 & 7 & \infty \\ 7 & 2 & \infty & 0 & 2 & \infty & 6 \\ \infty & 4 & 5 & 2 & 0 & 1 & 4 \\ \infty & \infty & 7 & \infty & 1 & 0 & 2 \\ \infty & \infty & \infty & 6 & 4 & 2 & 0 \end{bmatrix}$$

解得各村庄之间的最短路及 $d(v_i)$ 如表 7 - 7 所示。

表 7 - 7

i \ j	$D=(d_{ij})$							$d(v_i)=\max\limits_j\{d_{ij}\}$
	1	2	3	4	5	6	7	
1	0	3	4	5	7	8	10	10
2	3	0	3	2	4	5	7	7
3	4	3	0	5	5	6	8	8
4	5	2	5	0	2	3	5	5(min)
5	7	4	5	2	0	1	3	7
6	8	5	6	3	1	0	2	8
7	10	7	8	5	3	2	0	10

故商店最好设在 4 号村庄。

② 第 2 个问题是重心问题：

设 q_i 是点 v_i 的权重，d_{ij} 是 v_i 到 v_j 之间的最短路距离，令 $h(v_j)=\sum_{i=1}^{n} q_i d_{ij}(j=1,2,\cdots,n)$，若 $\min_{1\leqslant j\leqslant n}\{h(v_j)\}=h(v_r)$，则称 v_r 为该网络重心。

显然，先用 Floyd 算法求 d_{ij}，q_i 为各村的学生人数，于是求得 $q_i \cdot d_{ij}$ 及 $h(v_j)$ 如表 7-8所示。

表 7-8

j / i	$q_i \cdot d_{ij}$						
	1	2	3	4	5	6	7
1	0	120	160	200	280	320	400
2	75	0	75	50	100	125	175
3	180	135	0	225	225	270	360
4	150	60	150	0	60	90	150
5	140	80	100	40	0	20	60
6	280	175	210	105	35	0	70
7	500	350	400	250	150	100	0
$h(v_j)$	1 325	920	1 095	870	850 (min)	925	1 215

可见，使各村小学生走的总路程最短，小学校设在 5 号村庄比较合适。

7.4 最长路径问题及算法

7.4.1 最长路径问题定义及性质

对于实数赋权有向网络 $G=(V, A, W)$，其中点集 $V=\{v_1, v_2, \cdots, v_n)$，对任一弧 $a_{ij}=(v_i, v_j)\in A$，有 $w(a_{ij})=w_{ij}$。若赋权网络 G 中无正的回路（有正回路则会出现两点之间最长路无上界的情况），给定 G 中两个顶点 v_s 和 v_t，设 P 是 G 中从 v_s 到 v_t 的一条路，定义路 P 的权是 P 中所有弧的权之和，即为 $W(P)$。最长路问题就是在从 v_s 到 v_t 的所有路中，求一条权最大的路 P^*，即

$$W(P^*)=\max_{P}\{W(P)\,|\,P \text{ 为 } G \text{ 中 } v_s \text{ 到 } v_t \text{ 的路})$$

则称 P^* 为 v_s 到 v_t 的最长路，并记 $W(P^*)=h(v_s, v_t)$。

对于无正回路的 G 中，v_s 到 v_t 的最长路 P^*，具有以下性质：

① v_s 到 v_t 的最长路 P^* 中，若含有回路 Q，则应有 $W(Q)=0$（否则 $W(Q)<0$，则 P 中去掉 Q 后所得的路 P'，必有 $W(P')>W(P^*)$，与 P^* 为 v_s 到 v_t 的最长路矛盾）；

于是，若将这样的回路从 P^* 中删去，则 P^* 就成为一条 v_s 到 v_t 的最长路径，故今后求得的 v_s 到 v_t 的最长路都是指最长路径。

② 从 v_s 到 v_t 的最长路径最多含有 n 个点，从而至多含有 $n-1$ 条边；

③ 若 v_s 到 v_t 的最长路径是 P^*，v_k 是 P^* 上的任意一点，则 P^* 中从 v_s 到 v_k，及 v_k 到 v_t 这两段子路也是最长路径。

7.4.2　最长路径算法

本节的最长路径算法是在无正回路的赋权网络 $G=(V, A, W)$ 中，求固定起点 v_1 到其他顶点 $v_j(j=1, 2, \cdots, n)$ 的最长路径 P_{1j}^*，记最长路径路长为

$$h_{1j}=W(P_{1j}^*)=h(v_1, v_j)\quad (h_{1j}\text{ 为 } v_1 \text{ 到 } v_j \text{ 的最长路的路长})$$

最长路径的算法类似于 7.3.4 中的最短路的逐次逼近算法。最长路径算法的基本步骤与思想如下。

第 1 步（赋初值）：$k=1$　（k 为迭代步骤）。

令 $h_{1j}^{(1)}$ 表示从 v_1 点到 v_j 点只含有一个弧的最长路的路长。

显然：

$$h_{1j}^{(1)}=\begin{cases} w_{1j} & \text{当 } (v_1, v_j)\in A \\ -\infty & \text{当 } (v_1, v_j)\notin A \\ 0 & \text{当 } v_1=v_j \end{cases} \tag{7-14}$$

定义 $\lambda_{1j}^{(1)}$ 为对应于 $h_{1j}^{(1)}$ 的 v_1 到 v_j 最长路径的 v_j 的前一个顶点号，于是有：$\lambda_{1j}^{(1)}=v_1$。

第 2 步（递推）：$k=k+1$。

令 $h_{1j}^{(k)}$ 为从 v_1 点到 v_j 点的弧数不超过 k 条的最长路的路长，$h_{1j}^{(k-1)}$ 为从 v_1 点到 v_j 点的弧数不超过 $k-1$ 条的最长路的路长。

显然有式（7-15）、式（7-16）成立。

$$h_{1j}^{(k)}=\max_i\{h_{1i}^{(k-1)}+w_{ij}\}\quad (j=1, 2, \cdots, n) \tag{7-15}$$

注：w_{ij} 为弧（v_i，v_j）的权，若弧（v_i，v_j）不存在，则 $w_{ij}=-\infty$。

$$h_{1j}^{(k)}\geqslant h_{1j}^{(k-1)}\quad (j=1, 2, \cdots, n) \tag{7-16}$$

令 $\lambda_{1j}^{(k)}$ 为从 v_1 点到 v_j 点最多含有 k 个弧的最长路的 v_j 的前一个顶点号，$\lambda_{1j}^{(k-1)}$ 就为从 v_1 点到 v_j 点最多含有 $k-1$ 个弧的最长路的 v_j 的前一个顶点号。

$$\lambda_{1j}^{(k)}=\begin{cases} \lambda_{1j}^{(k-1)} & \text{当 } h_{1j}^{(k)}=h_{1j}^{(k-1)} \\ v_l & \text{当 } h_{1j}^{(k)}>h_{1j}^{(k-1)} \quad \text{且 } h_{1j}^{(k)}=\max\limits_i\{h_{1i}^{(k-1)}+w_{ij}\}=h_{1l}^{(k-1)}+w_{lj} \end{cases} \tag{7-17}$$

式（7-17）中，v_l 是 v_1 点到 v_j 点最多含有 k 个弧的最长路 $P_{1j}^{(k)}$ 中 v_j 的前一个顶点号。

第 3 步（判断）：若对于所有 $v_j\in V$，有 $h_{1j}^{(k)}=h_{1j}^{(k-1)}$，则算法结束。

因为若 $h_{1j}^{(k)}=h_{1j}^{(k-1)}$，则 $h_{1j}^{(k+1)}=\max\limits_i\{h_{1i}^{(k)}+w_{ij}\}=\max\limits_i\{h_{1i}^{(k-1)}+w_{ij}\}=h_{1j}^{(k)}$，依次有 $h_{1j}^{(k-1)}=h_{1j}^{(k)}=h_{1j}^{(k+1)}=\cdots=h_{1j}^{(n-1)}$。因网络 G 中两点间的最长路最多不超过 $n-1$ 条弧，故 $h_{1j}^{(k)}$

就是从 v_1 点到 v_j 点的最长路径的长度。

例 7-17 求图 7-46 所示的从 v_1 点到其他点的最长路长及路径。

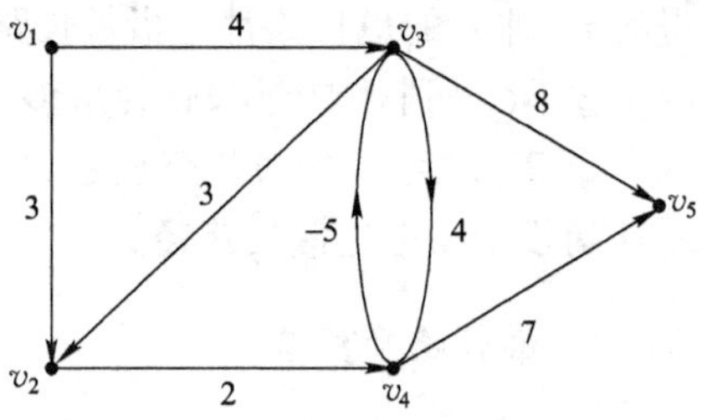

图 7-46 例 7-17 的示意图

解 求最长路径的计算过程如下。

第 1 轮：$k=1$。

$h_{11}^{(1)}=0$，$h_{12}^{(1)}=3$，$h_{13}^{(1)}=4$，$h_{14}^{(1)}=-\infty$，$h_{15}^{(1)}=-\infty$；

$\lambda_{11}^{(1)}=v_1$，$\lambda_{12}^{(1)}=v_1$，$\lambda_{13}^{(1)}=v_1$，$\lambda_{14}^{(1)}=v_1$，$\lambda_{15}^{(1)}=v_1$。

第 2 轮：$k=2$。

$h_{11}^{(2)}=0$

$$h_{12}^{(2)}=\max\{h_{11}^{(1)}+w_{12},\ h_{12}^{(1)}+w_{22},\ h_{13}^{(1)}+w_{32},\ h_{14}^{(1)}+w_{42},\ h_{15}^{(1)}+w_{52}\}$$
$$=\max\{0+3,\ 3+0,\ 4+3,\ -\infty,\ -\infty\}=7$$

$$h_{13}^{(2)}=\max\{h_{11}^{(1)}+w_{13},\ h_{12}^{(1)}+w_{23},\ h_{13}^{(1)}+w_{33},\ h_{14}^{(1)}+w_{43},\ h_{15}^{(1)}+w_{53}\}$$
$$=\max\{0+4,\ 3-\infty,\ 4+0,\ -\infty,\ -\infty\}=4$$

$$h_{14}^{(2)}=\max\{h_{11}^{(1)}+w_{14},\ h_{12}^{(1)}+w_{24},\ h_{13}^{(1)}+w_{34},\ h_{14}^{(1)}+w_{44},\ h_{15}^{(1)}+w_{54}\}$$
$$=\max\{0-\infty,\ 3+2,\ 4+4,\ -\infty+0,\ -\infty\}=8$$

$$h_{15}^{(2)}=\max\{h_{11}^{(1)}+w_{15},\ h_{12}^{(1)}+w_{25},\ h_{13}^{(1)}+w_{35},\ h_{14}^{(1)}+w_{45},\ h_{15}^{(1)}+w_{55}\}$$
$$=\max\{0-\infty,\ 3-\infty,\ 4+8,\ -\infty,\ -\infty\}=12$$

于是：$\lambda_{11}^{(2)}=v_1$，$\lambda_{12}^{(2)}=v_3$，$\lambda_{13}^{(2)}=v_1$，$\lambda_{14}^{(2)}=v_3$，$\lambda_{15}^{(2)}=v_3$。

第 3 轮：$k=3$。

$h_{11}^{(3)}=0$

$$h_{12}^{(3)}=\max\{h_{11}^{(2)}+w_{12},\ h_{12}^{(2)}+w_{22},\ h_{13}^{(2)}+w_{32},\ h_{14}^{(2)}+w_{42},\ h_{15}^{(2)}+w_{52}\}$$
$$=\max\{0+4,\ 7+0,\ 4+0,\ 8-5,\ 12-\infty\}=7$$

$$h_{13}^{(3)}=\max\{h_{11}^{(2)}+w_{13},\ h_{12}^{(2)}+w_{23},\ h_{13}^{(2)}+w_{33},\ h_{14}^{(2)}+w_{43},\ h_{15}^{(2)}+w_{53}\}$$
$$=\max\{0+4,\ 7-\infty,\ 4+0,\ 8-5,\ 12-\infty\}=4$$

$$h_{14}^{(3)}=\max\{h_{11}^{(2)}+w_{14},\ h_{12}^{(2)}+w_{24},\ h_{13}^{(2)}+w_{34},\ h_{14}^{(2)}+w_{44},\ h_{15}^{(2)}+w_{54}\}$$
$$=\max\{0-\infty,\ 7+2,\ 4+4,\ 8+0,\ 12-\infty\}=9$$

$$h_{15}^{(3)}=\max\{h_{11}^{(2)}+w_{15},\ h_{12}^{(2)}+w_{25},\ h_{13}^{(2)}+w_{35},\ h_{14}^{(2)}+w_{45},\ h_{15}^{(2)}+w_{55}\}$$
$$=\max\{0-\infty,\ 7-\infty,\ 4+8,\ 8+7,\ 12+0\}=15$$

同时，$\lambda_{11}^{(3)}=v_1$，$\lambda_{12}^{(3)}=v_3$，$\lambda_{13}^{(3)}=v_1$，$\lambda_{14}^{(3)}=v_2$，$\lambda_{15}^{(3)}=v_4$。

第 4 轮：$k=4$。

$h_{11}^{(4)}=0$

$h_{12}^{(4)}=\max\{h_{11}^{(3)}+w_{12}，h_{12}^{(3)}+w_{22}，h_{13}^{(3)}+w_{32}，h_{14}^{(3)}+w_{42}，h_{15}^{(3)}+w_{52}\}$

$=\max\{0+3，7+0，4+3，9-\infty，15-\infty\}=7$

$h_{13}^{(4)}=\max\{h_{11}^{(3)}+w_{13}，h_{12}^{(3)}+w_{23}，h_{13}^{(3)}+w_{33}，h_{14}^{(3)}+w_{43}，h_{15}^{(3)}+w_{53}\}$

$=\max\{0+4，7-\infty，4+0，9-5，15-\infty\}=4$

$h_{14}^{(4)}=\max\{h_{11}^{(3)}+w_{14}，h_{12}^{(3)}+w_{24}，h_{13}^{(3)}+w_{34}，h_{14}^{(3)}+w_{44}，h_{15}^{(3)}+w_{54}\}$

$=\max\{0-\infty，7+2，4+4，9+0，15-\infty\}=9$

$h_{15}^{(4)}=\max\{h_{11}^{(3)}+w_{15}，h_{12}^{(3)}+w_{25}，h_{13}^{(3)}+w_{35}，h_{14}^{(3)}+w_{45}，h_{15}^{(3)}+w_{55}\}$

$=\max\{0-\infty，7-\infty，4+8，9+7，15+0\}=16$

同时，$\lambda_{11}^{(4)}=v_1$，$\lambda_{12}^{(4)}=v_3$，$\lambda_{13}^{(4)}=v_1$，$\lambda_{14}^{(4)}=v_2$，$\lambda_{15}^{(4)}=v_4$。

第 5 轮：$k=5$。

$h_{ij}^{(5)}=h_{ij}^{(4)}(j=1，2，3，4，5)$，$\lambda_{ij}^{(5)}=\lambda_{ij}^{(4)}(j=1，2，3，4，5)$，算法结束。

$h_{1j}^{(5)}$就是从 v_1 点到 v_j 点的最长路的路长，$\lambda_{1j}^{(5)}$记录最长路的 v_j 的前一个顶点号。例如，$h_{15}^{(5)}=16$，表示从 v_1 点到 v_5 点的最长路路长为 16。又因为 $\lambda_{15}^{(5)}=v_4$，$\lambda_{14}^{(5)}=v_2$，$\lambda_{12}^{(5)}=v_3$，$\lambda_{13}^{(5)}=v_1$，则从 v_1 到 v_5 的最长路径 P_{15}^* 为 (v_1,v_3,v_2,v_4,v_5)。

例 7-17 的迭代过程可以用表 7-9 来说明。

表 7-9

i \ j	w_{ij}					$d_{1i}^{(1)}$	$d_{1i}^{(2)}$	$d_{1i}^{(3)}$	$d_{1i}^{(4)}$	$d_{1i}^{(5)}$
	v_1	v_2	v_3	v_4	v_5					
v_1	0	3	4	$-\infty$	$-\infty$	0	0	0	0	0
v_2	$-\infty$	0	$-\infty$	2	$-\infty$	3	7	7	7	7
v_3	$-\infty$	3	0	4	8	4	4	4	4	4
v_4	$-\infty$	$-\infty$	-5	0	7	$-\infty$	8	9	9	9
v_5	$-\infty$	$-\infty$	$-\infty$	$-\infty$	0	$-\infty$	12	15	16	16
$\lambda_{1j}^{(1)}$	v_1	v_1	v_1	v_1	v_1					
$\lambda_{1j}^{(2)}$	v_1	v_3	v_1	v_3	v_3					
$\lambda_{1j}^{(3)}$	v_1	v_3	v_1	v_2	v_4					
$\lambda_{1j}^{(4)}$	v_1	v_3	v_1	v_2	v_4					

为了加快收敛速度，最长路径的算法可以用如下的递推关系：

$$h_{1j}^{(1)}=w_{1j}\quad (j=1，2，\cdots，n)$$

$$h_{1j}^{(k)}=\max\{\max_{i<j}\{h_{1i}^{(k)}+w_{ij}\}，\max_{i\geqslant j}\{h_{1i}^{(k-1}+w_{ij}\}\}\quad (j=1，2，\cdots，n)$$

7.4.3　应用举例

例 7-18　最优分配问题　有一个仪表公司打算向它的 3 个营业区设立 6 家销售店，每个营业区至少设一家，所获利润如表 7-10 所示。问设立的 6 家销售店数应如何分配，可使总利润最大?

表 7-10

利润/万元		营业区		
		A	B	C
销售店数	1	200	210	180
	2	280	220	230
	3	330	225	260
	4	340	230	280

解　作网络图 D 如图 7-47 所示。

顶点 S_6 表示初始时公司拥有 6 家销售店待设置。顶点 A_i 表示在 A 区设立销售店后还剩有 i 家销售店未设立；顶点 B_j 表示在对 A、B 区设立销售店后还剩有 j 家销售店未设立；C_0 表示公司已将 6 家销售店设置完。弧（S_6，A_i）表示在 A 区设立 $6-i$ 家销售店；弧（A_i，B_j）表示在 B 区设立 $i-j$ 家销售店；弧（B_j，C_0）表示在 C 区设立 j 家商店。图7-47中弧旁边的权为相应利润。

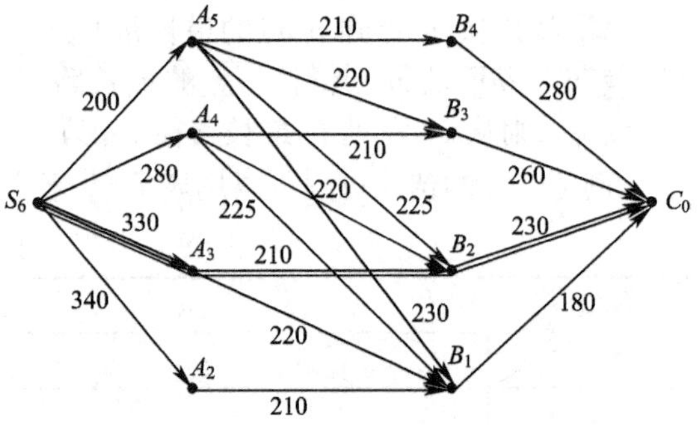

图 7-47　例 7-18 的示意图

于是，S_6 至 C_0 的任一条路径表示一个具体的销售店的分配方案。例如，（S_6，A_5，B_3，C_0）指在 A 区设立 1 家销售店，在 B 区设立 2 家销售店，在 C 区设立 3 家销售店。我们的问题归结为求网络图 D 中 S_6 至 C_0 的最长路径。

由算法可求出 S_6 至 C_0 的最长路径为（S_6，A_3，B_2，C_0），其长度为 770。故最佳决策为：在 A、B、C 区分别设立 3、1、2 家销售店，可获得利润 770。

例 7-19　货物装载问题　现有一辆最大装载量 $b=5$ t 的卡车装载 3 种货物。已知 3 种货物单件重量和价值如表 7-11 所示。问卡车对各种货物装运多少，使卡车装载的货物总价值最大?

表 7-11

$j^{\#}$货物	单件重量 a_j/t	价值 C_j/千元
$1^{\#}$	1	30
$2^{\#}$	3	80
$3^{\#}$	2	65

解　设第 j 种货物装载 x_j 件（$j=1, 2, 3$），得整数规划模型：

$$\max f=30x_1+80x_2+65x_3$$

$$\text{s. t.}\begin{cases}x_1+3x_2+2x_3=5\\ x_j\geqslant 0 \text{ 且为整数}, j=1, 2, 3\end{cases}$$

建立网络模型 $G=(V, E, W)$ 如图 7-48 所示。

图 G 的顶点个数 $n=b+1=6$。当 V 中的顶点 v_i 及 v_k 对应的下标差 $(k-i)$ 恰等于 $j^{\#}$ 货物单件重量 a_j 时，则绘有向弧 (v_i, v_k)，且 $w(v_i, v_k)=C_j$。

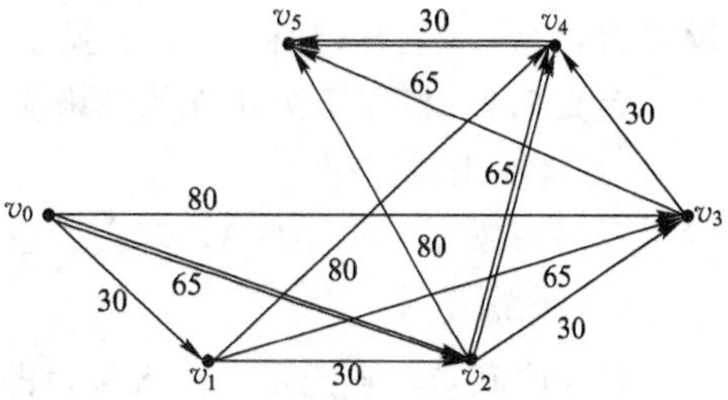

图 7-48　例 7-19 的示意图

显然，图 G 中任一条 v_0 至 v_5 的路径 P 对应了 3 种货物的一个装载方案：若权为 C_j 的弧在路径 P 中出现 d_j 次，则 $j^{\#}$ 货物装运 d_j 件（$x_j=d_j$）。路径的长度 $W(P)$ 即为该方案所获的价值 f。

例如，在路径中 $P=(v_0, v_1, v_3, v_4, v_5)$ 中，$w(v_0, v_1)=w(v_3, v_4)=w(v_4, v_5)=30=a_1$，$w(v_1, v_3)=65=a_3$，所以 P 对应的方案为：$x_1=3$，$x_2=0$，$x_3=1$。该方案的价值为：$f=30\times 3+65=155=W(P)$。

于是，我们的问题归结为在图 7-48 所示的 D 中寻求 v_0 至 v_5 的最长路径 P_{05}^*。运用算法可知 $P_{05}^*=(v_0, v_2, v_4, v_5)$，其长度为 160。在 P_{05}^* 中有 3 条弧，它们对应的权为：$w(v_0, v_2)=65$，$w(v_2, v_4)=65$，$w(v_4, v_5)=30$，所以最佳决策为：$x_1^*=1$，$x_2^*=0$，$x_3^*=2$。即 $1^{\#}$ 货物装载 1 件，$2^{\#}$ 货物不装，$3^{\#}$ 货物装载 2 件，其总价值为 160。

7.5　最大流问题

许多系统中都包含了流量问题。例如公路系统中有车辆流，控制系统中有信息流，物流系统中有物流，金融系统中有现金流。对于这样一些包含了流量问题的系统，我们往往要在现有系统的容量约束下，求出系统的最大流。

所谓最大流问题就是给定网络 $G=(V, A, C)$，对于弧 $a_{ij}\in A$，对应有 $c_{ij}\in C\geqslant 0$，c_{ij} 称为 a_{ij} 的容量。现假定网络有一个起点 v_s，一个终点 v_t，在不超过每条弧容量限制的情况下，求从起点到终点的最大流量。

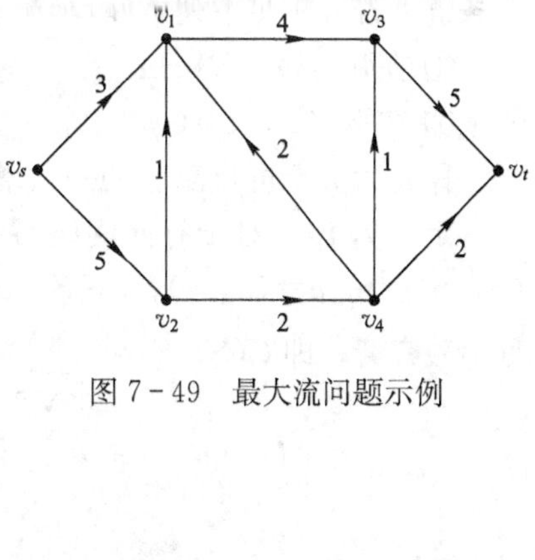

图 7-49　最大流问题示例

图 7-49 是连接某产品产地 v_s 和销地 v_t 的交通网，每一弧代表运输线，弧上的数字代表这条运输线的最大通过能力，现要求制订一个运输方案使从 v_s 到 v_t 输送的产品数量最多。这类问题就是典型的最大流问题。

7.5.1 最大流有关概念及定理

1. 基本概念

定义 7.6 对于网络 $G=(V, A, C)$，在弧集合 A 上的一个函数 $f=\{f(v_i, v_j)\}$ 称为**网络流**，$f(v_i, v_j)$（简称 f_{ij}）为弧 $a_{ij}\in A$ 上的流。

定义 7.7 满足下列条件的网络流 f 称为**可行流**。

(1) 容量限制条件

对每一弧 $(v_i, v_j)\in A$，$0\leqslant f_{ij}\leqslant c_{ij}$。

(2) 平衡条件

对于中间点，流出量=流入量，即对每个 $i(i\neq s, t)$ 有 $\sum\limits_{(v_i,v_j)\in A} f_{ij}-\sum\limits_{(v_j,v_i)\in A} f_{ji}=0$。

对于起点 v_s，记 $\sum\limits_{(v_s,v_j)\in A} f_{sj}-\sum\limits_{(v_j,v_s)\in A} f_{js}=V(f)$。

对于终点 v_t，记 $\sum\limits_{(v_t,v_j)\in A} f_{tj}-\sum\limits_{(v_j,v_t)\in A} f_{jt}=-V(f)$。

式中 $V(f)$ 称为这个可行流 f 的流量，即发点的净输出量（或收点的净输入量）。

可行流总是存在的。比如令所有弧的流量 $f_{ij}=0$，就得到一个可行流（称为零流），其流量 $V(f)=0$。

定义 7.8 若 f^* 为网络可行流，且满足：$V(f^*)=\max\{V(f)|f$ 为网络 G 中的任意一个可行流$\}$，则称 f^* 为网络的**最大流**。

设 $\mu=(x, \cdots, u, v, \cdots, t)$ 是网络 G 中的一条初等链，并且定义链的方向是从 x 到 t。若链上有弧 (u, v) 与 μ 方向一致，则称 (u, v) 为链 μ 的**前向弧**，前向弧的全体记为 μ^+；若链上有弧 (v, u) 与 μ 的方向相反，则称 (v, u) 为链 μ 的**后向弧**，后向弧的全体记为 μ^-。

图 7-49 中，若 $\mu=(v_s, v_1, v_4, v_t)$，则 (v_s, v_1)、(v_4, v_t) 就是 μ 的前向弧，记 $\mu^+=\{(v_s, v_1)、(v_4, v_t)\}$，$(v_4, v_1)$ 则是 μ 的后向弧，记 $\mu^-=\{(v_4, v_1)\}$。

若给一个可行流 $f=\{f_{ij}\}$，我们把网络中使 $f_{ij}=c_{ij}$ 的弧称为**饱和弧**，使 $f_{ij}<c_{ij}$ 的弧称为**非饱和弧**，把 $f_{ij}=0$ 的弧称为**零流弧**，$f_{ij}>0$ 的弧称为**非零流弧**。

定义 7.9 设 f 是一个可行流，v_s 是网络的起点，v_t 是网络的终点，μ 是从 v_s 到 v_t 的一条链，若 μ 满足下列条件：

① 在弧 $(v_i, v_j)\in\mu^+$ 上，$0\leqslant f_{ij}<c_{ij}$，即 μ^+ 中每一前向弧是非饱和弧；

② 在弧 $(v_i, v_j)\in\mu^-$ 上，$0<f_{ij}\leqslant c_{ij}$，即 μ^- 中每一后向弧是非零流弧。

称 μ 为关于可行流 f 的一条**增广链**。

定义 7.10 对于有向网络 $G=(V, A, C)$，若 S 为 V 的子集，$\overline{S}=V-S$，则称弧集 $(S, \overline{S})=\{a|a=(u, v), u\in S, v\in\overline{S}\}$ 为网络 G 的一个**截集**，并将截集中所有弧容量之和称为**截容量**，即 $C(S, \overline{S})=\sum\limits_{a\in(S,\overline{S})} C(a)$ 为截集 $(S, \overline{S})$ 的截容量（简称为截量）。

定义 7.11　若 $(S^*, \overline{S}^*)$ 是容量网络 G 的所有截集中截量最小的截集，即 $C(S^*, \overline{S}^*)=\min\{C(S, \overline{S})|(S, \overline{S})$ 为网络 G 的一个截集$\}$，则称 $(S^*, \overline{S}^*)$ 为 G 上的**最小截**，$C(S^*, \overline{S}^*)$ 为 G 上的**最小截量**。

2. 有关定理

定理 7.8　若 f^* 是网络 $G=(V, A, C)$ 上的可行流，则可行流 f^* 为最大流的充要条件为 G 中不存在关于 f^* 的增广链 μ。

证明　(1) **必要性**　若 f^* 为最大流，不存在关于 f^* 的增广链。

若 f^* 是最大流，设 G 中存在关于 f^* 的增广链 μ，令

$$\theta=\min\{\min_{\mu^+}(c_{ij}-f_{ij}^*), \min_{\mu^-}f_{ij}^*\}$$

由增广链的定义，可知 $\theta>0$，令

$$f'_{ij}=\begin{cases} f_{ij}^*+\theta & (v_i, v_j)\in\mu^+ \\ f_{ij}^*-\theta & (v_i, v_j)\in\mu^- \\ f_{ij}^* & (v_i, v_j)\notin\mu \end{cases}$$

不难验证 $\{f'_{ij}\}$ 是一个可行流，且 $V(f'_{ij})=V(f_{ij}^*)+\theta$，与 f^* 是最大流矛盾。

(2) **充分性**　已知不存在 f^* 的增广链，证明 f^* 为最大。

① 设 f 为网络 $G=(V, A, C)$ 的任一可行流，流量为 $V(f)$，$(S, \overline{S})$ 是分离起点 v_s 与终点 v_t 的任意一个截集，$C(S, \overline{S})$ 为截容量，则有 $V(f)\leqslant C(S, \overline{S})$。

因为：对于 $(S, \overline{S})$ 来说，$V(f)=\sum\limits_{a\in(S,\overline{S})}f(a)-\sum\limits_{a\in(\overline{S},S)}f(a)$

令 $V^+(f, s)=\sum\limits_{a\in(S,\overline{S})}f(a)$，$V^-(f, s)=\sum\limits_{a\in(\overline{S},S)}f(a)$

对于 $a\in(S, \overline{S})$，有 $0\leqslant f(a)\leqslant c(a)$

所以 $V^+(f, s)=\sum\limits_{a\in(S,\overline{S})}f(a)\leqslant\sum\limits_{a\in(S,\overline{S})}c(a)=C(S,\overline{S})$

又因为 $V^-(f, s)\geqslant 0$

所以 $V(f)=V^+(f, s)-V^-(f, s)\leqslant C(S, \overline{S})$

② 当 $V(f)=C(S, \overline{S})$ 时，f 为最大流，$(S, \overline{S})$ 为最小截集。

设 f^* 为网络的最大流，$(S^*, \overline{S}^*)$ 为最小截集，依最大流和最小截集的定义及上一步的证明，有：

$$V(f)\leqslant V(f^*)\leqslant C(S^*, \overline{S}^*)\leqslant C(S, \overline{S})$$

若 $V(f)=C(S, \overline{S})$，则有 $V(f)=V(f^*)=c(S^*, \overline{S}^*)=c(S, \overline{S})$，从而 f 和 $(S, \overline{S})$ 分别为 G 的最大流和最小截集。

③ 所谓不存在关于 f^* 的增广链，意味着从起点 v_s 到终点 v_t 之间的每一条链都是饱和链，即链中至少有一条前向弧是饱和弧或者后向弧是零流弧。可以这样构造一个割集 $(S^*, \overline{S}^*)$，在网络 G 中找链 μ，μ 中至少有前向饱和弧或后向零流弧，或者找一个前向饱和弧 $a=$

(u, v)，将 a 归入割集 $(S^*, \overline{S}^*)$ 中，或者找一个后向弧 $a=(u, v)$ 为零流弧，将 a 归入割集 $(\overline{S}^*, S^*)$ 中，然后在 G 中删掉弧 a，继续寻找新的链，如此反复，直到找不到链为止。显然，$(S^*, \overline{S}^*)$ 就将 G 中的 V 分为两部分，且 $v_s \in S^*$，$v_t \in \overline{S}^*$，并有：

$$f^*(a)=\begin{cases} c(a) & a\in (S^*, \overline{S}^*) \\ 0 & a\in (\overline{S}^*, S^*) \end{cases}$$

于是 $V(f^*)=\sum\limits_{a\in(S^*,\overline{S}^*)} f^*(a)-\sum\limits_{a\in(\overline{S}^*,S^*)} f^*(a)=\sum\limits_{a\in(S^*,\overline{S}^*)} c(a)=C(S^*,\overline{S}^*)$

显然，f^* 为最大流，$(S^*, \overline{S}^*)$ 为最小截。

定理 7.9　最大流量、最小截量定理　任一网络 $G=(V, A, C)$ 中，从起点 v_s 到终点 v_t 的最大流的流量，等于分离 v_s 与 v_t 的最小截集的容量。（证明从略）

7.5.2　寻求最大流的标号法

定理 7.8 的证明实际上为我们提供了一个寻求最大流的方法。若给定网络 G 上的初始可行流 f，判别一下 G 中有无增广链，若无，则 f 为最大流；若有，则在增广链 μ 上修改流 f'，即：

$$f'_{ij}=\begin{cases} f_{ij}+\theta & (v_i, v_j)\in\mu^+ \\ f_{ij}-\theta & (v_i, v_j)\in\mu^- \\ f_{ij} & (v_i, v_j)\notin\mu \end{cases} \tag{7-18}$$

其中，$\theta=\min\{\min\limits_{\mu^+}(c_{ij}-f_{ij}), \min\limits_{\mu^-} f_{ij}\}$，以 f' 代替 f 后，继续迭代，直到找不到增广链。

寻找最大流的标号法，是由 Ford（福特）和富克尔逊（Fulkerson）首先提出来的，所以又称为 2F 算法。

2F 算法可以分为两大过程。首先是标号过程，检查是否存在一个增广（值）链，如果不存在，则现行流就是最大流；反之，进入调整过程。调整过程（也叫增值过程），使用在标号过程中生成的标号，确定流量的增值 θ，按式（7－18）得到调整后的新流量 f'，并以 f' 开始重复标号过程。

2F 算法从一个可行流出发（若网络中没有给定 f，则可以设 f 是零流），经过标号过程与调整过程如下。

（1）标号过程

在这个过程中，网络中的点或者是标号点（又分为已检查和未检查两种），或者是未标号点。每个标号点包含两部分：第 1 个标号表明其标号是从哪一点得到的，以便找出增广链；第 2 个标号是为确定增广链 μ 的调整量 θ 用的。

标号过程开始，总是先给 v_s 标上 $(0, +\infty)$，这时 v_s 是标号而未检查的点，其余都是未标号点。一般地，取一个标号而未检查的点 v_i，对一切未标号点 v_j 有两种情况。

① 若在弧 (v_i, v_j) 上，$f_{ij}<c_{ij}$，则给 v_j 标号 $(v_i, l(v_j))$。这里 $l(v_j)=\min\{l(v_i), c_{ij}-f_{ij}\}$。这时点 v_j 成为标号而未检查的点。

② 若在弧 (v_j, v_i) 上，$f_{ji}>0$，则给 v_j 标号 $(-v_i, l(v_j))$。这里 $l(v_j)=\min\{l(v_i, f_{ji}\}$。这时点 v_j 成为标号而未检查的点。

于是 v_i 成为标号且已检查过的点。重复上述步骤，一旦 v_t 被标上号，表明得到一条从 v_s 到 v_t 的增广链 μ，转入调整过程。

若所有标号都是已检查过，而标号过程进行不下去时，则算法结束，这时的可行流就是最大流。

(2) 调整过程

首先按 v_t 及其他点的第一个标号，利用"反向追踪"的办法，找出增广链 μ。例如，设 v_t 的第一个标号为 v_k（或 $-v_k$），则弧 (v_k, v_t) 或相应的 (v_t, v_k) 是链 μ 上的最后一条弧；接下来检查 v_k 的第一个标号，若为 v_i（或 $-v_i$），则找出 (v_i, v_k) 或相应的 (v_k, v_i)；再检查 v_i 的第一个标号，依此下去，直到 v_s 为止。这时找出的弧就构成了增广链 μ。增广链 μ 的调整量 θ 就是 $l(v_t)$，即 v_t 的第 2 个标号。

令

$$
f'_{ij}=\begin{cases} f_{ij}+l(v_t) & (v_i, v_j)\in\mu^+ \\ f_{ij}-l(v_t) & (v_i, v_j)\in\mu^- \\ f_{ij} & \text{其他} \end{cases}
$$

去掉所有标号，对新的可行流 $f'=\{f'_{ij}\}$，重新进入标号过程。

例 7-20　已知网络如图 7-50 所示，弧旁的数字为 (c_{ij}, f_{ij})，求最大流。

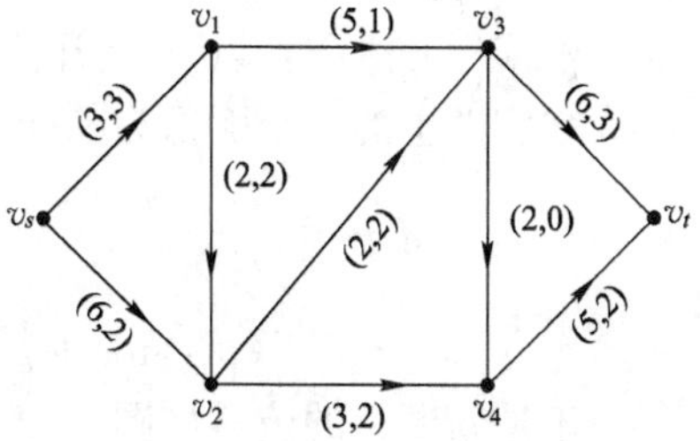

图 7-50　例 7-20 的示意图

解　第 1 轮：

(1) 标号过程

① 给 v_s 标号 $(0, +\infty)$，v_s 为已标号未检查的点。

② 检查 v_s，给 v_2 标号 $(v_s, l(v_2))$，$l(v_2)=\min\{\infty, 6-2\}=4$，$v_s$ 成为已标号已检查的点，v_2 成为已标号未检查的点。

③ 检查 v_2，给 v_1 标号 $(-v_2, l(v_1))$，$l(v_1)=\min\{4, 2\}=2$。同理给 v_4 标号为 $(v_2, 1)$，v_2 成为已标号已检查的点，v_1，v_4 成为已标号未检查的点。

④ 检查 v_1，给 v_3 标号为 $(v_1, 2)$，v_3 成为已标号未检查的点。

⑤ 检查 v_3，给 v_t 标号为 $(v_3, 2)$。

因为 v_t 已被标号，所以说明找到一条增广链。

(2) 调整过程

按点的第 1 个标号，以 v_t 点开始，回溯找到一条增广链，如图 7－51 的虚线所示。在增广链上进行流量调整。

前向弧： $(v_s, v_2): f'(v_s, v_2)=2+l(v_t)=2+2=4$

$(v_1, v_3): f'(v_1, v_3)=1+l(v_t)=1+2=3$

$(v_3, v_t): f'(v_3, v_t)=3+l(v_t)=3+2=5$

后向弧： $(v_1, v_2): f'(v_1, v_2)=2-l(v_t)=2-2=0$

于是调整后的流量如图 7－52 所示。

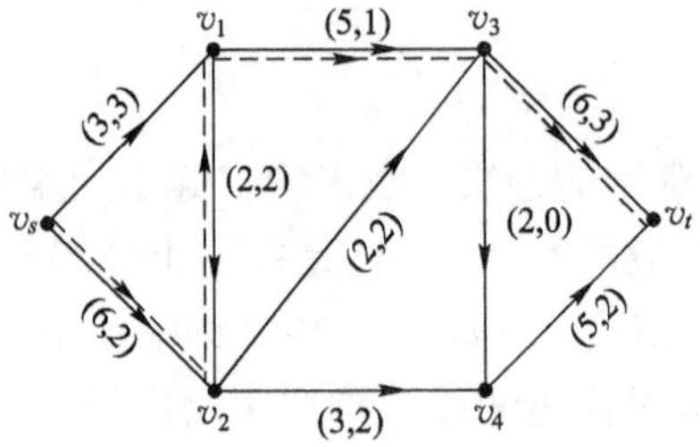

图 7－51　例 7－20 第 1 轮标号找到的增广链

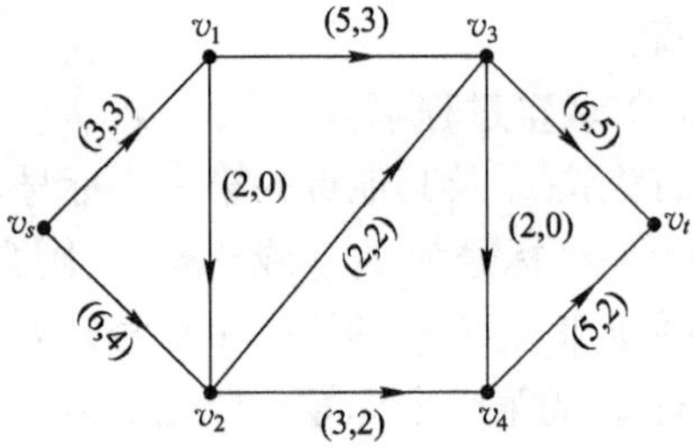

图 7－52　例 7－20 第 1 轮标号调整后新流

第 2 轮：

(1) 标号过程

① 给 v_s 标号 $(0, +\infty)$，v_s 为已标号未检查的点。

② 检查 v_s，给 v_2 标号 $(v_s, 2)$，v_2 成为已标号未检查的点。

③ 检查 v_2，给 v_4 标号 $(v_2, 1)$，v_4 成为已标号未检查的点。

④ 检查 v_4，给 v_t 标号为 $(v_4, 1)$，v_t 被标号，转入下一阶段。

(2) 调整过程

根据标号过程，以 v_t 点开始，回溯找到一条增广链，如图 7－53 中的虚线所示。增广链上的 3 个弧都为前向弧，于是调整如下：

$$(v_s, v_2): f'(v_s, v_2)=f(v_s, v_2)+l(v_t)=4+1=5$$

$$(v_2, v_4): f'(v_2, v_4)=f(v_2, v_4)+l(v_t)=2+1=3$$

$$(v_4, v_t): f'(v_4, v_t)=f(v_4, v_t)+l(v_t)=2+1=3$$

于是新调整的流量如图 7－54 所示。

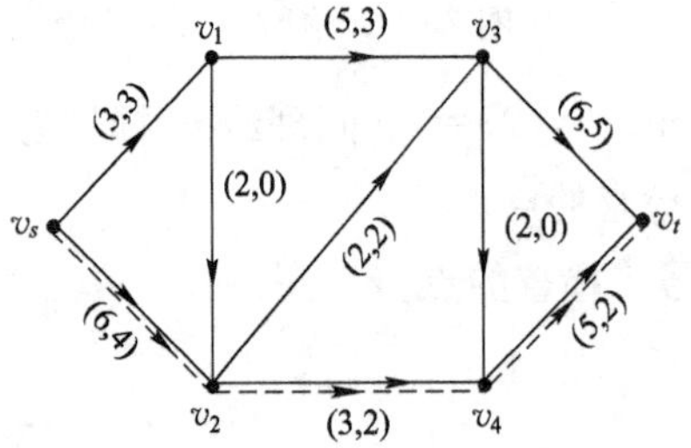

图 7－53　例 7－20 第 2 轮标号找到的增广链

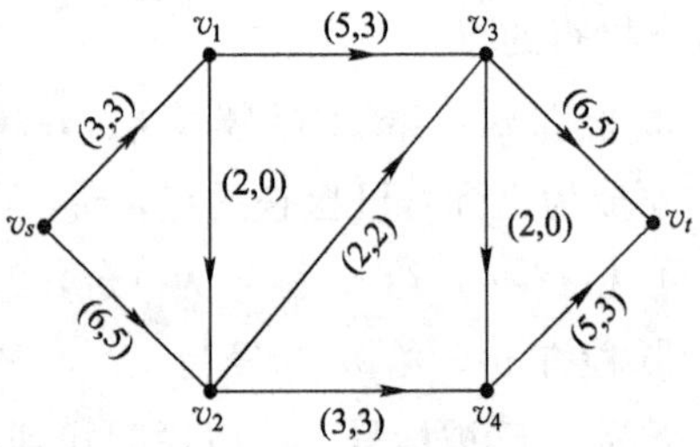

图 7－54　例 7－20 第 2 轮标号调整后新流

第 3 轮：

给 v_s 标号（0，$+\infty$），v_2 标号（v_s，1），检查 v_2 点，标号过程无法继续下去，于是说明了对于图 7－54 所示的新流，不存在增广链，图 7－54 所示的流就是最大流，算法结束。

最大流量＝5＋3＝8，最小截集为 $\{(v_s, v_1), (v_2, v_3), (v_2, v_4)\}$，最小截量为 8。

7.6　最小费用流

7.5 节讨论的寻求网络最大流问题只考虑了流的数量，而没有考虑流的费用。实际上许多问题需要考虑流的费用大小问题。例如，在交通运输问题中，往往要求在完成运输任务的前提下，寻求一个使总的运输费用最小的运输方案。

7.6.1　基本概念及定理

定义 7.12　对于一个可行流 $f=\{f_{ij}\}$ 来说，如果网络 $G=(V, A, C, W)$ 中，对于每条弧 $a_{ij}\in A$，都有一个单位流费用 $w_{ij}\in W$，则**流的费用**定义为：

$$W(f)=\sum_{a_{ij}\in A} w_{ij} f_{ij}$$

定义 7.13　网络 $G=(V, A, C, W)$ 中，对于每一流值为某一目标值 $V_{目标}$ 的可行流 f 来说，都存在一个流的费用 $W(f)$，使 $W(f)$ 为最小的可行流，则称为流值为 $V_{目标}$ 的**最小费用流**。最小费用流的数学定义如下。

目标函数：$\min W(f)=\min \sum\limits_{a_{ij}\in A} w_{ij} f_{ij}$。

约束条件：① 每一条弧　$0\leqslant f_{ij}\leqslant c_{ij}$；

② $\sum\limits_i f_{si}-\sum\limits_i f_{is}=V_{目标}$；

③ $\sum\limits_i f_{ti}-\sum\limits_i f_{it}=-V_{目标}$；

④ $\sum\limits_i f_{ji}-\sum\limits_i f_{ij}=0(i, j\neq s, t; v_i, v_j\in V)$。

其中：$V_{目标}$——目标流值；c_{ij}——能力；w_{ij}——单位费用；v_s——起点；v_t——终点。

定义 7.14　已知网络 $G=(V, A, C, W)$，f 是 G 的可行流，μ 为从 v_s 到 v_t 的关于 f 的增广链，$d(\mu)=\sum\limits_{a_{ij}\in\mu^+} w_{ij}-\sum\limits_{a_{ij}\in\mu^-} w_{ij}$ 称为**链 μ 的费用**。

若 μ^* 是 v_s 到 v_t 所有增广链中费用最小的链，则称 μ^* 为**最小费用增广链**。

如图 7－55 所示的网络中，弧上的数字为 (c_{ij}, f_{ij}, w_{ij})。

增广链 $\mu=(v_s, v_1, v_3, v_t)$ 中，(v_s, v_1)、

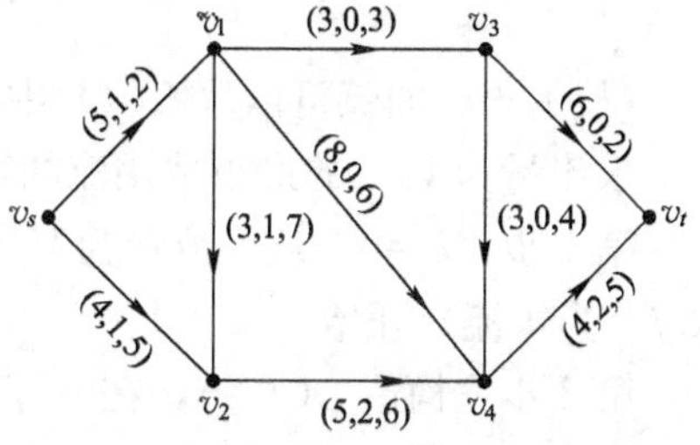

图 7－55　求增广链费用的网络图

(v_1, v_3)，(v_3, v_t) 都是前向弧，$d(\mu)=w_{s1}+w_{13}+w_{3t}=7$。

v_s 到 v_t 费用最小的增广链 $\mu^*=\{v_s, v_2, v_1, v_3, v_t\}$ 中，$\mu^{*+}=\{(v_s, v_2)、(v_1, v_3), (v_3, v_t)\}$，$\mu^{*-}=\{(v_1, v_2)\}$。于是 $d(\mu^*)=\sum_{a_{ij}\in\mu^+} w_{ij}-\sum_{a_{ij}\in\mu^-} w_{ij}=5+3+2-7=3$。

定理 7.10 若 f 是流量为 $V(f)$ 的最小费用流，μ 是关于 f 的从 v_s 到 v_t 的一条最小费用增广链，则 f 经过 μ 调整流量得到新的可行流 f'，f' 一定是流量为 $V(f)+\theta$ 的可行流中的最小费用流。(证明从略)

7.6.2 最小费用流算法及算例

定理 7.10 实际上为我们提供了一个寻找最小费用流的方法，如果在给定网络中 $G=(V, A, C, W)$，求流量为 $V_{目标}$ 的最小费用流，可以从某个初始的最小费用可行流 $f^{(0)}$（一般为零流）开始，寻找从起点 v_s 到终点 v_t 的关于 $f^{(0)}$ 的最小费用增广链 μ_0。在 μ_0 中按最大流的标号算法的调整方法进行调整，只是在调整量上，要比较增广链 μ_0 上可调整的量 θ_0 与 $V_{目标}-V(f^{(0)})$ 的量值，若 $\theta_0>V_{目标}-V(f^{(0)})$，则 μ_0^* 上调整的量为 $V_{目标}-V(f^{(0)})$，算法结束。若在链 μ_0 上按 θ_0 流量进行调整，得到流值为 $V(f^{(0)})+\theta_0$ 的最小费用可行流 $f^{(1)}$，在 $f^{(1)}$ 上寻找从 v_s 到 v_t 的费用最小的增广链 μ_1，再在 μ_1 按上述方法进行流量调整，如此反复，直到最小费用可行流的流值达到 $V_{目标}$ 为止。

从算法思路来看，关键在于如何寻找从 v_s 到 v_t 的最小费用增广链，求最小费用增广链我们首先想到利用最短路算法，但是路和链对弧的连接方式的要求是有差异的。为了能利用最短路算法，对于网络 $G=(V, A, C, W)$ 中，已知可行流 f，构造一个关于 f 的赋权有向网络 $L(f)$，使得在 G 中求从 v_s 到 v_t 的最小费用增广链问题，等价于 $L(f)$ 中求从 v_s 到 v_t 的最短路问题。

$L(f)$ 的构造方法如下：$L(f)$ 中的顶点是原网络 $G=(V, A, C, W)$ 中的点，而把 G 中的每一条弧 (v_i, v_j) 变成两个方向相反的弧 (v_i, v_j) 和 (v_j, v_i)。定义 $L(f)$ 中弧 (v_i, v_j) 和 (v_j, v_i) 的权 l_{ij} 和 l_{ji} 为

$$l_{ij}=\begin{cases} w_{ij} & 若\ f_{ij}<c_{ij} \\ +\infty & f_{ij}=c_{ij} \end{cases}$$

$$l_{ji}=\begin{cases} -w_{ij} & 若\ f_{ij}>0 \\ +\infty & f_{ij}=0 \end{cases}$$

(权为 $+\infty$ 的弧可以从 $L(f)$ 中略去)。

求流量为 $V_{目标}$ 的最小费用流的算法如下。

第 1 步：$k=0$，从一流量为 $V(f^{(0)})(V(f^{(0)})\leqslant V_{目标})$ 的最小费用初始可行流 $f^{(0)}$（一般取 $f^{(0)}$ 为零流）开始。

第 2 步：构造 $L(f^{(k)})$，在 $L(f^{(k)})$ 中求从 v_s 到 v_t 的费用最小的路，若 $L(f^{(k)})$ 没有从 v_s 到 v_t 的最短路，则 $f^{(k)}$ 为最大流，若 $v(f^{(k)})<V_{目标}$，则不存在流量为 $V_{目标}$ 的最小费用流，

算法结束；否则，转下一步。

第 3 步：在原网络 G 中找到与 $L(f^{(k)})$ 中从 v_s 到 v_t 的最短路相对应的增广链 μ_k，计算 $\theta_k=\min\{\min_{\mu_k^+}(c_{ij}-f_{ij}^k),\ \min_{\mu_k^-} f_{ij}^k\}$。若 $\theta_k \leqslant V_{目标}-V(f^{(k)})$，则在链 μ_k 上按最大流流量调整方法调整增广流量 θ_k，得到新流 f'，令 $k=k+1$，新流 f' 赋給 $f^{(k)}$ 转第 2 步；否则，当 $\theta_k >V_{目标}-V(f')$，则在链 μ_k 上按最大流流量调整方法增广流量 $V_{目标}-V(f^{(k)})$，得到新流 f'，新流 f' 就是所求的流量为 $V_{目标}$ 的费用最小的可行流。算法结束。

例 7-21 在图 7-56 所示的网络 G 中，求从 v_s 到 v_t 的目标流值为 25 的最小费用流，弧上括号内的第一个数字为容量，第二个数字为弧上单位流的费用。

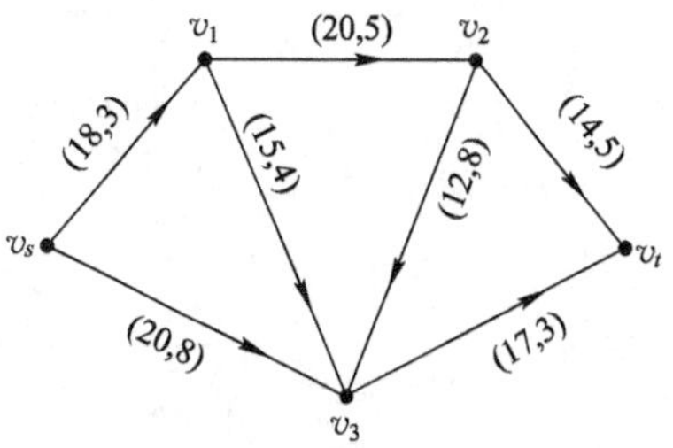

图 7-56 求最小费用流的网络图

解

第 1 轮：$k=0$。

取 $f^{(0)}=\{0\}$ 开始，作图 $L(f^{(0)})$（如图 7-57(a) 所示），用 Dijkstra 算法求 $L(f^{(0)})$ 中 v_s 到 v_t 的最短路 (v_s, v_1, v_3, v_t)，在网络 G 中相应的增广链 $\mu_0=(v_s, v_1, v_3, v_t)$ 上用最大流算法进行流的调整。

$$\mu_0^+=\{(v_s, v_1)、(v_1, v_3), (v_3, v_t)\}$$

$$\mu_0^-=\varphi$$

$$\theta_0=\min\{18, 15, 17\}=15, \quad \theta_0<25$$

$$f^{(1)}=\begin{cases} f_{ij}^{(0)}+15 & (v_i, v_j)\in\mu_0^+ \\ f_{ij}^{(0)} & 其他 \end{cases}$$

得到的 $f^{(1)}$ 如图 7-57(b) 所示。

第 2 轮：$k=1$。

作图 $L(f^{(1)})$（如图 7-57(c) 所示），由于弧上有负权，所以求最短路不能用 Dijkstra 算法，可用逐次逼近法，最短路为 (v_s, v_3, v_t)，在 G 内相应的增广链上进行调整，调整量为 2，得到流 $f^{(2)}$ 如图 7-57(d) 所示。

第 3 轮：$k=2$。

作图 $L(f^{(2)})$（如图 7-57(e) 所示），用逐次逼近法求 $L(f^{(2)})$ 中 v_s 到 v_t 的最短路 (v_s, v_1, v_2, v_t)，在 G 中找到相应的增广链进行调整，调整量为 3，得到流 $f^{(3)}$ 如图 7-57(f) 所示。

第 4 轮：$k=3$。

作图 $L(f^{(3)})$（如图 7-57(g) 所示），用逐次逼近法，求 $L(f^{(3)})$ 中 v_s 到 v_t 的最短路 $(v_s, v_3, v_1, v_2, v_t)$，在 G 中找到相应的增广链，该链上最大可增加 11 个流量，然而只要再增加 5 个流量就达到目标流量值 3，故在该链上调整流量为 5，得到新流 $f^{(4)}$，如图 7-57(h) 所示，$f^{(4)}$ 即为所求的流量为 25 的最小费用流。

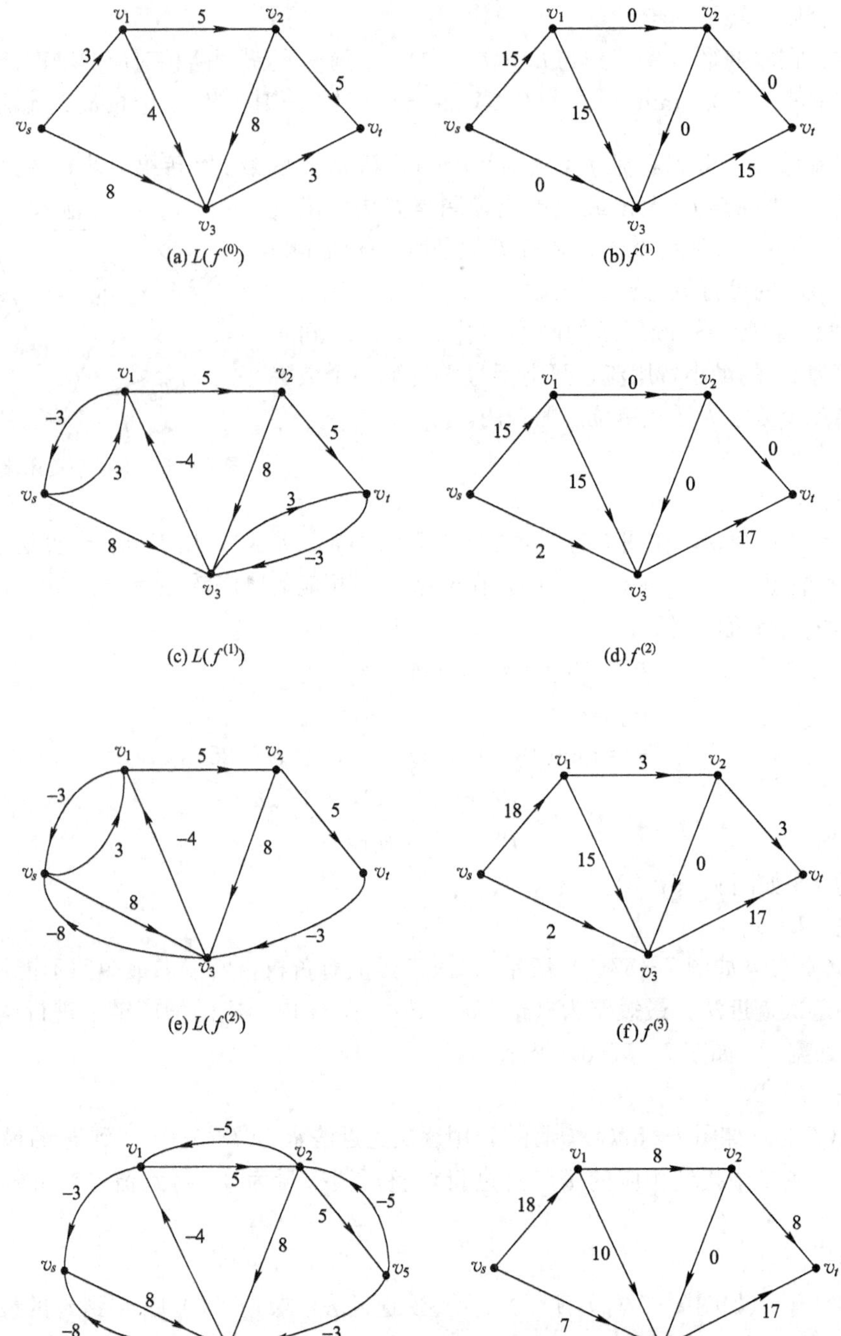

(a) $L(f^{(0)})$　(b) $f^{(1)}$

(c) $L(f^{(1)})$　(d) $f^{(2)}$

(e) $L(f^{(2)})$　(f) $f^{(3)}$

(g) $L(f^{(3)})$　(h) $f^{(4)}$

图 7-57　最小费用流的求解过程

7.6.3　最小费用最大流算法及算例

所谓最小费用最大流是指对最小费用可行流 f 没有目标流量的需求，而要求 f 的流量为最大。

定义 7.15　给定网络 $G=(V, A, C, W)$，对于每一弧 $a_{ij}\in A$，除了有 $c_{ij}\in C$ 与之对应外，还有单位流量的费用 $w_{ij}\in W$。所谓最大流问题就是要求一个最大流 f，使总的输送费用 $W(f)=\sum\limits_{a_{ij}\in A} w_{ij}f_{ij}$ 取极小值。

求最小费用最大流的算法步骤基本与最小费用流的相同，只是算法结束不是找到 $V(f)=V_{目标}$ 为止，而是 $L(f)$ 中找不到最短路，即原网络 G 中不存在增广链为止。求最小费用最大流的算法步骤如下。

第 1 步：$k=0$，从流量为 $V(f^{(0)})$ 的初始最小费用流 $f^{(0)}$ 开始，$f^{(0)}$ 也可以是零流，即 $f^{(0)}=\{0\}$。

第 2 步：构造赋权有向网络 $L(f^{(k)})$，并在 $L(f^{(k)})$ 中求 v_s 到 v_t 的最短路。若不存在最短路，则此时的 $f^{(k)}$ 即为最小费用最大流（转第 4 步）；若存在最短路，则在 G 中得到相应的最小费用增广链 μ_k（转第 3 步，调整）。

第 3 步：$k=k+1$，在最小费用增广链 u_{k-1} 上对 $f^{(k-1)}$ 作如下调整得 $f^{(k)}$。即

$$f_{ij}^{(k)}=\begin{cases} f_{ij}^{(k-1)}+\theta_{k-1} & (v_i,\ v_j)\in\mu_{k-1}^{+} \\ f_{ij}^{(k-1)}-\theta_{k-1} & (v_i,\ v_j)\in\mu_{k-1}^{-} \\ f_{ij}^{(k-1)} & (v_i,\ v_j)\notin\mu_{k-1} \end{cases}$$

其中 $\theta_{k-1}\geqslant 0$ 为调整量，并且为

$$\theta_{k-1}=\min\left\{\min_{\mu_{k-1}^{+}}(c_{ij}-f_{ij}^{(k-1)}),\quad \min_{\mu_{k-1}^{-}} f_{ij}^{(k-1)}\right\}$$

得到新的最小费用可行流 $f^{(k)}$，再转第 2 步。

第 4 步：停止运算，并输出当前最小费用可行流 $f^{(k)}$，作为 G 的最小费用最大流。

例 7 - 22　求图 7 - 58 所示的最小费用最大流，弧上的数字前者代表能力，后者代表单位流量的费用。

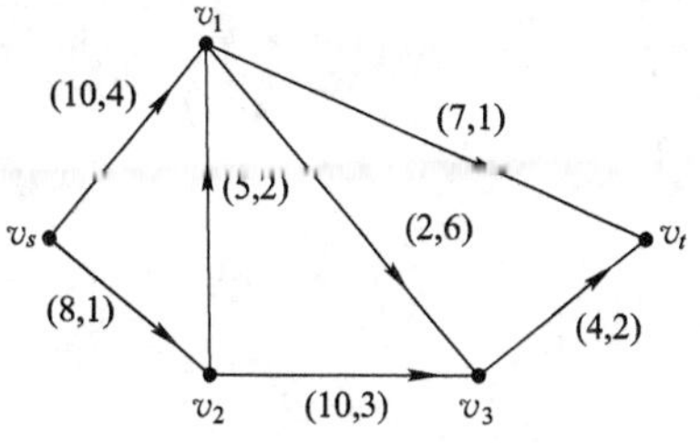

图 7 - 58　例 7 - 22 示图

解　第 1 轮：$f^{(0)}$ 为初始可行流，作相应的费用有向增广网络 $L(f^{(0)})$，如图 7 - 59(a) 所示。

在 $L(f^{(0)})$ 上用 Dijkstra 标号法求出由 v_s 到 v_t 的最短路（最小费用链）$\mu_0=(v_s,\ v_2,\ v_1,\ v_t)$，并对 μ_0 按 $\theta_0=\min\{8,\ 5,\ 7\}=5$ 进行流量的调整，由于 $(v_s,\ v_2)\in\mu_0^{+}$，$(v_2,\ v_1)\in\mu_0^{+}$，$(v_1,\ v_t)\in\mu_0^{+}$，所以有 $f_{s2}^{(1)}=f_{21}^{(1)}=f_{1t}^{(1)}=5$，其余不变，得新的可行流 $f^{(1)}$ 如图 7 - 59(b) 所示。

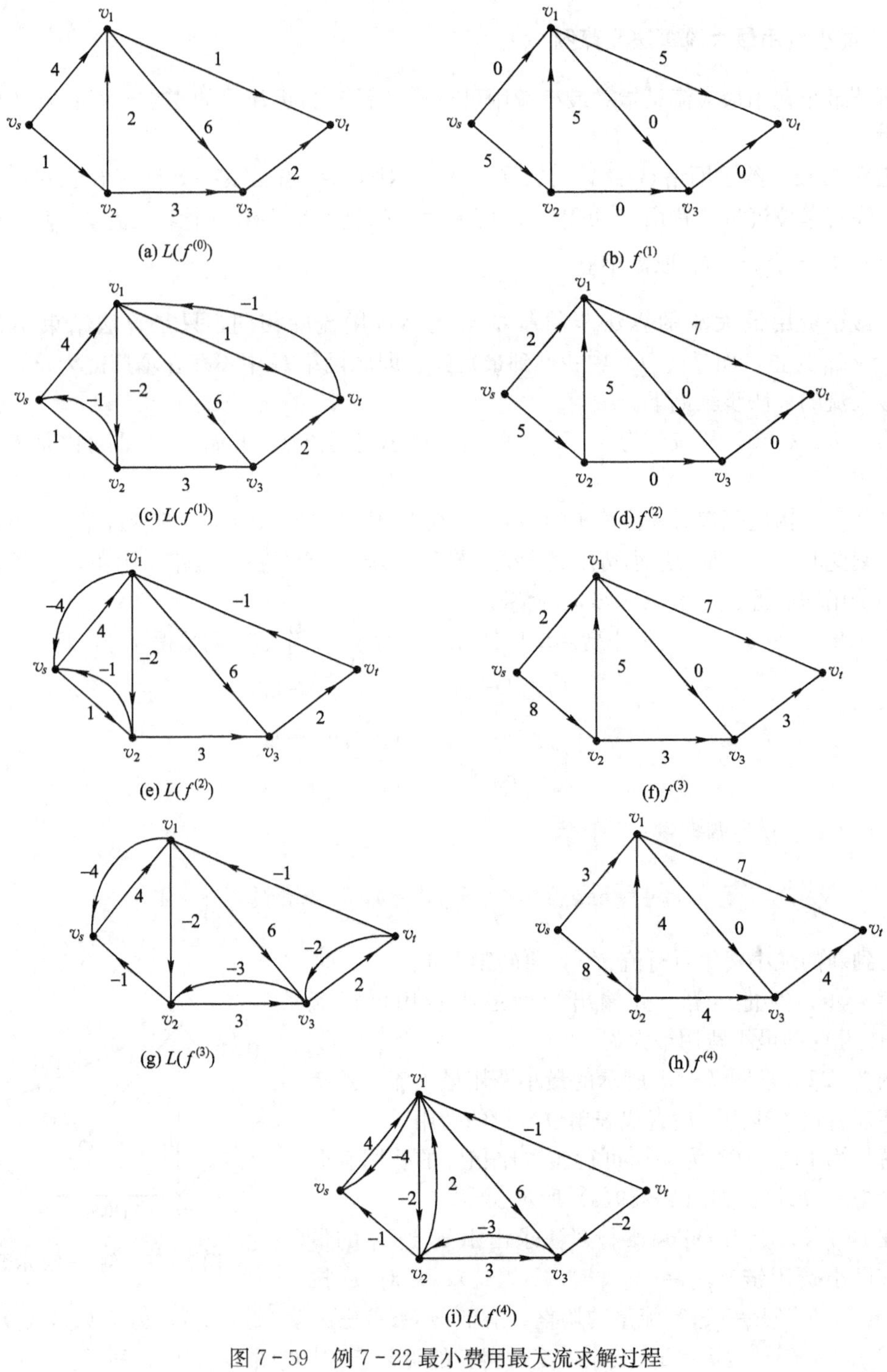

图 7 - 59　例 7 - 22 最小费用最大流求解过程

第2轮：构造$L(f^{(1)})$，如图7-59(c)所示，在$L(f^{(1)})$中用逐次逼近法求得最短路为(v_s, v_1, v_t)，在G内相应的增广链上进行了流量的调整，调整量为2，得到流$f^{(2)}$，如图7-59(d)所示。

第3轮：构造$L(f^{(2)})$，如图7-59(e)所示，在$L(f^{(2)})$中用找到的最短路(v_s, v_2, v_3, v_t)，在G内相应的增广链上进行流量的调整，调整量为3，得到$f^{(3)}$，如图7-59(f)所示。

第4轮：构造$L(f^{(3)})$，如图7-59(g)所示，在$L(f^{(3)})$中求得的最短路为$(v_s, v_1, v_2, v_3, v_t)$，在$G$内相应的增广链上进行流量的调整，调整量为1，得到流$f^{(4)}$，如图7-59(h)所示。

第5轮：构造$L(f^{(4)})$，如图7-59(i)所示，在$L(f^{(3)})$中不存在从v_s到v_t的最短路，故算法结束。$f^{(4)}$即为所求的最小费用最大流。

7.7　中国邮递员问题

本章引言中提到哥尼斯堡七桥问题，用图论的语言描述就是从某个点（陆地）出发，经过每条边（桥梁）一次且仅一次，最后回到出发点，这样一个圈称为欧拉圈。显然不是所有的图都能有欧拉圈。为了使一笔画问题更具有实用价值，中国的管梅谷教授在一笔画问题的基础上提出了中国邮递员问题。本节先介绍欧拉问题的基本定理，然后在此基础上探讨中国邮递员问题的求解方法。

7.7.1　一笔画问题的基本定理

连通图G中，若存在一条道路，经过每边一次且仅一次，则称这条路为欧拉链。若存在一个圈，经过每边一次且仅一次，则称这条圈为欧拉圈。

定理7.11　无向连通图G是欧拉图，当且仅当G中无奇点。

证明　(1) 必要性

因为G是欧拉图，则存在一个圈，经由G中所有的边。在这个圈上，顶点可能重复出现，但边不重复。对于图中的任一顶点v_i，只要在圈中出现一次，必关联两条边，即这个圈沿一条边进入这点，再沿另一边离开这点。所以v_i点虽然可以在圈中重复出现，但v_i的次$d(v_i)$必为偶数。所以G中没有奇点。

(2) 充分性

由于G中没有奇点，从任一点出发，如从v_1点出发，经关联边e_1“进入”v_2，由于v_2是偶点，则必可由v_2经关联边e_2进入另一点v_3，如此进行下去，每边仅取一次。由于G图中点数有限，所以这条简单链不能无休止地走下去，必可走回v_1，得到一个圈C_1。

① 若圈C_1经过G的所有边，则C_1就是欧拉圈。

② 从G中去掉C_1后得到的子图G'，则G'中每个顶点的次数仍为偶数。因为G图是连

通图，所以 C_1 与 G' 至少有一个顶点 v_i 重合，在 G' 中从 v_i 出发，重复前面 C_1 的方法，得到圈 C_2。

③ 把 C_1 与 C_2 组合在一起，如果恰是图 G，则得到欧拉圈。否则重复②可得圈 C_3，以此类推，由于图 G 中边数有限，最终可得一条经过图 G 所有边的圈，即为欧拉圈。

推论 无向连通图 G 有欧拉链，当且仅当 G 中恰有两个奇点。

证明 必要性是显然的。

充分性：现设连通多重图 G 恰有两个奇点 u，v，在 G 中增加一个新点 w 及边 $[w, v]$、$[w, u]$，得到连通多重图 G'，由定理 7.10，G' 有欧拉圈 C'，从 C' 中丢去点 w 及点 w 关联的边 $[w, v]$，$[w, u]$，即得到 G 中一条连接 u，v 的欧拉链。

定理 7.11 的证明方法实际上给出了构造欧拉圈的一种算法，从图 G 中任一点 v_1 出发，找一个初等圈 C_1，再从图中去掉 C_1，在剩余的图中再找初等圈 C_2……一直做到图中所有的边都被包含在这些初等圈中，再把这些圈连接起来即得这个图的欧拉圈。

7.7.2 奇偶点图上作业法

某一邮递员负责某街区的邮件投递工作，每次都要从邮局出发，走遍他负责的所有街道，再回到邮局，他应如何安排投递路线，使所走的总路程最短。根据这一问题，如果在他负责的街道图中没有奇点，即为欧拉图，那么他就可以从邮局出发，走过每个街道一次，且仅一次，最后回到邮局，这样他所走的路程最短。但实际情况中，往往不能满足欧拉图的要求，即街道图中有奇点，这样他就必须在某些街道上重复一次或多次。

实际上，这个问题用图论语言描述：给定一个连通图 G，每边有非负权 $w(e)$，要求一条圈过每边至少一次，且满足总权最小。

如果 G 中有奇点，要求连续走过每边至少一次，必然有些边不止一次走过，这相当于在图 G 中对某些边增加一些重复边，使所得到的新图 G^* 没有奇点且满足总路程最短。由于总路程的长短完全取决于所增加的重复边的长度，所以中国邮递员问题也可以转为如下问题：

在连通图 $G=(V, E)$ 中，求一个边集 $E_1 \in E$，把 G 中属于 E_1 的边均变为二重边得到图 $G^*=G+E_1$，使其满足 G^* 无奇点，且 $W(E_1)=\sum_{e \in E_1} w(e)$ 最小。

定理 7.12 已知图 $G^*=G+E_1$ 无奇点，则 $W(E_1)=\sum_{e \in E_1} w(e)$ 最小的充分必要条件为：

① 每条边最多重复一次；

② 对图 G 中每个初等圈来讲，重复边的长度和不超过圈长的一半。

证明

(1) 必要性

假如 G^* 中有某条边重复次数为 $n(n>2)$，而 G^* 是欧拉图，那么把这条边上的重复边去掉两条（偶数条），则与此边关联的两个顶点的次都减 2（偶数），而顶点仍为偶点故仍为欧拉图，所以每条边最多重复一次即可。

其次，图的一个初等圈上原来重复的边（重复一次）都不重复，而把原来不重复的边重复一次，则圈上每个顶点的次改变 0 或 2，也不改变欧拉图的性质。因此，如果图 G 中存在某个圈，其重复边的长度超过圈长的一半，我们就可以使重复边的长度减少，这与 $W(E_1)$ 最小矛盾。

(2) 充分性

只需证明凡满足定理中条件①、②的重复边集，其总长度均相等即可。

设 E_1，E_2 都满足定理中条件①、②，下面来证明 $W(E_1)=W(E_2)$。

作边集 $E_0=(E_1\cup E_2)-(E_1\cap E_2)$，则 E_0 的边或属于 E_1 或属于 E_2，二者必居且仅居其一。观察由边集 E_0 中的边和与之相关联的点组成的图 G_0，G_0 可能不连通，但其每个分图必为欧拉图（因为图 G 的每个顶点 v 与 E_1 中相关联的重复边的数目和 v 与 E_2 相关联的重复边数的奇偶性相同，都取决于 v 原来的次数为奇或为偶，所以图 G_0 的点必为偶点），所以每个分图可分为若干个初等圈。根据定理条件，对每个初等圈上均有 E_1 的重复边长不超过周长的一半和 E_2 的重复边长不超过周长的一半，故只能相等。则在 E_0 中属于 E_1 的边总长等于属于 E_2 的边总长，于是有 $W(E_1)=W(E_2)$。

定理 7.12 给出了中国邮递员问题的一种算法，称为（奇偶点图上作业法）。它的主要思路是将一个含有奇点的图通过加重复边化为一个不含奇点的图，所加的重复边即为可行方案，然后根据定理 7.12 使重复边总权最小的充分必要条件，通过去掉多次重复边使每条边的重复次数不超过 1，再调整重复边使重复边的长度不超过圈长一半的方法，使重复边总权下降，直至重复边的总权最小为止。

“奇偶点图上作业方法”的具体步骤如下。

第 1 步：确定初始可行方案，找出图 G 中的所有奇次顶点（必有偶数个），将它们两两配对，由于 G 是连通图，每对奇顶点间必有一条链，将链上的所有边都重复一次加到图 G 中，使所得到的新图中的顶点全是偶顶点。

第 2 步：如果某条边 e 上重复边数多于一条，则可以将 e 的重复边中去掉偶数条，使得图中顶点仍全是偶次顶点。

第 3 步：检查图中的每个圈。如果每个圈的重复边的总长不大于该圈总长的一半时，得到欧拉图 G'，转第 4 步。如果存在一个圈，该圈重复边总长大于该圈总长的一半时，就进行下面的调整：将这个圈中的重复边去掉，而将该圈中原来没有重复边的各边加上重复边，而其他圈的各边不变返回第 2 步。

第 4 步：在 G' 中用定理 7.11 证明中提到的方法找欧拉圈，对应于 G 中就是邮递员最优路线。

例 7-23　求解图 7-60 所示的网络 G 上的数字代表权，求最优邮递路线。

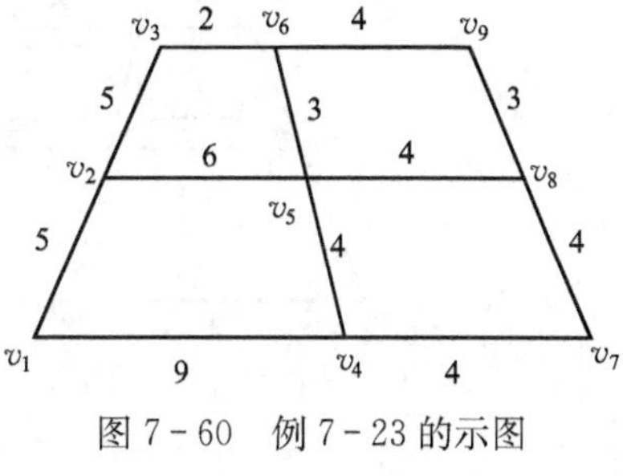

图 7-60　例 7-23 的示图

第 1 步：确定初始可行方案。

先检查图中是否有奇点，如无奇点则已是欧拉图，找出欧拉圈即可。如有奇点，由定理 7.2 知奇点个数必为偶数个，所以可以两两配对。每对点间选一条链，在这条链上的所有边上都添加一个重复边，使构成的新图为欧拉图。

图 7-60 中有 4 个奇点 v_2、v_4、v_6、v_8，将 v_2 与 v_4，v_6 与 v_8 配对，连接 v_2 与 v_4 的链有好几条，任取一条，如（v_2，v_3，v_6，v_9，v_8，v_7，v_4），类似地，对 v_6 与 v_8 取（v_6，v_3，v_2，v_1，v_4，v_7，v_8）。将这两条链上的所有边都重复一次，得到图 7-61(a) 已是欧拉图。对应这个可行方案，重复边的总长为

$$2w_{23}+2w_{36}+w_{69}+w_{98}+2w_{87}+2w_{74}+w_{41}+w_{12}=51$$

第 2 步：调整可行方案，使重复边最多为一次。

去掉 [v_2，v_3]，[v_3，v_6]，[v_4，v_7]，[v_7，v_8] 各两条，得到图 7-61(b)，重复边的总长度下降为

$$w_{12}+w_{14}+w_{69}+w_{98}=21$$

第 3 步：检查图中每个初等圈是否满足定理 7.12 的条件②。如不满足则进行调整。检查图 7-61(b)，发现圈 {v_1，v_2，v_5，v_4，v_1} 总长度为 24，而重复边的长为 14，大于该圈总长度的一半，可以作一次调整，以 [v_2，v_5]，[v_5，v_4] 代替 [v_1，v_2]，[v_1，v_4]，得到图 7-61(c)，重复边总长度下降为

$$w_{25}+w_{45}+w_{69}+w_{98}=17。$$

第 4 步：图 7-61(c) 没有重复边多于一次的，再检查图 7-61(c) 的每个初等圈，圈（v_2，v_3，v_6，v_9，v_8，v_5，v_2）的总长度为 24，而重复边长为 13。以边 [v_2，v_3]，[v_3，v_6]，[v_5，v_8] 代替 [v_2，v_5]，[v_6，v_9]，[v_8，v_9]，再次调整得图 7-61(d)，重复边总长度为 15。

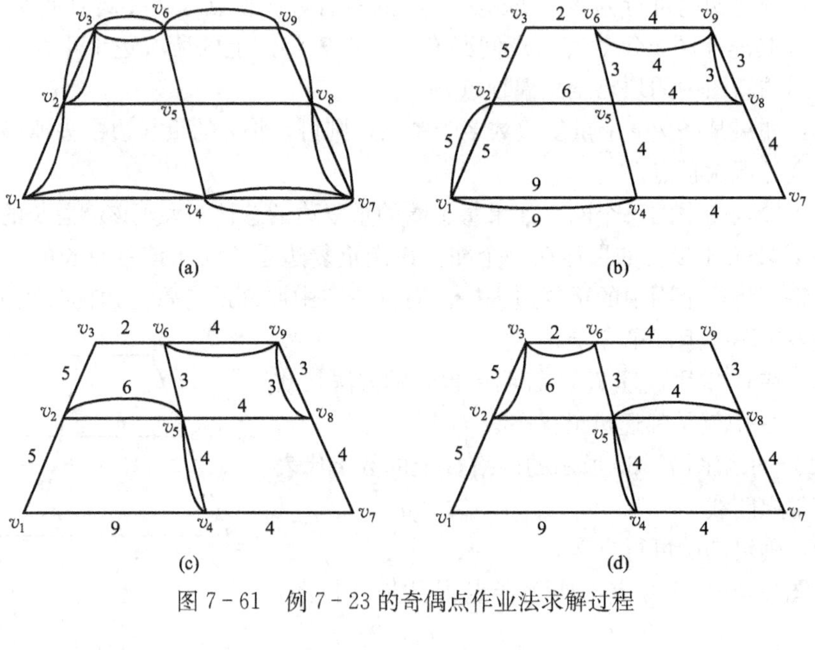

图 7-61　例 7-23 的奇偶点作业法求解过程

检查图 7-61(d)，定理 7.12 条件①，②均满足，得到欧拉图 G'。

第 5 步：在图 7-61(d) 的欧拉图 G' 找圈 $C_1=(v_1, v_2, v_3, v_6, v_9, v_8, v_7, v_4, v_1)$，在 $G'-C_1$ 中，再找圈 $C_2=(v_2, v_3, v_6, v_5, v_2)$，在 $G'-C_1-C_2$ 中再找圈 $C_3=(v_5, v_8, v_5)$，在 $G'-C_1-C_2-C_3$ 中再找圈 $C_4=(v_5, v_4, v_5)$。因为 $C_1\cup C_2\cup C_3\cup C_4=G'$，故在 G' 找到欧拉圈 $C=(v_1, v_2, v_3, v_6, v_5, v_8, v_5, v_4, v_5, v_2, v_3, v_6, v_9, v_8, v_7, v_4, v_1)$。$C$ 在图 7-61(d) 中就是邮递员要走的最佳路线，最短路线长度为图 7-61(d) 的各边的长度和加上重复边的长度，即为 53+15=68。

最后，应该指出，奇偶点图上作业法的主要困难是要求检查每一个圈。当图中的重复边所在的圈有多个时，计算量是相当大的。

1973 年，Edmornd 和 Johnson 给出了“中国邮递员问题”的一个更有效的算法，算法的主要思想是利用最小支撑树理论，先求出网络 G 的最小支撑树 T，在 T 中标出 G 中的奇点，在 T 中奇点配对，并在树枝上添加重复边，然后再加上连枝形成 G'。根据最小支撑树的性质，这么做很大程度上避免原算法在找初始可行方案时的盲目性，减少了重复边长度大于圈长的一半的可能性，使得生成的初始可行方案更接近最优解。但有了较优的初始可行方案后，仍要判断其是否最优，邮递员问题检验工作的繁复和有效性问题依然存在。

习　　题

1. 证明如下序列不可能是某个简单图的次的序列：

① 7，6，5，4，3，2；

② 6，6，5，4，3，2，1；

③ 6，5，5，4，3，2，1。

2. 已知 9 个人 $v_1, v_2, \cdots, v_9$ 中，v_1 和 2 人握过手，v_2，v_3 各和 4 个人握过手，v_4，v_5，v_6，v_7 各和 5 个人握过手，v_8，v_9 各和 6 个人握过手，证明这 9 个人中一定可以找出 3 个人互相握过手。

3. 简单图 G 中，如果 $m>(n-1)(n-2)/2$，证明 G 不存在孤立点。

4. 写出如图 7-62 所示的各图的邻接矩阵。

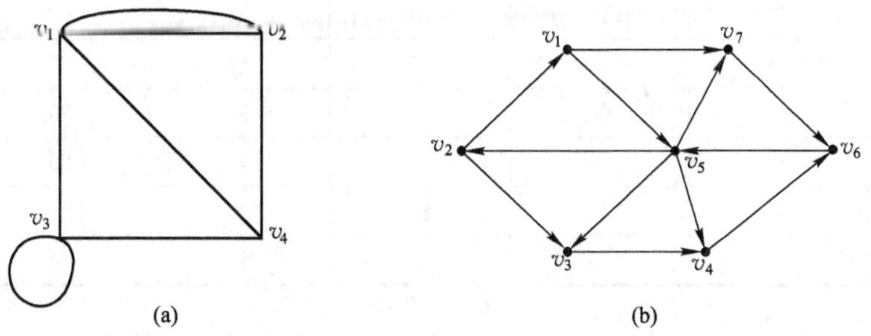

图 7-62

5. 写出图 7-62(b) 的可达矩阵、关联矩阵。

6. 设 $G=(V,E)$ 是一个简单图，令 $\delta(G)=\min\limits_{v\in V}\{d(v)\}$（称 $\delta(G)$ 为 G 的最小次）。

$$\delta(G)G=(U,\ E),\ e_{ij}=[v_i,\ v_j](V,\ A)$$

证明：①若 $a_7=(v_4,\ v_6)a_8=(v_5,\ v_3)\geqslant 2$，$e_1=(v_1,\ v_2)$，则 G 必有圈；②若 $\delta(G)\geqslant 2$，则 G 必有包含至少 $\delta(G)+1$ 条边的圈。

7. 用破圈法、避圈法和反圈法求图 7-63 各图中最小支撑树。

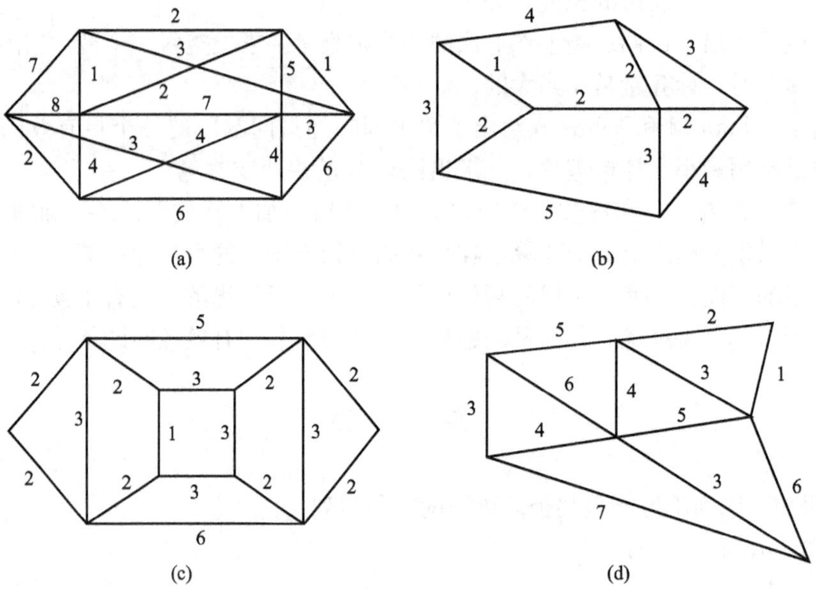

图 7-63

8. 已知世界 6 大城市：Pe，T，Pa，M，N，L。试在由表 7-12 所示交通网络的数据中确定最小树。

表 7-12

	Pe	T	Pa	M	N	L
Pe	×	13	51	77	68	50
T	13	×	60	70	67	59
Pa	51	60	×	57	36	2
M	77	70	57	×	20	55
N	68	67	36	20	×	34
L	50	59	2	55	34	×

9. 有 9 个城市 v_1，v_2，…，v_9，其公路网如图 7-64 所示，弧旁数字是该段公路的长

度，有一批货物从 v_1 运到 v_9，问走哪条路最短。

10. 用 Dijkstra 方法求图 7 - 65 中从 v_1 到各点的最短路。

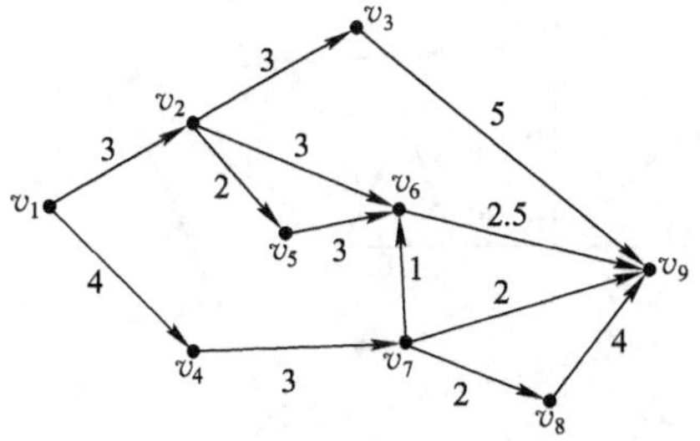

图 7 - 64

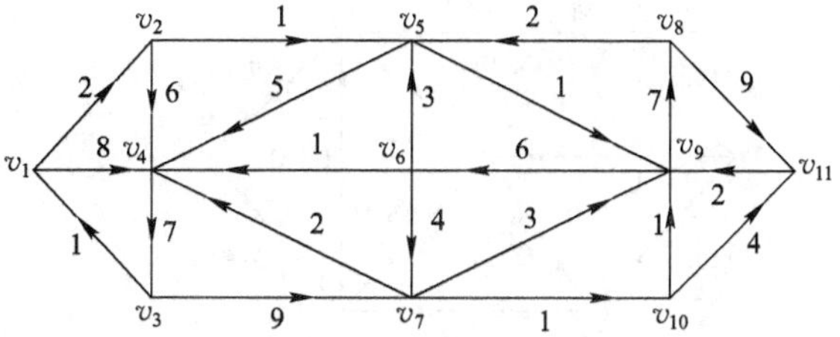

图 7 - 65

11. 求图 7 - 66 中 v_1 到各点的最短链。

12. 求图 7 - 67 所示的从 v_1 点到各点的最短路。

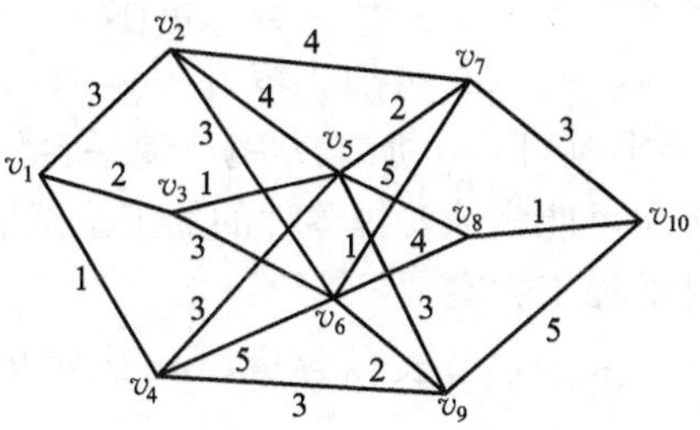

图 7 - 66

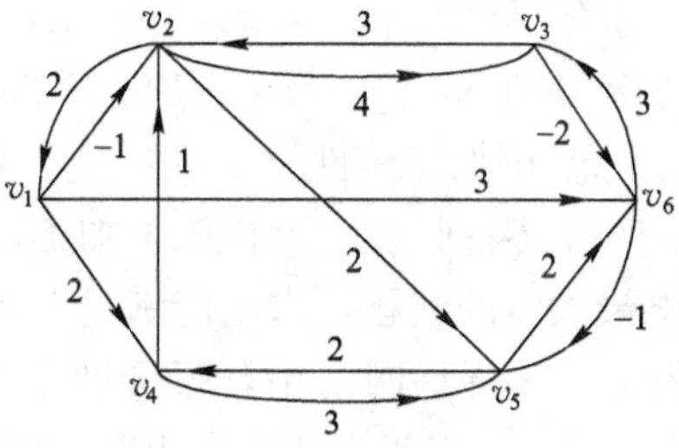

图 7 - 67

13. 求图 7 - 68 网络中各顶点间的最短路。

14. 求图 7 - 69 网络中从 v_1 点到其他各点的最长路。

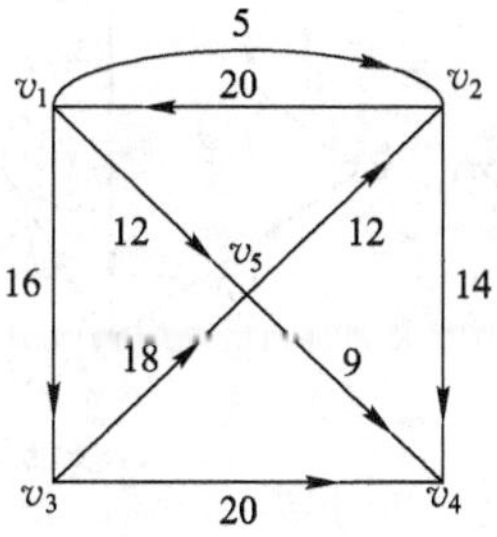

图 7 - 68

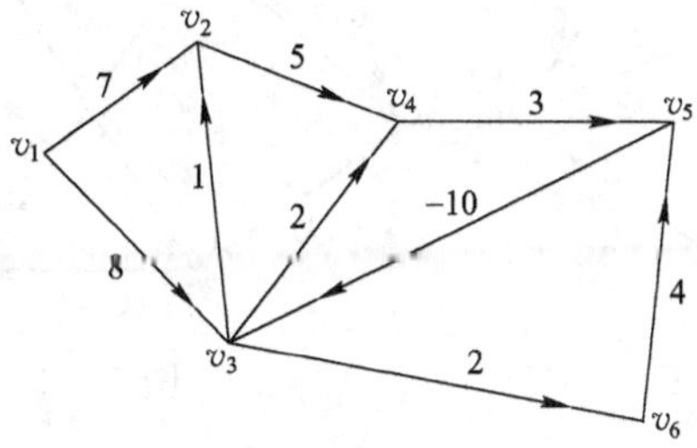

图 7 - 69

15. 判断正确与否：可行流 f 的流量为零，即 $V(f)=0$，当且仅当 f 是零流。

16. 设 $G=(V, A, C)$ 是一个网络。证明：如果 G 中所有弧的容量 c_{ij} 都是整数，那么必存在一个最大流 $f=\{f_{ij}\}$，使所有 f_{ij} 都是整数。

17. 求图 7－70 网络中最大流与最小截集，弧上的数为（c_{ij}，f_{ij}）。

18. 求图 7－71 所示的网络最大流。

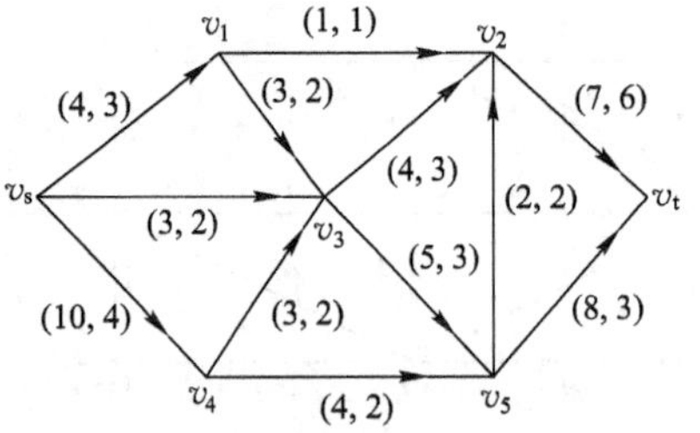

图 7－70

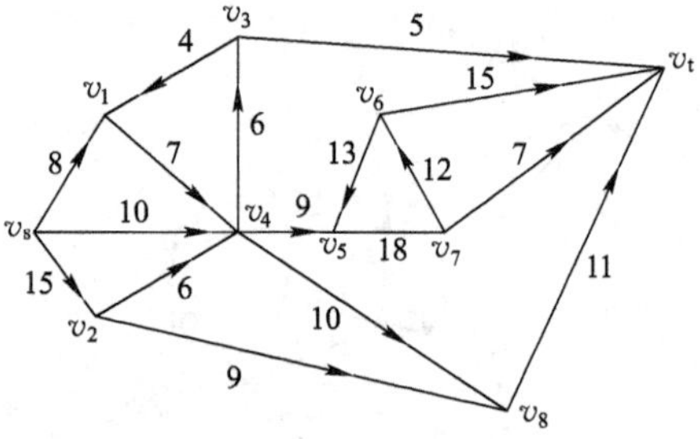

图 7－71

19. 如图 7－72 所示，起点 S_1，S_2 分别可供应 10 和 15 个单位，终点 T_1，T_2 可以接收 10 和 25 个单位，求最大流与最小截集，弧上数为 c_{ij}。

20. 已知有 6 台机床 x_1，x_2，…，x_6，6 个零件 y_1，y_2，…，y_6。机床 x_1 可加工零件 y_1；x_2 可加工零件 y_1，y_2；x_3 可加工零件 y_1，y_2，y_3；x_4 可加工零件 y_2；x_5 可加工零件 y_2，y_3，y_4；x_6 可加工零件 y_2，y_5，y_6。现在要求制订一个加工方案，使一台机床只加工一个零件，一个零件只在一台机床上加工，要求尽可能多地安排零件的加工。试把这个问题化为求网络最大流的问题，求出能满足上述条件的加工方案。

21. 图 7－73 所示网络中，弧旁数字为（c_{ij}，w_{ij}），c_{ij} 表示容量，w_{ij} 表示单位流量费用，试求从 v_s 到 v_t 流值为 6 的最小费用流。

22. 求图 7－74 所示图从 v_s 到 v_t 最小费用最大流值，弧上数为（c_{ij}，w_{ij}）。

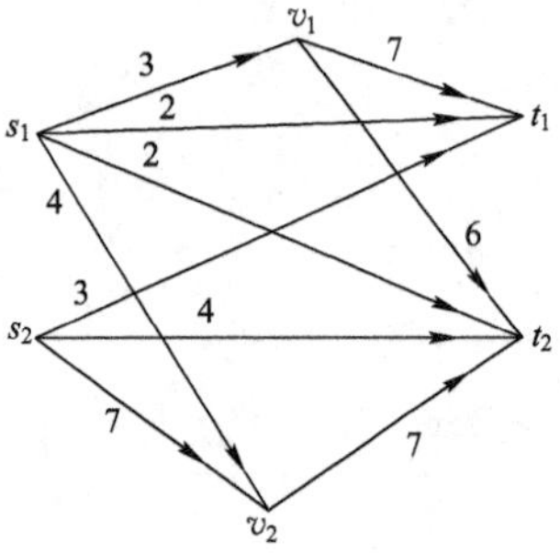

图 7－72

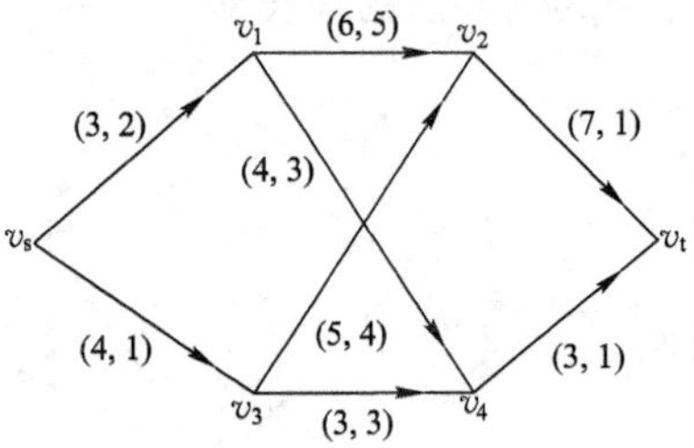

图 7－73

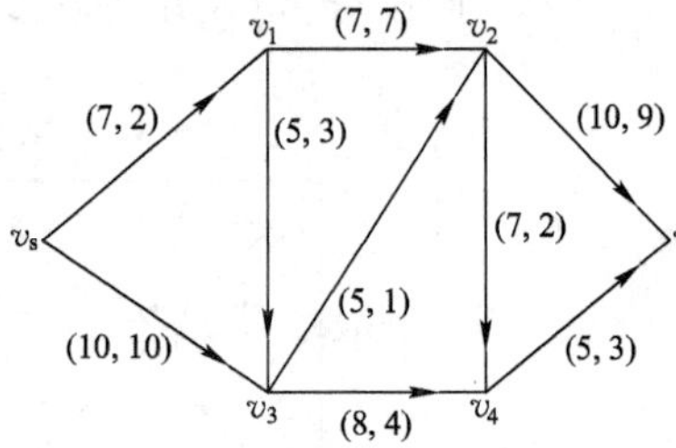

图 7－74

23. 判定图 7－75 中的两个图能否一笔画出，若能，则用图形表示其画法。

24. 求解如图 7－76 所示的中国邮路问题，A 点是邮局。

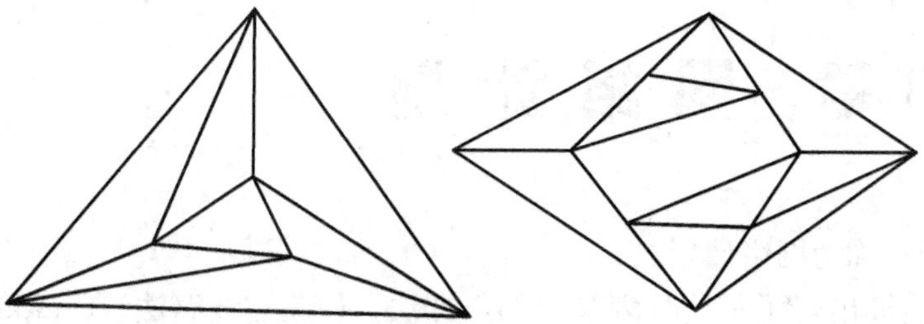

图 7-75

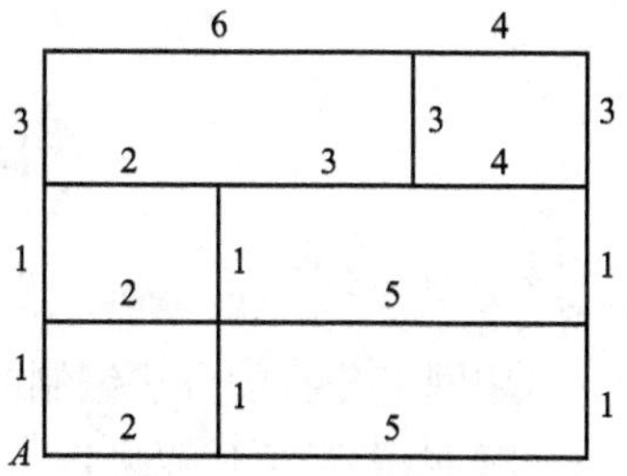

图 7-76

第 8 章 网络计划

用网络分析的方法编制的计划称为网络计划。

20 世纪 50 年代以来，国外陆续出现了一些计划管理的新方法，如关键线路法（Critical Path Method，CPM），计划评审方法（Program Evaluation & Review Technique，PERT）等。这些方法都是建立在网络模型基础上，称为网络计划技术。我国已故著名数学家华罗庚先生将这些方法总结概括为统筹方法，在 20 世纪 60 年代初引入我国，而且身体力行地进行推广应用。目前，这些方法被世界各国广泛应用于工业、农业、国防、科研等计划管理中，在缩短工期，节约人力、物力、财力，提高经济效益等方面发挥了重要作用。

网络计划是将研究与开发的规划项目和控制过程，作为一个系统去加以处理，将组成系统的各项任务的各个阶段和先后顺序通过网络形式统筹规划，分轻重缓急地进行协调，使此系统对资源（人力、物力、财力等）进行合理地安排，有效地加以利用，达到以最少的时间和资源消耗来完成整个系统任务的预期目标。

国内外应用网络计划的实践表明，它具有一系列优点，特别适用于生产技术复杂、工作项目繁多且联系紧密的一些跨部门的工作计划，如新产品的研制开发、大型工程项目、生产技术准备、设备大修等计划，还可以应用在人力、物力、财力等资源的安排，合理组织报表、文件流程等方面。

8.1 网络图的组成及绘制

网络图是网络分析的基础，因其形状像网络而得名。

8.1.1 网络图的组成

1. 网络图的基本要素

构成网络图的基本要素有工作、事项、工时和目标。

(1) 工作

工作又称活动、作业、工序，泛指一项需要经过一定时间后才能完成的具体活动的过程，需要消耗一定的资源。工作在网络中用带箭头的箭线表示，并且一个带箭头的箭线只表示一项工作，如图 8-1 所示。

符号中箭线所指方向表示工作进行的方向；箭尾表示工作的开始，箭头表示工作的结束，一般情况下，在箭线的上方标明该工作的名称或代号。

此外，在网络图中，还有一种称为“虚工作”的工作。它是虚设的，既不消耗资源和时间，又没有工作名称。虚工作一般表示为虚箭线，如图 8-2 所示。

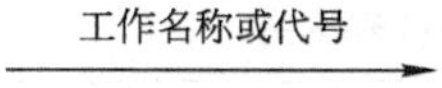

图 8-1 工作

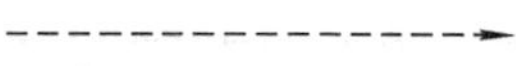

图 8-2 虚工作

虚线所代表的工作实际上是不存在的，只是为了明确各工作之间逻辑关系的需要而设立的。

(2) 事项

事项又称事件、结点、节点，是先后工序之间的衔接点（起点、终点除外），在网络图中一般用圆圈表示，圆圈内通常填写事项的编号。

事项与工作不同，它既不消耗资源，也不占用时间；但含有时间的意义，即它具有工作起点、交接点、终点的时间意义。

网络图中的第一个事项称为起始事项，它只表示整个任务的开始；而最后一个事项称为终止事项，它只表示整个任务的结束；介于起始事项和终止事项之间的所有事项都称为中间事项。任何一个中间事项都含有双重意义，它既表示前项工作的结束，又表示后项工作的开始。

(3) 工时

工时又称工作时间、活动时间、作业时间、工序时间，是指完成一项工作所需要的时间。因为它是针对一项具体工作而言的，所以对于工作 (i, j) 而言，工时用 $t(i, j)$ 表示，在网络图中标在工作箭线的下方（上方亦可）。

工时的单位可以采用小时（h）或天（d），也可以采用周或月，应根据实际情况选定。但需要注意同一网络计划，时间单位要一致。

(4) 目标

目标是完成预定的任务所要求达到的数量指标。在一项任务中，要求达到的目标可能不止一个，但其个数与主次要性依据任务的系统性能来确定。例如，农业机械的修理任务，要求做到时间短、质量好、花费少，在农忙时期往往以时间指标为关键目标，而在农闲时修理农机械可以用后两项指标为关键指标。鉴于网络分析技术主要用来制订进度计划，因此在绝大多数情况下，网络图是以完成任务的时限为目标的，在以时间为目标的网络图中，目标往往是通过终止事项的时间参数显示的。

2. 网络图的线路与关键线路

一项工程（或一个规划或一项任务），总是由多项工作组成的。如果已经有了现成的计划，就可以依照这个计划和各项工作间的衔接关系，用箭头来表示其先后顺序，画出一个各项工作相互有关的箭头图，并标注上时间。这个箭头图称为网络图。

例如，有一研制某项新产品的管理系统是由 14 项工作组成的，它们之间的先后排列顺序如表 8-1 所示。

将表 8-1 依照工作流程方向，由左向右排列起来，则可以绘成一个网络图，如图 8-3 所示。

表 8-1　研制某新产品的任务明细表

工作内容	工作标号	紧前工作	工作所需时间（周）
市场调查	A	—	6
产品研制	B	—	12
资金筹备	C	—	13
需要分析	D	A	3
产品设计	E	B	6
成本计划	F	D	4
生产计划	G	F	2
设备计划	H	E，G	5
物资筹备	I	C，E，G	12
设备筹备	J	C，H	10
人员计划	K	C，H	9
设备布置	L	J	8
人员安排	M	K	4
生　产	N	I，L，M	11

在网络图中，线路是指从起点开始顺着箭头所指方向，连续不断地到达终点为止的一条通道。例如，在图 8-3 中，从起点①连续不断地走到终点的各条线路如下。

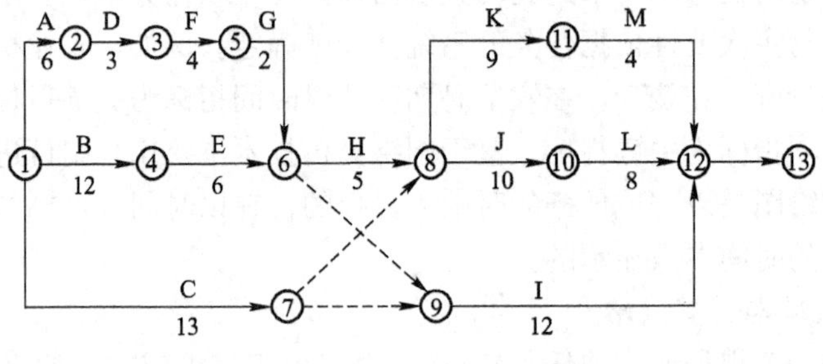

图 8-3　表 8-1 绘制的网络图

6　3　4　2　5　9　4　11　　　　路长（周）

第一条：①→②→③→⑤→⑥→⑧→⑪→⑫→⑬　　　　44

　　6　3　4　2　5　10　8　11

第二条：①→②→③→⑤→⑥→⑧→⑩→⑫→⑬　49

　　6　3　4　2　0　12　11

第三条：①→②→③→⑤→⑥→⑨→⑫→⑬　38

　　12　6　5　9　4　11

第四条：①→④→⑥→⑧→⑪→⑫→⑬　47

　　12　6　5　10　8　11

第五条：①→④→⑥→⑧→⑩→⑫→⑬　52

　　12　6　0　12　11

第六条：①→④→⑥→⑨→⑫→⑬　44

　　13　0　9　4　11

第七条：①→⑦→⑧→⑨→⑫→⑬　37

　　13　0　10　8　11

第八条：①→⑦→⑧→⑩→⑫→⑬　42

　　13　0　12　11

第九条：①→⑦→⑨→⑫→⑬　36

线路的总长度叫做路长，也就是这条路上各工作长度的总和。

在所有各条线路的长度中，可以找到一条所需工时最长的路，这条最长的线路在网络图中称为关键线路（如上例中的第5条线路），可用红色（或粗线）标出。在关键线路上的工作称为关键工作。

关键线路决定着整个工程的总工期。如果在这条线路上的工作有所耽误，则整个工程的工期就会拖延；相反，如果采取一定的技术组织措施来缩短这条线路的持续时间，工期就可以缩短，工程就可以提前完成。

需要指出，在一个网络图中，有时可能会出现好几条关键线路。此时，这样的工程项目在实施的组织管理中难度比较大。

3. 网络图的类型

根据不同的指标划分，网络图可以有不同的分类形式。不同类型的网络图，往往在绘图、计算和优化时具有不同的特点。

(1) 肯定型网络图与概率型网络图

按工时估计的性质分类，每个工作的预计工时只估一个值，这通常是因为这些工作的实际完成情况一般地可按预计工时达到，即实现的概率等于或近于1，称为肯定型网络图。而每个工作用三种特定情况下的工时——最快可能完成工时、最可能完成工时、最慢可能完成工时来估计时，称为概率型（非肯定型）网络图。

(2) 单目标网络图与多目标网络图

根据任务追求目标的多少，可以把网络图分为单目标网络图与多目标网络图，如果任务只要求一个目标（如工期），则此任务的网络图就是单目标网络图；如果任务同时追求有两个或两个以上的目标（如工期、劳动力、原材料、费用等），则此任务的网络图就是多目标网络图。

(3) 基层网络图、局部网络图和综合网络图

对于有多个施工单位参加施工的复杂工程对象，应绘制 3 种不同规模的网络图。基层网络按分部、分项工程编制，局部网络图按工程对象的一部分编制，综合网络图按单位工程或建筑群编制。从而，由若干基层网络图组成局部网络图，若干局部网络图组成综合网络图。

(4) 总网络图（战略图）、分网络图（战术图）和具体网络图（战斗图）

根据不同的使用目的和对任务分解的粗细，可以把网络图分为总图、分图和具体图。总网络图的特点是反映全面情况，项目分解得较粗，一般作为领导机关纵观全局、掌握总体情况、进行合理决策的工具；分网络图的特点是反映详细情况，项目分解得较细，一般作为技术骨干、计划调度人员指挥用；具体网络图的特点是反映详细且具体的情况，项目分解得更具体，详细到一道工序、一个人甚至一个动作，一般作为基层直接组织和调度生产、掌握进度、解决具体问题之用。

(5) 有时间坐标的网络图与没有时间坐标的网络图

根据有无时间坐标，网络图可分为有时间坐标的网络图与没有时间坐标的网络图两种。有时间坐标的网络图是将网络图与时间进程结合起来，按一定的时间比例绘制的网络图，此图的特点是其上面或者下面常附设有工作日历标度的坐标系；没有时间坐标的网络图是不考虑工作所需时间多少，只按照一定规划绘制出的网络图，此图的特点是其中没有时间坐标系。

(6) 箭线式网络图（双代号网络图）和结点式网络图（单代号网络图）

根据对不同的绘图符号的使用，网络图可分成箭线式网络图和结点式网络图两种。

8.1.2　网络图的绘制

1. 网络图的画图原则

如表 8-1 所示的任务明细表，反映了工程所包含的各个工作及工作之间的相互关系。根据任务明细表要画出网络图，在绘制网络图时，一般要注意以下几个基本原则。

(1) 网络图只能有一个起始事项，一个终止事项

起始事项在网络图中指没有箭线射入的事项，终止事项在网络图中指没有箭线射出的事项。

图 8-4 中有 2 个起始事项①、⑦，3 个终止事项④、⑥、⑨，这不符合规则。

(2) 网络图不允许出现循环回路

在网络图中，如果从一个事项出发，顺着某些箭线又回到原出发点，这就是循环回路。

图 8-5 中③→⑤→⑥→③是回路，不符合规则。

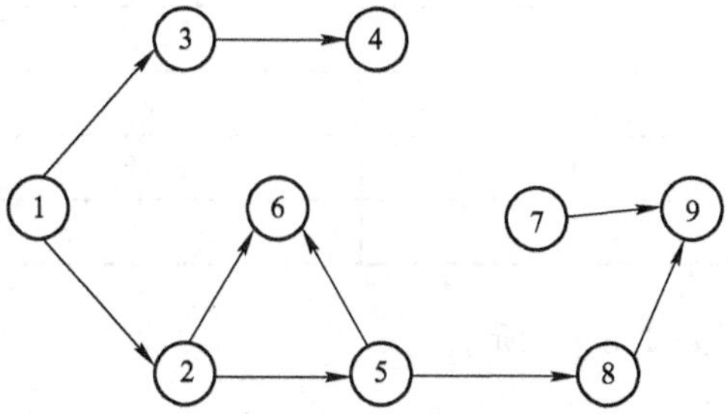

图 8-4 有多个起始事项与终止事项的网络图

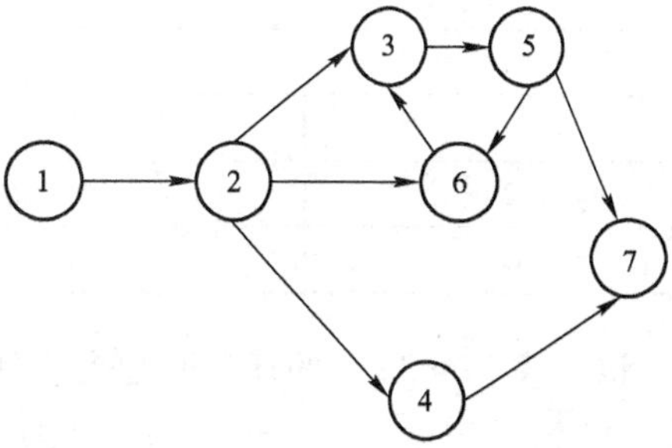

图 8-5 有循环回路的网络图

(3) 两个相邻事项之间最多只能有一条箭线

图 8-6 所示的网络图不合规则。

(4) 箭线两端必有事项

箭线必须从一个事项开始，到另一个事项结束，其首尾都应该有事项。不允许从一条箭线的中间引出另一条箭线；同样，也不允许一条箭线指在另一条箭线的中间。

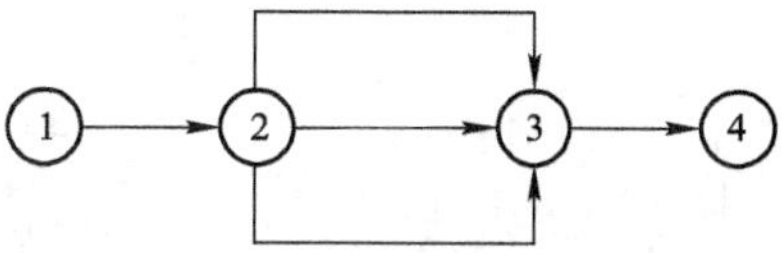

图 8-6 平行工作的错误画法

(5) 合理利用虚工序

对于平行工作来说，通过虚工作可以避免两个事项之间有多条箭线的情形。比如图8-6所示的平行工作的不正确画法，通过加入虚工作后变成图 8-7 的正确画法。

对于交叉工作来说，加入虚工作可以清晰地表示交叉工作的内在关系。所谓交叉工作指两个或两个以上工作交叉进行。如工作 A 与工作 B 分别为挖沟和埋管子，那么它们的关系可以挖一段埋一段，不必等沟全部挖好再埋。这就可以用交叉工作来表示，如把这两件工作各分为 3 段，$A=a_1+a_2+a_3$，$B=b_1+b_2+b_3$，可用图 8-8 表示。

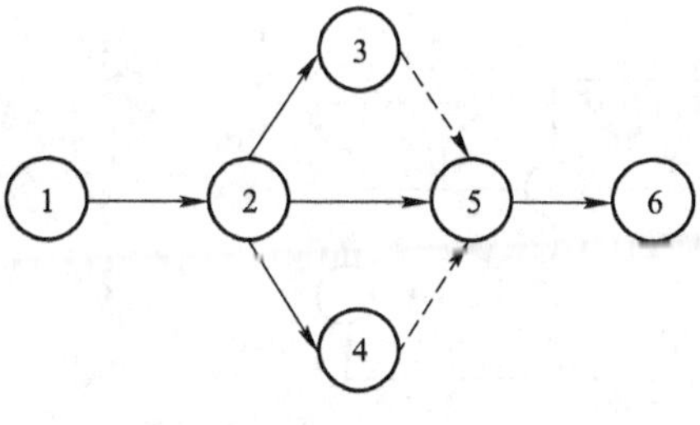

图 8-7 平行工作的正确画法

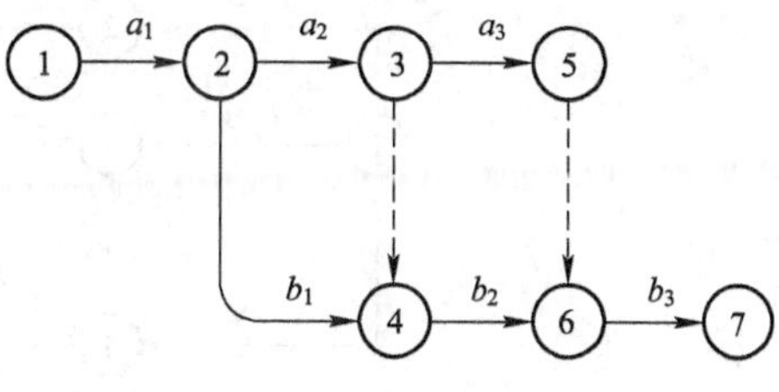

图 8-8 交叉工作的画法

为了正确地表示工作之间的逻辑关系，往往需要加虚工作。下面举两个加入虚工作的例子。

例 8-1 任务明细表如表 8-2 所示，画出网络图。

表 8-2　例 8-1 的任务明细表

工作名称	紧前工序	工作名称	紧前工序
A	—	E	C，D
B	—	F	D
C	A	G	E，F
D	A，B		

解　基于表 8-2 的任务明细表绘制的网络图如图 8-9 所示。

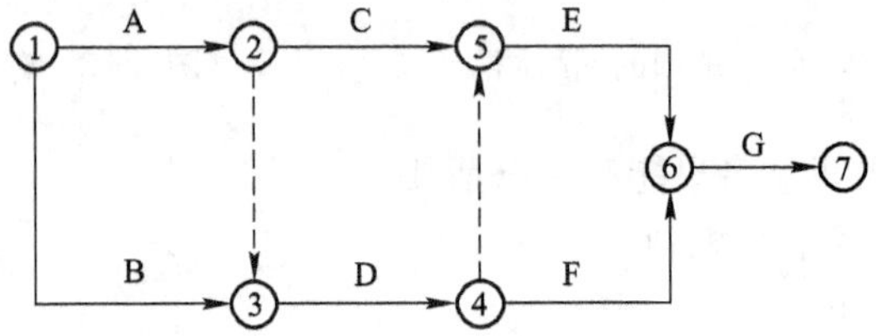

图 8-9　例 8-1 的网络图

例 8-2　任务明细表如表 8-3 所示，画出网络图。

表 8-3　例 8-2 的任务明细表

工作名称	紧前工序	工作名称	紧前工序
A	—	E	B，D
B	—	F	B，C
C	—	G	C
D	A	H	E，F

解　根据表 8-3 的任务明细表所画的网络图如图 8-10 所示。

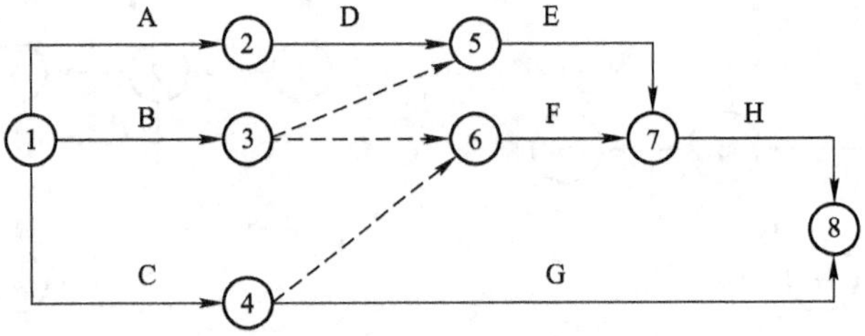

图 8-10　例 8-1 的网络图

（6）尽量避免箭线交叉

网络图应尽量避免箭线交叉。如果箭线必须交叉时，则应使用“暗桥”。例如，在图 8-11中的工作 E 与虚工作（3，6）的交叉就用了“暗桥”。

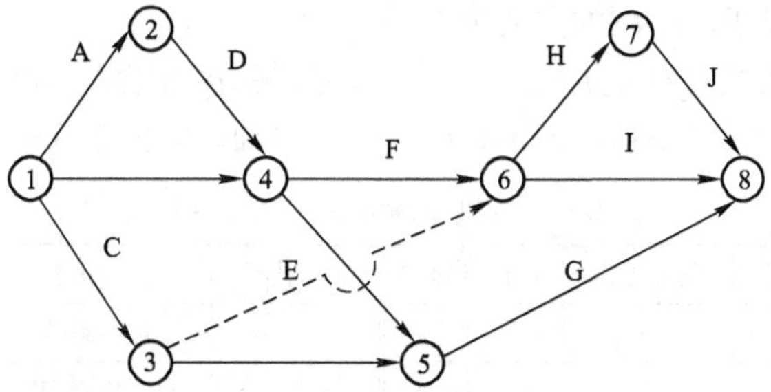

图 8-11　暗桥

(7) 箭线的箭尾事项的标号严格小于箭头事项的称号。

2. 绘制步骤与方法

一般网络图的绘制可分为 3 个步骤：任务分解、画网络图和事项编号。

(1) 任务分解

任何一个工程项目或生产任务，都是由很多项具体工作组成的。因此，要使一张网络图能正确地描述、表达一项计划，绘制网络图之前的首要工作就是对任务进行分解与分析。这一步的工作包括以下几项内容。

第一，将一项工程或生产任务根据需要分解为一定数目的工作。

在对工程或任务进行分解时，最重要的内容是要完整、全面，不能有遗漏。为了简化网络图，可以把几个小的工作合并为一个大的工作；同样，为了明确职责，对于一些容易发生问题或职责不清的工作，也可以再分解为几个小的工作。总之，分解需要从实际需要出发。

第二，分析并确定各个工作之间的先后衔接关系。

对一个工作来说，与其他工作的逻辑关系通常有 3 种情形。即：紧前工作——本工作开始之前，必须先期完成的工作；紧后工作——本工作完成之后，紧接着开始的工作；平行工作——本工作实施时，可以与之同时进行的工作。

上述 3 种情况可以用图 8-12 加以直观解释。

在图 8-12 中，对于工作 F 来说，E 是它的紧前工作，G 是它的平行工作，H 是它的紧后工作。

在确定完成各项工作之间的先后衔接关系时，要注意符合生产的客观实际。

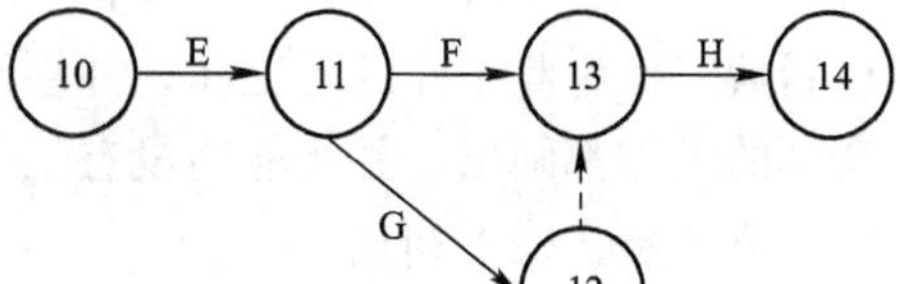

图 8-12　工作之间的 3 种衔接关系

第三，确定完成每项工作所需的必要时间——工时。

确定工时，是编制网络计划的重要一环，它直接关系到整个工程的工期，同时又是计算网络时间参数的基础和依据。因此，确定时，既要符合实际，又要具有先进性。这样，才有助于调动各方面的积极性，使计划建立在扎实的基础上。

第四，编制网络分析明细表。

工程或任务经过分解、分析后，将工作名称或代号、先后衔接关系及所需要时间进行调整并列出明细表。它是画网络图的主要依据。

例如，某国有农场拟对农业机械进行冬季检修，一机组根据自己承担的任务，通过分解与分析，对某结果进行归纳整理，即形成网络分析明细表，如表 8－4 所示。

表 8－4　农业机械检修的工作明细表

工作代号	工作内容	紧前工作	估计日程/d	工作代号	工作内容	紧前工作	估计日程/d
A	拆卸	—	2	E	部件组装	D	4
B	清洗检查	A	3	F	电器检修安装	A	8
C	零件修理	B	3	G	总装试机	C，E，F	6
D	零件加工	B	4				

在编制明细表时，如果列出紧前工作，则紧后工作与平行工作就可略去；反之，如果列出紧后工作，则紧前工作与平行工作就可以略去。实际上，当给出紧前工作或紧后工作以后，其他关系就都蕴藏其中了。

(2) 画网络图

根据网络分析任务明细表所列出的各项工作及先后顺序，就可以画出其网络图。画网络图在遵循上述画图原则的基础上，可以按以下步骤进行。

第 1 步：勾画草图。

勾画草图通常有前进法和后退法两种方法。

① 前进法适用于明细表中列出紧前工作的情况。其画法为：先把没有紧前工作的所有工作都从起始事项引出，在箭头处画上中间事项圈；再在已画的工作后画出紧前工作为此工作的各工作，并在箭头上画上事项圈……就这样从左到右依次进行，直到全部的工作都画出，并将后边再没有工作的所有工作都指向终止事项。

② 后退法适用于明细表中列出紧后工作的情况。其画法为：从终止事项开始，先把没有紧后工作的所有工作都引至终止事项上，在箭尾处画上中间事项圈；再在已画的工作前画出紧后工作为此工作的各工作，并在箭尾处画上事项圈……就这样从右到左依次进行，直到全部的工作都画出，并将前边没有工作的所有工作从起始事项上引出。

第 2 步：检查纠正。

勾画好草图后，应认真检查草图所反映的各工作之间的关系与明细表中所列工作之间的关系是否完全一致，以及是否完全遵从画图原则。发现错误，立即纠正。

第 3 步：调整布局。

对草图进行调整，尽可能消除不必要的箭线，并注意合理布局，尽量避免箭线交叉。而且应考虑把关键线路安排在图面中心位置，使整个网络图明晰整洁。

第 4 步：绘制正图。

根据检查调整之后所得到的正确草图画出图面整洁、布局合理的网络图。

(3) 事项编号

为了便于认识、检查和计算，网络图中的事项要统一进行编号。对事项进行编号时，一项工作箭尾事项的号严格小于箭头事项的号。事项的编号可以连续地编号也可以有间隔地编，但一个事项只能编一个号，一个号也只能编给一个事项。

对事项编号时，可以采用定级编号法，一般分两步进行。

第1步：定级删线。首先把没有箭线射入的事项定为“Ⅰ”级，然后删去Ⅰ级事项所射出的全部射线，并将没有射线射入的事项定为“Ⅱ”级；再删去Ⅱ级事项射出的全部射线，将没有射线射入的事项定为“Ⅲ”级……依次继续下去，直到终止事项为止。

第2步：按级编号。从Ⅰ级事项开始，按级别顺序由小到大进行统一编号，同级事项间的编号可以不受先后次序的限制。

8.2 时间参数的计算

计算网络图中有关的时间参数，主要目的是找出关键线路，为网络计划的优化、调整和执行提供明确的时间概念。

网络图的时间参数包括工作所需时间、事项最早、最迟时间，工作的最早、最迟时间及时差等。进行时间参数计算不仅可以得到关键线路，确定和控制整个任务在正常进度下的最早完工期，而且在掌握非关键工作基础上可进行人、财、物等资源的合理安排，进行网络计划的优化。

下面介绍各种时间参数及有关的计算方法。

8.2.1 工作时间的确定

工作 (i, j) 的所需工时可计为 $t(i, j)$，有以下两种确定方法。

(1) 确定型

在具备工时定额和劳动定额的任务中，工作的工时 $t(i, j)$ 可以用这些定额资料确定。有些工作虽无定额可查，但也可以通过分析有关工作的统计资料来确定工作的工时。

(2) 概率型

对于开发性、试制性的任务，往往不具备 (1) 中所讲的资料，对工作所需工时难以准确估计时，可以采用三点时间估计法来确定工作的工时。这种方法对每道工作先要作出下面3种情况的时间估计：

a——最快可能完成时间（最乐观时间）；

m——最可能完成时间；

b——最慢可能完成时间（最悲观时间）。

利用3个时间 a，m，b，每道工作的期望工时可估计为：

$$t(i, j)=\frac{a+4m+b}{6} \tag{8-1}$$

方差估计为：

$$\sigma^2=\left(\frac{b-a}{6}\right)^2 \tag{8-2}$$

华罗庚教授曾对式（8－1）、式（8－2）的由来作了如下说明：由实际工作情况表明，工作进行时出现最顺利和最不利情况都比较少，更多的是在最可能完成的时间内完成，工时的分布近似服从于正态分布。假定 m 的可能性两倍于 a 或 b 的可能性，应用加权平均法。

在（a，m）间的平均值为$\frac{a+2m}{3}$，在（m，b）间的平均值为$\frac{2m+b}{3}$。

工时的分布可以用$\frac{a+2m}{3}$和$\frac{2m+b}{3}$各以$\frac{1}{2}$概率出现的分布来代表。

平均（期望）工时$t(i,\ j)=\frac{1}{2}\left(\frac{a+2m}{3}+\frac{2m+b}{3}\right)=\frac{a+4m+b}{6}$，

而方差 $\sigma^2=\frac{1}{2}\left[\left(\frac{a+4m+b}{6}-\frac{a+2m}{3}\right)^2+\left(\frac{a+4m+b}{6}-\frac{2m+b}{3}\right)^2\right]=\left(\frac{b-a}{6}\right)^2$

概率型网络图与确定型网络图在工时确定后，对其他时间参数的计算基本相同没有原则性的区别。

8.2.2　事项的时间参数

事项本身并不占用时间，它只表示某项工作应在某一时刻开始或结束。对箭尾事项来说，它表示以此事项为起始的各项工作的开始，因而存在最早可能开始的时间；对箭头事项来说，它表示以此事项为完结的各项工作的结束，因而存在最迟必须结束时间。可见，事项的时间参数有事项的最早开始时间、最迟结束时间及二者的差值——事项的时差。

（1）事项的最早开始时间

事项的最早开始时间，是指从该事项开始的各项工作最早能开工的时间。事项 i 的最早开始时间用 $t_E(i)$ 表示。

事项的最早开始时间是从网络图的起始事项算起，按照事项的编号顺序，由小到大，逐个计算，直到终止事项为止。一般地，指定网络起始事项的最早开始时间为 0，即

$$t_E(1)=0 \tag{8-3}$$

其他事项的最早开始时间都是相对于起始事项在零时刻开始的时间。其他事项的最早开始时间计算公式：

$$t_E(j)=\max_i\{t_E(i)+t(i,\ j)\,|\,i\ \text{为射入}\ j\ \text{事项的箭线的箭尾事项的编号}\}\quad (j=2,\ 3,\ \cdots,\ n) \tag{8-4}$$

事项的最早开始时间算出后，写在网络图上该事项的上方或下方，用“□”框起来，如图 8－13 所示。

各事项的最早开始时间的计算过程如下：

$t_E(1)=0$

$t_E(2)=t_E(1)+t_E(1, 2)=0+6=6$

$t_E(3)=\max\{t_E(1)+t(1, 3), t_E(2)+t(2, 3)\}$
$=\max\{0+5, 6+0\}=6$

$t_E(4)=\max\{t_E(1)+t(1, 4), t_E(3)+t(3, 4)\}$
$=\max\{0+1, 6+0\}=6$

$t_E(5)=t_E(3)+t_E(3, 5)=6+7=13$

$t_E(6)=\max\{t_E(1)+t(4, 6), t_E(5)+t(5, 6)\}$
$=\max\{6+14, 13+4\}=20$

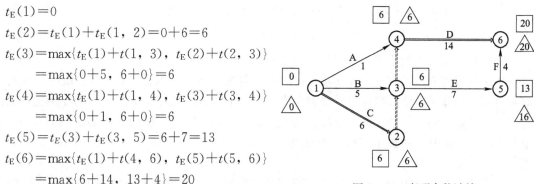

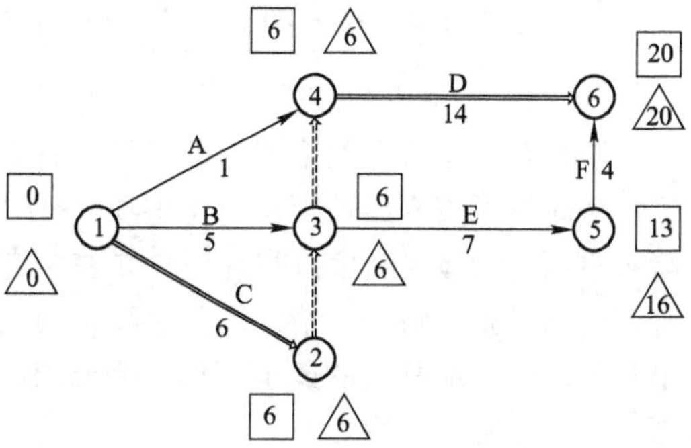

图 8 - 13　事项参数计算

这些时间参数在网络图上标记如图 8 - 13 所示。

从此例可以看出，当事项 j 的射入箭线只有一条时，$t_E(j)$ 就等于该箭线的箭尾事项 i 的最早开始时间 $t_E(i)$ 加上该工作的工时 $t(i, j)$；当事项 j 的射入箭线有多条时，就先将每一箭线箭尾事项的最早开始时间 $t_E(i)$ 加上相应工作的工时 $t(i, j)$ 算出其和，然后取其和的最大值作为所要求的 $t_E(j)$。

(2) 事项的最迟结束时间

事项的最迟结束时间，是指在不拖延总工期的前提下，以该事项为结束的各项工作最迟必须完成的时间。事项 i 的最迟结束时间用 $t_L(i)$ 表示。

事项的最迟结束时间是从网络图的终止事项算起，按照事项编号的逆序，由大到小，逐个计算，直到起始事项为止。因为网格图的终止事项无后续工作，而且事项本身又不占时间，所以网络图的终止事项的最迟结束时间与它的最早开始时间应该相等，即公式 (8 - 5)：

$$t_L(n)=t_E(n) \tag{8-5}$$

如果对某项工程或任务有规定的完成时间要求时，终止事项的最迟结束时间应取这个时间值——规定的目标工期。

其他事项的最迟结束时间为

$$t_L(i)=\min_j\{t_L(j)-t(i,j) \mid j\text{ 为从 } i \text{ 事项射出的箭线的箭头事项编号}\} \quad (i=n-1, n-2, \cdots, 1) \tag{8-6}$$

事项的最迟结束时间算出后，写在网络图上该事项最早开始时间“□”右侧的近旁，用“△”框起来。

例如，对于图 8 - 13 所示的网络图，各事项最迟结束时间的计算过程如下：

$t_L(6)=t_E(6)=20$

$t_L(5)=t_L(6)-t_L(5, 6)=20-4=16$

$t_L(4)=t_L(6)-t(4, 6)=20-14=6$

$t_L(3)=\min\{t_L(5)-t(3, 4), t_L(4)-t(3, 4)\}=\min\{16-7, 6-0\}=6$

$t_L(2)=t_L(3)-t(2, 3)=6-0=6$

$$t_L(1)=\min\{t_L(4)-t(1,4),\ t_L(3)-t(1,3),\ t_L(2)-t_L(1,2)\}=$$
$$\min\{6-1,\ 6-5,\ 6-6\}=0$$

这些时间参数在网络图上的标记如图 8-13 所示。

从此例可以看出，当从箭尾事项 i 所射出的射线只有一条射线时，$t_L(i)$ 就等于相关的箭头事项 j 的最迟结束时间 $t_L(j)$ 减去相应工作的工时 $t(i, j)$；当从箭尾事项 i 射出的箭线有多条时，就先将每一箭线箭头事项 j 的最迟时间 $t_L(j)$ 减去相应的工作的工时 $t(i, j)$ 算出其差，然后取其差的最小值作为所要求的 $t_L(i)$。

(3) 事项的时差

事项的时差又称事项的机动时间、事项的宽裕时间，是指在不影响总工期按时完成时，该事项可以推迟的最大机动时间。它的计算公式为

$$\Delta t(i)=t_L(i)-t_E(i) \tag{8-7}$$

事项的时差实际上是用来反映这个事项有多大的机动时间可供利用，时差愈大，说明该事项可供利用的时间潜力愈大，否则愈小。

特别地，时差为 0 的事项称为关键事项。例如，对于图 8-13 所示的网络图，各事项的时差计算过程如下：

$$\Delta t(1)=t_L(1)-t_E(1)=0-0=0$$
$$\Delta t(2)=t_L(2)-t_E(2)=6-6=0$$
$$\Delta t(3)=t_L(3)-t_E(3)=6-6=0$$
$$\Delta t(4)=t_L(4)-t_E(4)=6-6=0$$
$$\Delta t(5)=t_L(5)-t_E(5)=16-13=3$$
$$\Delta t(6)=t_L(6)-t_E(6)=20-20=0$$

事项的时差一般不标在网络图上。

(4) 利用事项的时间参数来确定关键线路

根据前面给出的关键线路的概念，把网络图的所有线路的路长都计算出来，找到最大路长所对应的线路，即为要找的关键线路。这种确定关键线路的方法称为穷举法，是确定关键线路的第一种方法。下面要介绍的确定关键线路的第二种方法是利用事项的时间参数来确定。

连接关键事项的工作若满足条件

$$t_E(j)-t_E(i)=t_L(j)-t_L(i)=t(i,j) \tag{8-8}$$

则由此形成的线路就是关键线路。

例如，对于图 8-13 所示的网络图，采用此法即可找到欲求的关键线路，即图中的双箭线。

8.2.3 工作时间的参数

工作的时间参数，通常指工作的最早开始时间、最早结束时间、最迟开始时间、最迟结束时间及工作的总时差和单时差等。

(1) 工作的最早开始时间

工作 (i, j) 的最早开始时间是指该工作的紧前各工作均完工后即开始的时间，用 $t_{ES}(i, j)$ 表示。

工作的最早开始时间，在网络图上是从左向右，逐项工作依次进行计算的。通常指定于网络图起始事项相连接的各项工作的最早开始时间等于 0，即

$$t_{ES}(1, j)=0 \tag{8-9}$$

其他工作的最早开始时间实际上是该工作箭尾事项的最早时间，即

$$t_{ES}(i, j)=t_E(i) \tag{8-10}$$

式 (8-10) 揭示了工作最早开始时间与事项最早开始时间的内在联系。

(2) 工作的最早结束时间

工作 (i, j) 的最早结束时间是指该工作最早可能完工的时间，用 $t_{EF}(i, j)$ 表示，其计算公式为

$$t_{EF}(i, j)=t_E(i)+t(i, j) \tag{8-11}$$

网络的总工期 T_E 应等于与终止事项相连接的各项工作的最早结束时间的最大值，即

$$T_E=\max\{t_{EF}(i, n)\}=t_E(n) \tag{8-12}$$

工作的最早结束时间一般不标在网络图上。

(3) 工作的最迟开始时间

工作 (i, j) 的最迟开始时间是指该工作在不影响总工期按时完工时，最迟必须开工的时间，用 $t_{LS}(i, j)$ 表示。

工作的最迟开始时间，在网络图上是从右向左，逐项工作依次进行计算的。通常指定为网络图终止事项相连接的各项工作的最迟开始时间，等于总工期减去该工作的工时，即

$$t_{LS}(i, n)=T_E-t(i, n) \tag{8-13}$$

其他工作的最迟开始时间是以该工作箭头事项的最迟结束时间减去该工作的时间，即：

$$t_{LS}(i, j)=t_L(j)-t(i, j) \tag{8-14}$$

(4) 工作的最迟结束时间

工作 (i, j) 的最迟结束时间是指该工作在不影响总工期按时完成时，最迟应该完工的时间，用 $t_{LF}(i, j)$ 表示。

工作的最迟结束时间应该保证总工期按时完成，具体地讲，应该保证使箭头事项的最迟时间不能迟于要求的时间。故工作的最迟结束时间就是其箭头事项的最迟时间，即：

$$t_{LF}(i, j)=t_L(j) \tag{8-15}$$

(5) 工作的总时差

工作 (i, j) 的总时差又称工作的总动机时间或工作的总宽裕时间，它是指该工作在不影响总工期的情况下，可推迟开工或完工的最大机动时间，用 $\Delta t(i, j)$ 表示，它的计算公式为

$$\Delta t(i,\ j)=t_{LS}(i,\ j)-t_{ES}(i,\ j)=t_{LF}(i,\ j)-t_{EF}(i,\ j)=t_L(j)-t_E(i)-t(i,\ j) \quad (8-16)$$

工作的总时差实际上给出了该工作可供利用的最多机动时间。但需注意，该工作的机动时间能利用多少，还取决于紧前工作和紧后工作对各自总时差的利用情况。

特别地，称总时差为零的工作为关键工作，而连接所有关键工作所形成的线路即为关键线路。这是关键线路的第三种确定方法。

(6) 工作的单时差

工作 $(i,\ j)$ 的单时差又称工作的自有机动时间、工作的自有宽裕时间、工作的独立时差、工作的专用时差，它是指该工作在其紧前工作按最迟结束时间完工，紧后工作按最早开始时间开工情况下所具有的机动时间，用 $\Delta t_F(i,\ j)$ 表示，它的计算公式为

$$\Delta t_F(i,\ j)=t_E(j)-t_L(i)-t(i,\ j) \quad (8-17)$$

亦即箭头最早时间和箭尾事项最迟时间之差再减去工作时间。需要注意的是，关键工作的单时差等于 0，但单时差为 0 的工作不一定是关键工作。

单时差是该工作所独有的，只能在本工作中加以利用，不能转让给其他工作使用。一项工作要利用时差首先利用单时差，不足时再考虑利用总时差中的其他部分。

(7) 三种时差之间的关系

由于

$$\Delta t(i,\ j)=t_L(j)-t_E(i)-t(i,\ j)$$
$$\Delta t_F(i,\ j)=t_E(j)-t_L(i)-t(i,\ j)$$
$$\Delta t(i)=t_L(i)-t_E(i)$$
$$\Delta t(j)=t_L(j)-t_E(j);$$

所以

$$\Delta t(i,\ j)=\Delta t(i)+\Delta t(j)+\Delta t_F(i,\ j) \quad (8-18)$$

这就是说，工作的总时差等于它的箭尾事项和箭头事项的时差之和，再加上其本身的单时差。

8.2.4 概率型网络总工期的评价

当网络分析所编制的是非肯定型的网络计划时，组成网络图各项工作的工时就具有较大的随机性。前面已经述及，这里就认为每项工作的工时 $t(i,\ j)$ 服从于 $\bar{t}(i,\ j)$ 为均值、$\sigma^2(i,\ j)$ 为方差的正态分布。

由于各项工作的工时是互相独立且服从同分布（正态分布）的随机变量，则根据概率论的中心极限定理可知，由某条关键线路上各关键工作实际工时之和组成的总工期 T_E 可以被认为是服从以

$$\overline{T}_E=\sum_{cp}\bar{t}(i,\ j) \quad (8-19)$$

为均值，以

$$B^2=\sum_{cp}\sigma^2(i,\ j) \quad (8-20)$$

为方差的正态分布的随机变量，即

$$T_{\mathrm{E}} \sim \mathrm{N}(\overline{T}_{\mathrm{E}}，B^2)$$

若关键线路上的工作越多，这种服从就越充分。

在计算任务按期完工的概率时，为了便于查表，需要将一般正态分布 $\mathrm{N}(\overline{T}_{\mathrm{E}}，B^2)$转化为标准正态分布 N(0，1)，从而引进概率系数 Z，有

$$Z=\frac{T_{\mathrm{E}}-\overline{T}_{\mathrm{E}}}{B} \sim \mathrm{N}(0，1) \tag{8-21}$$

式中，表示规定的总工期，即关键线路上各关键工作实际工时的总和；B 表示关键线路路长方差根。

如果一网络图有多条关键线路，则取其中的最大方差根为 B。

规定总工期往往是给定的。当给定总工期 T_{E} 以后，就可由式（8-21）计算 Z 值，然后据此查正态分布表，求得按规定总工期 T_{E} 完工的概率。

另一方面，实际中若给出一个按期完工的概率，这时可由正态分布表查得概率系数 Z，然后由

$$T_{\mathrm{E}}=\overline{T}_{\mathrm{E}}+ZB \tag{8-22}$$

就可以得出在此概率要求下的总工期 T_{E}。

例 8-3　某工程项目的网络图如图 8-14 所示。

求：①该项目在 31 天内完工的可能性（概率）；

②如果完工的可能性（概率）要求达到 98.2%，工期应规定为多少时间？

解　首先计算工时的均值与方差，如表 8-5所示；其次，计算事项的时间参数，确定关键线路，如图 8-15 所示。

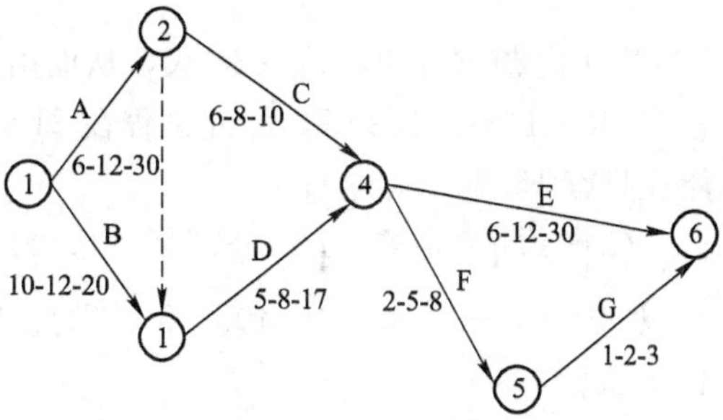

图 8-14　某工程项目的网络图

表 8-5　例 8-3 的工时的均值与方差

工作代号	3 种时间估计/d			工时均值/d $t=(a+4m+b)/6$	方差 $\sigma^2=\left(\frac{b-a}{6}\right)^2$
	a	m	b		
A	0	12	30	14	16
B	10	12	20	13	25/9
C	6	8	10	8	4/9
D	5	8	17	9	4
E	6	12	30	14	16
F	2	5	8	5	1
G	1	2	3	2	1/9

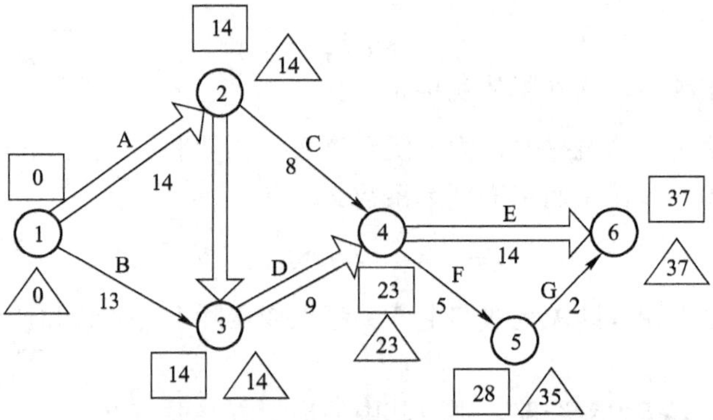

图 8－15　网络图

由图 8－15 可知，$\overline{T}_E=37$ 天。由

$$B^2=\sum_{cp}\sigma^2(i,\ j)=\sigma^2(1,\ 2)+\sigma^2(3,\ 4)+\sigma^2(4,\ 6)=16+4+16=36$$

得到

$$B=6$$

(1) 由题意可知，$T_E=31$ 天，从而由式（8－21）有 $Z=(31-37)/6=-1$，查正态分布表有 $P(-1)=0.158\ 07$，即此工程在 31 天内完工的概率为 0.158 7，就是说 31 天完工的可能性只有 15.807%。

(2) 因题意要求，$P=98.2\%=0.982\ 0$，再查正态分布表，得 $Z\approx2.10$，从而有 $T_E=\overline{T}_E+ZB=37+2.10\times6=49.6$ 天，即此工程要按 98.2%的概率完工，则应规定总工期为 49.6 天。

为了比较任务完成的难易程度，应对所求得的概率进行评价，可参考表 8－6 予以评定。

表 8－6　例 8－3 任务完成概率

概率/%	任务完成难易程度评价	概率/%	任务完成难易程度评价
0～4	极难	50～84	容易
5～14	困难	85～94	更易
15～49	较难	95～100	极易

8.3　网络计划的优化

绘制网络图、计算网络时间和确定关键线路，得到一个初始的计划方案，但通常还要对初始计划方案进行调整和完善。

8.3.1　时间——资源优化

在编制网络计划工程进度的同时，也要考虑尽量合理地利用现有资源，并缩短工程周期。但是，由于一项工程所包括的工作繁多，涉及的资源利用情况比较复杂，往往不可能在编制网络计划时，一次把进度和资源利用都能够作出统筹合理的安排，常常是需要进行几次综合平衡之后，才能得到在时间进度及资源利用等方面都比较合理的计划方案。具体的要求和做法是：

第一，优先安排关键工作所需要的资源；

第二，利用非关键工作的总时差，错开各工作的开始时间，拉平资源需要量的高峰；

第三，在确实受到资源限制，或者在考虑综合经济效益的条件下，也可以适当地推迟工程完工时间。

下面举例说明如何拉平资源需要量的高峰。

例 8－4　某工程网络图如图 8－16 所示。图中工作下的数是工时长，括号内的是时差。已知该工程中各个工作开工时所需人工数如表 8－7 所示，试做出工程进度的合理安排。

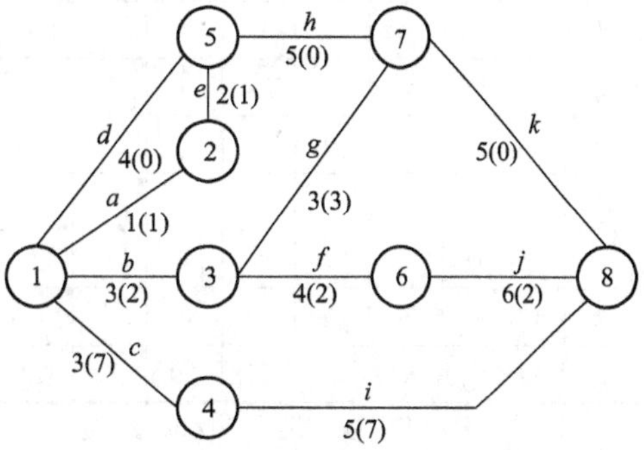

图 8－16　例 8－4 的示意图

表 8－7　例 8－4 的工作配工数

工作	*a* (1，2)	*b* (1，3)	*c* (1，4)	*d* (1，5)	*e* (2，5)	*f* (3，6)	*g* (3，7)	*h* (5，7)	*i* (4，8)	*j* (6，8)	*k* (7，8)
人数	7	4	5	5	6	5	4	3	5	4	4

解　根据各工作的最早开工时间和时差编制出各工作施工的时间表并标上所需人工数，如下表 8－8 所示。

从表 8－8 中可以看出，如果各个工作都在最早时间开工，那么整个工程的工期内，每个工作日所需的人员数是前多后少，最大值达 21 人，最小只有 4 人，人力资源的使用在整个工期内不均衡。

如果该工程配备的人数限制在 15 人以内，就有必要对各工作的施工时间进行调整。具体调整的原则是：保证关键工作用人，利用非关键工作的时差，向后推迟它们的开工时间，让用人高峰向后延伸，从而使总用人数最大值下降。调整时必须注意的是：如果某一工作的开工时间向后推迟，以它为紧前工作的工作（除关键工作外）的开工时间应相应推迟。调整后的施工时间表如表 8－9 所示。

经过调整后，在工程的整个工期内，用人总数的最大值从 21 人下降到 15 人，前后期对人员的需求也比较均衡了。这种利用非关键工作的时差进行合理安排，使工程对有限的人力资源

表 8-8 例 8-4 初始的工作施工时间进度及人数配备表

工作代号	相关事项	工作时长	时差	工程进度/d														
				1	2	3	4	5	6	7	8	9	10	11	12	13	14	15
a	(1, 2)	1	1	7	—													
b	(1, 3)	3	2	4	4	4	—	—										
c	(1, 4)	3	7	5	5	5	—	—	—	—	—	—	—					
d	(1, 5)	4	0	5	5	5	5											
e	(2, 5)	2	1		6	6	—											
f	(3, 6)	4	2				5	5	5	5	—	—						
g	(3, 7)	3	3				4	4	4	—	—	—						
h	(5, 7)	5	0					3	3	3	3	3						
i	(4, 8)	5	7				5	5	5	5	5	—	—	—	—	—	—	—
j	(6, 8)	6	2								4	4	4	4	4	4	—	—
k	(7, 8)	6	0										4	4	4	4	4	4
每天合计用人数				21	20	20	19	17	17	13	12	7	8	8	8	8	4	4

（注：_ 表示工序施工期，—表示时差。）

表 8-9 例 8-4 改进后的工作施工时间进度及人数配备表

工作代号	相关事项	工作时长	时差	工程进度/d														
				1	2	3	4	5	6	7	8	9	10	11	12	13	14	15
a	(1, 2)	1	1	7	—													
b	(1, 3)	3	2	—	4	4	4	—										
c	(1, 4)	3	7	—	—	—	—	—	—	—	5	5	5					
d	(1, 5)	4	0	5	5	5	5											
e	(2, 5)	2	1		6	6	—											
f	(3, 6)	4	2				—	5	5	5	5	—						
g	(3, 7)	3	3				—	4	4	4	—	—						
h	(5, 7)	5	0				—	3	3	3	3	3						
i	(4, 8)	5	7				—	—	—	—	—	—	—	5	5	5	5	5
j	(6, 8)	6	2								—	4	4	4	4	4	4	—
k	(7, 8)	6	0										4	4	4	4	4	4
每天合计用人数				12	15	15	9	12	12	12	13	12	13	13	13	13	13	9

的利用达到优化的手段，同样适合于对有限材料、设备等资源的安排与调配。例 8-4 情况比较简单，实际情况有时会非常复杂，要经过多次试排才会产生一个较为满意的结果。在资源安

排有困难时，可考虑加班或延长工期来解决问题。

8.3.2　时间—费用优化

在编制网络计划过程中，研究如何使得工程完工时间短、费用少；或者在保证既定的工程完工时间的条件下，所需要的费用最少；或者在限制费用的条件下，工程完工时间最短；就是时间—费用优化所要研究和解决的问题。

项目或任务的成本一般包括直接费用和间接费用两部分。直接费用是完成各项工作直接所需人力、资源、设备等费用，为缩短工作的作业时间，需采用一些技术组织措施，相应会增加一些费用，在一定范围内，工作的作业时间越短，直接费用越大。间接费用则包括管理费、办公费等，常按任务期长短分摊，在一定条件下，工期越长，间接费用越大。它们与工期的关系如图 8-17 所示：工期缩短时直接费用要增加而间接费用减少，总成本是由直接费用与间接费用相加而得。通过计算网络计划的不同完工期相应的总费用，以求得成本最低的日程安排就是“最低成本日程”，又称“工期—成本”优化。

直接费用与工作工时的变化关系如图 8-18 所示。在图 8-18 中，曲线有两个端点，一个为正常点，另一个为极限点。当直接费用减少到一定程度时，工时即使再延长，直接费用也不可能再减少，这时的直接费用称为正常费用，以 C_1 表示，对应于正常费用的工时称为正常时间，以 t_1 表示；反之，当工时缩短到一定程度时，直接费用即使再增加，工时也不能再缩短，这时的工时称为极限时间（也称为应急时间、赶工时间），以 t_2 表示，对应于极限时间的直接费用，称为极限费用（也称为应急费用、赶工费用），以 C_2 表示。为简化分析与计算，通常假定直接费用与工时的关系为线性关系，即正常点与极限点之间为一直线；该直线的斜率就是直接费用变动率 e，即工时变动一个单位时直接费用改变的量值。其计算公式为

$$e=\frac{C_1-C_2}{t_1-t_2} \tag{8-23}$$

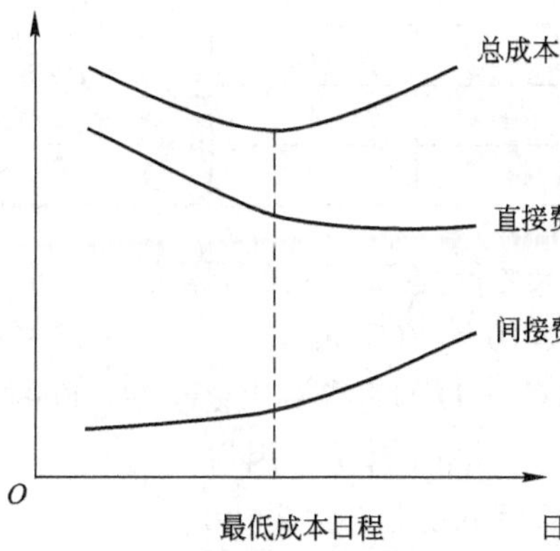

图 8-17　直接费用、间接费用和总费用

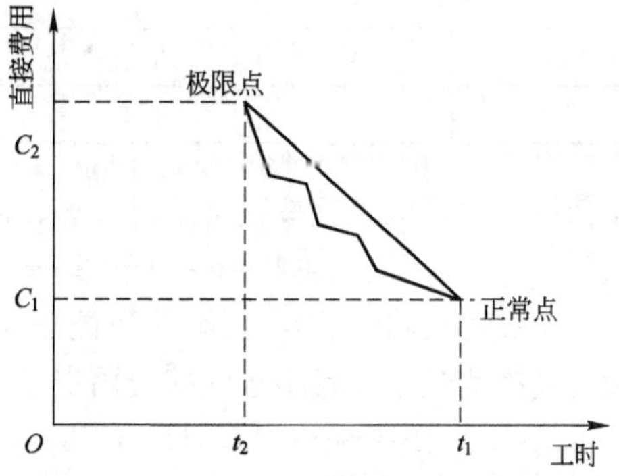

图 8-18　直接费用曲线

但是，间接费用与各工作没有直接关系，而只与工期的长短有关。一般地，它随着工期的延长而呈线性增长。通常称工期延长一个单位间接费用的增加值为间接费用变动率，用 f 表示。

综上所述，工期—费用优化的方法是：先对全部工作取正常工时，并计算出网络的工期和相应的总费用。以此为基础，逐次压缩直接费用变动率 e 比间接费用变动率 f 小的关键工作的工时（以不超过极限时间为限）。在具体压缩时，应遵循以下几条原则。

第一，优先压缩关键线路上 e 最小的工作的工时，达到以增加最少的直接费用来缩短工期。

第二，当工期不断压缩，出现数条关键线路时，若继续压缩工期，就需要同时缩短这数条关键线路，否则就不可能达到目的。

第三，在选择压缩某工作的工时时，既要满足工期费用关系的要求，又要考虑网络中与该工作并列的其他工作的限制。因此，一方案的压缩天数 S 可由式（8－24）确定，即

S＝min{压缩工作及与之平行的关键工作的现工时－极限时间，压缩工作的总时差}　　(8－24)

第四，强调用总费用寻找最佳点，即每压缩1天，都要计算出工作或任务的总费用的变化。

例 8－5　某工程的网络图如图 8－19 所示，其工作的耗时、费用由表 8－10 给出，寻求工期最短、费用最少的合理方案。

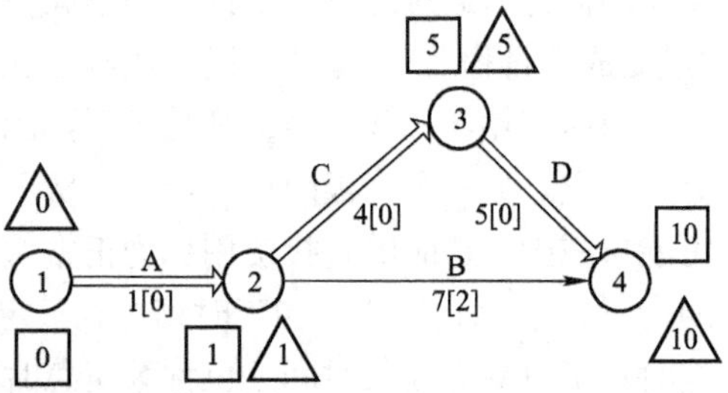

图 8－19　例 8－5 网络图

表 8－10　例 8－5 工程消耗资源情况

工作	耗时/d		直接费用/千元			间接费用变动率 f /(千元/d)
	正常	极限	正常	极限	变动率 e	
A	1	1	18	18	—	4.5
B	7	3	15	19	1	
C	4	2	12	20	4	
D	5	2	8	14	2	

依据资料，该工程按正常工时计算，需要耗时 10 天才能完工，其总费用为

$$总费用=(18+15+12+8)+4.5\times 10=98(千元)$$

对于关键线路 ACD，工作 A 不能压缩，而对工作 C 与 D 的直接费用变动率，D 的直接费用变动率为最小，且小于间接费用变动率 f。因此，先压缩工作 D。因为

$$S=\min\{t(3,\ 4)-t_2(3,\ 4),\ \Delta t(2,\ 4)\}=\min\{5-2,\ 2\}=2$$

式中，$t_2(i,\ j)$ 为 $(i,\ j)$ 的极限时间。

所以，工作 D 压缩 2 天后，其结果如图 8－20 所示。

此时出现了两条关键线路。对于这两条关键线路，若再缩短工期，有两种方案可供选择，①缩短工作C和B，压缩1天所需直接费用为4＋1＝5(千元)；②缩短工作D和B，压缩1天所需直接费用为2＋1＝3(千元)。可以看出，压缩D和B各1天，所需直接费用小于间接费用变动率f，故采取这一压缩方案。因为$S=\min\{t(2,4)-t_2(2,4), t(3,4)-t_2(3,4)\}=\min\{7-3, 3-2\}=1$；所以压缩D和B各1天后，其结果如图8-21所示，有

$$总费用=(18+15+12+8)+(2\times2+1\times3)+4.5\times7=91.5(千元)$$

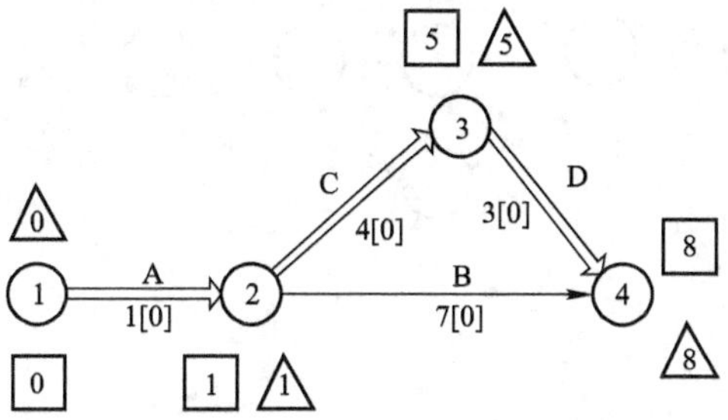

图8-20　例8-5将工作D压缩2天后的网络图

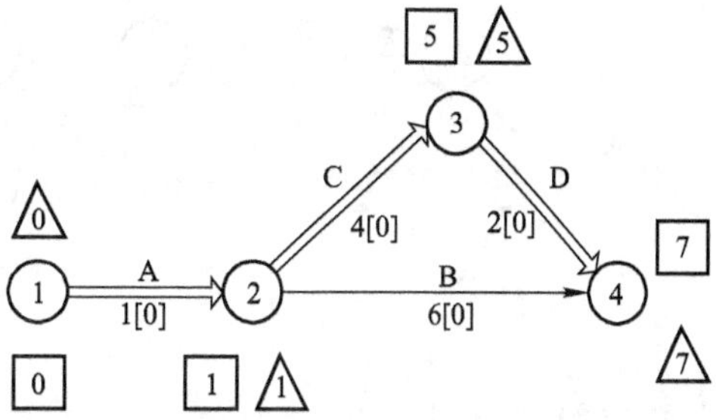

图8-21　例8-5 D、B再压缩一天的网络图

最后，只有工作C和B可以压缩。但由于压缩工作C和B各一天所需直接费用大于间接费用变动率f；因此要压缩它们，将会导致总费用的增加。这说明，该工程以7天完工，总费用才是最低。

寻找工期最短、费用最少的合理方案，需要做大量烦琐的分析、计算，一般需要应用电子计算机完成分析、计算任务。

习　　题

1. 有A，B，C，D，E，F 6项工作，关系分别如图8-22(a)，(b)所示，试画出网络图。

2. 试画出下列各题的网络图，并为事项编号。

(1)

表8-11

工作	工时/d	紧前工作	工作	工时/d	紧前工作
A	15	—	F	5	D，E
B	10	—	G	20	C，F
C	10	A，B	H	10	D，E
D	10	A，B	I	15	G，H
E	5	B			

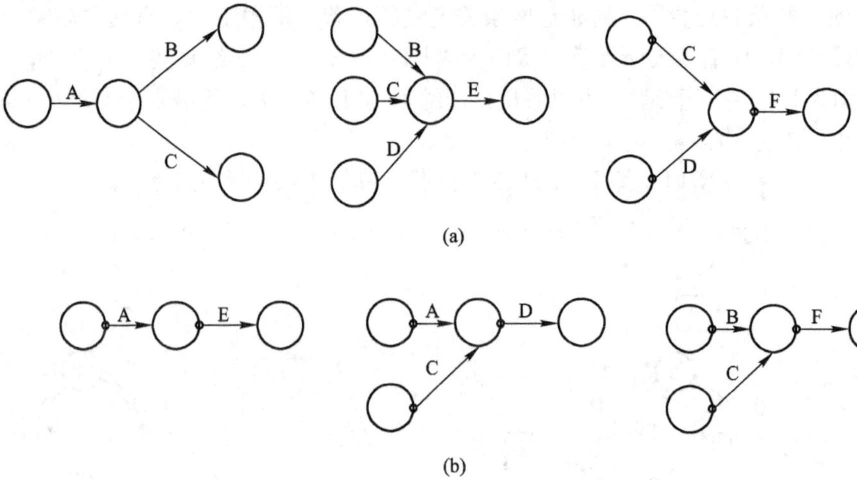

图 8-22

（2）

表 8-12

工作	工时/d	紧前工作	工作	工时/d	紧前工作
A	3	—	G	6	D，B
B	2	—	H	2	E
C	5	—	I	4	G，H
D	4	A	J	5	E，F
E	7	B	K	2	E，F
F	8	C	L	6	I，J

（3）

表 8-13

工作	工时/d	紧后工作	工作	工时/d	紧后工作
A	6	C，D	H	6	M
B	2	E，F	I	3	—
C	5	J，K	J	1	L
D	7	G，I，H	K	2	M
E	5	G，I，H	L	5	—
F	9	M，I	M	4	—
G	8	M			

3．设有如图 8-23，图 8-24 所示的网络图，用图上计算法计算时间参数，并求出关键线路。

4．已知资料如表 8-14 所示。

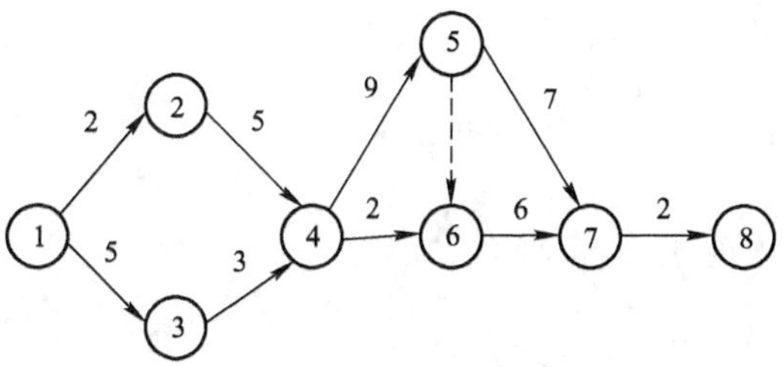

图 8 - 23

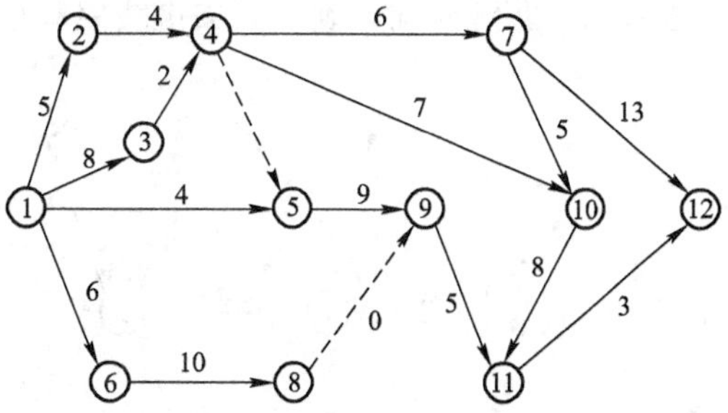

图 8 - 24

表 8 - 14

工序	紧前工序	工序时间/d	工序	紧前工序	工序时间	工序	紧前工序	工序时间/d
a	—	60	g	b，c	7	m	j，k	5
b	a	14	h	e，f	12	n	i，l	15
c	a	20	i	f	60	o	n	2
d	a	30	j	d，g	10	p	m	7
e	a	21	k	h	25	q	o，p	5
f	a	10	l	j，k	10			

要求：① 绘制网络图；

② 计算各项时间参数；

③ 确定关键线路。

5. 某工程资料如表 8 - 15 所示。

表 8 - 15

工作	紧前工作	乐观时间 a/d	最可能时间 m/d	悲观时间 b/d
A	—	2	5	8
B	A	6	9	12
C	A	5	14	17
D	B	5	8	11
E	C，D	3	6	9
F	—	3	12	21
G	E，F	1	4	7

要求：① 画出网络图；

② 求出每件工作工时的期望值和方差；

③ 求出工程完工期的期望值和方差；

④ 计算工程期望完工期提前 3 天的概率和推迟 5 天概率。

6. 如图 8 - 25 所示的网络图，各项工作旁边的 3 个数分别为工作的最乐观时间、最可能时间和最悲观时间，确定其关键线路和最早完工时间的概率。

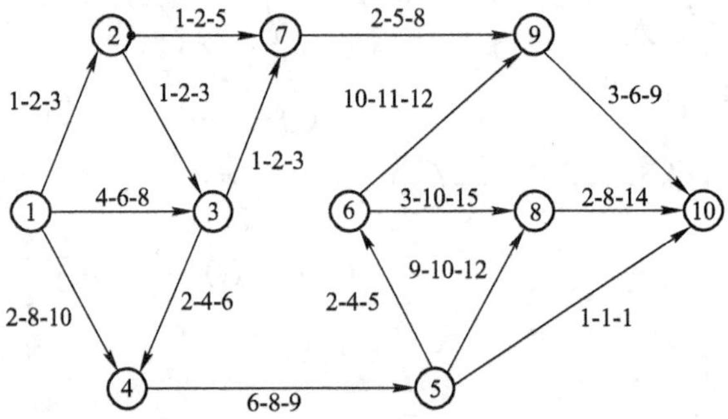

图 8－25

7. 生产某种产品，生产过程所经过的工序及作业时间如表 8－16 所示，作业时间按常数或均值计算，试绘制这一问题的随机网络，并假设产品生产过程经过工序 g 即为成品，试计算产品的成品率与产品完成的平均时间。

表 8－16

工序	概率	作业时间（常数或期望值)/h	紧后工序
a	1	25	b 或 f
b	0.7	6	c 或 d
c	0.7	4	g
d	0.3	3	e
e	1	4	c
f	0.3	6	g
g	1	2	—

8. 某项工程各道工序时间即每天需要的人力资源如图 8－26 所示。图中，箭线上的英文文字母表示工序代号，括号内数值是该工序总时差，箭线下左边数为工序工时，括号内为该

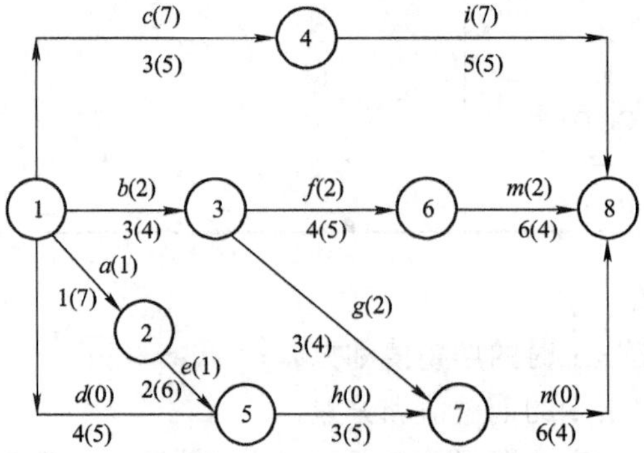

图 8－26

工序每天需要的人力数。若人力资源限制每天只有15人，求此条件下工期最短的施工方案。

9. 已知资料如表8-17所示，求出该项工程的最低成本日程。

表8-17

活动	作业时间	紧前活动	正常完成进度的直接费用/百元	赶进度一天所需费用/百元
A	4	—	20	5
B	8	—	30	4
C	6	B	15	3
D	3	A	5	2
E	5	A	18	4
F	7	A	40	7
G	4	B、D	10	3
H	3	E、F、G	15	6
合计			153	
工程的间接费用			5/(百元/d)	

第9章 排 队 论

排队是在日常生活中经常遇到的现象，如顾客到商店购物、病人到医院看病常常要排队。此时要求服务的顾客数量超过服务机构（服务台、服务员等）的数量，也就是说，到达的顾客不能立即得到服务，因而出现了排队。这种现象不仅在个人日常生活中出现，在其他领域也经常出现，电话的占线问题，车站、码头等交通枢纽的堵塞和疏导，故障机器的停机待修，水库的存储调节等都是有形或无形的排队现象。由于顾客到达和服务时间的随机性，可以说排队现象几乎是不可避免的。

排队论（Queuing Theory）也称随机服务系统理论，就是为解决上述问题而发展的一门学科。这里将介绍排队论的一些基本知识，分析几个常见的排队模型，最后介绍排队系统的最优化问题。

9.1 排队论的基本概念

9.1.1 排队过程

如图 9-1 所示是排队过程的一般模型。来自顾客源（总体）的顾客到达服务机构（服务台）前排队等候服务，接受服务后离开。排队结构指队列的数目和排队方式，排队规则和服务规则说明顾客在排队系统中按怎样的规则、次序接受服务。排队系统指图 9-1 中虚线所包括的部分。

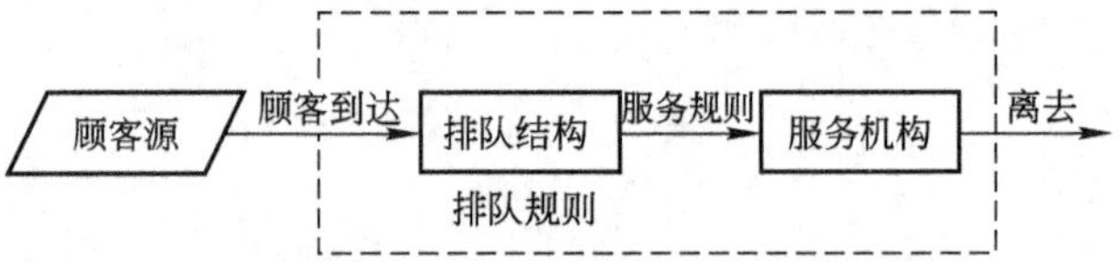

图 9-1 排队系统

现实中的排队现象是多种多样的，对上面所说的“顾客”和“服务员”，要做广泛的理解，它可以是人，也可以是机器或其他物品；队列可以是具体的排列，也可以是无形的（例如，向电话交换台要求通话的呼唤）；顾客可以走向服务机构，也可以相反（如送货上门）。表 9-1 给出了一些例子说明了现实中的一些排队系统。

表 9-1

到达的顾客	要求服务内容	服务机构
不能运转的机器	修理	修理工
修理技工	领取修配零件	发放修配零件的管理员
病人	诊断或动手术	医生（或包括手术台）
电话呼唤	通话	交换台
文件稿	打字	打字员
提货单	提取存货	仓库管理员
到达机场上空的飞机	降落	跑道
驶入港口的货船	装（卸）货	装（卸）货码头（泊位）
上游河水进入水库	放水，调整水位	水闸管理员

9.1.2 排队系统的组成和特征

一般的排队系统都由输入过程、排队规则、服务机构 3 个基本部分组成。现在分别说明各部分的特征。

1. 输入过程

输入过程是描述顾客来源及顾客按什么规律到达排队系统的。它包括以下 3 个方面。

① 顾客来源。顾客总体（称为顾客源）的组成可能是有限的，也可能是无限的。如，上游河水流入水库可以认为总体是无限的，工厂内停机待修的机器显然是有限的总体。

② 顾客到达方式。顾客到来的方式可能是一个一个的，也可能是成批的。如，到餐厅就餐就有单个到来的顾客和受邀请来参加宴会的成批顾客。

③ 顾客流的概率分布。顾客随机一个（批）个（批）来到排队系统，顾客流的概率分布用来描述相继到达的顾客之间的间隔时间分布是确定的还是随机的，分布参数是什么，到达的间隔时间是否独立，分布是随时间变化的还是平稳的。

图 9-2 为顾客到达间隔时间示意图。

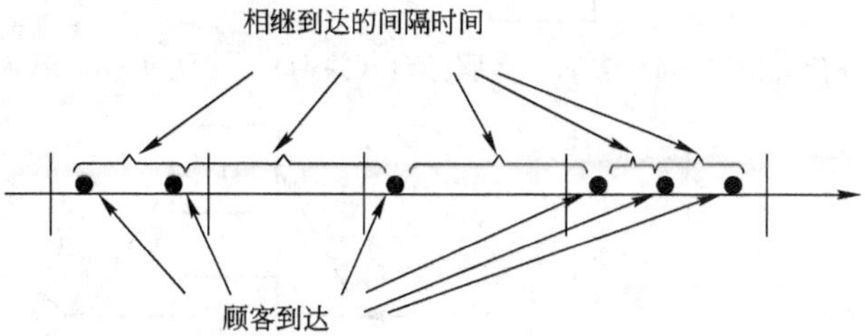

图 9-2 顾客到达间隔时间

2. 排队规则

排队规则是描述顾客来到服务系统时，服务机构是否允许排队，顾客是否愿意排队，在排队等待情况下服务的顺序是什么？一般可分为损失制、等待制和混合制三大类。

① 损失制。顾客到达时，如果所有的服务台都被占用，且服务机构又不允许顾客等待，顾客只能离去，这种服务规则就是损失制。

② 等待制。当顾客到达时，如果所有服务台都被顾客占用而无空闲，这时该顾客自动加入队列排队等待服务，服务完才离开。例如，商店的排队购物，故障设备待修理等。服务台进行服务时，又可遵循如下规则。

⇘ 先到先服务，即按到达次序接受服务，这是最通常的情形。

⇘ 后到先服务，即按到达顺序，后来的顾客先接受服务，如乘用电梯的顾客常是后入先出的。在情报系统中，最后到达的信息往往是最有价值的，因而常采用后到先服务（指被采用）的规则。

⇘ 随机服务，从等待的顾客中随机地挑选一个进行服务，而不管到达的先后，如电话交换台接通呼唤的电话就是如此。

⇘ 有优先权的服务，在服务顺序上给某些顾客以特殊待遇，优先服务。如医院对于病情严重的患者将给予优先治疗。

3. 服务机构

服务机构主要描述服务台的数目及服务规律。服务机构有多个服务台时，服务方式有并列的、串列的、还有混合的；接受服务的顾客可以是成批的也可以是单个的；服务时间是确定型的还可是随机型的；顾客接受服务的时间是否独立等。

从机构形式和工作情况来看可以有以下几种情况，如图 9-3 至图 9-7 所示。

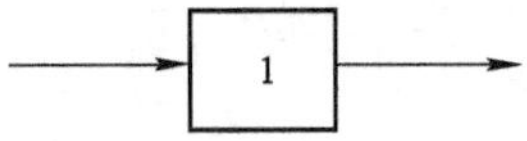

图 9-3　单队—单服务台

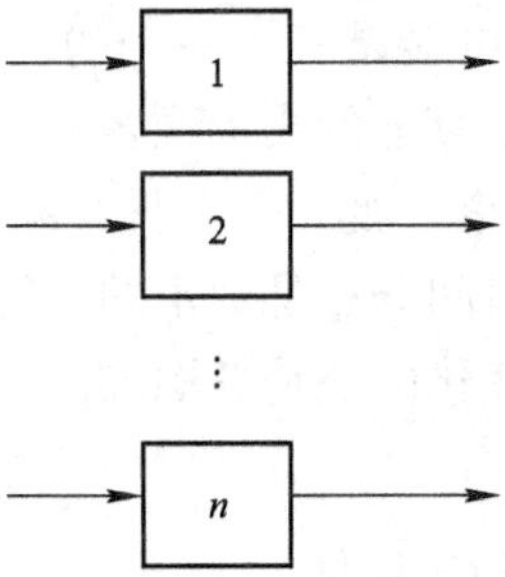

图 9-4　多队—多服务台（并列）

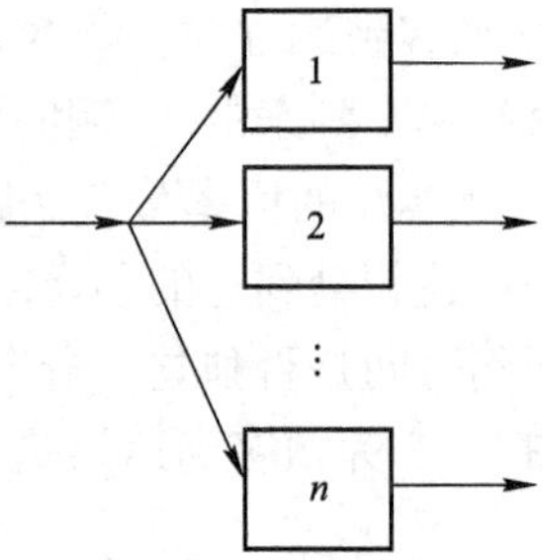

图 9-5　单队—多服务台（并列）

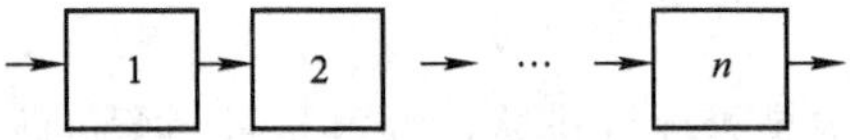

图 9-6　单队—多服务台（串列）

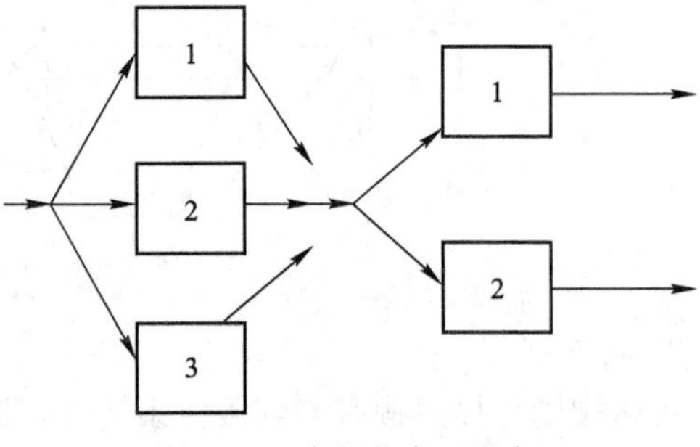

图 9-7　多服务台（混合）

图 9－3 是单队—单服务台的情形，图 9－4 是多队—多服务台（并列）的情形，图 9－5 是单队—多服务台（并列）的情形，图 9－6 是单队—多服务台（串列）的情形，图 9－7 是多服务台（混合）的情形。

9.1.3　排队模型的分类

为描述排队系统，1953 年 D. G. Kendall 提出了一个分类方法，考虑了排队系统中最主要的、影响最大的三个因素：①顾客相继到达的间隔时间分布；②服务时间的分布；③服务台个数。

按照这三个特征用一定符号表示随机服务系统的种类，称为 Kendall 符号。符号形式是：

$$X/Y/Z$$

其中，X 处填写表示相继到达间隔时间的分布；Y 处填写表示服务时间的分布；Z 处填写并列的服务台的数目。

一般表示相继到达间隔时间和服务时间的随机分布的符号是：

M——负指数分布（M 是 Markov 的字头）；

D——确定性（Deterministic）；

E_k——k 阶爱尔朗（Erlang）分布；

GI——一般相互独立（General Independent）；

G——一般（General）服务时间的分布。

例如，$M/M/1$ 表示相继到达间隔时间为负指数分布、服务时间为负指数分布、单服务台的模型；$D/M/c$ 表示到达间隔时间确定、服务时间为负指数分布、c 个平行服务台（顾客是一队）的模型。

1971 年关于排队论符号标准化会议上决定，将 Kendall 符号进行扩充，表示成：$X/Y/Z/A/B/C$。其中前 3 项的意义不变，而：

A 处填写系统容量限制 N；

B 处填写顾客源数目 m；

C 处填写服务规则，如先到先服务 FCFS，后到后服务 LCFS 等。

并约定，如略去后 3 项，即指 $X/Y/Z/\infty/\infty/$FCFS 的情形。在本书中，因只讨论先到先服务 FCFS 的情形，所以可略去第 6 项。

9.1.4　系统指标

研究排队系统问题的目的，是把握排队系统运行的效率，估计服务质量，确定系统参数的最优值，最终目的是确定排队系统的结构是否合理及设计改进措施等，所以必须确定用以判断系统运行优劣的基本数量指标，求解排队问题首先求出这些数量指标分布或特征数。

① 队长，指在系统中的顾客数，它的期望值记作 L_s。

② 排队长，指在系统中排队等待服务的顾客数，它的期望值记作 L_q。

$$\begin{pmatrix}\text{系统中}\\\text{顾客数}\end{pmatrix}=\begin{pmatrix}\text{在队列中等待}\\\text{服务的顾客数}\end{pmatrix}+\begin{pmatrix}\text{正被服务}\\\text{的顾客数}\end{pmatrix}$$

一般情形，L_s（或 L_q）越大，说明服务效率越低。

③ 逗留时间，指一个顾客在系统中的停留时间，它的期望值记作 W_s。

④ 等待时间，指一个顾客在系统中排队等待的时间，它的期望值记作 W_q。

$$(\text{逗留时间})=(\text{等待时间})+(\text{服务时间})$$

在机器故障问题中，无论是等待修理或正在修理都使工厂受到停工的损失，所以逗留时间（停工时间）是主要的；而一般购物、诊病等问题中等待时间常是顾客们所关心的。

忙期（Busy Period）是指从顾客到达空闲的服务机构起到服务机构再次变为空闲止的这段时间长度，即服务机构连续繁忙的时间长度，它关系到服务员的工作强度。忙期和一个忙期中平均完成服务顾客数都是衡量服务机构效率的指标。

在即时制或排队有限制的情形，由于顾客被拒绝而使企业受到损失的损失率及以后经常遇到的服务强度等，这些都是很重要的指标。

9.1.5 系统状态

系统状态是指系统中的顾客数，如系统中有 n 个顾客就说系统的状态是 n，它的可能值是：

① 队长没有限制时，$n=0，1，2，\cdots$；

② 队长有限制，最大数为 N 时，$n=0，1，2，\cdots，N$；

③ 即时制，服务台个数是 c 时，$n=0，1，2，\cdots，c$。

系统状态的概率一般是随时刻 t 变化的，时刻 t、系统状态为 n 的概率用 $P_n(t)$ 表示。

计算状态概率 $P_n(t)$，首先要建立含 $P_n(t)$ 的关系式，因 t 是连续变量，而 n 只取非负整数，所以 $P_n(t)$ 的关系式一般为差分微分方程（关于 t 的微分方程，关于 n 的差分方程）。方程的解称为瞬态（或称过渡状态）（Transient State）解。求瞬态解比较困难，即使求出也很难利用，因此常用它的极限（如果存在的话）

$$\lim_{t\to\infty} p_n(t)=p_n$$

并称为稳态（Steady State），或称统计平衡状态（Statistical Equilibrium State）的解。

稳态的物理含义是，当系统运行了无限长的时间之后，初始（$t=0$）状态的概率分布（$P_n(0)$，$n\geqslant 0$）的影响将消失，而且系统的状态概率分布不再随时间变化。在实际应用中大多数系统会很快趋于稳态（如图 9－8），而无须等到 $t\to\infty$。但永远达不到稳态的情形也确实存在的。

求稳态概率 P_n 时，并不一定求 $t\to\infty$ 时 $P_n(t)$ 的极限，而只需导数 $P'_n(t)=0$ 即可。我们着重研究稳态的情形。

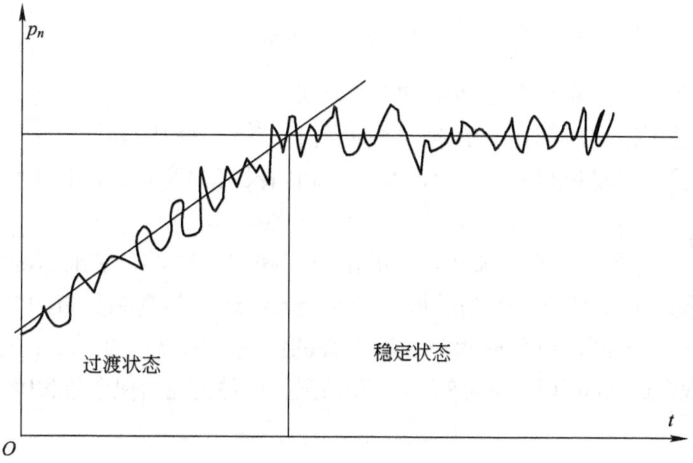

图 9-8 排队系统状态变化示意图

9.2 到达间隔的分布和服务时间的分布

解决排队问题首先要根据原始资料做出顾客到达间隔和服务时间的经验分布，然后按照统计学的方法（如 χ^2 检验）以确定属于哪种分布理论，并估计它的参数值。

本节主要介绍常见的理论分布—普阿松分布、负指数分布和爱尔朗（Erlang）分布。

9.2.1 普阿松分布

首先推导普阿松分布。

设 $N(t)$ 为在时间区间 $[0, t]$ 内到达的顾客数（$t>0$），$P_n(t_1, t_2)$ 为在时间区间 $[t_1, t_2]$ 内有 $n(\geqslant 0)$ 个顾客到达的概率，即

$$P_n\{t_1, t_2\}=P\{N(t_2)-N(t_1)=n\} \quad (t_2>t_1, n\geqslant 0)$$

当 $P_n(t_1, t_2)$ 符合下述 3 个条件时，顾客到达过程就是泊松过程（顾客到达形成普阿松流）。

① 在不相重叠的时间区间内顾客到达数是相互独立的，称为无后效性；

② 对充分小的 Δt，在时间区间 $[t, t+\Delta t]$ 内有 1 个顾客到达的概率与 t 无关，而与区间长 Δt 成正比，即

$$P_1(t, t+\Delta t)=\lambda\Delta t+o(\Delta t) \tag{9-1}$$

其中 $o(\Delta t)$ 是关于 Δt 的高阶无穷小。$\lambda>0$ 是常数，它表示单位时间内有一个顾客到达的概率，称为概率强度。

③ 对于充分小的 Δt，在时间区间 $[t, t+\Delta t]$ 内有 2 个或 2 个以上顾客到达的概率极小，以致可以忽略，即

$$\sum_{n=2}^{\infty} P_n(t,\ t+\Delta t)=o(\Delta t) \tag{9-2}$$

在上述条件下，研究顾客到达数 n 的概率分布。

由条件②，总可以取时间由 0 算起，并简记 $P_n(0,\ t)=P_n(t)$。

由条件②，③，容易推得在 $[t,\ t+\Delta t]$ 区间内没有顾客到达的概率为

$$P_0(t,\ t+\Delta t)=1-\lambda\Delta t+o(\Delta t) \tag{9-3}$$

在求 $P_n(t)$ 时，用通常建立未知函数的微分方程的方法，先求未知函数 $P_n(t)$ 由时刻 t 到 $t+\Delta t$ 的改变量，从而建立 t 时刻的概率分布与 $t+\Delta t$ 时刻概率分布的关系方程。

对于区间 $[0,\ t+\Delta t]$，可分成两个互不重叠的区间 $[0,\ t]$ 和 $[t,\ t+\Delta t]$。现在到达总数是 n，分别出现在这两区间上，共有下列 3 种情况。各种情况出现个数和概率如表 9-2 所示。

表 9-2

区间	$[0,\ t)$		$[t,\ t+\Delta t)$		$[0,\ t+\Delta t)$	
情况	个数	概率	个数	概率	个数	概率
(A)	n	$P_n(t)$	0	$1-\lambda\Delta t+o(\Delta t)$	n	$P_n(t)(1-\lambda\Delta t+o(\Delta t))$
(B)	$n-1$	$P_{n-1}(t)$	1	$\lambda\Delta t$	n	$P_{n-1}(t)\lambda\Delta t$
(C)	$n-2$ $n-3$ … 0	$P_{n-2}(t)$ $P_{n-3}(t)$ … $P_0(t)$	2 3 … n	$o(\Delta t)$	n n … n	$o(\Delta t)$

在 $[0,\ t+\Delta t)$ 内到达 n 个顾客应是表中 3 种互不相容的情况之一，所以概率 $P_n(t+\Delta t)$ 应是表中 3 个概率之和（各 $o(\Delta t)$ 合为一项）

$$P_n(t+\Delta t)=P_n(t)(1-\lambda\Delta t)+P_{n-1}(t)\lambda\Delta t+o(\Delta t)$$

$$\frac{P_n(t+\Delta t)-P_n(t)}{\Delta t}=-\lambda P_n(t)+\lambda P_{n-1}(t)+\frac{o(\Delta t)}{\Delta t}$$

令 $\Delta t\to 0$，得下列方程，并注意到初始条件，则有

$$\begin{cases}\dfrac{\mathrm{d}P_n(t)}{\mathrm{d}t}=-\lambda P_n(t)+\lambda P_{n-1}(t)\\ P_n(0)=0\end{cases}\quad n\geqslant 1 \tag{9-4}$$

当 $n=0$ 时，没有 (B)，(C) 两种情况，所以得

$$\begin{cases}\dfrac{\mathrm{d}P_0(t)}{\mathrm{d}t}=-\lambda P_0(t)\\ P_n(0)=1\end{cases} \tag{9-5}$$

解式 (9-4) 和式 (9-5)，得

$$P_n(t)=\frac{(\lambda t)^n}{n!}\mathrm{e}^{-\lambda t}\quad t>0 \qquad n=0,\ 1,\ 2,\ \cdots \tag{9-6}$$

$P_n(t)$ 表示长为 t 的时间区间内到达 n 个顾客的概率，我们说随机变量 $\{N(t)=N(s+t)-N(s)\}$ 服从普阿松分布。它的数学期望值和方差分别是

$$E[N(t)]=\lambda t;\quad V[N(t)]=\lambda t \tag{9-7}$$

期望值和方差相等，是普阿松分布的一个重要特征，可以利用它对一个经验分布是否适合于普阿松分布进行初步的识别。

9.2.2 负指数分布

随机变量 T 的概率密度若是

$$f_T(t)=\begin{cases}\lambda e^{-\lambda t} & t\geqslant 0\\ 0 & t<0\end{cases} \tag{9-8}$$

则称 T 服从负指数分布。它的分布函数是

$$F_T(t)=\begin{cases}1-e^{-\lambda t} & t\geqslant 0\\ 0 & t<0\end{cases} \tag{9-9}$$

数学期望 $E(T)=\dfrac{1}{\lambda}$，方差 $V(T)=\dfrac{1}{\lambda^2}$，标准差 $\sigma(T)=\dfrac{1}{\lambda}$。

负指数分布有下列性质。

① 由条件概率公式容易证明

$$P\{T>t+s\mid T>s\}=P\{T>t\} \tag{9-10}$$

这一性质称为无记忆性或马尔柯夫性。若 T 表示排队系统中顾客到达的间隔时间，那么这个性质说明一个顾客到来与过去一个顾客到来无关，即顾客到达是纯随机的。

② 当输入过程是普阿松流时，那么顾客相继到达的间隔时间 T 服从负指数分布。这是因为对于普阿松流，在 $[0,\ t)$ 区间内至少有 1 个顾客到达的概率是

$$1-P_0(t)=1-e^{-\lambda t}\quad t>0$$

而这概率又可表示为

$$P(T\leqslant t)=F_T(t)$$

结合式 (9-9)，此性质得到证明。

因此，相继到达的间隔时间是独立且为同负指数分布（密度函数为 $\lambda e^{-\lambda t}$，$t\geqslant 0$），与输入过程为普阿松流（参数为 λ）是等价的。所以在 Kendall 符号中就用 M 表示。

对于普阿松流，λ 表示单位时间平均到达的顾客数，所以 $1/\lambda$ 就表示相继顾客到达平均间隔时间，而这正和 $E[T]$ 的意义相符。

对一顾客的服务时间也就是在忙期相继离开系统的两顾客的间隔时间，有时也服从负指数分布。这时设它的分布函数和密度分别是

$$F_v(t)=1-e^{-\mu t},\quad f_v(t)=\mu e^{-\mu t} \tag{9-11}$$

其中 μ 表示单位时间能被服务完成的顾客数，称为平均服务率，而 $\dfrac{1}{\mu}=E(v)$ 表示一个

顾客的平均服务时间，这里平均就是期望值。

9.2.3　爱尔朗（Erlang）分布

设 v_1，v_2，…，v_k 是 k 个相互独立的随机变量，服从相同参数 $k\mu$ 的负指数分布，那么 $T=v_1+v_2+\cdots+v_k$ 的概率密度是

$$b_k(t)=\frac{\mu k(\mu kt)^{k-1}}{(k-1)!}\mathrm{e}^{-\mu kt}\quad t>0 \tag{9-12}$$

（证明略）

我们说 T 服从 k 阶爱尔朗分布。

$$E(T)=\frac{1}{\mu};\quad V[T]=\frac{1}{k\mu^2} \tag{9-13}$$

这是因为

$$E(v_i)=\frac{1}{k\mu}\quad i=1,\ 2,\ \cdots,\ k \tag{9-14}$$

所以
$$E[T]=\sum_{i=1}^{k}E(v_i)=\frac{1}{\mu}$$

例如，串联的 k 个服务台，每台服务时间相互独立，服从相同的负指数分布（参数 $k\mu$），那么一顾客走完这 k 个服务台总共所需要的服务时间就服从上述的 k 阶爱尔朗分布。

爱尔朗分布族提供了更为广泛的模型类，比指数分布有更大的适应性。事实上，当 $k=1$ 时，爱尔朗分布退化为负指数分布，这可看成是完全随机的；当 k 增大时，爱尔朗分布的图形逐渐变为对称的；当 $k\geqslant30$ 时爱尔朗分布近似于正态分布；$k\to\infty$ 时，由式（9-13）看出 $V[T]\to0$，因此这时爱尔朗分布化为确定型分布（如图 9-9 所示），所以一般 k 阶爱尔朗分布可看成完全随机与完全确定的中间型，能对现实世界提供更为广泛的适应性。

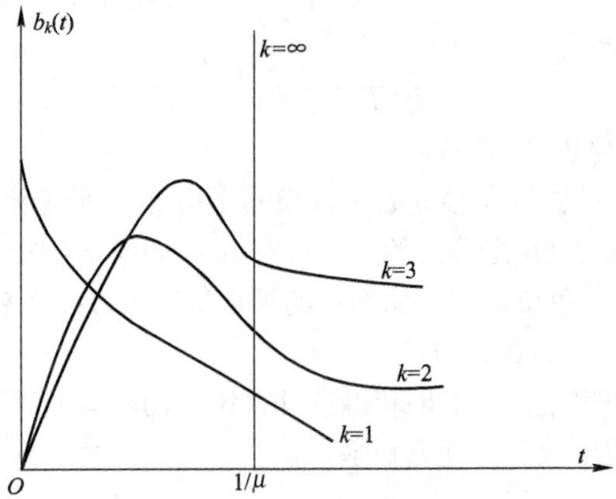

图 9-9　爱尔朗分布族

9.3 单服务台负指数分布排队系统的分析

本节将讨论输入过程服从普阿松分布、服务时间服从负指数分布的单服务台排队系统，分如下 3 种情形讨论：

① 标准的 $M/M/1$ 模型，即（$M/M/1/\infty/\infty$）；

② 系统的容量有限制，即（$M/M/1/N/\infty$）；

③ 顾客源为有限，即（$M/M/1/\infty/m$）。

9.3.1 标准的 M/M/1 模型（M/M/1/∞/∞）

标准的 $M/M/1$ 模型是指下列条件的排队系统。

① 输入过程——顾客源是无限的，顾客单个到来，相互独立，到达过程服从普阿松分布，且已是平稳的。

② 排队规则——单队，且队长没有限制，先到先服务。

③ 服务机构——单服务台，各顾客的服务时间是相互独立的，服从相同的负指数分布。

此外，还假定到达间隔时间和服务时间是相互独立的。

在分析标准的 $M/M/1$ 模型时，首先要求出系统在任意时刻 t 的状态为 n 的概率$P_n(t)$，它决定了系统运行的特征。

已知顾客到达服从参数为 λ 的普阿松过程，服务时间服从参数为 μ 的负指数分布，所以在［t，$t+\Delta t$）时间区间内分为 3 种情况。

① 有 1 个顾客到达的概率为 $\lambda\Delta t+o(\Delta t)$；没有顾客到达的概率就是 $1-\lambda\Delta t+o(\Delta t)$。

② 当有顾客在接受服务时，1 个顾客被服务完了（离去）的概率是 $\mu\Delta t+o(\Delta t)$，没有离去的概率就是 $1-\mu\Delta t+o(\Delta t)$。

③ 多于一个顾客到达或离去的概率是 $o(\Delta t)$，是可以忽略的。

在时刻 $t+\Delta t$，系统中有 n 个顾客（$n>0$），存在如表 9-3 所列的 4 种可能情况（到达或离去是 2 个以上的没列入）。

表 9-3

情况	在时刻 t 的顾客数	在区间（t，$t+\Delta t$）		在时刻 $t+\Delta t$ 的顾客数
		到达	离去	
A	n	×	×	n
B	$n+1$	×	√	n
C	$n-1$	√	×	n
D	n	√	√	n

注：√表示发生（1个），×表示没有发生。

它们的概率分别是（略去 $o(\Delta t)$）：

情况 A——$P_n(t)(1-\lambda\Delta t)(1-\mu\Delta t)$

情况 B——$P_{n+1}(t)(1-\lambda\Delta t)\mu\Delta t$

情况 C——$P_{n-1}(t)\lambda\Delta t(1-\mu\Delta t)$

情况 D——$P_n(t)\lambda\Delta t\mu\Delta t$

由于这 4 种情况是互不相容的，所以 $P_n(t+\Delta t)$ 应是这 4 项之和，即（将关于 Δt 的高阶无穷小合成一项）：

$$P_n(t+\Delta t)=P_n(t)(1-\lambda\Delta t-\mu\Delta t)+P_{n+1}(t)\mu\Delta t+P_{n-1}(t)\lambda\Delta t+o(\Delta t)$$

$$\frac{P_n(t+\Delta t)-P_n(t)}{\Delta t}=\lambda P_{n-1}(t)+\mu P_{n+1}(t)-(\lambda+\mu)P_n(t)+\frac{o(\Delta t)}{\Delta t}$$

令 $\Delta t\to 0$ 得关于 $P_n(t)$ 的微分差分方程为

$$\frac{\mathrm{d}P_n(t)}{\mathrm{d}t}=\lambda P_{n-1}(t)+\mu P_{n+1}(t)-(\lambda+\mu)P_n(t)\quad (n=1,\ 2,\ \cdots) \tag{9-15}$$

当 $n=0$ 时，则只有上表中 A、B 两种情况，即

$$P_0(t+\Delta t)=P_0(t)(1-\lambda\Delta t)+P_1(t)(1-\lambda\Delta t)\mu\Delta t$$

类似地求得

$$\frac{\mathrm{d}P_0(t)}{\mathrm{d}t}=-\lambda P_0(t)+\mu P_1(t) \tag{9-16}$$

解方程（9－15）、（9－16）比较麻烦，求得的解（瞬态解）中含有修正的贝塞耳函数，也不便于应用，这里只研究稳态的情况，这时 $P_n(t)$ 与 t 无关，可写成 P_n，它的导数为 0。由式（9－15）、（9－16）可得

$$\begin{cases}-\lambda P_0(t)+\mu P_1=0 & (9-17)\\ \lambda P_{n-1}+\mu P_{n+1}-(\lambda+\mu)P_n=0\quad n\geqslant 1 & (9-18)\end{cases}$$

这是关于 P_n 的差分方程。它表明了各状态间的转移关系，可以用图 9－10 表示。

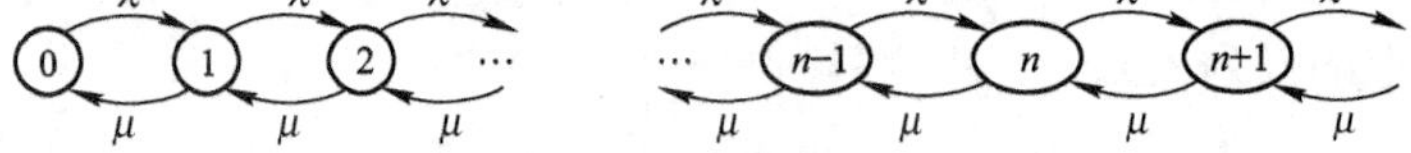

图 9－10　状态转移图

由图 9－10 可见，状态 0 转移到状态 1 的转移率为 λP_0，状态 1 转移到状态 0 的转移率为 μP_1。对状态 0 必须满足以下平衡方程

$$\lambda P_0=\mu P_1$$

同样对任何 $n\geqslant 1$ 的状态，可得到式（9－18）的平衡方程。求解式（9－17）得

$$P_1=(\lambda/\mu)P_0$$

将它代入式（9－18），令 $n=1$，

$$\mu P_2=(\lambda+\mu)(\lambda/\mu)P_0-\lambda P_0, \qquad P_2=(\lambda/\mu)^2 P_0$$

同理依次可推得

$$P_n=(\lambda/\mu)^n P_0$$

今设 $\rho=\dfrac{\lambda}{\mu}<1$（否则队列将排至无限远），又由概率的性质知

$$\sum_{n=0}^{\infty} P_n=1$$

将 P_n 的关系代入，

$$P_0 \sum_{n=0}^{\infty} \rho^n = P_0 \frac{1}{1-\rho} = 1$$

得

$$\begin{cases} P_0=1-\rho \\ P_n=(1-\rho)\rho^n \quad n\geqslant 1 \end{cases} \quad \rho<1 \tag{9-19}$$

这是系统状态为 n 的概率。

ρ 具有实际意义，根据表达式的不同，可以有不同的解释。当表示为 $\rho=\lambda/\mu$ 时，它是平均到达率与平均服务率之比，即在相同时区内顾客到达的平均数与被服务的平均数之比。若表示为 $\rho=(1/\mu)/(1/\lambda)$，它是一个顾客的服务时间与到达间隔时间之比，称 ρ 为服务强度 (traffic intensity)，或称 ρ 为话务强度（因为早期排队论是爱尔朗等人在研究电话理论时使用的术语）。由式（9-19），$\rho=1-P_0$，它表示服务机构的繁忙程度；所以又称服务机构的利用率。以式（9-19）为基础可以算出系统的指标。

(1) 在系统中的平均顾客数（队长期望值）

$$\begin{aligned} L_s &= \sum_{n=0}^{\infty} n \cdot P_n = \sum_{n=0}^{\infty} n \cdot (1-\rho) \cdot \rho^n \\ &=(1-\rho)\cdot\rho+2(1-\rho)\cdot\rho^2+3(1-\rho)\cdot\rho^3+\cdots+n((1-\rho)\cdot\rho^n+\cdots \\ &=\rho-\rho^2+2\rho^2-2\rho^3+3\rho^3-3\rho^4+\cdots+n\rho^n-n\rho^{n+1}+\cdots \\ &=\rho+\rho^2+\rho^3+\cdots\rho^n+\cdots=\frac{\rho}{1-\rho} \quad (0<\rho<1) \end{aligned}$$

或 $L_s=\dfrac{\lambda}{\mu-\lambda}$

(2) 在队列中等待的平均顾客数（队列长期望值）

$$\begin{aligned} L_q &= \sum_{n=1}^{\infty} (n-1) \cdot P_n = \sum_{n=1}^{\infty} (n-1) \cdot (1-\rho) \cdot \rho^n \\ &=L_s-\rho=\frac{\rho^2}{1-\rho}=\frac{\rho\lambda}{\mu-\lambda} \end{aligned}$$

关于顾客在系统中逗留的时间 W_s（随机变量），在 $M/M/1$ 情形下，可以推导出它服从参数为 $\mu-\lambda$ 的负指数分布，即

分布函数　$F(w)=1-\mathrm{e}^{-(\mu-\lambda)w} \quad w\geqslant 0$　(9-20)

概率密度　$f(w)=(\mu-\lambda)\mathrm{e}^{-(\mu-\lambda)w}$

于是得

(3) 在系统中顾客逗留时间的期望值

$$W_s=E[w]=\frac{1}{\mu-\lambda}$$

(4) 在队列中顾客等待时间的期望值

$$W_q=W_s-\frac{1}{\mu}=\frac{1}{\mu-\lambda}-\frac{1}{\mu}=\frac{\rho}{\mu-\lambda}$$

以上各式归纳如下：

$$\text{①}\ L_s=\frac{\lambda}{\mu-\lambda} \quad \text{②}\ L_q=\frac{\rho\lambda}{\mu-\lambda}$$
$$\text{③}\ W_s=\frac{1}{\mu-\lambda} \quad \text{④}\ W_q=\frac{\rho}{\mu-\lambda} \qquad (9-21)$$

它们的相互关系如下：

$$\text{①}\ L_s=\lambda W_s \quad \text{②}\ L_q=\lambda W_q$$
$$\text{③}\ W_s=W_q+\frac{1}{\mu} \quad \text{④}\ L_s=L_q+\frac{\lambda}{\mu} \qquad (9-22)$$

上式称为 Little 公式。

例 9-1　某医院手术室根据病人来诊和完成手术的时间记录，任意抽查 100 个工作小时，每小时来就诊的病人数 n 的出现次数如表 9-4 所示。又任意抽查了 100 个完成手术的病历，所用时间 v（h）出现的次数如表 9-5 所示。计算手术室的各项指标。

表 9-4

到达的病人数 n	出现次数 f_n	到达的病人数 n	出现次数 f_n
0	10	4	10
1	28	5	6
2	29	6 以上	1
3	16	合计	100

表 9-5

为病人完成手术时间 v/h	出现次数 f_v	为病人完成手术时间 v/h	出现次数 f_v
0.0～0.2	38	0.8～1.0	6
0.2～0.4	25	1.0～1.2	5
0.4～0.6	17	1.2 以上	0
0.6～0.8	9	合计	100

解

① 参数的确定。算出

$$每小时病人平均到达率=\frac{\sum nf_n}{100}=2.1(人/h)$$

$$每次手术平均时间=\frac{\sum vf_v}{100}=0.4(h/人)$$

$$每小时完成手术人数(平均服务率)=\frac{1}{0.4}=2.5(人/h)$$

② 取 $\lambda=2.1$，$\mu=2.5$，可以通过统计检验的方法（例如 χ^2 检验法），认为病人到达数服从参数为 2.1 的普阿松分布，手术时间服从参数为 2.5 的负指数分布。

③ $$\rho=\frac{\lambda}{\mu}=\frac{2.1}{2.5}=0.84$$

它说明服务机构（手术室）有 84%的时间是繁忙（被利用），有 16%的时间是空闲的。

④ 依次代入式（9-21）、(9-22)，算出各指标：

在病房中的病人数（期望值）为 $$L_s=\frac{2.1}{2.5-2.1}=5.25(人)$$

排队等待的病人数（期望值）为 $$L_q=0.84\times 5.25=4.41(人)$$

病人在病房中逗留时间（期望值）为 $$W_s=\frac{1}{2.5-2.1}=2.5(h)$$

病人排队等待时间（期望值）为 $$W_q=\frac{0.84}{2.5-2.1}=2.1(h)$$

9.3.2 系统的容量有限制的情形（M/M/1/N/∞）

对于单服务台的情形，如果系统的最大容量为 N，排队等待的顾客最多为 $N-1$，在某时刻一顾客到达时，如系统中已有 N 个顾客，那么这个顾客就被拒绝进入系统（如图 9-11 所示）。

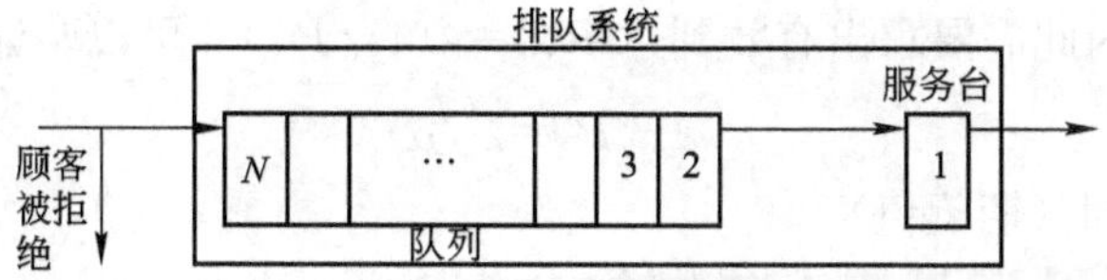

图 9-11 系统容量有限制的情形

当 $N=1$ 时，为即时制的情形；当 $N\to\infty$时，为容量无限制的情形。

若只考虑稳态的情形，系统状态间概率强度的转换关系图如图 9-12 所示。

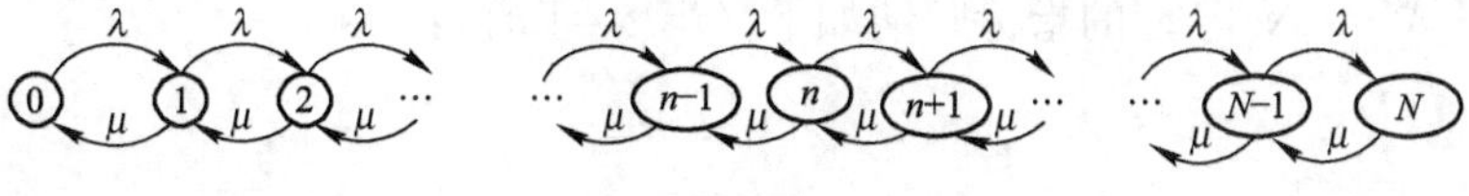

图 9-12 状态转换图

根据图 9－12，列出状态概率的稳态方程：

$$\begin{cases}-\lambda P_0+\mu P_1=0\\ \lambda P_{n-1}+\mu P_{n+1}-(\lambda+\mu)P_n=0 \quad n\leqslant N-1\\ -\mu P_N+\lambda P_{N-1}=0\end{cases} \tag{9-23}$$

解该差分方程与解式（9－17）、（9－18）是很类似的，所不同的是，

$$P_0+P_1+\cdots+P_N=1$$

仍令 $\rho=\lambda/\mu$，因而得

$$\begin{cases}P_0=\dfrac{1-\rho}{1-\rho^{N+1}}\\ P_n=\dfrac{1-\rho}{1-\rho^{N+1}}\rho^n \quad \rho\neq 1,\ n\leqslant N\end{cases} \tag{9-24}$$

在对容量没有限制的情形，我们曾设 $\rho<1$，这不仅是实际问题的需要，也是无穷级数收敛所必需的。在容量为有限数 N 的情形下，这个条件就没有必要了，不过当 $\rho>1$ 时，表示损失率的 P_N（或表示被拒绝排队的顾客平均数 λP_N）将是很大的。

根据式（9－24）我们可以导出系统的各种指标。（计算过程略）

（1）队长（期望值）

$$L_s=\sum_{n=0}^{N}nP_n=\frac{\rho}{1-\rho}-\frac{(N+1)\rho^{N+1}}{1-\rho^{N+1}}, \quad \rho\neq 1$$

（2）队列长（期望值）

$$L_q=\sum_{n=1}^{N}(n-1)P_n=L_s-(1-P_0)$$

当研究顾客在系统平均逗留时间 W_s 和在队列中平均等待时间 W_q 时，虽然（9－22）公式仍可利用，但要注意平均到达率 λ 是在系统中有空时的平均到达率，当系统已满（$n=N$）时，则到达率为 0，因此需要求出有效到达率 $\lambda_e=\lambda(1-P_N)$。可以验证

$$1-P_0=\lambda_e/\mu$$

（3）服务逗留时间（期望值）

$$W_s=\frac{L_s}{\mu(1-P_0)}=\frac{L_q}{\lambda(1-P_N)}+\frac{1}{\mu}$$

（4）顾客等待时间（期望值）

$$W_q=W_s-1/\mu$$

现在把 $M/M/1/N/\infty$ 型的指标归纳如下（当 $\rho\neq 1$ 时）：

$$\left.\begin{aligned}L_s&=\frac{\rho}{1-\rho}-\frac{(N+1)\rho^{N+1}}{1-\rho^{N+1}}\\L_q&=L_s-(1-P_0)\\W_s&=\frac{L_s}{\mu(1-P_0)}\\W_q&=W_s-1/\mu\end{aligned}\right\}\tag{9-25}$$

请思考 $\rho=1$ 时的系统指标。

例 9-2 单人理发店有6个椅子接待人们排队等待理发。当6个椅子都坐满时，后来到的顾客不进店就离开。顾客平均到达率为3人/h，理发需时平均15min。$N=7$ 为系统中最大的顾客数，$\lambda=3$ 人/h，$\mu=4$ 人/h。

解

(1) 求某一顾客一到达就能理发的概率。

这种情形相当于理发店内没有顾客，所求概率

$$P_0=\frac{1-3/4}{1-(3/4)^8}=0.277\ 8$$

(2) 求需要等待的顾客数的期望值。

$$L_s=\frac{3/4}{1-3/4}-\frac{8(3/4)^8}{1-(3/4)^8}=2.11$$

$$L_q=L_s-(1-P_0)=2.11-(1-0.277\ 8)=1.39$$

(3) 求有效到达率。

$$\lambda_e=\mu(1-P_0)=4(1-0.277\ 8)=2.89(\text{人/h})$$

(4) 求一顾客在理发馆内逗留的期望时间。

$$W_s=L_s/\lambda_e=2.11/2.89=0.73(\text{h})=43.8(\text{min})$$

(5) 在可能到来的顾客中有百分之几不等待就离开?

这就是求系统中有7个顾客的概率

$$P_7=\left(\frac{\lambda}{\mu}\right)^7\left(\frac{1-\lambda/\mu}{1-(\lambda/\mu)^8}\right)=\left(\frac{3}{4}\right)^7\left(\frac{1-3/4}{1-(3/4)^8}\right)\approx 3.7\%$$

这也是理发店的损失率。

通过本例可以比较队长为有限和无限的两种情况，结果如表9-6所示。

表 9-6

$\lambda=3$ 人/h $\mu=4$ 人/h	L_s	L_q	W_s	W_q	P_0	可能到来的顾客中有百分之几离开
有限队长 $N=7$	2.11	1.39	0.73	0.48	0.278	3.7%
无限队长	3	2.25	1.0	0.75	0.25	0

9.3.3 顾客源为有限的情形（$M/M/1/\infty/m$）

以最常见的机器因故障停机待修的问题来说明。设共有 m 台机器（顾客总体），机器因故障停机表示“到达”，待修的机器形成队列，修理工人是服务员，本节只讨论单服务员的情形。类似的例子还有 m 个打字员共用一台打字机，m 个会计分析员同用一个计算机终端等等。顾客总体虽只有 m 个，但每个顾客到来并经过服务后，仍回到原来总体，所以仍然可以到来。在机器故障的问题中，同一台机器出了故障（到来）并经修好（服务完了）仍可再出故障（如图 9-13 所示）。模型的符号中第 4 项，写为∞，这表示对系统的容量没有限制，但实际上它永远不会超过 m，所以和写成（$M/M/1/m/m$）的意义相同。

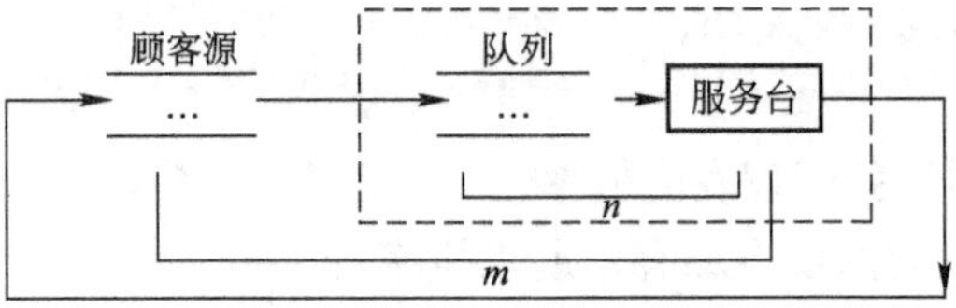

9-13 顾客源为无限的排队系统

平均到达率，在无限源的情形下是按全体顾客来考虑的；在有限源的情形下必须按每个顾客来考虑。为简单起见，设每个顾客的到达率都是相同的 λ（在这里 λ 的含义是每台机器单位运转时间内发生故障的概率或平均次数），在系统外的顾客平均数则为 $m-L_s$，对系统的有效到达率 λ_e，应是对于（$M/M/1/\infty/m$）模型的分析可用前述的方法。在稳态的情况下，考虑状态间的转移率。当由状态 0 转移到状态 1，每台设备由正常状态转移为故障状态，其转移率为 λP_0，现有 m 台设备由无故障状态转移为有一台（不论哪一台）发生故障，其转移率为 $m\lambda P_0$。至于由状态 1 转移到状态 0，其状态转移率为 μP_1。所以在状态 0 时由平衡方程 $m\lambda P_0=\mu P_1$。其关系可用图 9-14 表示，由 9-14 可得到各状态间的转移差分方程。

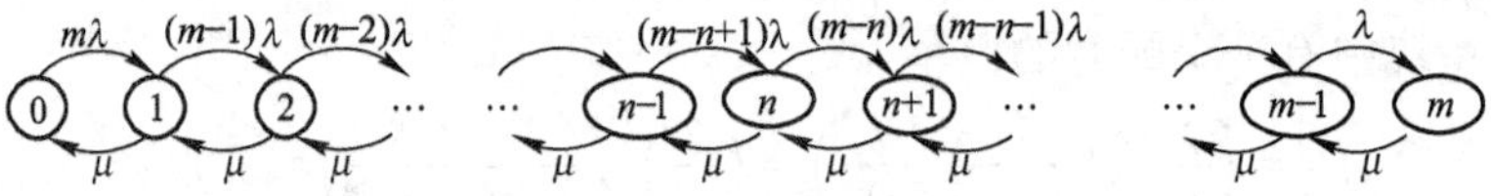

图 9-14 状态转换图

$$\lambda_e=\lambda(m-L_s) \tag{9-26}$$

$$\begin{cases}\mu P_1=m\lambda P_0\\ \mu P_{n+1}+\lambda(m-n+1)P_{n-1}=[(m-n)\lambda+\mu]P_n, \quad 1\leqslant n\leqslant m-1\\ \mu P_m=\lambda P_{m-1}\end{cases}$$

解该差分方程，用递推方法，并注意到

$$\sum_{i=0}^{m}P_i=1 \quad （因而不要求 \lambda/\mu<1）$$

得

$$\left.\begin{aligned} P_0 &= \frac{1}{\sum_{i=0}^{m} \frac{m!}{(m-i)!}\left(\frac{\lambda}{\mu}\right)^i} \\ P_n &= \frac{m!}{(m-n)!}\left(\frac{\lambda}{\mu}\right)^n \cdot P_0 \quad (1 \leqslant n \leqslant m) \end{aligned}\right\} \tag{9-27}$$

求得系统的各项指标为

$$\left.\begin{aligned} L_s &= m - \frac{\mu}{\lambda}(1-P_0) \\ L_q &= L_s - (1-P_0) = m - \frac{(\mu+\lambda)(1-P_0)}{\lambda} \\ W_s &= \frac{m}{\mu(1-P_0)} - \frac{1}{\lambda} = L_s/\mu(1-P_0) \\ W_q &= W_s - 1/\mu = L_q/\mu(1-P_0) \end{aligned}\right\} \tag{9-28}$$

在机器故障问题中 L_s 就是平均故障台数，而

$$m - L_s = \frac{\mu}{\lambda}(1-P_0)$$

表示正常运转的平均台数。

例 9-3 某车间有 5 台机器，每台机器的连续运转时间服从负指数分布，平均连续运转时间 15min，有一个修理工，每次修理时间服从负指数分布，平均每次 12min。

求：①修理工空闲的概率；②5 台机器都出故障的概率；③出故障的平均台数；④等待修理的平均台数；⑤平均停工时间；⑥平均等待修理时间；⑦评价这些结果。

解

$$m=5,\quad \lambda=1/15,\quad \mu=1/12,\quad \lambda/\mu=0.8$$

① $$P_0 = \left[\frac{5!}{5!}(0.8)^0 + \frac{5!}{4!}(0.8)^1 + \frac{5!}{3!}(0.8)^2 + \frac{5!}{2!}(0.8)^3 + \frac{5!}{1!}(0.8)^4 + \frac{5!}{0!}(0.8)^5\right]^{-1}$$
$$=1/136.8=0.0073$$

② $$P_5 = \frac{5!}{0!}(0.8)^5 P_0 = 0.287$$

③ $$L_s = 5 - \frac{1}{0.8}(1-0.0073) = 3.76(\text{台})$$

④ $$L_q = 3.76 - 0.993 = 2.77(\text{台})$$

⑤ $$W_s = \frac{5}{\frac{1}{12}(1-0.007)} - 15 = 46(\text{min})$$

⑥ $$W_q = 46 - 12 = 34(\text{min})$$

⑦ 机器停工时间过长，修理工几乎没有空闲时间，应当提高服务效率减少修理时间或增加修理工人。

9.4　多服务台负指数分布排队系统的分析

现在讨论单队、并列的多服务台（服务台数 c）的情形，分如下 3 种情形：

① 标准的 $M/M/c$ 模型，即（$M/M/c/\infty/\infty$）；

② 系统的容量有限制，即（$M/M/c/N/\infty$）；

③ 有限顾客源，即（$M/M/c/\infty/m$）。

9.4.1　标准的 M/M/c 模型，即（M/M/c/∞/∞）

$M/M/c$ 模型各种的特征的规定与标准的 $M/M/1$ 模型的规定相同。另外规定各服务台工作是相互独立（不搞协作）且平均服务率相同 $\mu_1=\mu_2=\cdots=\mu_c=\mu$，于是整个服务机构的平均服务率为 $c\mu$（当 $n\geqslant c$）、$n\mu$（当 $n<c$）；令 $\rho=\dfrac{\lambda}{c\mu}$，只有 $\dfrac{\lambda}{c\mu}<1$ 时才不会排成无限的队列，称它为这个系统的服务强度或称服务机构的平均利用率（如图 9－15 所示）。

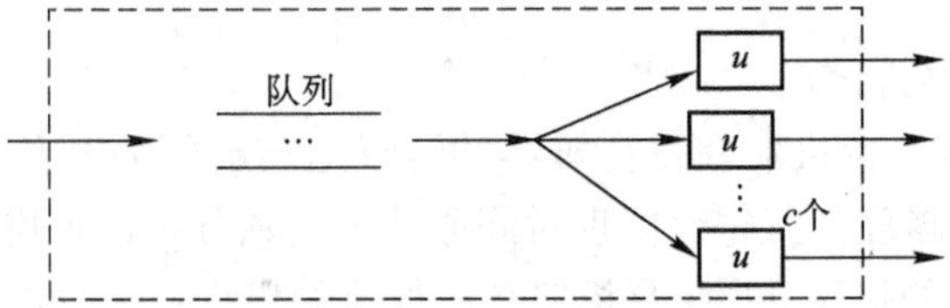

图 9－15　标准的 $M/M/c$ 排队模型

在分析这排队系统时，仍从状态间的转移关系开始，如图 9－16 所示。如状态 1 转移到状态 0，即系统中有一名顾客被服务完了（离去）的转移率为 μP_1。状态 2 转移到状态 1 时，就是在两个服务台上被服务的顾客中有一个被服务完成而离去。因为不限哪一个，那么这时状态的转移率便是 $2\mu P_2$。同理，再考虑状态 n 转移到状态 $n-1$ 的情况。当 $n<c$ 时，状态转移率为 $n\mu P_n$；当 $n\geqslant c$ 时，因为只有 c 个服务台，最多有 c 个顾客在被服务，$n-c$ 个顾客在等候，因此这时状态转移率应为 $c\mu P_n$。

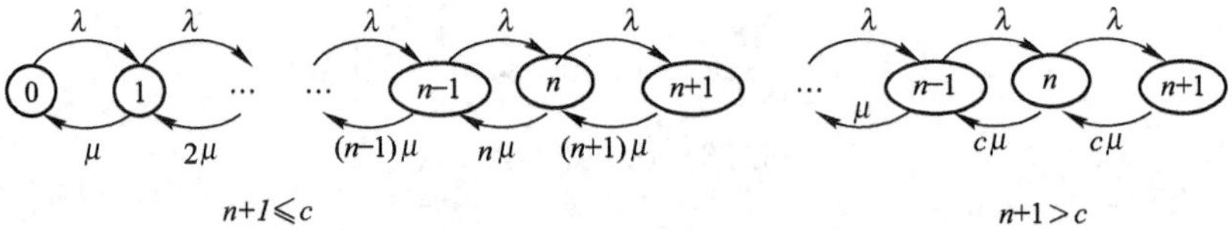

图 9－16　转移状态图

由图 9－16 可得

$$\begin{cases}\mu P_1=\lambda P_0\\(n+1)\mu P_{n+1}+\lambda P_{n-1}=(n\mu+\lambda)\cdot P_n & (1\leqslant n\leqslant c)\\c\mu P_{n+1}+\lambda P_{n-1}=(c\mu+\lambda)\cdot P_n & (n>c)\end{cases}$$

这里 $\sum_{i=0}^{n}P_i=1$，且 $\rho\leqslant 1$。

用递推法解上述方程，可求得状态概率。

$$\left.\begin{aligned}&P_0=\left[\sum_{k=0}^{c-1}\frac{1}{k!}\left(\frac{\lambda}{\mu}\right)^k+\frac{1}{c!}\cdot\frac{1}{1-\rho}\cdot\left(\frac{\lambda}{\mu}\right)^c\right]^{-1}\\&P_n=\begin{cases}\dfrac{1}{n!}\left(\dfrac{\lambda}{\mu}\right)^n\cdot P_0 & (n\leqslant c)\\\dfrac{1}{c!\cdot c^{n-c}}\left(\dfrac{\lambda}{\mu}\right)^n\cdot P_0 & (n>c)\end{cases}\end{aligned}\right\}\tag{9-29}$$

系统的运行指标求得如下：

平均队长

$$\left.\begin{aligned}&L_s=L_q+\frac{\lambda}{\mu}\\&L_q=\sum_{n=c+1}^{\infty}(n-c)P_n=\frac{(c\rho)^c\cdot\rho}{c!(1-\rho)^2}\cdot P_0\end{aligned}\right\}\tag{9-30}$$

$\left(\text{因为}\sum_{n=c+1}^{\infty}(n-c)P_n=\sum_{n'=1}^{\infty}n'P_{n'+c}=\sum_{n'=1}^{\infty}\frac{n'}{c!c^{n'}}(c\rho)^{n'+c}P_v=\text{右边}\right)$

平均等待时间和逗留时间仍由 Little 公式求得

$$W_s=L_s/\lambda,\quad W_q=L_q/\lambda$$

例 9-4 某售票所有 3 个窗口，一个队列形成 $M/M/c$ 系统。顾客到达服从泊松流 $\lambda=0.9$ 人/min，服务时间服从负指数分布，$\mu=0.4$ 人/min，求：①空闲的概率；②平均队长 L_s，L_q；③平均等待时间和逗留时间 W_q，W_s；④顾客到达后必须等待的概率。

解 ①

$$\begin{aligned}P_0&=\left[\sum_{k=0}^{2}\frac{1}{k!}\left(\frac{\lambda}{\mu}\right)^k+\frac{1}{3!}\cdot\frac{1}{1-\rho}\cdot\left(\frac{\lambda}{\mu}\right)^3\right]^{-1}\\&=\left[1+\frac{0.9}{0.4}+\frac{1}{2}\left(\frac{0.9}{0.4}\right)^2+\frac{1}{6}\cdot\frac{1}{1-\dfrac{0.9}{3\times 0.4}}\cdot\left(\frac{0.9}{0.4}\right)^3\right]^{-1}\\&=\left[1+2.25+\frac{2.25^2}{2}+\frac{2.25^3}{6}\cdot\frac{1}{1-\dfrac{2.25}{3}}\right]^{-1}=0.0748\end{aligned}$$

②

$$L_q=\frac{(c\rho)^c\cdot\rho}{c!(1-\rho)^2}\cdot P_0=\frac{\left(3\times\dfrac{2.25}{3}\right)^3\times\dfrac{2.25}{3}}{3!(1-2.25/3)^2}\times 0.0748=1.704$$

$$L_s=L_q+\frac{\lambda}{\mu}=1.704+\frac{0.9}{0.4}=3.954$$

③
$$W_q=L_q/\lambda=1.70/0.9=1.89$$
$$W_s=L_s/\lambda=3.95/0.9=4.39$$

④ 顾客到达后必须等待的概率

$$P\{n\geqslant 3\}=1-(P_0+P_1+P_2)=1-P_0-\frac{\lambda}{\mu}\cdot P_0-\frac{1}{2}\left(\frac{\lambda}{\mu}\right)^2\cdot P_0$$
$$=1-P_1\left(1+2.25+\frac{2.25^2}{2}\right)=1-0.0748\times 5.78=0.57$$

$M/M/c$ 型系统和 c 个 $M/M/1$ 型系统的比较

现就上面的例子说明，如果上题除了排队方式外其他条件不变，但顾客到达后在每个窗口前各排一队，且进入队列后坚持不换，这就形成 3 个队列，而每个队列平均到达率为

$$\lambda_1=\lambda_2=\lambda_3=0.9/3=0.3(\text{人/min})$$

这样，原来的系统就变成 3 个 $M/M/1$ 型的子系统。

现按 $M/M/1$ 型解决这个问题，并与上面比较，结果如表 9－7 所示。

从表中各指标的对比可以看出①（单队）比②（三队）有显著优越性，在安排排队方式时应该注意。

表 9－7

模　型 指　标	(1) $M/M/c$	(2) $M/M/1$
服务台空闲概率 P_0	0.748	0.25（每个子系统）
顾客必须等待概率	$P(n\geqslant 3)=0.57$	$P(n\geqslant 1)=0.75$
平均队长 L_s	3.95	9.00（整个系统）
平均队列长 L_g	1.70	2.25（每个子系统）
平均逗留时间 L_u	4.39 min	10 min
平均等待时间 W_q	1.89 min	7.5 min

9.4.2　系统的容量有限制的情形（$M/M/c/N/\infty$）

设系统的容量最大限制为 $N(\geqslant c)$，当系统中顾客数 n 已达到 N（即队列中的顾客数已达 $N-c$）时，再来的顾客将被拒绝，其他条件与标准的 $M/M/c$ 型相同。

此时系统的状态概率和运行指标如下：

$$p_0=\left[\sum_{k=0}^{c}\frac{(c\rho)^k}{k!}+\frac{c^c}{c!}\cdot\frac{\rho(\rho^c-\rho^N)}{1-\rho}\right]^{-1}\quad \rho\neq 1$$

$$p_n=\begin{cases}\dfrac{(c\rho)n}{n!}\cdot p_0 & (0\leqslant n\leqslant c)\\ \dfrac{c^c}{c!}\rho^n p_0 & (c\leqslant n\leqslant N)\end{cases} \tag{9-31}$$

其中，$\rho=\dfrac{\lambda}{cu}$，但现在已不必对 ρ 加以限制（请讨论 $\rho=1$ 的情况）

$$\left.\begin{aligned}&L_q=\frac{p_0\rho(c\rho)^c}{c!(1-\rho)^2}[1-\rho^{N-c}-(N-c)\rho^{N-c}(1-\rho)]\\&L_s=L_q+c\rho(1-p_N)\\&W_q=L_q/\lambda(1-p_N)\\&W_s=W_q+\frac{1}{u}\end{aligned}\right\} \tag{9-32}$$

特别当 $N=c$（即时制）的情形，例如在街头的停车场就不允许排队等待空位，这时

$$\left.\begin{aligned}&P_0=\left(\sum_{k=0}^{c}\frac{(c\rho)^k}{k!}\right)^{-1}\\&P_n=\frac{(c\rho)^n}{n!}P_0\quad 0\leqslant n\leqslant c\end{aligned}\right\} \tag{9-33}$$

其中，当 $n=c$ 即关于 P_c 的公式，被称为爱尔朗呼唤损失公式，是 A. K. Erlang 早在 1917 年即发现，并广泛应用于电话系统的设计中。

这时的运行指标如下：

$$\left.\begin{aligned}&L_q=0,\quad W_q=0,\quad W_s=\frac{1}{u}\\&L_s=\sum_{n=1}^{c}nP_n=\frac{c\rho\sum\limits_{n=0}^{c-1}\dfrac{(c\rho)^{n-1}}{n!}}{\sum\limits_{n=0}^{c}\dfrac{(c\rho)^n}{n!}}=c\rho(1-p_c)\end{aligned}\right\} \tag{9-34}$$

它又是使用的服务台数（期望值）。

9.4.3 顾客源为有限的情形（$M/M/c/\infty/m$）

设顾客源为有限 m，且 $m>c$，顾客到达率是按每个顾客考虑的。在机器维修模型中就是有 m 台机器，c 个修理工，机器故障率就是每个机器单位运转时间出故障的期望次数，系统中顾客数 n 就是出故障的机器台数。当 $n\leqslant c$ 时，无排队，有 $c-n$ 个修理工空闲；当 $c<n<m$ 时，有 $(n-c)$ 台机器停机等待修理，系统处于繁忙状态。假定：①每个服务台速率均为 μ 的负指数分布；②故障修复时间与正在生产的机器是否发生故障是相互独立的，则有

① $$p_0=\frac{1}{m!}\cdot\left[\sum_{n=0}^{c}\frac{1}{k!(m-k)!}\cdot\left(\frac{c\rho}{m}\right)^k+\frac{c^c}{c!}\sum_{k=c+1}^{m}\frac{1}{(m-k)!}\left(\frac{\rho}{m}\right)^k\right]^{-1}$$

其中 $$\rho=\frac{m\lambda}{cu}$$

$$p_n=\begin{cases}\dfrac{m!}{(m-n)!\,n!}\left(\dfrac{\lambda}{u}\right)^n p_0 & (0\leqslant n\leqslant c)\\ \dfrac{m!}{(m-n)!\,c!\,c^{n-c}}\left(\dfrac{\lambda}{u}\right)^n p_0 & (c+1\leqslant n\leqslant m)\end{cases} \tag{9-35}$$

② 平均顾客数（即平均故障台数）

$$L_s=\sum_{n=1}^{m}np_n,\quad L_q=\sum_{n=c+1}^{m}(n-c)p_n$$

有效的到达率 λ_e 应等于每个顾客的到达率 λ 乘以在系统外（即正常生产的）机器的期望数：$\lambda_e=\lambda(m-L_s)$。

在机器故障问题中，它是每单位时间 m 台机器平均出现故障的次数。

③ 可以证明

$$\left.\begin{aligned}&L_s=L_q+\frac{\lambda_e}{u}=L_q+\frac{\lambda}{u}(m-L_s)\\&W_s=L_s/\lambda_e\\&W_q=L_q/\lambda_e\end{aligned}\right\} \tag{9-36}$$

由于 p_0，p_n 计算公式过于复杂，有专书列成表格可供使用。

例 9-5 设有两个修理工人，负责 5 台机器的正常运行，每台机器平均损坏率为每运转小时 1 次，两工人能以相同的平均修复率 4 次/h 修好机器。求：①等待修理的机器平均数；②需要修理的机器平均数；③有效损坏率；④等待修理时间；⑤停工时间。

解 $m=5$，$\lambda=1(次/h)$，$\mu=4(台/h)$，$c=2$，$c\rho/m=\lambda/\mu=1/4$，

$$P_0=\frac{1}{5!}\left[\frac{1}{5!}\left(\frac{1}{4}\right)^0+\frac{1}{4!}\left(\frac{1}{4}\right)^1+\frac{1}{2!\ 3!}\left(\frac{1}{4}\right)^2+\frac{2^2}{2!}\frac{1}{2!}\left(\frac{1}{8}\right)^3+\left(\frac{1}{8}\right)^4+\left(\frac{1}{8}\right)^5\right]^{-1}=0.314\,9$$

$P_1=0.394$，$P_2=0.197$，$P_3=0.074$，$P_4=0.018$，$P_5=0.002$

① $$L_q=P_3+2P_4+P_5=0.118$$

② $$L_s=\sum_{n=1}^{m}nP_n=L_q+c-2P_0-P_1=1.094$$

③ $$\lambda_e=1\times(5-1.094)=3.906$$

④ $$W_q=0.118/3.906=0.03(h)$$

⑤ $$W_s=1.094/3.906=0.28(h)$$

9.5 一般服务时间 $M/G/1$ 模型

前面研究了普阿松输入和负指数的服务时间的模型。下面讨论服务时间是任意分布的情

形。对任何情形下面关系都是正确的。

E[系统中顾客数]$=E$[队列中顾客数]$+E$[服务机构中顾客数]

E[在系统中逗留时间]$=E$[排队等候时间]$+E$[服务时间]

其中 $E[\cdot]$ 表示求期望值，用符号表示即

$$\left.\begin{aligned} L_s &= L_q + L_{se} \\ W_s &= W_q + E[T] \end{aligned}\right\} \tag{9-37}$$

T 表示服务时间（随机变量），当 T 服从负指数分布时，$E[T]=1/\mu$，我们讨论过了。又式（9－22）中的关系式：

$$L_s=\lambda W_s, \quad L_q=\lambda W_q$$

也是常被利用的。所以上面的七个数中只要知道三个就可以求出其余的，不过在有限源和队长有限制的情形下，λ 要换成有效到达率 λ_e。

9.5.1 Pollaczek-Khintchine（P-K）公式

对于 $M/G/1$ 模型，服务时间 T 的分布是一般的，（但要求期望值 $E[T]$ 和方差 $V[T]$ 都存在），其他条件和标准的 $M/M/1$ 模型相同。为了达到稳态，$\rho<1$ 这一条件还是必要的，其中 $\rho=\lambda E[T]$。

在上述条件下，则有

$$L_s=\rho+\frac{\rho^2+\lambda^2 V[T]}{2(1-\rho)} \tag{9-38}$$

这就是 Pollaczek-Khintchine（P-K）公式。只要知道 λ，$E[T]$ 和 $V[T]$，不管 T 是什么具体分布，就可求出 L_s，然后通过式（9－37）、（9－22）可求出 L_q，W_q 和 W_s。

例 9－6 某售票口，顾客平均 2.5min 到达一个，服从负指数分布，顾客在售票口前至少要占用 1min，且服务时间服从以下概率密度分布。

$$f_y=\begin{cases} e^{-y+1} & y\geqslant 1 \\ 0 & y<1 \end{cases}$$

求 W_s，W_q。

解 因为 $\lambda=1/2.5=0.4$(人/min)

令 y 为服务时间，那么 $y=1+x$，则 x 是服从均值为 1 的负指数分布。

所以 $E[y]=E[1+x]=2$， $V[y]=V[1+x]=V[x]=1$

根据 P-K 公式，得：

$$L_s=\rho+\frac{\rho^2+\lambda^2 V[T]}{2(1-\rho)}$$

$$\rho=\lambda\cdot E[y]=0.4\times 2=0.8$$

$$L_s=0.8+\frac{0.8^2+0.4^2\times 1}{2\times 0.2}=2.8(\text{人})$$

$$L_q=L_s-\rho=2.8-0.8=2(\text{人})$$
$$W_s=L_s/\lambda=2.8/0.4=7(\text{min})$$
$$W_q=L_q/\lambda=2/0.4=5(\text{min})$$

9.5.2 定长服务时间 M/D/1 模型

服务时间是确定的常数，例如，在一条装配线上完成一件工作的时间是常数。自动的汽车冲洗台，冲洗一辆汽车的时间也是常数，这时

$$T=1/\mu,\quad V[T]=0$$
$$L_s=\rho+\frac{\rho^2}{2(1-\rho)} \tag{9-39}$$

例 9-7 某实验室有一台自动检验机器性能的仪器，要求检机器的顾客按普阿松分布到达，每小时平均 4 个顾客，检验每台机器所需时间为 6min。

① 在检验室内机器台数 L_s（期望值，下同）；

② 等候检验的机器台数 L_q；

③ 每台机器在室内消耗时间 W_s；

④ 每台机器平均等待检验的时间 W_q。

解 $\lambda=4,\quad E[T]=1/10(\text{h}),\quad \rho=4/10,\quad V[T]=0$

$$L_s=0.4+\frac{(0.4)^2}{2(1-0.4)}=0.533(\text{台})$$
$$L_q=0.533-0.4=0.133(\text{台})$$
$$W_s=\frac{0.533}{4}=0.133(\text{h})=8(\text{min})$$
$$W_q=\frac{0.133}{4}=0.033(\text{h})=2(\text{min})$$

可以证明，在一般服务时间分布的 L_q和 W_q中以定长服务时间的为最小，这符合我们通俗的理解——服务时间越有规律，等候的时间就越短。

9.5.3 爱尔朗服务时间 $M/E_k/1$ 模型

如果顾客必须经过 k 个服务站，在每个服务站的服务时间 T_i 相互独立，并服从相同的负指数分布（参数为 $k\mu$），那么 $T=\sum_{i=1}^{k}T_i$ 服从 k 阶爱尔朗分布，如图 9-17 所示。

$$E[T_i]=\frac{1}{k\mu},\quad V[T_i]=\frac{1}{k^2\mu^2}$$
$$E[T]=\frac{1}{\mu},\quad V[T]=\frac{1}{k\mu^2}$$

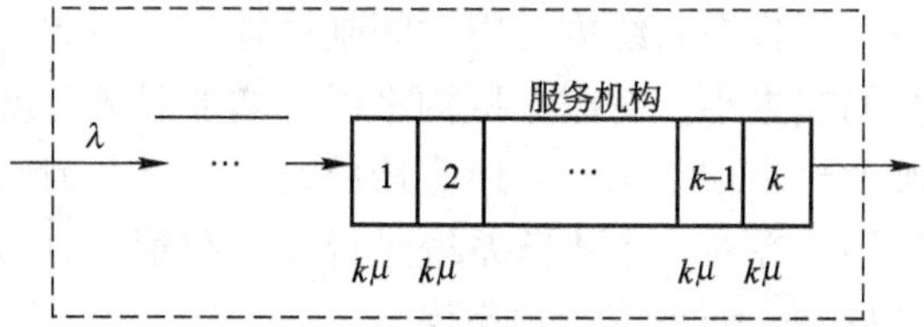

图 9-17 爱尔朗服务时间 $M/E_k/1$ 模型

对于 $M/E_k/1$ 模型（除服务时间外，其他条件与标准的 $M/M/1$ 模型相同）

$$L_s=\rho+\frac{\rho^2+\lambda^2\frac{1}{k\mu^2}}{2(1-\rho)}=\rho+\frac{(k+1)\rho^2}{2k(1-\rho)}$$

$$L_q=L_s-\rho=\frac{(k+1)\rho^2}{2k(1-\rho)} \tag{9-40}$$

$$W_s=L_s/\lambda,\quad W_q=L_q/\lambda$$

例 9-8 某单人裁缝店做西服，每套需经过 4 个不同的工序，4 个工序完成后才开始做另一套。每一工序的时间服从普阿松分布，期望值为 2h。顾客到达服从普阿松分布，平均订货率为 5.5 套/周（设一周为 6 天，每天 8h）。问一顾客为等到做好一套西服的期望时间为多长？

解 顾客到达 $\lambda=5.5$(套/周)，设 μ 为平均服务率（单位时间做完的套数），$1/\mu$ 为平均每套所需要的时间，$1/4\mu$ 为平均每工序所需要的时间。

由题设 $1/4\mu=2$(h)，$\mu=1/8$(套/h)$=6$(套/周)，$\rho=5.5/6$

设 T_i 为做完第 i 个工序所需时间，T 为做完一套西服所需时间。

$$E[T_i]=\frac{1}{k\mu},\quad V[T_i]=\frac{1}{k^2\mu^2}=\left(\frac{1}{4\times 6}\right)^2$$

$$E[T]=8(\text{小时}),\quad V[T]=\frac{1}{4\times 6^2},\quad \rho=\frac{5.5}{6}$$

$$L_s=\frac{5.5}{6}+\frac{\left(\frac{5.5}{6}\right)^2+(5.5)^2\frac{1}{4\times 6^2}}{2\left(1-\frac{5.5}{6}\right)}=7.218\,8$$

顾客为等到做好一套西服的期望时间

$$W_s=L_s/\lambda=7.218\,8/5.5=1.3(\text{周})$$

9.6 经济分析——系统的最优化

9.6.1 排队系统的最优化问题

任何排队系统都是由两方面组成，即顾客和服务机构。对顾客来说，总是希望能够进入服务系统并立刻得到服务，而且在系统中逗留时间越短越好。因此希望服务台越多越好，这样顾客花费的时间少遭受的损失小。对服务机构来说，增加服务台就得增加投资，提高服务效率也会增加开支，当服务台出现空闲时，还会造成设备浪费，因此增加服务台提高服务效率也是有条件的。由此可知，在对一个排队系统进行设计和管理时，必须兼顾顾客和服务机构双方的利益，确定合理指标，使系统达到最优。

对于排队系统，主要的研究内容就是优化问题，即系统设计和系统控制优化。前者从排队论一诞生起就成为人们研究的内容，目的在于使设备达到最大效益，或者说，在一定的质量指标下要求机构最为经济，称为系统设计最优化。后者是指一个给定的系统，如何运营可使某个目标函数得到最优，称为系统控制最优化。该问题是多年来的研究重点之一。因学习后一问题涉及更多的数学知识，本节我们只讨论系统设计最优化问题。

系统设计最优化，既可以从服务机构一方考虑，也可以从顾客、服务机构双方综合考虑；优化指标可以是时间也可以是费用。如果从费用考虑，要求顾客逗留损失费与服务机构的支出费用之和达到最小为优，这可以转化为选择恰当的服务水平，既最优服务水平。顾客逗留费用是服务水平的减函数，服务费用是服务水平的增函数。总费用等于服务费用和顾客逗留费用之和，当最小费用存在时，它对应的服务水平即为最优服务水平，如图 9-18 所示。

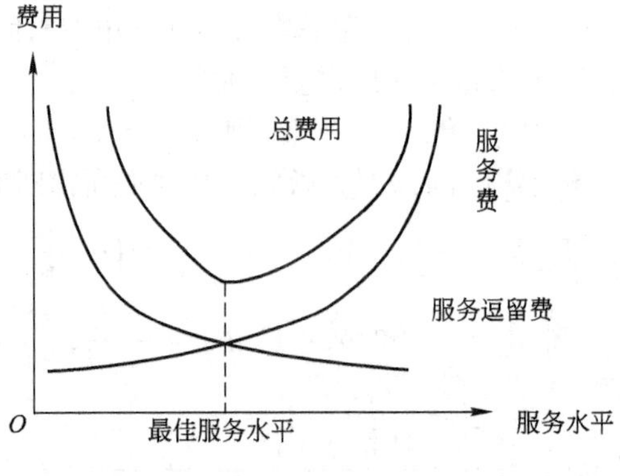

图 9-18　服务费、服务逗留费、总费用与服务水平关系图

如果从服务机构一方考虑，例如一个损失制服务系统，服务一个顾客，服务机构达到一定收入，服务率越高，损失的顾客越少，则收入越多；另一方面，服务效率越高，支出越大，因此需要寻找最优服务率，使服务机构纯收入达到最大。

进行优化求解时，对于离散型变量采用边际分析法，对于连续型变量采用经典的微分法。

9.6.2　$M/M/1$ 模型中最优服务率 μ

(1) 标准的 $M/M/1$ 模型

取目标函数 z 为单位时间服务成本与顾客在系统逗留费用之和的期望值。其中 C_s 为当 $\mu=1$ 时服务机构单位时间的费用，C_w 为每个顾客在系统停留单位时间的费用。

$$\begin{aligned} z &= C_s \cdot \mu + C_w \cdot L_s \\ &= C_s \cdot \mu + C_w \cdot \frac{\lambda}{\mu-\lambda} \end{aligned}$$

为了求极小，先求$\frac{dz}{d\mu}$，然后令它为 0，

$$\frac{dz}{d\mu}=C_s+C_w \cdot \lambda \cdot \frac{-1}{(\mu-\lambda)^2}=0$$

$$\frac{1}{(\mu-\lambda)^2}=\frac{C_s}{C_w \cdot \lambda}, \quad (\mu-\lambda)^2=\frac{C_w \lambda}{C_s}$$

$$u^*=\lambda+\sqrt{\frac{C_w \cdot \lambda}{C_s}}$$

根号前取＋号，是因为保证 $\rho<1$，$u>\lambda$ 的缘故。

(2) 系统中顾客最大限制数为 N 的情形

在这种情形下，系统中如已有 N 个顾客，则后来的顾客即被拒绝，于是

P_N——被拒绝的概率；

$1-P_N$——能接受服务的概率；

$\lambda(1-P_N)$ ——单位时间实际进入服务机构顾客的平均数。在稳定状态下，它也等于单位时间内实际服务完成的平均顾客数。

设每服务 1 人能收入 G 元，于是单位时间收入的期望值是 $\lambda(1-P_N)G$ 元。

纯利润

$$\begin{aligned} z &= \lambda(1-P_N) \cdot G - C_s \cdot \mu \\ &= \lambda\left(1-\rho^N \frac{1-\rho}{1-\rho^{N+1}}\right) \cdot G - C_s \cdot \mu \\ &= \lambda\left(\frac{1-\rho^N}{1-\rho^{N+1}}\right) \cdot G - C_s \cdot \mu \\ &= \lambda\left(\frac{1-\frac{\lambda^N}{\mu^N}}{1-\frac{\lambda^{N+1}}{\mu^{N+1}}}\right) \cdot G - C_s \cdot \mu \\ &= \lambda \cdot \frac{\mu^N-\lambda^N}{\mu^N} \cdot \frac{\mu^{N+1}}{\mu^{N+1}-\lambda^{N+1}} \cdot G - C_s \cdot \mu \\ &= \lambda \cdot \mu \cdot \frac{\mu^N-\lambda^N}{\mu^{N+1}-\lambda^{N+1}} \cdot G - C_s \cdot \mu \end{aligned}$$

求$\frac{dz}{d\mu}$

$$\frac{dz}{d\mu}=\lambda \cdot G\left(\frac{\mu^N-\lambda^N}{\mu^{N+1}-\lambda^{N+1}}+\frac{N \cdot \mu^N}{\mu^{N+1}-\lambda^{N+1}}-\frac{\mu \cdot (N+1) \cdot \mu^N \cdot (\mu^N-\lambda^N)}{(\mu^{N+1}-\lambda^{N+1})^2}\right)-C_s$$

$$=\lambda \cdot G\frac{(u^N-\lambda^N) \cdot (u^{N+1}-\lambda^{N+1})+N \cdot u^N(u^{N+1}-\lambda^{N+1})-u(N+1) \cdot u^N \cdot (u^N-\lambda^N)}{(u^{N+1}-\lambda^{N+1})^2}-C_s$$

令$\frac{dz}{d\mu}=0$，得

$$\rho^{N+1} \cdot \frac{N-(N+1)\rho+\rho^{N+1}}{(1-\rho^{N+1})^2}=\frac{C_s}{G}$$

最优解μ^*应合于上式。上式中c_s、G、λ、N都是给定的，但要由上式中解出μ^*是很困难的。通常是通过数值计算来求μ^*的，或将上式左方（对一定的N）作为ρ的函数作出图形（图 9－19），对于给定的G/c_s，根据图形可求出μ^*/λ。

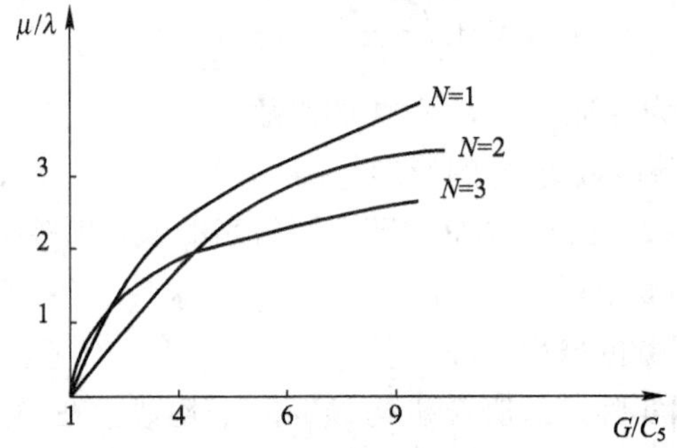

图 9－19　ρ函数图形 1

(3) 顾客源为有限的情形

仍按机械故障问题来考虑。设共有机器m台，各台连续运转时间服从负指数分布。有 1 个修理工人，修理时间服从负指数分布。当服务率$\mu=1$时的修理费用c_s，单位时间每台机器运转可得收入G元。平均运转台数为$m-L_s$，所以单位时间纯利润为

$$z=(m-L_s)G-c_s\mu$$

$$z=\frac{mG}{\rho} \cdot \frac{E_{m-1}\left(\frac{m}{\rho}\right)}{E_m\left(\frac{m}{\rho}\right)}-c_s\mu$$

式中的$E_m(x)=\sum_{k=0}^{m}\frac{x^k}{k!}e^{-x}$称为普阿松部分和，$\rho=\frac{m\lambda}{\mu}$，而

$$\frac{d}{dx}E_m(x)=E_{m-1}(x)-E_m(x)$$

为了求最优服务率μ^*，求$\frac{dz}{d\mu}$，并令$\frac{dz}{d\mu}=0$，得

$$\frac{E_{m-1}\left(\frac{m}{\rho}\right)E_m\left(\frac{m}{\rho}\right)+\frac{m}{\rho}\left[E_m\left(\frac{m}{\rho}\right)E_{m-2}\left(\frac{m}{\rho}\right)-E_{m-1}^2\left(\frac{m}{\rho}\right)\right]}{E_m^2\left(\frac{m}{\rho}\right)}=\frac{c_s\lambda}{G}$$

当给定 m、G、c_s、λ，要由上式解出 μ^* 是很困难的，通常是利用普阿松分布表通过数值计算来求得，或将上式左方（对一定的 m）作为 ρ 的函数作出图形（如图 9-20 所示），对于给定的$\frac{c_s\lambda}{G}$根据图形可求出 μ^*/λ。

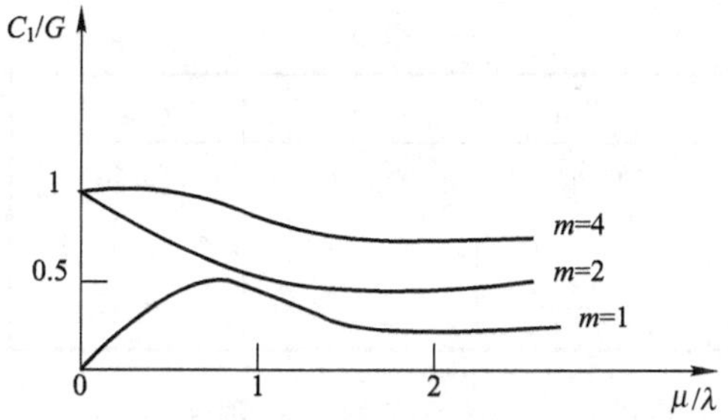

图 9-20 ρ 函数图形 2

9.6.3 *M/M/c* 模型中最优的服务台数 *c*

仅讨论标准的 $M/M/c$ 模型，且在稳态情形下，这时单位时间全部费用（服务成本于等待费用之和）的期望值

$$z=c_s'\cdot c+c_w\cdot L \tag{9-41}$$

其中，c 是服务台数，c_s'是每服务台单位时间的成本，c_w为每个顾客在系统停留单位时间的费用，L 是系统中顾客平均数 L_s 或队列中等待的顾客平均数 L_q（它们都随 c 值的不同而不同）。因为 c_s'和 c_w都是给定的，唯一可能变动的是服务台数 c，所以 z 是 c 的函数 $z(c)$，现在是求最优解 c^* 使 $z(c^*)$ 为最小。

因为 c 只取整数值，$z(c)$ 不是连续变量的函数，所以不能用经典的微分法。我们采用边际分析法（Marginal Analysis），根据 $z(c^*)$ 是最小的特点，有

$$\begin{cases}z(c^*)\leqslant z(c^*+1)\\ z(c^*)\leqslant z(c^*-1)\end{cases}$$

将（9-41）式中 z 代入，得

$$\begin{cases}c_s'c^*+c_w L(c^*)\leqslant c_s'(c^*-1)+c_w L(c^*-1)\\ c_s'c^*+c_w L(c^*)\leqslant c_s'(c^*+1)+c_w L(c^*+1)\end{cases}$$

上式化简后，得

$$L(c^*)-L(c^*+1)\leqslant c_s'/c_w\leqslant L(c^*-1)-L(c^*) \tag{9-42}$$

依次求 $c=1, 2, 3, \cdots$时 L 的值，并作两相邻的 L 值之差，因 c_s'/c_w是已知数，根据这个数落在哪个不等式的区间里就可定出 c^*。

例 9－9 某检验中心，为各用户检验产品，用户每天到达按泊松流 $\lambda=48$ 个/天，每个用户每天停工损失 6 元，服务时间服从负指数分布 $\mu=25$ 个/天，每设 1 个检验台每天服务成本 4 元，其他条件为标准 $M/M/c$ 模型，问设几个服务台费用最少？

解 $c_s'=4$，$c_w=6\lambda=48$，$\mu=25$，下面再分别计算当服务台 $c=1, 2, 3, \cdots$时 L_s 的值。计算过程如表 9－8 所示。

表 9－8

c	1	2	3	4	5	…
$\lambda/c\mu$	1.92	0.96	0.64	0.48	0.38	…
$W_q \cdot \mu$	—	10.255 0	0.396 1	0.077 2	0.017 0	…
L_s	∞	21.610	2.680	2.068	1.952	…

计算 $L(c^*)-L(c^*+1)$ 及 $L(c^*-1)-L(c^*)$ 得表 9－9。

表 9－9

c	$L(c^*)-L(c^*+1)$	$L(c^*-1)-L(c^*)$
$c=1$	∞	—
$c=2$	18.930	∞
$c=3$	0.612	18.930
$c=4$	0.116	0.612

$c_s'/c_w=4/6=2/3=0.667$

$0.612\leqslant c_s'/c_w\leqslant 18.930$

$c^*=3$ 即为所求。

习 题

1. 某修理店只有一个修理工人，来修理的顾客到达次数服从普阿松分布，平均每小时 4 人，修理时间服从负指数分布，平均需 6min。求

① 修理店空闲时间概率；

② 店内有 3 个顾客的概率；

③ 店内至少有一个顾客的概率；

④ 在店内顾客平均数；

⑤ 在店内平均逗留时间；

⑥ 等待服务的顾客平均数；

⑦ 平均等待修理（服务）时间；

⑧ 必须在店内消耗 15min 以上的概率。

2. 在某单人理发店顾客到达为普阿松流，平均到达间隔为 20min，理发时间服从负指数分布，平均时间为 15min。求

① 顾客来理发不必等待的概率；

② 理发店内顾客平均数；

③ 顾客在理发馆内平均逗留时间；

④ 若顾客在店内平均逗留时间超过 1.25h，则店主将考虑增加设备及理发员，问平均到达率提高多少时才做这样考虑呢？

3. 在例 9-1 中，①试求系统中（包括手术室和候诊室）有 0、1、2、3、4、5 个病人的概率。②设 λ 不变而 μ 是可控制的，证明：若医院管理人员认为使病人在医院平均耗费时间超过 2h 是不允许的，那么必须平均服务率 μ 达到 2.6（人/h）以上。

4. 设 n_s 表示系统中顾客数，n_q 表示队列中等待的顾客数，在单服务台系统中，我们有

$$n_s=n_q+1(n_s,\ n_q>0)$$

试证明他们的期望值

$$L_s\neq L_q+1$$

而是

$$L_s=L_q+\rho$$

根据这关系式给 ρ 以直观解释。

5. 某工厂为职工设立了昼夜 24h 都能看病的医疗室（按单服务台处理）。病人到达的平均间隔时间为 15min，平均看病时间为 12min，因工人看病每小时给工厂造成损失为 30 元。

① 试求工厂每天损失期望值；

② 问平均服务率提高多少，方可使上述损失减少一半？

6. 对于 $M/M/1/N/\infty$ 模型，在先到先服务情况下，试证：顾客排队等待时间分布概率密度是

$$f(w_q)=\lambda(1-\rho)\mathrm{e}^{-(\mu-\lambda)w_q}\quad w_q>0$$

并根据此式求等待时间的期望值 W_q

7. 在 $M/M/1/N/\infty$ 模型中，如 $\rho=1(\lambda=\mu)$，试证：(9-24) 式应为

$$P_0=P_1=\cdots=\frac{1}{N+1}$$

于是

$$L_s=N/2$$

8. 对于 $M/M/1/N/\infty$ 模型，试证：

$$\lambda(1-P_n)=\mu(1-P_0)$$

并对上式给予直观的解释。

9. 在第 1 题中如店内已有 3 个顾客，那么后来的顾客即不再排队，其他条件不变。试求：

① 店内空闲的概率；

② 各运行指标 L_s，L_q，W_s，W_q。

10. 在第 2 题中，若顾客平均到达率增加到每小时 12 人，仍为普阿松流，服务时间不变，这时增加了一个工人。

① 根据 λ/μ 的值说明增加工人的原因。

② 增加工人后求店内空闲概率；店内有 2 个或更多顾客（即工人繁忙）的概率。

③ 求 L_s，L_q，W_s，W_q。

11. 有 $M/M/1/5/\infty$ 模型，平均服务率 $\mu=10$，就两种到达率 $\lambda=6$，$\lambda=15$(min) 已计算出相应的概率 P_n，如表 9－10 所示。试就这两种情况计算：

① 有效到达率和服务台的服务强度；

② 系统中平均顾客数；

③ 系统的满员率。

服务台应从哪些方面改进工作？理由是什么？

表 9－10

系统中顾客数 n	$(\lambda=6)P_n$	$(\lambda=15)P_n$
0	0.42	0.05
1	0.25	0.07
2	0.15	0.11
3	0.09	0.16
4	0.05	0.24
5	0.04	0.37

12. 对于 $M/M/1/m/n$ 模型，试证：

$$L_s=m-\frac{\mu(1-P_n)}{\lambda}$$

并给予直观的解释。

13. 某工地为了研究发放位置应设置几个窗口，对于请领和发放工具分别做了调查记录：

① 以 10min 为一段，记录了 100 段时间内每段到来的请领工具的工人数，如表 9－11 所示；

② 记录了 1 000 次发放工具（服务）所用时间（s）如表 9－12 所示。

表 9 - 11

每 10min 内领工具人数	次数	每 10min 内领工具人数	次数
5	1	16	13
6	0	17	10
7	1	18	9
8	1	19	7
9	1	20	4
10	2	21	3
11	4	22	3
12	6	23	1
13	9	24	1
14	11	25	1
15	12		

表 9 - 12

发放时间/s	次数	发放时间/s	次数
15	200	165	16
30	175	180	12
45	140	195	10
60	104	210	7
75	78	225	9
90	69	240	9
105	51	255	3
120	47	270	1
135	38	285	1
150	30		

试求：

① 平均到达率和平均服务率（单位：min）。

② 利用统计学的方法证明：假设到来的数是服从参数 $\lambda=1.6$ 的普阿松分布，服务时间服从参数 $\mu=0.9$ 的负指数分布，这是可以接受的。

③ 这时只设一个服务员是不行的，为什么？试分别就服务员数 $c=1, 2, 3, 4$ 各种情况计算等待时间 W_q。

④ 设请领工具的工人等待费用的损失为每小时 6 元，发放工具的服务员空闲费用损失为每小时 3 元，每天按 8h 计算，问设几个服务员使总费用损失为最小？

14. 对于 $M/M/c/\infty/\infty$ 模型，μ 是每个服务台的平均服务率，试证：

① $L_s - L_q = \lambda/\mu$

② $\lambda=\mu\left[c-\sum_{n=0}^{c}(c-n)P_n\right]$

并给予直观的解释。

15. 车间内有 m 台机器，有 c 个修理工（$m>c$）。每台机器发生故障率为 λ，符合 $M/M/c/m/m$ 模型，试证：

$$\frac{W_s}{\left(\frac{1}{\lambda}\right)+W_s}=\frac{L_s}{m}$$

并说明上式左右两端的概率意义。

16. 在例 9 - 6 中如售票处使用自动售票机，顾客在窗口前的服务时间将减少 20%。这时认为服务时间分布的概率密度是

$$f(z)=\begin{cases}1.25e^{-1.25z+1} & z\geqslant 0.8\\ 0 & z<0.8\end{cases}$$

求顾客的逗留时间和等待时间。

17. 在第 1 题中，如服务时间服从正态分布，数学期望仍是 6min，方差 $\sigma^2=1/8$，求店内顾客数的期望值。

18. 一个办事员核对登记的申请书时，必须一次检查 8 张表格，核对每份申请书需 1min。顾客到达率为每小时 6 人，服务时间和到达间隔均为负指数分布，求

① 办事员空闲的概率；

② 求 L_s，L_q，W_s，W_q。

19. 对于单服务台情形，试证：

① 定长服务时间 $L_q^{(1)}$ 是负指数服务时间 $L_q^{(2)}$ 的一半；

② 定长服务时间 $W_q^{(1)}$ 是负指数服务时间 $W_q^{(2)}$ 的一半。

第 10 章　存　储　论

存储论（Storage Theory）是研究存储系统的性质、运行规律及最优运营的一门学科，它是运筹学的一个分支。存储论又称库存理论、存储理论，早在 1915 年，哈里斯（F. Harris）针对银行货币的储备问题进行了详细的研究，建立了一个确定性的存储费用模型，并求得了最优解，即最佳批量公式。1934 年威尔逊（R. H. Wilson）重新得出了这个公式，后来人们称这个公式为经济订购批量公式（EQQ 公式）。20 世纪 50 年代以后，存储论成为运筹学的一个独立分支。

存储论及其应用是现代化管理的重要内容之一。在国外，不仅在存储、采购和订货等典型的存储问题中应用存储控制的思想和方法，而且存储论的应用已经推广到更广泛的领域。根据 1974 年美国对一些企业不完全统计，运用存储理论的企业已达 90.7%。近年来，我国的一些工业企业也根据经济的发展，将各种库存控制的方法应用到企业的物资存储工作中。其中有的企业已经建立了包括存储管理在内的物资管理信息系统。我国企业的存储管理水平正在不断地提高。

本章主要介绍存储论基本概念、常用的模型和方法。

10.1　存储论概述

10.1.1　问题的提出

人们在日常生活和生产活动中往往将所需的物资、用品和事物暂时贮存起来，以备将来使用和消费。这种存储物品的现象是为了解决供应（生产）与需求（消费）之间不协调的一种措施，不协调一般表现为供应量与需求量和供应时期与需求时期的不一致性，出现供不应求或供过于求。人们在供应和需求这两个环节之间加入存储环节，就能起到环节供应与需求之间的不协调的作用。例如，蓄水问题和原料存储问题。

水电站在雨季到来之前，水库应蓄水多少？这个问题就存在一个矛盾。就发电需要来说，当然蓄水以多为好；就安全来说，如果雨季降雨量大，则必须考虑先放掉一些水，使水库存水量减少，否则洪水到来时，水库水位猛涨，溢洪道排泄不及时，可能会使水坝坍塌，除水电站被破坏外，还会给下游造成巨大的损失。假如只考虑安全，可提前把水库存水量放空，但当雨季降水量小时，就会造成水库存水量不足，使发电量减少。

工厂生产需要原料，如果没有存储一定数量的原料，就会发生停工待料现象；原料存储过多除积压资金外，还要支付一笔存储保管费用。

存储在各行各业大大小小的系统运行过程中，都是一个不可或缺的重要环节。尤其是随着物流管理研究的兴起，存储管理扮演着越来越重要的角色。一个系统若无存储物，会降低系统的效率，但是存储物品过多，不仅影响资金周转率，从而降低经济效益，而且存储活动本身也需耗费人、财、物力，因而会提高存储费用。因此，如何最合理、经济地解决好存储问题是企业经济管理中的大问题。存储论为我们解决这个问题提供了方法。

存储论主要解决存储策略问题，即以下两个问题：

① 当补充存储时，每次补充的量是多少?

② 应该间隔多长时间补充存储物资?

10.1.2 基本概念

1. *存储系统*

存储论的对象，是一个由补充、存储、需求三个环节紧密构成的现实运行系统，并且以存储为中心环节，故称为存储系统，其一般结构如图 10-1 所示。由于生产或销售等的需求，从存储点（仓库）取出一定数量的库存货物，这就是存储的输出；对存储点货物的补充，这就是存储的输入。任一存储系统都是由存储、补充、需求三个部分组成。

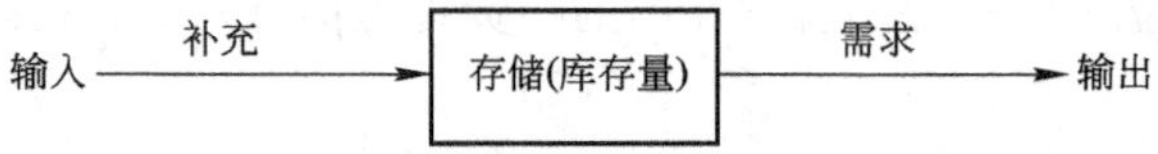

图 10-1 存储系统示意图

1）存储

存储的某种货物简称为存储，它随时间的推移所发生的盘点数量的变化，称为存储状态。存储状态随需求过程而减少，随补充过程而增大。

2）需求

供给需求是存储系统的输出，即从存储系统中取出一定数量的物资以满足生产或消费的需要，存储量因满足需求而减少。需求是客观存在的，它不受存储系统的控制。存储管理部门必须设法了解或预测所需物资的需求时间和数量上的规律性。需求可以有不同的形式：①离散的或连续的，如商业存储系统中，顾客对时令商品的需求量是离散变量，对日用品的需求量是连续变量；②均匀的（线性的）或不均匀的（非线性的），如工厂自动流水线对原料的需求是均匀的，而一个城市对电力的需求则是不均匀的；③确定性的或随机的，如生产活动中对原材料的需求一般是确定性的，而销售活动中对商品的需求则往往是随机的。对于随机需求，通过大量观察试验，其统计规律性也是可以认识的。因而无论需求形式如何，存储系统的输出特性还是可以明确的。

3）补充

存储由于需求而不断减少，必须加以补充。补充就是存储系统的输入，有内部生产和外部订购（采购）两种方式。存储系统对于补充订货时间及每次订货的数量是可以控制的。

订购货物中的主要问题是：①什么时间订货？②一次订购多少？通常，从订货到交货之间有一段滞后时间，称为拖后时间。为使存储在某一时刻获得补充，就必须提前一段时间订货，这段时间称为提前时间（订货提前期或备用期），它可能是确定性的或随机的。

4）费用

衡量一个存储策略优劣的常用数量指标就是存储系统的运营费用（Operating Costs）。它包括进货费用、存储费用、缺货费用这三项费用，现分述如下。

（1）进货费用（订购费用）

补充存储而发生的费用，称为进货费用 C_o，其一般形式为

$$C_o=\begin{cases}a+cQ & Q>0\\0 & Q=0\end{cases} \tag{10-1}$$

式（10-1）中，a 为每次进货的固定费用，与进货批量 Q 的大小无关；c 为单位变动费用，而 cQ 则是变动费用，它与进货批量 Q 有关。

进货费用又分为内部生产与外部订购两种费用。

① 生产费用。生产货物所发生的费用。此处：a——每批次的装配费用（或准备、结束费用），如更换生产线上的器械，添置专用设备等的费用，与生产批量 Q 无关。c——单位产品的生产费用，即单位产品所消耗的原材料、能源、人工、包装等费用之和。而 cQ 就是一批产品的变动生产费用，与生产批量 Q 有关。

② 订购费用。订货与购货而发生的费用。订购费用是指为补充库存，办理一次订货所发生的有关费用，包括：a——每次订货费用（Ordering Costs），如手续费、电信费、外出采购的差旅费、最低起运费、检查验收费等。订购费只与订购次数有关，而与订货批量 Q 无关。c——单位货物的购置费用，如货物本身的购价、单位运费等。而 cQ 就是一批货物的购置费用，与订货批量 Q 有关。

（2）存储费用

它又称为持货费用、保管费用，即因持有这些货物而发生的费用。包括仓库使用费、管理费，货物维护费、保险费、税金，积压资金所造成的损失（利息、占用资金等），存货陈旧、变质、损耗、降价等所造成的损失，等等。记：C_h——存储费用，与单位时间的存储量有关。h——单位时间内单位货物的存储费用。

$$C_h=hQ \tag{10-2}$$

（3）缺货损失费用

它是指因存储供不应求时所引起的损失。如停工待料所造成的生产损失，失去销售机会而造成的机会损失（少得的收益），延期付货所交付的罚金，以及商业信誉降低所造成的无形损失，等等。记：C_s——缺货费用，与单位时间的缺货量有关。l——单位时间内减少单位货物所造成的损失费。

$$C_s=lQ \tag{10-3}$$

运营费用即为上述3项费用之和，故又称为总费用，记为 C_r，则

$$C_r = C_o + C_h + C_s \tag{10-4}$$

又记：f=单位时间的平均（或期望）运营费用。

$$f = C_r / t = (C_o + C_h + C_s)/t \tag{10-5}$$

能使运营费用 f 达到极小的进货批量称为经济批量（Economic Lot Size），记为 Q^* 。对集中确定性存储系统，已经导出了经济批量 Q^* 的数学表达式，通称为经济批量公式。这些公式也是存储模型的一种形式，称为经济批量模型。

2．存储策略

对一个存储系统而言，有两个基本问题要作决策：①何时补充？②补充多少？

管理者可以通过控制补充的期与量这两个决策变量，来调节存储系统的运行，以便达到最优运营效果。这便是存储系统的最优运营问题。

决定何时补充，每次补充多少的策略称之为存储策略。常用的存储策略有以下几种类型。

(1) t 循环策略

该策略的含义是：每隔 t 时段补充存储量为 Q，使库存水平达到最高库存量（名义库存量）S。这种策略又称为经济批量策略，它适用于需求确定的存储系统。

(2) (s, S) 策略

该策略的含义是：每当存储量 $x>s$ 时不补充，当 $x\leqslant s$ 时补充存储，补充量 $Q=S-x$，使库存水平达到 S。其中 s 称为最低库存量（报警点）。

(3) (t_0, a, S) 策略

设 t_0——固定周期（如一年，一月，一周等），它是一个常数而非决策变量；a——临界点，即判断进货与否的存储状态临界值，它是一个决策变量；S——存储上限，即最大存储量，它也是一个决策变量；I——本周期初（或上周期末）的存储状态，它是一个参数而非决策变量。

该策略的含义是：每隔 t_0 时段盘点一次，若 $I\geqslant a$，则不补充；若 $I<a$，则把存储补充到 S 水平，因而进货批量为 $Q=S-I$。

(4) (T_0, β, Q) 策略

设 β——订货点，即标志订货时刻的存储状态，它是一个决策变量；$I(\tau)$——τ 时刻的存储状态，它是一个参量而非决策变量。

该策略的含义是：以 T_0 为一个计划期，期间每当 $I(\tau)\leqslant\beta$ 成立时立即订货，订货批量为 Q。

后两种策略适用于需求随机的存储系统。其中（3）称为定期盘点策略；而（4）称为连续盘点策略，采用这种策略需要监控，贮存必要的数据并发出何时补充及补充多少的信号。

3．存储的管理

在存储系统中，往往物资种类繁多，如果对全部的物资都进行细致的核算分析来控制储量，势必要耗费大量人力，可能得不偿失，因此管理上常采用分类管理法。这种方法是按照

每种物资占用流动资金的多少或总存储费用的大小分成三类或两类，占用资金最多的少数几种列为第一类，占用资金次多的列为第二类，占用资金不多的列为第三类。对第一类应详细核算，严格控制；对第二类要适当控制；对第三类大体估算就可以了，它的存储量可以高一些，以免缺货。

至于每类物资的品种和资金分别应占全部品种和资金的百分比数是多少，没有绝对标准，大体的范围如表10-1所示。

表10-1

类 型	占全部品种的百分比	占资金的百分比
第1类	5%～10%	60%以上
第2类	20%～30%	5%～10%
第3类	60%～70%	10%以下

10.2 基本的确定性存储模型

根据存储系统输入和输出的状态，可以将模型分为两大类：备用期和需求量都是确定性的称为确定性模型；备用期或需求量是随机性的称为随机性模型。

本节介绍具有连续确定性需求，采用 t 循环策略的存储系统的三种基本模型。它们都是在一些假设条件下建立的，因此实际应用时首先必须检查真实系统是否与这些假设相符或相近。

10.2.1 模型Ⅰ——经济订货批量（EOQ）模型

经济订货批量模型（Economic Order Quantity），又称整批间隔进货模型或EOQ存储模型。该模型适用于整批间隔进货，不允许缺货的存储问题，即某种物资单位时间的需求量为常数 d，存储量以单位时间消耗数量 d 的速度逐渐下降，经过时间 t 后，存储量下降到零，此时开始订货并随即到货，库存量由零瞬间上升为最高库存量 Q，然后开始下一个存储周期，形成多周期存储模型。

1. 经济订货批量的概念

由于需求量和提前订货时间是确定已知的，因此只要确定每次订货的数量是多少或进货间隔期为多长时间，就可以做出存储策略。由于存储策略是使存储总费用最小的经济原则来确定订货量，故称该订货批量为经济订货批量。

2. EOQ基本存储模型

假设存储某种物资不允许缺货，其存储参数如下。

t——存储周期或订货周期（年或月或日）；

d——单位时间需求量（件/年或件/月或件/日）；

Q——每次订货批量（件或个）；

h——存储单位物资单位时间的存储费（元/件、年或元/件、月或元/件、日）；

a——每次订货的订货费（元）；

t_0——提前订货时间。在本模型中，它等于零，即订货后瞬间全部到货。

建立模型：存储量变化状态图如图 10－2 所示。

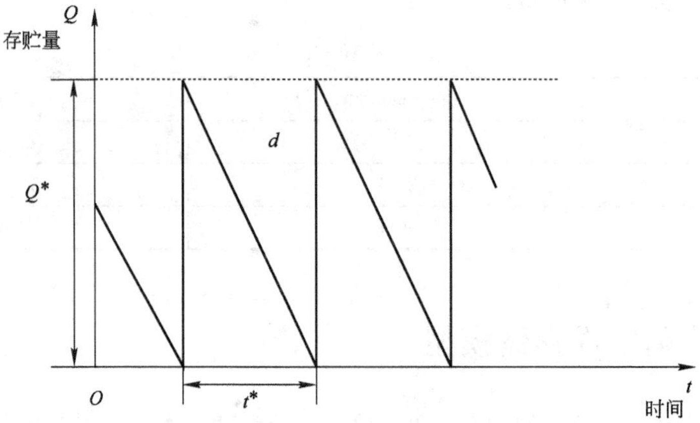

图 10－2　存储量变化状态图

一个存储周期内需用该种物资 $Q=dt$ 个，图中存储量斜线上的每一点表示在该时刻的库存水平，每一个存储周期存储量的变化形成一个直角三角形，一个存储周期的平均存储量为$\frac{1}{2}Q$，存储费为$\frac{1}{2}hQt$，订货一次订货费为（$a+cQ$），因此，在这个存储周期内存储总费用为

$$\frac{1}{2}hQt+a+cQ$$

由于订购周期 t 是变量，所以只计算一个周期内的费用是没有意义的，需要计算单位时间的存储总费用，即

$$f=\frac{1}{2}hQ+\frac{a}{t}+\frac{cQ}{t}$$

将 $t=Q/d$ 代入上式，得到

$$f=\frac{1}{2}hQ+\frac{ad}{Q}+cd \tag{10-6}$$

虽然单位时间的订货费随着订货批量的增大而减小，而单位时间的存储费随着订货批量 Q 的增大而增大（如图 10－3 所示）。

由图 10－3 可以直观看出，在订货费用线和存储费用线相交处，订货费和存储费相等，存储总费用曲线取得极小值。

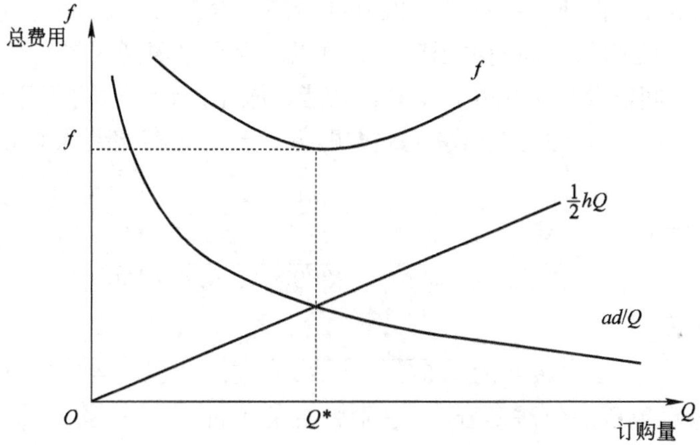

图 10-3 总费用变化曲线

利用微分求极值的方法，由式（10-6）令

$$\frac{\mathrm{d}f}{\mathrm{d}Q}=\frac{1}{2}h-\frac{ad}{Q^2}=0$$

即得到经济订购批量

$$Q^*=\sqrt{2ad/h} \tag{10-7}$$

由于$\frac{\mathrm{d}^2 f}{\mathrm{d}Q^2}=\frac{2ad}{Q^3}>0$

故当 $Q^*=\sqrt{2ad/h}$时，f 取得极小值。

式（10-7）称为经济订货批量公式，由于威尔逊是该公式推导应用的倡导者。所以该式又称为威尔逊公式。

由式（10-7）及 $Q^*=t*d$，可得到经济订货间隔期：

$$t^*=\sqrt{2a/dh} \tag{10-8}$$

将 Q^* 值代入式（10-6），立刻得到按经济订购批量进货时的最小存储总费用。

$$f^*=\sqrt{2adh}+cd \tag{10-9}$$

需要说明的是，前面在确定经济订购批量时，作了订货和进货同时发生的假设，实际上，订货与到货一般总有一段时间间隔，为保证供应的连续性，需要提前订货。

设提前订货时间为 t_0，日需用量为 d，则订购点 $s=d*t_0$，当存储量下降到 s 时，即按经济订购批量 Q^* 订货，在提前订货时间内，以每天 d 的速度消耗库存，当库存下降到零时，恰好收到订货，开始一个新的存储周期。

另外，以实物计量单位如件、个表示物资数量时，Q^* 是每次应订购的物资数量，若不是整数，可四舍五入而取整。

对于以上确定性存储问题，最常使用的策略就是确定经济订货批量 Q^*，并每隔 t^* 时间即订货，使存储量由 s（往往以零计算）恢复到最高库存量 $S=Q^*+s$。这种存储策略可以认为是定量订购制，但因订购周期也固定，又可以认为是定期订购制。

例 10-1　某车间需要某种元件，不允许缺货，按生产计划，月需用量为 200 件，每订购一次，订购费 6 元，该元件可在市场上立即购得，已知其存储费为 0.8 元/件·年，问应如何组织进货？

解　按式（10-7）有

$$Q^*=\sqrt{2ad/h}=\sqrt{2\times6\times200\times12/0.8}=190(\text{件})$$

经济订购周期为

$$t^*=\sqrt{2a/dh}=\sqrt{2\times6/2\,400\times0.8}=0.079(\text{年})=28(\text{天})$$

如以 d 表示某种物资的年需要量，c 表示物资的单价，a 为一次订货费，r 表示存储费率，即存储每件物资一年所需的存储费用，则得到经济订购批量的另外一种常用形式：

$$Q^*=\sqrt{2da/rc} \tag{10-10}$$

3. EOQ 模型的敏感性分析

EOQ 模型中所涉及的物资需用量、存储费、订货费等存储参数，一般是根据统计资料并估计计划期的发展趋势而确定的，往往与实际情况有一些误差，依据这些参数计算的经济订购批量自然不是十分精确；另外，经济订购批量往往不是整数，而实际订货时，常常要求以一定的整数如整桶、整打等单位进行订货。为此，我们需要分析模型的各项参数发生偏差时对经济订购批量 Q 的影响程度及经济订购批量的偏差对存储总费用的影响程度，从而考查 EOQ 模型的可靠程度和实用价值，即对 EOQ 模型进行敏感性分析。

（1）物资需用量、单位存储费及一次订货费等参数的偏离程度对订购批量的影响

以 d'、h'、a'、Q'分别表示实际的物资需用量、单位存储费、一次订货费和订货批量，以 d、h、a 分别表示预计的物资需要量、单位存储费和一次订货费，由这些预计参数计算的经济订购批量为 Q^*，另以 Δd、Δh、Δa、ΔQ 分别表示物资需用量、单位存储费、一次订货费和订货批量的偏差程度，即

$$\Delta d=\frac{\text{实际需用量}-\text{预计需用量}}{\text{预计需用量}}=\frac{d'-d}{d}$$

$$\Delta h=\frac{\text{实际单位存储费}-\text{预计单位存储费}}{\text{预计单位存储费}}=\frac{h'-h}{h}$$

$$\Delta a=\frac{\text{实际一次订货费}-\text{预计一次订货费}}{\text{预计一次订货费}}=\frac{a'-a}{a}$$

$$\Delta Q=\frac{\text{实际订货批量}-\text{经济订货批量}}{\text{经济订货批量}}=\frac{Q'-Q^*}{Q^*}$$

则实际需用量 $d'=d(1+\Delta d)$，实际单位存储费 $h'=h(1+\Delta h)$，实际一次订货费 $a'=a(1+\Delta a)$，而实际的订货批量

$$Q'=\sqrt{2d'a'/h'}=\sqrt{2d(1+\Delta d)a(1+\Delta a)/h(1+\Delta h)}$$

$$=\sqrt{2da/h}\cdot\sqrt{(1+\Delta d)(1+\Delta a)/(1+\Delta h)}$$
$$=Q^*\cdot\sqrt{(1+\Delta d)(1+\Delta a)/(1+\Delta h)}$$

所以

$$\Delta Q=(Q'-Q^*)/Q^*=\sqrt{(1+\Delta d)(1+\Delta a)/(1+\Delta h)}-1 \tag{10-11}$$

公式（10－11）说明 Δd、Δh、Δa 对经济订货批量 Q^* 的综合影响程度。

若参数 h、a 固定不变，只有需求量一个参数发生变化，则 d 的变化量 Δd 对 Q^* 的影响程度为

$$\Delta Q_d=(Q'-Q^*)/Q^*=(Q^*\sqrt{1+\Delta d}-Q^*)/Q^*=\sqrt{1+\Delta d}-1 \tag{10-12}$$

若参数 d、a 固定不变，则 Δh 对 Q^* 的影响程度为

$$\Delta Q_h=\sqrt{1/(1+\Delta h)}-1 \tag{10-13}$$

若参数 d、h 固定不变，则 Δa 对 Q^* 的影响程度为

$$\Delta Q_a=\sqrt{1+\Delta a}-1 \tag{10-14}$$

当 Δd、Δh、Δa 取不同数值时，对 Q^* 的影响如表 10－2 所示。由表中数据可以看出，经济订货批量公式对 EOQ 模型的参数感应是不灵敏的。当需用量（或一次订货费）增加 50%，订货批量仅比预计增加 22.47%，而当单位存储费增加 50%时，订货批量仅比预计减少 18.3%；当需用量减少 50%时，订货批量仅比预计减少 29.29%。由此可见，尽管 d、h、a 的测算在一般情况下存在一定的误差，但由于 EOQ 模型对参数是不灵敏的，所以求出的订货批量结果在实际中仍是有价值的。

表 10－2

Δd、Δh、Δa	ΔQ_d、ΔQ_a	ΔQ_h
−0.5	−0.292 9	0.414 2
−0.2	−0.105 6	0.118 0
−0.1	−0.051 3	0.054 1
0.1	0.048 8	−0.046 5
0.2	0.095 4	−0.087 1
0.5	0.224 7	−0.183 5

（2）订货批量的偏离程度对存储总费用的影响

设订货批量的偏差为 ΔQ，实际订货批量为 $Q'=Q^*(1+\Delta Q)$，实际存储总费用为 f'，经济订货批量 Q^* 对应的存储总费用是 f^*。由存储总费用的公式 $f=\frac{1}{2}hQ+\frac{ad}{Q}+cd$ 可看出，式中 cd 与订货批量 Q 无关，也就是说订货批量有无偏差对此项没有影响，故在此不考虑此项。则

$$f^*=hQ^*/2+da/Q^*=\sqrt{2dha}$$

$$
\begin{aligned}
f' &= hQ'/2 + da/Q' \\
&= hQ^*(1+\Delta Q)/2 + da/[Q^*(1+\Delta Q)] \\
&= h(1+\Delta Q)/2 \cdot \sqrt{2da/h} + da/[\sqrt{2da/h}(1+\Delta Q)] \\
&= \frac{1}{2}\left(1+\Delta Q+\frac{1}{1+\Delta Q}\right)\cdot\sqrt{2dah} \\
&= \frac{1}{2}\left(1+\Delta Q+\frac{1}{1+\Delta Q}\right)\cdot f^*
\end{aligned}
$$

故存储总费用的偏差

$$
\Delta f = (f'-f^*)/f^* = \frac{1}{2}\left(1+\Delta Q+\frac{1}{1+\Delta Q}\right)-1=(\Delta Q)^2/[2(1+\Delta Q)] \quad (10-15)
$$

根据式（10－15）计算出 ΔQ 和 Δf 的关系如表 10－3 所示。

表 10－3

ΔQ	Δf	ΔQ	Δf
－0.5	25	0.2	1.7
－0.2	2.5	0.3	3.5
－0.1	0.6	0.5	8.3
－1	0.45	1	25

由表 10－3 中的数据可以看出，如果实际订货批量比 Q^* 值增加一倍，即 $\Delta Q=1$，则存储总费用仅增长 25％，而实际批量减少到 Q^* 值的一半，即 $\Delta Q=-0.5$，则总存储费用也增长 25％。因此，偏离经济订货批量引起的存储总费用增长率是较小的。这种不敏感的特性如图 10－4 所示。由图中可以直观看出，存储总费用变化率曲线在原点左右近于直线。由图 10－3 也可以看出存储总费用曲线在最低点附近（横坐标 Q^* 值左右）近似于直线状态。这也可以说明经济订货批量公式是不敏感的。以上这种不敏感的特性在实际应用中有很强的适用性。一方面，在计算订货批量时，即使由于 d、h、a 不够准确使 Q^* 值产生一定误差，但只要选取近于 Q^* 的值作为订货批量，存储总费用就会接近于最低值；另一方面，为了达

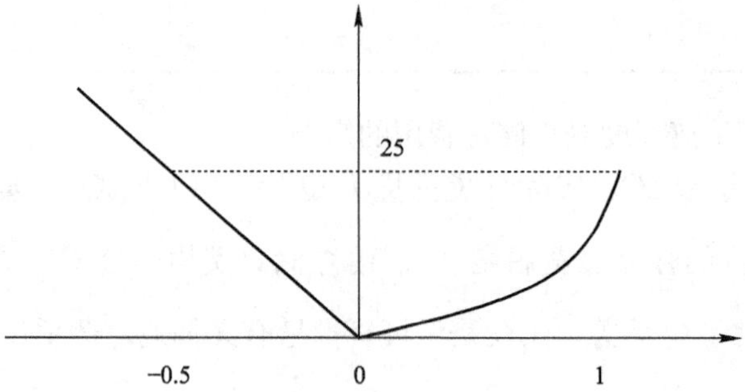

图 10－4　敏感性分析图

到订货限额或凑够整车、整箱而调整订货批量，只要实际订货批量接近订货批量 Q^* 值，对存储总费用就没有太大的影响。EOQ 模型的实用价值即在于此。

例 10-2 某建筑公司每天需要某种标号的水泥 100 t，设该公司每次向水泥厂订购，需要支付订购费 100 元，每吨水泥在该公司仓库内每存放一天需付 0.08 元的存储保管费，若不允许缺货，且一订货就可提货，试问：

① 每批订货时间多长，每次订购多少吨水泥，费用最省？

② 从订购之日到水泥入库需要 7 天，试问当库存为多少时应发出订货。

解 ① 这里 $a=100$ 元，$d=100$，$h=0.08$，由公式（10-7），（10-8）分别有

$$Q^*=\sqrt{\frac{2ad}{h}}=\sqrt{\frac{2\times 100\times 100}{0.08}}=500(\text{t})$$

$$t^*=\frac{Q^*}{d}=\sqrt{\frac{2a}{hd}}=\sqrt{\frac{2\times 100}{0.08\times 100}}=5(\text{天})$$

② 因拖后时间 $l=7$ 天，即订货的提前时间为 7 天，这 7 天内需求量

$$s^*=Dl=100\times 7=700(\text{t})$$

故当库存量为 700 t 时应发出订货，s^* 称为再订购点。

10.2.2 模型Ⅱ——不允许缺货模型

模型Ⅰ有个前提条件，即每次进货能在瞬间全部入库，可称为即时补充。许多实际存储系统并非即时补充。例如，订购的货物很多，不能一次运到，需要一段时间陆续入库；又如工业企业通过内部生产来实现补充时也往往需要一段时间陆续生产所需批量的零部件，等等。在这种情况下，假定除了进货时间大于 0 外，模型Ⅰ的其余假设条件均成立。设：T——进货周期，即每次进货的时间（$0<T<t$）；p——进货速率，即单位时间内入库的货物数量（$p>d$）。

又设在每一运营周期 t 的初始时刻开始进货，且每期开始与结束时刻存储状态均为 0。

根据上述假设条件，可以画出该系统的存储状态图（如图 10-5 所示）。由图可见，一个周期 $[0, t]$ 被分为两段：$[0, T]$ 内，存储状态从 0 开始以 $p-d$ 的速率增加，到 T 时刻达到最高水平 $(p-d)T$，这时停止进货，而 pT 就是一个周期 t 内的总进货量，即有 $Q=pT$；在 $[T, t]$ 内，存储状态从最高水平 $(p-d)T$ 以速率 d 减少，到 t 时刻降为 0。

综上可知，在 $[0, t]$ 内的存储状态为

$$I(\tau)=\begin{cases}(p-d)\tau & \tau\in[0, T]\\(p-d)T-d(\tau-T), & \tau\in[T, t]\end{cases}$$

故每一运营周期 t 内的存储量为

$$\int_0^t I(\tau)\mathrm{d}\tau=\int_0^T(p-d)\tau\mathrm{d}\tau+\int_T^t[(p-d)T-d(\tau-T)]\mathrm{d}\tau,$$

它等于图 10-5 中阴影三角形的面积，即为

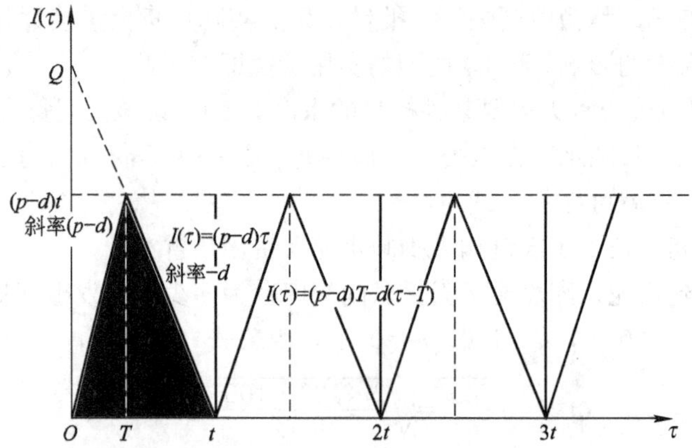

图 10-5　非即时补充存储状态图

$$\int_0^t I(\tau)\mathrm{d}\tau=\frac{1}{2}(p-d)Tt$$

故每一周期 t 的存储费为

$$C_h=\frac{1}{2}h(p-d)Tt$$

而订购费为

$$C_o=a+cQ$$

故每一周期 t 的运营费为

$$C_t=C_h+C_o=\frac{1}{2}h(p-d)Tt+a+cQ$$

而单位时间内的平均运营费用为

$$f=\frac{C_T}{t}=\frac{1}{2}h(p-d)T+\frac{a}{t}+\frac{cQ}{t} \tag{10-16}$$

式中有三个决策变量 Q，t，T，已知它们之间有下述关系：

$$Q=pT=dt$$

故

$$T=\frac{Q}{p},\ t=\frac{Q}{d}$$

代入（10-16）式得

$$f(Q)=\frac{1}{2}h\left(1-\frac{d}{p}\right)Q+\frac{ad}{Q}+cd \tag{10-17}$$

由一阶导数

$$f'(Q)=\frac{1}{2}h\left(1-\frac{d}{p}\right)-\frac{ad}{Q^2}=0$$

解得驻点

$$Q^*=\sqrt{\frac{2ad}{h\left(1-\frac{d}{p}\right)}} \tag{10-18}$$

由二阶条件可知 Q^* 为 f 在 $Q\in(0,\ \infty)$ 上的全局唯一最小点。于是有

$$t^*=\frac{Q^*}{d}=\sqrt{\frac{2a}{hd\left(1-\frac{d}{p}\right)}} \tag{10-19}$$

$$T^*=\frac{Q^*}{p}=\sqrt{\frac{2ad}{hp(p-d)}} \tag{10-20}$$

$$f^*=\sqrt{2ahd\left(1-\frac{d}{p}\right)}+cd \tag{10-21}$$

当 $p\to\infty$ 时，由上述公式易知：$T^*\to 0$，而 Q^*，t^*，f^* 与模型Ⅰ完全一致。

例 10-3 某电视机厂自行生产扬声器用以装配本厂生产的电视机。该厂每天生产 100 台电视机，而扬声器生产车间每天可以生产 5 000 个扬声器，已知该厂每批电视机装备需要生产准备费 5 000 元，而每个扬声器在一天内的存储保管费为 0.02 元。试确定该厂扬声器的最佳生产批量、电视机的安装周期。

解 此存储模型显然是一个不允许缺货，边生产边装配的模型。且 $d=100$ 台/天，$p=5\ 000$ 个/天，$h=0.02$ 元/个·天，$a=5\ 000$ 元/批。所以由式（10-18）得

$$Q^*=\sqrt{\frac{2ad}{h\left(1-\frac{d}{p}\right)}}=\sqrt{\frac{2\times 5\ 000\times 100\times 5\ 000}{0.02\times(5\ 000-100)}}\approx 7\ 140(\text{个})$$

$$t^*=\frac{Q^*}{d}=\frac{7\ 140}{100}\approx 71(\text{天})$$

10.2.3 模型Ⅲ——允许缺货模型

本模型允许缺货，除此以外，其余假设与模型Ⅰ一致。

由于允许缺货，所以当存储告罄时不急于补充，而是过一段时间再补充。这样，虽需支付一些缺货费，但可少一些订购费和存储费，因而运营费用或许能够减少。用 l 表示缺货单位时间、单位数量需支付的缺货损失费。假设在时段 $[0,\ t]$ 内，开始存储状态为最高水平 S，它可以供应长度为 $t_1\in(0,\ t)$ 时段内的需求；在 $[t_1,\ t]$ 内则存储状态持续为 0，并发生缺货，于是有

$$I(\tau)=\begin{cases}S-d\tau & \tau\in[0,\ t_1]\\ 0 & \tau\in[t_1,\ t]\end{cases}$$

画出存储状态图，如图 10-6 所示。图中 W 为最大缺货值，$W=d(t-t_1)$。

由图 10-6 可知，$[0,\ t]$ 内的存储量为 $\frac{1}{2}St_1$，故存储费为

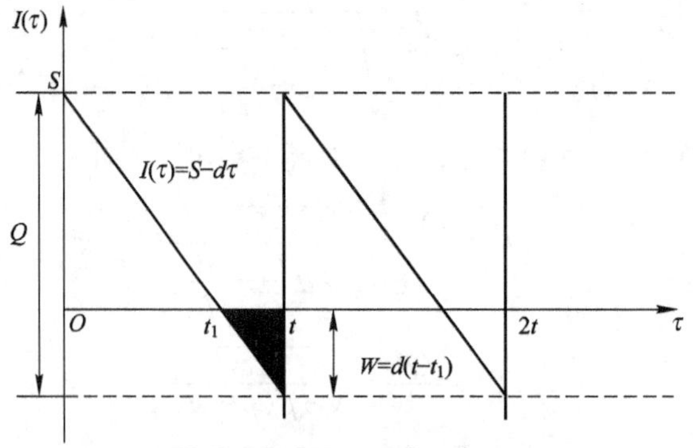

图 10-6　允许缺货存储状态图

$$C_h=\frac{1}{2}hSt_1$$

而 $[t_1,\ t]$ 内的缺货量为 $\frac{1}{2}W(t-t_1)=\frac{1}{2}d(t-t_1)^2$，即图 10-6 中阴影三角形的面积；因 $[0,\ t_1]$ 内不缺货，故 $[0,\ t]$ 的缺货费用为

$$C_s=\frac{1}{2}ld(t-t_1)^2$$

又知订购费为

$$C_o=a+cQ$$

则 $[0,\ t]$ 内的运营费用为

$$C_T=C_h+C_s+C_o=\frac{1}{2}hSt_1+\frac{1}{2}ld(t-t_1)^2+a+cQ$$

则单位时间的平均运营费用为

$$f=\frac{1}{t}\left[\frac{1}{2}hSt_1+\frac{1}{2}ld(t-t_1)^2\right]+\frac{a}{t}+\frac{cQ}{t} \tag{10-22}$$

式中有 Q，S，t，t_1 四个决策变量，但自由变量只有两个。已知

$$S=dt_1,\ Q=dt$$

代入（10-22）式得

$$f(t_1,\ t)=\frac{1}{t}\left[\frac{1}{2}hdt_1^2+\frac{1}{2}ld(t-t_1)^2\right]+\frac{a}{t}+cd \tag{10-23}$$

由极小点得一阶条件

$$\frac{\partial f}{\partial t_1}=0,\ \frac{\partial f}{\partial t}=0$$

得

$$t^*=\sqrt{\frac{2a(h+l)}{hld}} \tag{10-24}$$

$$t_1^*=\frac{l}{h+l}t^*=\sqrt{\frac{2al}{hd(h+l)}} \tag{10-25}$$

$$Q^* = dt^* = \sqrt{\frac{2ad(h+l)}{hl}} \tag{10-26}$$

$$S^* = dt_1{}^* = \sqrt{\frac{2ald}{h(h+l)}} \tag{10-27}$$

$$W^* = Q^* - S^* = \frac{h}{h+l} Q^* = \sqrt{\frac{2ahd}{h(h+l)}} \tag{10-28}$$

$$f^* = \sqrt{\frac{2ahld}{h+l}} + cd \tag{10-29}$$

另外，由（10－23）式可得

$$f(t) = \frac{hld}{2(h+l)} t + \frac{a}{t} + cd \tag{10-30}$$

或

$$f(Q) = \frac{1}{2} hQ \frac{l}{h+l} + \frac{ad}{Q} + cd \tag{10-31}$$

若不允许缺货，则 $l \to \infty$，$\frac{l}{h+l} \to 1$，可见这时模型Ⅲ就变成模型Ⅰ了。

例 10－4 有一个销售图书馆设备的公司，经营一种图书馆专用书架。基于以往的销售记录和今后的市场预测，估计今后一年的需求量为 4 900 个。由于占用的利息和存储库房及其他人力物力的费用，存储一个书架一年要花费 1 000 元。这种书架是靠订货来提供的，每次的订购费用为 500 元。若允许缺货，设一个书架缺货一年的缺货费为 2 000 元，求出使一年总费用最低的每次最优订货量，相应的最大缺货量及相应的周期。

解 由题意知 $l=2\,000$，已知 $a=500$ 元/次，$d=4\,900$ 个/年，$h=1\,000$ 元/个·年。

按（10－24）～（10－27）式得

$$Q^* = dt^* = \sqrt{\frac{2ad(h+l)}{hl}} = \sqrt{\frac{2\times500\times4\,900(1\,000+2\,000)}{1\,000\times2\,000}} = 85(\text{个})$$

$$S^* = dt_1{}^* = \sqrt{\frac{2ald}{h(h+l)}} = \sqrt{\frac{2\times500\times2\,000\times4\,900}{1\,000(1\,000+2\,000)}} \approx 28(\text{个})$$

$$t^* = \sqrt{\frac{2a(h+l)}{hld}} = \sqrt{\frac{2\times500(1\,000+2\,000)}{1\,000\times2\,000\times4\,900}} \approx 4.34(\text{天})$$

10.3 确定性存储模型的扩展

10.3.1 模型Ⅳ——允许缺货、非即时补充的经济批量模型

本模型为模型Ⅱ与模型Ⅲ的综合，其存储状态如图 10－7 所示。

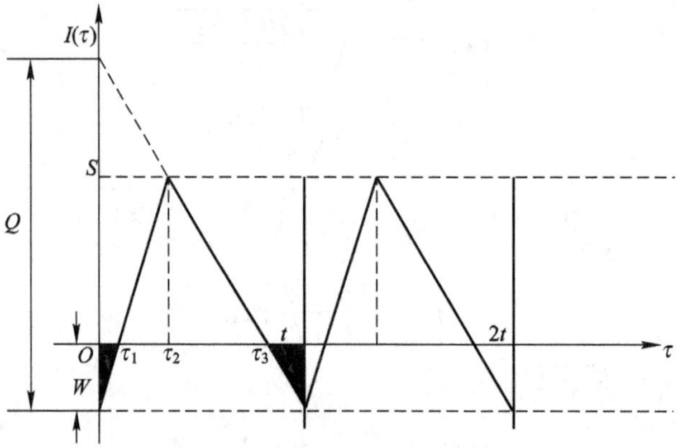

图 10-7　允许缺货，非即时补充的存储状态图

在每一周期 [0，t] 内，从 $\tau=0$ 时刻开始以速率 p 进货，但因此刻有累计缺货量 W，因此在开始一段时间 [0，τ_1] 无存储，进货除满足该段内的需求外，还清偿预售的缺货。[τ_1，τ_2] 为进货时间。从 τ_1时刻起，存储以 $p-d$ 的速率由 0 递增，到 τ_2时刻达到最高水平 S 并停止进货。[τ_2，τ_3] 为纯消耗期。存储以速率 d 由 S 递减，到 τ_3时刻降为 0。[τ_3，t] 为缺货期，不进货但预售，直到 t 时刻开始进货，从而又开始新一周期的运行。

图 10-7 中的每一周期 t 都对应于图 10-6（模型Ⅲ）中的一个周期 t，相应的需求率记做 d_1则有

$$Q_1=d_1t$$

又由图 10-7 及假设条件可知

$$S=d(\tau_3-\tau_2),\ W=d(t-\tau_3),\ Q=p\tau_2=dt$$

则有

$$Q_1=S+W=d(t-\tau_2)=d\left(t-\frac{d}{p}t\right)=d\left(1-\frac{d}{p}\right)t$$

故

$$d_1=d\left(1-\frac{d}{p}\right)$$

用 d_1 取代（10-24）式中的 d，即得

$$t^*=\sqrt{\frac{2ap(h+l)}{hld(p-d)}}=\sqrt{\frac{2a(h+l)}{hld\left(1-\dfrac{d}{p}\right)}} \tag{10-32}$$

类似可得其他公式

$$\tau_3^*=\frac{hd+lp}{p(h+l)}t^*=(hd+lp)\sqrt{\frac{2a}{hlpd(p-d)(h+l)}} \tag{10-33}$$

$$\tau_1^*=\frac{hd}{p(h+l)}t^*=\sqrt{\frac{2a}{lp(p-d)(h+l)}} \tag{10-34}$$

$$\tau_2^* = \frac{d}{p}t^* = \sqrt{\frac{2ad(h+l)}{hlp(p-d)}} \tag{10-35}$$

$$Q^* = dt^* = \sqrt{\frac{2ad(h+l)}{hl\left(1-\frac{d}{p}\right)}} \tag{10-36}$$

$$W^* = \frac{hd}{h+l}\left(1-\frac{d}{p}\right)t^* = \sqrt{\frac{2ahd}{l(h+l)}\left(1-\frac{d}{p}\right)} \tag{10-37}$$

$$S^* = \sqrt{\frac{2ald}{h(h+l)}\left(1-\frac{d}{p}\right)} \tag{10-38}$$

$$f^* = \sqrt{\frac{2ahld}{h+l}\left(1-\frac{d}{p}\right)} + cd \tag{10-39}$$

$$f(t) = \frac{hld}{2(h+l)}\left(1-\frac{d}{p}\right)t + \frac{a}{t} + cd \tag{10-40}$$

$$f(Q) = \frac{1}{2}hQ\frac{l}{h+l}\left(1-\frac{d}{p}\right) + \frac{ad}{Q} + cd \tag{10-41}$$

易见：当 $p\to\infty$ 时，模型Ⅳ就成为模型Ⅲ；当 $l\to\infty$ 时，模型Ⅳ就成为模型Ⅱ；而当 $p\to\infty$ 且 $l\to\infty$ 时，模型Ⅳ就成为模型Ⅰ。

例 10-5 某车间每年能生产本厂日常所需的某种零件 80 000 个，全厂每年均匀地需要这种零件约 20 000 个。已知每个零件存储一个月所需的存储费是 0.1 元，每批零件生产前所需的安装费是 350 元。当供货不足时，每个零件缺货的损失费为 0.2 元/月。所缺的货到货后要补足。试问应采取怎样的存储策略最合适？

解 已知：$a=350$ 元，$d=20\,000/12$，$p=80\,000/12$，$h=0.1$ 元，$l=0.2$ 元，则

$$t^* = \sqrt{\frac{2ap(h+l)}{hld(p-d)}} = \sqrt{\frac{2a(h+l)}{hld\left(1-\frac{d}{p}\right)}} = \sqrt{\frac{2\times350(0.1+0.2)}{0.1\times0.2\times20\,000/12\left(1-\frac{20\,000}{80\,000}\right)}} \approx 2.9(\text{月})$$

$$Q^* = dt^* = \frac{20\,000}{12}\times2.9 = 4\,833(\text{个})$$

$$S^* = \sqrt{\frac{2ald}{h(h+l)}\left(1-\frac{d}{p}\right)} = \sqrt{\frac{2\times350\times0.2\times20\,000/12}{0.1(0.1+0.2)}\left(1-\frac{20\,000}{80\,000}\right)} \approx 2\,415(\text{个})$$

10.3.2 模型Ⅴ——定价有折扣的存储模型

以上讨论的存储模型中，均假设存储货物的单价是常量，得出的存储策略与货物单价无关。但实际中的订货问题有时与单价有关。例如，商品有所谓的零售价、批发价、出厂价之分。购买同一种商品的数量不同，商品的单价也不同。一般情况下，购买的数量越多，商品的单价越低。

所谓“购价有折扣”，是指供货方采取的一种鼓励用户多订货的优惠政策，即根据订货量的大小规定不同的购价，订货越多则购价越低。换而言之，购价为关于订货量 Q 的分段

函数 $c(Q)$。通常 $c(Q)$ 是一个阶梯函数,其一般形式为

$$c(Q)=\begin{cases} c_1 & Q\in[0,\ Q_1] \\ c_2 & Q\in[Q_1,\ Q_2] \\ \vdots & \\ c_m & Q\in[Q_{m-1},\ \infty] \end{cases}$$

式中，$c_1>c_2>\cdots>c_m$，$0=Q_0<Q_1<Q_2<\cdots<Q_{m-1}<Q_m=\infty$；$c_i$，$Q_i(i=1,\ 2,\ \cdots,\ m)$ 均为常数。上式也可简写成

$$c(Q)=c_i,\quad Q\in[Q_{i-1},\quad Q_i],\quad i=1,2,\cdots,m$$

下面仅就模型Ⅰ为例加以分析，其方法也适用于模型Ⅱ，Ⅲ，Ⅳ。按式（10－6)，令

$$f_i=\frac{1}{2}hQ+\frac{ad}{Q}+c_id\quad (i=1,\ 2,\ \cdots,\ m)$$

则目标函数为

$$f(Q)=f_i\quad (Q\in[Q_{i-1},\ Q_i];\quad i=1,2,\cdots,m)\qquad (10-42)$$

如图 10－8 所示，$f(Q)$ 由以 Q_1，Q_2，…，Q_m 为分界点的几条不连续的曲线段（实线）所构成，因而也是一个分段函数。

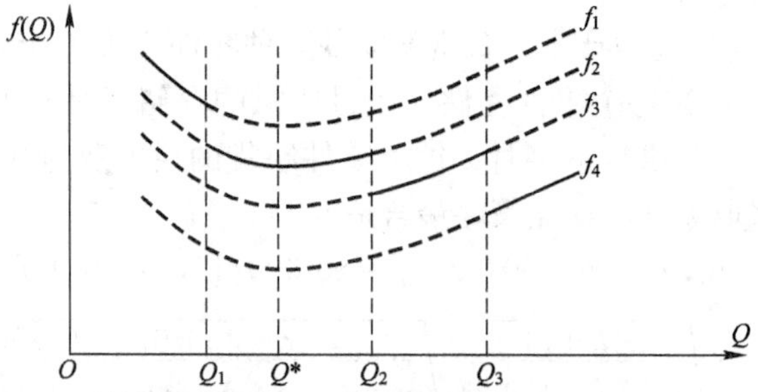

图 10－8　$f(Q)$ 的分段函数形式示意图

由于 c_id 为常数，所以每一 f_i 的极小点都是

$$Q^*=\sqrt{\frac{2ad}{h}}$$

如果 $Q^*\in[Q_1,\ Q_2]$，则由（10－9）式可得

$$f(Q^*)=\sqrt{2ahd}+c_2d$$

对于一切 $Q\in(0,\ Q_2)$，都有

$$f(Q^*)\leqslant f(Q)$$

即 Q^* 为 $f(Q)$ 在（0，Q_2）上的极小点。但当 $Q=Q_2$ 时，由于购价 c_2 降为 c_3，所以可能有 $f(Q_2)<f(Q^*)$。类似地，对 Q^* 右侧的每一分界点 $Q_2(Q_2>Q^*)$，都可能有 $f(Q_i)<f(Q^*)$。所以应依次计算 Q^* 右侧各分界点 Q_i 的目标函数值：

$$f(Q_i)=\frac{1}{2}hQ_i+\frac{ad}{Q_i}+c_id \quad (Q_i>Q^*) \tag{10-43}$$

并与 $f(Q^*)$ 一起加以比较，从中选出最小值

$$f(\tilde{Q})=\min\{f(Q^*),\ f(Q_i)\,|\,Q_i>Q^*\}$$

而它所对应的 $\tilde{Q}$ 即最优订购量。

例 10-6 某仪表厂今年拟生产某种仪表 30 000 个，该仪表中有个元件需向仪表元件厂订购，每次订购费用为 50 元，该元件购价为每只 0.5 元，全年保管费为购价的 20%。假设仪表厂规定该元件的购价为

$$c(Q)=\begin{cases}0.50 & Q<15\,000\\ 0.48 & 15\,000\leqslant Q<30\,000\\ 0.46 & Q\geqslant 30\,000\end{cases}$$

试求仪表厂对该元件的最优存储策略及最小费用。

解

$$Q^*=\sqrt{\frac{2ad}{h}}=\sqrt{\frac{2\times50\times30\,000}{0.1}}\approx5\,477(\text{只})$$

$$f(Q^*)=\sqrt{2ahd}+c_2\mathrm{d}=\sqrt{2\times50\times0.1\times30\,000}+0.5\times30\,000\approx15\,548(\text{元/年})$$

又按(10-42)式得

$$f(15\,000)=\frac{1}{2}\times0.1\times15\,000+50\times2+0.48\times30\,000=15\,250(\text{元/年})$$

$$f(30\,000)=\frac{1}{2}\times0.1\times30\,000+50\times1+0.46\times30\,000=15\,350(\text{元/年})$$

故

$$\tilde{Q}=15\,000\text{ 只},\ \tilde{n}=\frac{d}{\tilde{Q}}=2\text{ 次},\ \tilde{f}=15\,250\text{ 元/年}$$

10.4 随机性存储模型

在实际中，大部分存储库存物资的需求量、提前订货时间等是具有一定随机规律的随机变量。这种需求量、提前订货时间是随机变量或部分为随机变量的存储系统，为随机性存储系统。

本节主要介绍了随机性存储模型中的（t_0，a，S）策略模型。下面作以下假设。

① 需求随机。但在每一固定周期 t_0（如一年，一季，一个月，一周等）内的需求量 X 的概率分布 $P(X)$ 可知。

② 订货与交货之间的时滞很短。在模型中取作 0，即被视为无时滞。

③ 进货时间很短，在模型中也取作 0，即被视为即时补充。

④ 采用（t_0，a，S）策略，即每隔 t_0 周期盘点一次，若实际存储状态 $I<a$，则立即补

充到 S 水平；否则不补充。

该系统的存储状态示意图如图 10－9 所示。图中第四周期初的存储状态 $I<0$，这时 I 表示最大缺货量；而进货量为 $Q=S-I$（$I<a$）。由于每期初的存储状态 I 各不相同，因此每次进货量 Q 也各不相同。

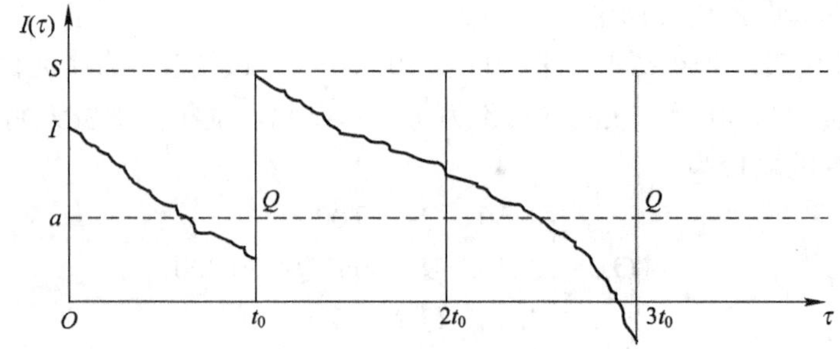

图 10－9　(t_0，a，S) 策略系统的存储状态示意图

10.4.1　需求量 X 为离散随机变量的情况

用一个典型的例子——报童问题来分析这类模型的解法。

报童问题：有一报童每天售报数量是一个离散型随机变量。设销售量 r 的概率分布 $P(r)$ 为已知，每张报纸的成本为 u 元，售价为 v 元（$v>u$）。如果报纸当天卖不出去，第二天就要降价处理，设处理价为 w 元（$w<u$）。问报童每天最好准备多少份报纸？

此问题就是要确定报童每天报纸的订货量 Q 为何值时，使赢利的期望值最大或损失的期望值最小？

以下用损失期望值最小来确定订货量。

设售出的报纸数量为 r，其概率 $P(r)$ 为已知，$\sum\limits_{r=0}^{\infty}P(r)=1$，设报童订购报纸数量为 Q，这时，损失有两种。

① 当供大于求（$Q\geqslant r$）时，这时报纸因当天不能售完，第二天需要降价处理，其损失的期望值为

$$\sum_{r=0}^{\infty}(u-w)(Q-r)P(r)$$

② 当供不应求（$Q<r$）时，因缺货而失去销售机会，其损失的期望值为

$$\sum_{r=0}^{\infty}(v-u)(r-Q)P(r)$$

故总损失的期望值为

$$C(Q)=(u-w)\sum_{r=0}^{Q}(Q-r)P(r)+(v-u)\sum_{r=Q+1}^{\infty}(r-Q)P(r) \tag{10-44}$$

要从（10－44）式中决定 Q 的值，使 $C(Q)$ 最小。

由于报纸订购的份数 Q 只能取整数值，需求量 r 也只能取整数，所以不能用微积分的方法求（10－43）式的极值。为此，用差分法。设报童每天订购报纸的最佳批量为 Q^*，则必有

$$\begin{cases} C(Q^*)\leqslant c(Q^*+1) \\ C(Q^*)\leqslant c(Q^*-1) \end{cases} \tag{10-45}$$

成立。故将式（10－45）求解可得最佳批量 Q^*。

由 $C(Q^*)\leqslant c(Q^*+1)$，有

$$(u-w)\sum_{r=0}^{Q}(Q-r)P(r)+(v-u)\sum_{r=Q+1}^{\infty}(r-Q)P(r)$$
$$\leqslant(u-w)\sum_{r=0}^{Q+1}(Q+1-r)P(r)+(v-u)\sum_{r=Q+2}^{\infty}(r-Q-1)P(r)$$

经化简后，得

$$(u-w)\sum_{r=0}^{Q}P(r)-(v-u)\geqslant 0$$

即

$$\sum_{r=0}^{Q}P(r)\geqslant\frac{(v-u)}{(v-w)} \tag{10-46}$$

由 $C(Q^*)\leqslant c(Q^*-1)$，有

$$(u-w)\sum_{r=0}^{Q}(Q-r)P(r)+(v-u)\sum_{r=Q+1}^{\infty}(r-Q)P(r)$$
$$\leqslant(u-w)\sum_{r=0}^{Q-1}(Q-1-r)P(r)+(v-u)\sum_{r=Q}^{\infty}(r-Q+1)P(r)$$

经化简得

$$(u-w)\sum_{r=0}^{Q-1}P(r)-(v-u)\leqslant 0$$

即

$$\sum_{r=0}^{Q-1}P(r)\leqslant\frac{(v-u)}{(v-w)} \tag{10-47}$$

综合（10－46）、（10－47）式，可得

$$\sum_{r=0}^{Q-1}P(r)\leqslant\frac{(v-u)}{(v-w)}\leqslant\sum_{r=0}^{Q}P(r) \tag{10-48}$$

由（10－48）式可以确定最佳订购批量 Q^*，其中 $\frac{(v-u)}{(v-w)}$ 称为临界值。

例 10－7 设某货物的需求量在 17～26 件之间，已知需求量 r 的概率分布如表 10－4 所示。

表 10-4 某货物的需求量的概率分布

需求量 r	17	18	19	20	21	22	23	24	25	26
概率 $P(r)$	0.12	0.18	0.23	0.13	0.10	0.08	0.05	0.04	0.04	0.03

并知其成本为每件 5 元，售价为每件 10 元，处理价为每件 2 元，问应进货多少能使总利润的期望值最大？

解 此题属于单时期需求是离散随机变量的存储模型，已知 $u=5$，$v=10$，$w=2$，由公式

$$\sum_{r=17}^{Q-1}P(r)\leqslant\frac{10-5}{10-2}\leqslant\sum_{r=17}^{Q}P(r)$$

得

$$\sum_{r=17}^{Q-1}P(r)\leqslant 0.625\leqslant\sum_{r=17}^{Q}P(r)$$

因为 $P(17)=0.12$，$P(18)=0.18$，$P(19)=0.23$，$P(20)=0.13$，

所以

$$P(17)+P(18)+P(19)=0.53<0.625$$

$$P(17)+P(18)+P(19)+P(20)=0.66>0.625$$

故最佳订货批量 $Q^*=20$ 件。

10.4.2 需求量 X 为连续随机变量的情况

设有某种需求的物资，需求量 r 为连续型随机变量，已知其概率密度为 $\varphi(r)$，每件物品的成本价为 u 元，售价为 v 元（$v>u$），如果当期销售不出去，下一期就要降价处理，设处理价为 w 元（$w<u$）。求最佳订货批量 Q^*。

同需求为离散型随机变量一样，如果订货量大于需求量（$Q\geqslant r$），其赢利的期望值为

$$\int_0^Q[(v-u)r-(u-w)(Q-r)]\varphi(r)\mathrm{d}r$$

如果订货量小于需求量（$Q\leqslant r$），其赢利的期望值为

$$\int_Q^{\infty}[v-u]Q\varphi(r)\mathrm{d}r$$

故总利润的期望值为

$$C(Q)=\int_0^Q[(v-u)r-(u-w)(Q-r)]\varphi(r)\mathrm{d}r+\int_Q^{\infty}(v-u)Q\varphi(r)\mathrm{d}r$$

$$=-uQ+(u-w)\int_0^Q r\varphi(r)\mathrm{d}r+w\int_0^Q Q\varphi(r)\mathrm{d}r+v\left[\int_0^{\infty}Q\varphi(r)\mathrm{d}r-\int_0^Q Q\varphi(r)\mathrm{d}r\right]$$

$$=(v-u)Q+(v-w)\int_0^Q r\varphi(r)\mathrm{d}r-(v-w)\int_0^Q Q\varphi(r)\mathrm{d}r$$

利用含参变量积分的求导公式，有

$$\frac{\mathrm{d}C(Q)}{\mathrm{d}Q}=(v-u)+(v-w)Q\varphi(Q)-(v-w)\left[\int_0^Q\varphi(r)\mathrm{d}r+Q\varphi(Q)\right]$$

$$=(v-u)-(v-w)\int_0^Q\varphi(r)\mathrm{d}r$$

令$\frac{\mathrm{d}C(Q)}{\mathrm{d}t}=0$，得

$$\int_0^Q\varphi(r)\mathrm{d}r=\frac{v-u}{v-w}$$

记 $F(Q)=\int_0^Q\varphi(r)\mathrm{d}r$

则有

$$F(Q)=\frac{v-u}{v-w} \tag{10-49}$$

又因

$$\frac{\mathrm{d}^2C(Q)}{\mathrm{d}Q^2}=-(v-w)\varphi(Q)<0$$

故由（10-49）式求出得 Q^* 为 $C(Q)$ 得极大值点，即 Q^* 是使总利润的期望值最大的最佳经济批量。式（10-49）与式（10-48）是一致的。

例 10-8 书亭经营某种期刊，每册进价 0.8 元，售价 1.00 元，如过期，处理价为 0.50 元。根据多年统计表明，需求服从均匀分布，最高需求量 $b=1\,000$ 册，最低需求量$a=500$ 册，问应进货多少，才能保证期望利润最高？

解 由概率论可知，均匀分布的概率密度为

$$\varphi(r)=\begin{cases}\dfrac{1}{b-a} & a\leqslant r\leqslant b\\ 0 & \text{其他}\end{cases}$$

由公式（10-49），得

$$F(Q)=\frac{v-u}{v-w}=\frac{1.00-0.80}{1.00-0.50}=0.40$$

即

$$\int_0^Q\varphi(r)\mathrm{d}r=0.40$$

又

$$\int_0^Q \varphi(r)\mathrm{d}r=\int_a^Q \frac{1}{b-a}\mathrm{d}r=\frac{Q-a}{b-a}$$

所以

$$\frac{Q-500}{1\,000-500}=0.40$$

由此解得最佳订货批量为

$$Q^*=700(\text{册})$$

习　　题

1. 有一个生产和销售图书馆设备的公司，经营一种图书馆专用书架。基于以往的销售记录和今后市场的预测，估计今后一年的需求量为 4 900 个。由于占用的利息和存储库房及其他人力物力的费用，存储一个书架一年要花费 1 000 元。这种书架是该公司自己生产的，而组织一次生产要花费设备调试等生产准备费 500 元，该公司为了最大限度降低成本，应如何组织生产？求出：

① 最优每次的生产量；

② 最优生产周期。

2. 某食品批发站，用经济订货批量模型处理某种品牌啤酒的存储策略，当存储每箱啤酒一年的费用为每箱啤酒价格的 22%，即每年存储成本率为 22%时，该批发站确定的经济订货批量 $Q^*=8\,000$ 箱。由于银行贷款利息的增长，每年存储成本率增长为 27%。请问：

① 这时其经济订货批量应为多少？

② 当每年存储成本率从 i 增长到 i' 时，请推出经济订货批量变化的一般表达式。

3. 承习题 1，若该公司每年书架的生产能力为 9 800 个，求出：

① 最佳生产批量；

② 相应的生产周期。

4. 某出版社要出版一本工具书，估计其每年的需求率为常量，每年需求 18 000 套，每套的成本为 150 元，每年的存储成本率为 18%。其每次生长准备费为 1 600 元，印制该书的设备生产率为每年 30 000 套，假设出版社每年 250 个工作日，要组织一次生产的准备时间为 10 天，请用不允许缺货的经济生产批量的模型，求出：

① 最优经济生产批量；

② 每年组织生产的次数；

③ 两次生产间隔时间；

④ 每次生产所需时间；

⑤ 最大存储水平；

⑥ 生产和存储的全年总成本；

⑦ 再订货点。

5. 某公司生产某种商品，其生产率与需求率都为常量，年生产率为50 000件。年需求率为30 000件；生产准备费用每次为1 000元，每件产品的成本为130元，而每年的存储成本率为21%，假设该公司每年工作日为250天，要组织一次生产的准备时间为5天。请用不允许缺货的经济生产批量的模型，求出：

① 最优经济生产批量；

② 每年组织生产的次数；

③ 两次生产间隔时间；

④ 每次生产所需时间；

⑤ 最大存储水平；

⑥ 生产和存储的全年总成本；

⑦ 再订货点。

6. 对于习题4所提出的问题，假如允许缺货，并假设每件商品缺货一年的缺货量为30元，请求出此问题的：

① 最优订货批量；

② 再订货点；

③ 两次订货所间隔的时间；

④ 每年订货、存储与缺货的总费用。

7. 承习题1，若此图书馆设备公司只销售书架而不生产书架，其所销售的书架是靠订货来提供的。若允许缺货，设一个书架缺货一年的缺货费为2 000元。要使一年的总费用最低，求出：

① 最优每次订货量；

② 相应的最大缺货量；

③ 相应的周期。

8. 某公司经理一贯采用不允许缺货的经济订货批量公式制定订货批量，因为他认为缺货虽然随后补上总不是好事。但由于激烈竞争使他不得不考虑采用允许缺货的策略。已知该公司销售产品的需求为800件/年，每次的订货费用为150元。存储费为3元/件·年，发生缺货时的损失为20元/件·年，试分析：

① 计算采用允许缺货的策略比以前不允许缺货的策略节约了多少费用；

② 该公司为了保持一定的服务水平，规定缺货随后补上的数量不超过总量的15%，任何一名顾客因供应不及时，需要等下批货到达，补上的时间不得超过3周，在这种情况下，是否应该采用允许缺货的策略。

9. 某商厦在夏季出售一种驱蚊剂，每售出一瓶可获利16元，但如果在当年夏季不能售出，第二年夏季就失效，每瓶要赔22元，每年售出这种驱蚊剂的数量概率$P(d)$根据以往经验如表10-5所示。

表 10－5

销售量/千瓶	8	9	10	11	12	13	14	15
概率 $P(d)$	0.08	0.10	0.15	0.20	0.20	0.15	0.07	0.05

试问该商场今年夏季应订购多少驱蚊剂能使其赚钱的期望值最大？

10. 某商店经营一种分体空调，每台进价 2 800 元，零售价为 4 200 元。该专卖店每到夏季末就把剩余的空调处理给一个批发商，每台的价格仅为 1 500 元。假设这种空调的需求服从以均值 $\mu=250$、方差 $\sigma^2=80$ 的正态分布。问：

① 该商店夏季应进多少台空调，才能使该商店获利的期望值为最大？

② 这时商店卖出所有空调的概率是多少？

附录 A　运筹学问题的 Excel 建模及求解

学习运筹学的目的在于学会用运筹学的方法解决实践中的管理问题，注重学以致用。微软的电子表格软件（Microsoft Excel）为展示和分析许多运筹学问题提供了一个功能强大而直观的工具，它现在已经被应用于管理实践中。

对于解决大量的中、小规模实际规划问题，电子表格软件是远远优于传统的代数算法的。下面将举例说明如何使用 Excel 软件以电子表格的形式建立线性规划模型，并利用 Excel中的规划求解工具对模型求解。

1. 在 Excel 中加载规划求解工具

要使用 Excel 应首先安装 Microsoft Office 软件，然后从桌面左下角的【开始】→【程序】中找到 Microsoft Excel 并单击启动。在 Excel 的主菜单中单击【工具】→【加载宏】，在打开的【加载宏】对话框中选择【规划求解】选项，如图 A-1 所示，单击【确定】按钮后，则在【工具】菜单中将增加【规划求解】选项。

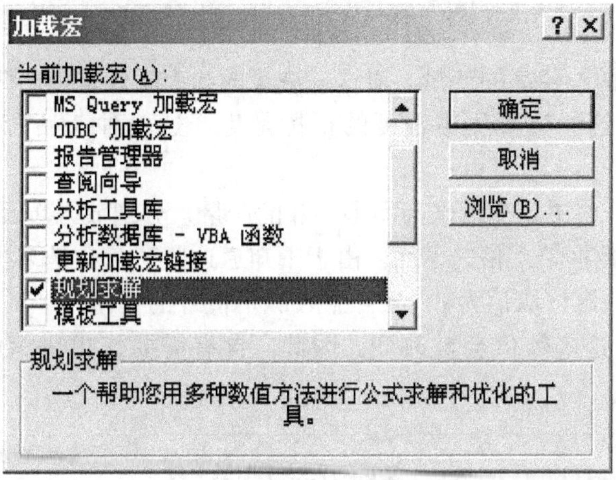

图 A-1　加载宏

2. 在 Excel 中建立线性规划模型

建立电子表格模型时既可以直接利用问题中所给的数据和信息，也可以利用已建立的代数模型。

例 A-1　本例的代数模型为：

目标函数　　$\max Z = 200x_1 + 300x_2$

$$\text{s.t.}\begin{cases}2x_1+2x_2\leqslant 12\\ x_1+2x_2\leqslant 8\\ 4x_1\leqslant 16\\ 4x_2\leqslant 12\\ x_1,\ x_2\geqslant 0\end{cases}$$

图 A－2 显示了将该例的数据转送到电子表格中后所建立的电子表格数学模型（本例是一个线性规划模型）。其中，显示数据的单元格称为数据单元格，包括生产每单位药品Ⅰ和Ⅱ所需要的 4 种设备的台时数（单元格 C5:D8），药品Ⅰ和Ⅱ的单位利润（单元格 C9:D9），4 种设备可用的台时数（单元格 G5:G8）。

	A	B	C	D	E	F	G
1			某制药厂的生产计划问题				
2							
3			单位产量所需资源				
4			药品Ⅰ	药品Ⅱ			可用资源量
5		设备A	2	2			12
6		设备B	1	2			8
7		设备C	4	0			16
8		设备D	0	4			12
9		单位利润	200	300			
10							

图 A－2　数据格式

我们要决策的是两种药品的产量。对这一决策的约束条件是生产两种药品所需的 4 种设备台时的限制；判断这些决策优劣程度的指标是生产这两种药品所获得的总利润（决策目标）。

如图 A－3 所示，将决策变量（药品Ⅰ、Ⅱ的产量）分别放入单元格 C10 和 D10，正好在两种药品所在列的数据单元格的下面。由于不知道这些产量会是多少，故在图 A－3 中均设为 0（空白的单元格默认取值为 0。实际上，除负值外的任何一个试验解都可以），以后在寻找产量最佳组合时这些数值会被改变。因此，含有需要作出决策的单元格称为可变单元格。

	A	B	C	D	E	F	G
1			某制药厂的生产计划问题				
2							
3			单位产量所需资源				
4			药品Ⅰ	药品Ⅱ	总需求量		可用资源量
5		设备A	2	2	0	≤	12
6		设备B	1	2	0	≤	8
7		设备C	4	0	0	≤	16
8		设备D	0	4	0	≤	12
9		单位利润	200	300	0		
10		决策变量					

图 A－3　变量关系

在图 A－3 中，两种药品所需的 4 种设备台时总数分别放入单元格 E5 至 E8，正好在对应数据单元格的右边。由于所需的各种设备台时总数取决于两种药品的实际产量，如：E5＝C5×C10＋D5×D10（可直接将公式写入 E5，也可利用 SUMPRODUCT 函数，E5＝SUMPRODUCT（C5:D5，C10:D10），此函数可以计算若干维数相同数组的彼此对应元素乘积之和），因此当产量为 0 时所需各种设备台时的总数也为 0。由于 E5 至 E8 单元格每个都给出了依赖于可变单元格（C10 和 D10）的输出结果，它们因此被称为输出单元格。作为输出单元格的结果，4 种设备台时数的总需求量不应超过其可用台时数的限制，所以用 F 列中的“≤”来表示。

两种药品的总利润作为决策目标进入单元格 E9，正好位于用来帮助计算总利润的数据单元格的右边。类似于 E 列的其他输出单元格，E9＝C9×C10＋D9×D10 或 E9＝SUMPRODUCT（C9:D9，C10:D10）。由于它是在对产量作出决策时目标值定为尽可能大的特殊单元格，所以被称为目标单元格。

根据对上述建模过程的总结，在电子表格中建立线性规划模型的步骤可归纳如下：

① 收集问题的数据，并将数据输入电子表格的数据单元格；

② 确定需要作出的决策，并且指定可变单元格显示这些决策；

③ 确定对这些决策的限制（约束条件），并将以数据和决策表示的被限制的结果放入输出单元格；

④ 选择要输入目标单元格的以数据和决策表示的决策目标。

3. *应用电子表格求解线性规划模型*

例 A－1 的求解过程可通过在 Excel 的【工具】菜单中选择【规划求解】开始，弹出的【规划求解参数】对话框如图 A－4 所示。

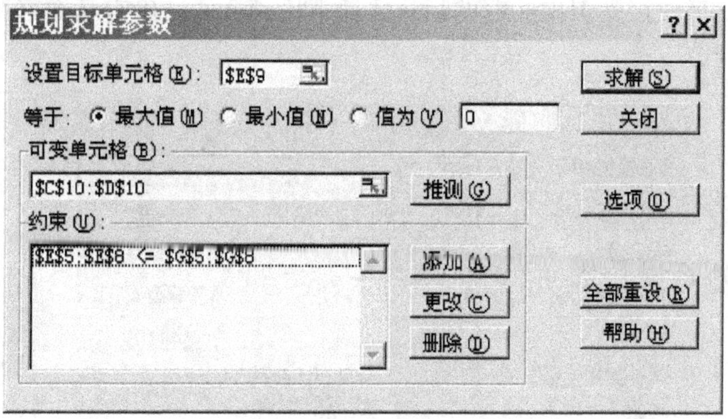

图 A－4 求解过程

在“规划求解”开始前，可通过输入单元格地址或选中单元格的方式确定模型的每个组成部分设置在电子表格的位置（单击按钮暂时隐藏对话框，再从工作表中选定单元格，然后再次单击按钮)。如：【设置目标单元格】的地址为E9，【可变单元格】的地址范围为C10：D10，并选中【最大值（M)】，表示要最大化目标单元格。

单击【约束】文本框右侧的【添加】按钮，弹出如图 A－5 所示的【添加约束】对话框。由于各种设备台时的总需求量均不应超过可用台时数的限制，故单元格 E5 到 E8 必须小于或等于对应的单元格 G5 到 G8，即在【单元格引用位置】文本框中输入范围 E5:E8（可用选中单元格的方式），其后面的下拉列表框选择＜＝，【约束值】文本框中输入范围 G5:G8。如果模型中还包含其他类型的函数约束，则可单击【添加】按钮以弹出一个新的【添加约束】对话框，根据输出单元格与约束值之间的关系在对话框中间的下拉列表中选择适当的约束类型，以增加新的约束。本例中已无其他约束了，所以只要单击【确定】按钮返回【规划求解参数】对话框。如果需要修改或删除已添加的约束，可选中该约束后单击【更改】或【删除】按钮。

图 A－5　约束条件调整

至此，【规划求解参数】对话框已根据图 A－3 的电子表格描述了整个模型（见图 A－4)。但在求解模型前还需要进行最后一个步骤，单击【选项】按钮弹出如图 A－6 所示的【规划求解选项】对话框，此对话框包括如何求解问题的细节的选项。对于决策变量取值非负的线性规划模型，最主要的选项是【采用线性模型】和【假定非负】选项。关于其他选项，对于小型问题来说接受图中所示的默认值通常比较合适，单击【确定】按钮返回【规划求解参数】对话框。

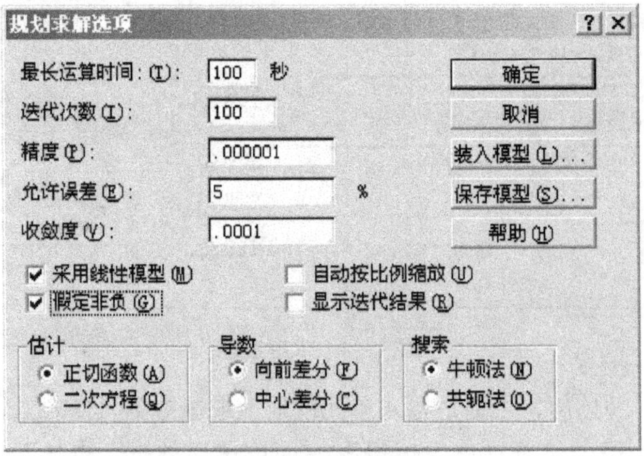

图 A－6　参数调整

现在可以单击【规划求解参数】对话框中的【求解】按钮了，它会在后台对问题进行求解。对于一个小型问题，几秒钟之后【规划求解结果】对话框就会显示运行结果，如图A-7所示，显示已经找到了一个最优解。如果模型没有可行解或没有最优解，会显示“规划求解找不到可行解”或“设定的单元格值不能集中”。此对话框还显示了产生各种报告的选项。选择【保存规划求解结果】选项并单击【确定】按钮，返回电子表格模型。

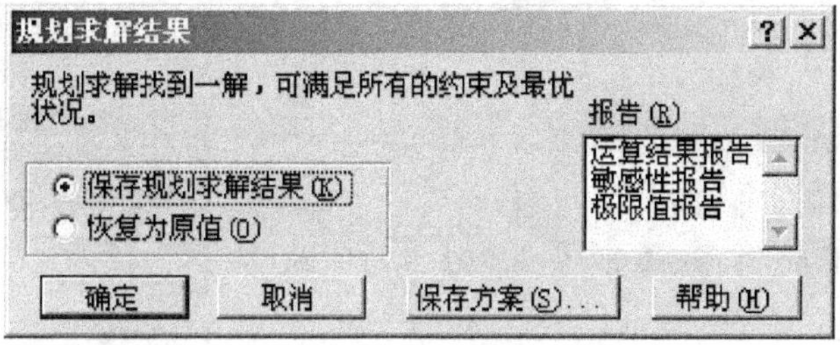

图A-7　求解结果内容

求解模型之后，如图A-8所示，用最优解和最优值代替了可变单元格和目标单元格中的初始值。因此，最优解是生产4kg药品Ⅰ和2kg药品Ⅱ，最优值为1 400元，与图解法的结果一致。

	A	B	C	D	E	F	G
1			某制药厂的生产计划问题				
2							
3			单位产量所需资源				
4			药品Ⅰ	药品Ⅱ	总需求量		可用资源量
5		设备A	2	2	12	≤	12
6		设备B	1	2	8	≤	8
7		设备C	4	0	16	≤	16
8		设备D	0	4	8	≤	12
9		单位利润	200	300	1400		
10		决策变量	4	2			

图A-8　求解结果显示

例A-2　食品配制问题的电子表格模型及求解过程如图A-9所示。

这个问题的电子表格模型的建立与求解过程与例A-1基本相同，数据单元格（C5:E8）、（C9:E9）和（H5:H8）分别存放3种原料B1、B2、B3每kg的单价及食品所要求的营养成分的最低含量。可变单元格（C10:E10）存放3种原料的配比情况，如图A-9（a）所示。输出单元格（F5:F8）给出了食品中实际的营养成分含量，目标单元格（F9）显示了该种食品的总成本，如图A-9（b）所示。

图A-9（c）显示了【规划求解参数】对话框的主要部分，包括为目标单元格和可变单元格设定的地址。约束条件“F5≥H5，F6≥H6，F7≥H7，F8≥H8”通过【添加约束】对话框显示在【规划求解参数】对话框中。由于目标是最小化总成本，所以选择了【最小值(N)】选项。

	A	B	C	D	E	F	G	H
1				食品配制问题				
2								
3			单位原料的营养成分含量			营养成分的		食品的营养
4			B1	B2	B3	实际含量		最低含量
5		蛋白质	5	6	8	28.61	≥	15
6		脂肪	3	4	6	20.00	≥	20
7		糖	8	5	4	25.00	≥	25
8		维生素	10	12	8	38.33	≥	30
9		原料单价	20	25	30	109.72		
10		原料用量	1.94	0.00	2.36			

(a)

	F
5	=SUMPRODUCT(C5:E5,C10:E10)
6	=SUMPRODUCT(C6:E6,C10:E10)
7	=SUMPRODUCT(C7:E7,C10:E10)
8	=SUMPRODUCT(C8:E8,C10:E10)
9	=SUMPRODUCT(C9:E9,C10:E10)

(b)

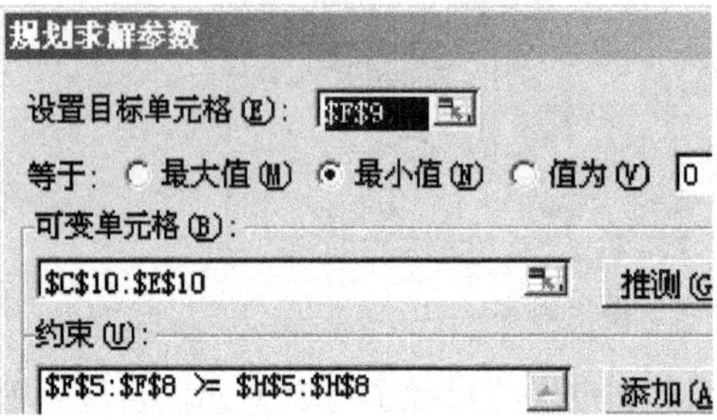

(c)

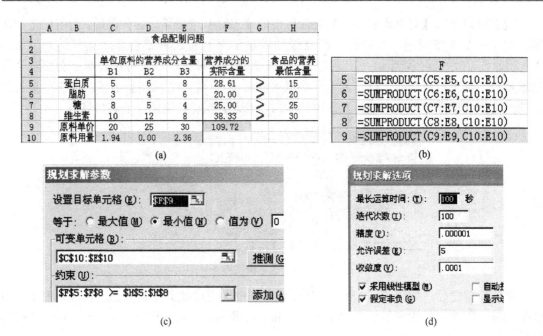

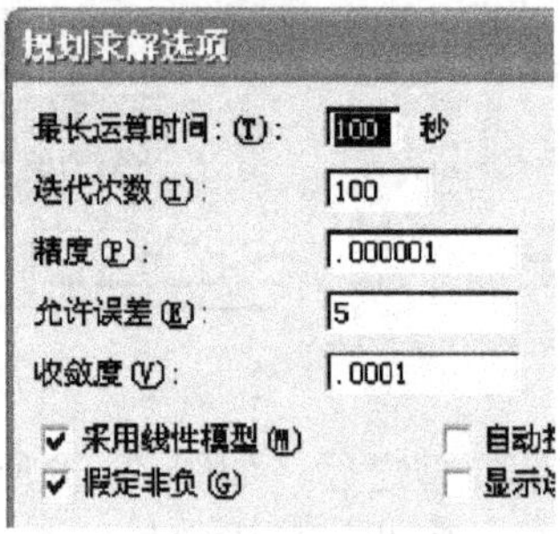

(d)

图 A-9　汇总规划求解

图 A-9 (d) 显示了单击【规划求解参数】对话框的【选项】按钮后所选择的选项，【采用线性模型】先期定义了这个模型是线性规划模型，【假定非负】选项定义了可变单元格必须是非负约束，因为食品的配比不可能出现负值。

单击【规划求解参数】对话框的【求解】按钮后，得到了图 A-9 (a) 中电子表格的可变单元格中显示的最优解，即该食品配比为原料 B11.94 kg、原料 B32.36 kg，成本为 109.72 元。与单纯形法人工求解不同，如果输出单元格、可变单元格或目标单元格的结果不是整数，电子表格是以小数而非分数形式显示的，本例结果以四舍五入的方式保留了两位小数。

附录B　运筹学问题的LINDO建模及求解

LINDO是一种专门用于求解数学规划问题的软件包。由于LINDO执行速度很快，易于方便输入、求解和分析数学规划问题，因此在数学、科研和工业界得到广泛应用。LINDO主要用于解线性规划、非线性规划、二次规划和整数规划等问题，也可以用于一些非线性和线性方程组的求解及代数方程求根等。LINDO中包含了一种建模语言和许多常用的数学函数（包括大量概论函数），可供使用者建立规划问题时调用。

一般用LINDO（Linear Interactive and Discrete Optimizer）解决线性规划、整数规划问题。其中LINDO 6.1学生版至多可求解多达300个变量和150个约束的规划问题，其正式版（标准版）可求解的变量和约束则在10^4量级以上。

同时还有LINGO用于求解非线性规划和二次规划问题。下面用LINDO来求解线性规划问题。

1. *初试* LINDO

LINDO的求解机制：LINDO的求解过程采用单纯形法，一般是首先寻求一个可行解，在有可行解的情况下再寻求最优解。用LINDO求解一个LP问题会得到两种结果：不可行（No feasible solution）或可行（Feasible）。可行时又可分为：有最优解（Optimal Solution）和解无界（Unbounded Solution）两种情况。由于在实际问题中，不太可能出现最大利润无上限的情形，所以使用者应检查是否少了一个约束或有其他印刷错误。

在LINDO子目录下执行LINDO.EXE文件即可进入LINDO工作环境，其屏幕显示如下：

LINDO/PC 5.02 (4 MAR 92)

STUDENT VERSION. FOR EDUCATIONAL USE ONLY.

SINGLE USER LICENSE FOR EDUCATIONAL USE ONLY

DISTRIBUTED WITH TEXTBOOKS BY WADSWORTH PUBLISHING

:

“:”为LINDO提示符，在其之后，使用者即可用具体的命令来输入并求解优化问题。让我们来解如下LP问题：

$$\max \quad z=2x+3y$$

$$\text{s.t.}\begin{cases}4x+3y\leqslant 10\\3x+5y\leqslant 12\\x,\ y\geqslant 0\end{cases}$$

由于LINDO中已假设所有的变量都是非负的，所以非负约束可不必再输入到计算机中；LINDO也不区分变量中的大小写字符（实际上任何小写字符将被转换为大写字符）；约束条件中的“<=”及“>=”可用“<”及“>”代替。上面问题用键盘输入如下：

```
: MAX 2X+3Y
? ST
? 4X+3Y<10
? 3X+5Y<12
? END
:
```

LINDO 中一般称上面这种问题实例（INSTANCE）为模型（MODEL）。以后涉及该模型时，目标函数为第一行，两个约束条件分别为第 2、第 3 行。直接键入运行（GO）命令就可得到解答，屏幕显示如下。

```
: GO
LP OPTIMUM FOUND AT STEP        2
          OBJECTIVE FUNCTION VALUE
          1)       7.4545450
VARIABLE          VALUE           REDUCED COST
       X          1.272727         .000000
       Y          1.636364         .000000
     ROW   SLACK OR SURPLUS       DUAL PRICES
      2)          .000000          .090909
      3)          .000000          .545455
NO. ITERATIONS=   2
DO RANGE (SENSITIVITY) ANALYSIS?
? N
:
```

计算结果含义如下。

①“LP OPTIMUM FOUND AT STEP2”表示单纯形法在两次迭代（旋转）后得到最优解。

②“OBJECTIVE FUNCTION VALUE　1）7.4545450 ”表示最优目标值为 7.4545450。

③“VALUE”给出最优解中各变量（VARIABLE）的值：$X=1.272727$，$Y=1.636364$。

④“REDUCED COST”给出最优单纯形表中第 0 行中变量的系数（max 型问题）。其中基变量的 reduced cost 值应为 0，对于非基变量，相应的 reduced cost 值表示当该非基变量增加一个单位时目标函数减少的量，本例中此值均为 0。

⑤“SLACK OR SURPLUS”给出松弛变量的值：第 2、第 3 行松弛变量均为 0，说明对于最优解来讲，两个约束（第 2、3 行）均取等号。

⑥“DUAL PRICES”给出对偶价格的值：第 2、3 行对偶价格分别为 .090909，.545455。

⑦“NO. ITERATIONS=　2”表示用单纯形法进行了两次迭代（旋转）。

⑧ 一个问题解答之后，LINDO会询问是否需要作灵敏性分析（DO RANGE（SENSITIVITY）ANALYSIS? ）如果你不需要，你应回答“N”（NO），回到提示符“:”之下。

如果想重新看到刚才的模型，可键入LOOK命令，LINDO会询问具体的行号。典型的应答可以是3，或1-2，或ALL，而结果会相应地显示出第3行、第1-2行或所有问题行。结果显示如下。

```
: LOOK
ROW:
3
        3)    3X+5Y<=12
:
```

或

```
: LOOK all
MAX 2X+3Y
SUBJECT TO
          2)    4X+3Y<=10
          3)    3X+5Y<=12
END
:
```

如果想修改问题，可键入ALTER命令，LINDO会询问行号、变量名及新的系数。例如：如果要将上面问题中约束条件$4x+3y\leqslant10$改为$6x+3y\leqslant10$，再全部看一下，并求解新问题，那么键入ALTER命令后相应的应答为2，X，和6，以下是演示过程：

```
: ALTER
ROW:
2
VAR:
X
NEW COEFFICIENT:
6
: LOOK ALL
  MAX    2X+3Y
   SUBJECT TO
          2)  6X+3Y<=  10
          3)  3X+5Y<=  12
   END
```

```
: GO
LP OPTIMUM FOUND AT STEP   0
          OBJECTIVE FUNCTION VALUE
          1)       7.3333330
VARIABLE          VALUE           REDUCED COST
          X          .666667          .000000
          Y         2.000000          .000000
         ROW   SLACK OR SURPLUS      DUAL PRICES
          2)         .000000          .047619
          3)         .000000          .571429
NO. ITERATIONS=    0
DO RANGE (SENSITIVITY) ANALYSIS?
? N
: QUIT
```

最后键入 QUIT（退出）命令，即可退出 LINDO 工作环境。

注：输入、查看和修改一个 LP 模型更方便的方法是采用全屏幕编辑器。在"："提示符下键入 EDIT（编辑）命令可以进入全屏幕编辑器，可以和其他文本编辑器一样方便使用。

2. 求解 LP 问题的一般步骤及应用举例

求解步骤如下。

① 首先是输入一个 LP 问题。为了检查有无错误，可用 LOOK 命令来显示问题式中的一行、几行或全部。

例如：　LOOK 3　--->>屏幕显示第 3 行

　　　　LOOK 1-3　--->>显示第 1-3 行

　　　　LOOK ALL --->>显示整个模型

② 修正模型。如果需要对问题中某变量系数进行修正，可用 ALTER 命令。此时，在 LINDO 的提示下需输入相应的变量所在的行号、变量名及新的系数值。

此外下面两种情况也可用 ALTER 命令：

- 改动约束条件的右端顶，可以将 RHS（Right-Hand Side）作为变量名。
- 改变约束条件中的不等号方向（如<或>），可以将 DIR 作为变量名。

修改问题还可用 EXT 命令（增加新的约束行）、DEL 命令（去掉一行）和 APPC 命令（增加一个新的变量），也可用 EDIT 编辑器。

③ 存储模型。如果输入的问题模型已经不再需要改动，可用 SAVE 命令将它存入文件中（此时 LINDO 会提示你输入一个文件名）。日后如需用到该问题可用 RETR 命令提取。

④ 键入 GO 命令可得到 LP 问题的最优解。如果想将计算结果直接输出到某文件中，可

在GO命令前先使用DIVERT命令，LINDO会提示你键入该输出文件的文件名，此后键入GO命令，屏幕上只会显示最优的目标函数值，其他结果都将存入输出文件。GO命令执行后，LINDO会问你是否作敏感性分析，可看需要键入“Y”（YES）或“N”（NO）。如果没什么错误，求解就结束了，可键入QUIT退出。

LINDO中有三种命令可帮助使用者对LINDO的命令有更多的了解。

⇘ HELP：若HELP后面跟有具体命令，则解释该命令。若只有一个HELP，将会给出一般性的信息。

⇘ CATEGORIES（可简写为CAT）：只列出所有命令的类型目录，随后可允许使用者有选择地列出某个具体类型中的所有命令。

⇘ COMMANDS（简写为COM）：按类型列出所有有效的命令，例如，输入（INPUT）型命令，输出（OUTPUT）型命令，等等。

下面即是一个具体应用的例子（可参照上述使用步骤）。

输入问题（或用命令RETR读取LINDO目录下的例子文件DAKOTA）

```
MAX     60 DESKS +30 TABLES +20 CHAIRS
SUBJECT TO
        2)   8 DESKS + 6 TABLES + CHAIRS <=  48
        3)   4 DESKS + 2 TABLES + 1.5 CHAIRS <=  20
        4)   2 DESKS + 1.5 TABLES + 0.5 CHAIRS <=  8
        5)   TABLES <=  5
END
```

问题求解

```
: GO
LP OPTIMUM FOUND AT STEP      2
        OBJECTIVE FUNCTION VALUE
        1)      280.00000
    VARIABLE          VALUE           REDUCED COST
      DESKS          2.000000           .000000
     TABLES           .000000          5.000000
     CHAIRS          8.000000           .000000
        ROW     SLACK OR SURPLUS      DUAL PRICES
         2)         24.000000          .000000
         3)           .000000        10.000000
         4)           .000000        10.000000
         5)          5.000000          .000000
    NO. ITERATIONS=   2
```

DO RANGE (SENSITIVITY) ANALYSIS?

?

键入"Y"表示同意作敏感性分析。

RANGES IN WHICH THE BASIS IS UNCHANGED:

OBJ COEFFICIENT RANGES

VARIABLE	CURRENT COEF	ALLOWABLE INCREASE	ALLOWABLE DECREASE
DESKS	60.000000	20.000000	4.000000
TABLES	30.000000	5.000000	INFINITY
CHAIRS	20.000000	2.500000	5.000000

RIGHT HAND SIDE RANGES

ROW	CURRENT RHS	ALLOWABLE INCREASE	ALLOWABLE DECREASE
2	48.000000	INFINITY	24.000000
3	20.000000	4.000000	4.000000
4	8.000000	2.000000	1.333333
5	5.000000	INFINITY	5.000000

3. 计算结果显示及敏感性分析

仍以上面的问题 DAKOTA 为例，下面给出其结果的一般注释。

①"LP OPTIMUM FOUND AT STEP2"表示 LINDO（用单纯形法）在两次迭代或旋转后得到最优解。

②"OBJECTIVE FUNCTION VALUE 280.000000"表示最优目标值为 280。

③"VALUE"给出最优解中各变量的值。例如，Dakota 问题中需造 2 个（书桌）desks，0 个（桌子）tables 和 8 个（椅子）chairs。

④"SLACK OR SURPLUS"给出松弛变量的值。此例中：

s1＝第 2 行松弛变量＝24

s2＝第 3 行松弛变量＝0

s3＝第 4 行松弛变量＝0

s4＝第 5 行松弛变量＝5

⑤"REDUCED COST"给出最优单纯形表中第 0 行中变量的系数（max 型问题）。其中基变量的 reduced cost 值应为 0，对于非基变量 X_j，相应的 reduced cost 值表示当 X_j 增加一个单位时目标函数减少的量。

另外，当执行 TABLEAU 命令后，LINDO 会显示单纯形表。在下表中我们可看到，基向量为 BV={s1，Chairs，DESKS，s4}。注意：在此例中，SLK5 对应的是 s4。ART 是人工变量（artificial variable），ART 就是相应的目标值 z。这样，z＋5TABLES＋10s2＋10s3

＝280。计算结果显示如下。

：TABLEAU

THE TABLEAU

ROW (BASIS)	DESKS	TABLES	CHAIRS	SLK 2	SLK 3
1 ART	.000	5.000	.000	.000	10.000
2 SLK 2	.000	−2.000	.000	1.000	2.000
3 CHAIRS	.000	−2.000	1.000	.000	2.000
4 DESKS	1.000	1.250	.000	.000	−.500
5 SLK 5	.000	1.000	.000	.000	.000

ROW	SLK 4	SLK 5	
1	10.000	.000	280.000
2	−8.000	.000	24.000
3	−4.000	.000	8.000
4	1.500	.000	2.000
5	.000	1.000	5.000

敏感性分析

① 使用 LINDO 时，输出结果中会提供敏感性分析。这一信息一般包含于两个标题之下，分别是 REDUCED COSTS，DUAL PRICES，它们分别表示了当变量或约束条件有微小变动时目标函数的变化率。

② 在输出结果中对应于每个变量都有一个 REDUCED COST，若其数值为 X，表示对应的变量为零时，若增加 1 个单位，目标函数将减少 X 个单位。

③ 在输出结果中对应于每一个约束也都有一个 DUAL PRICE。若其数值为 X，表示对应约束中不等式右端项若减少 1 个单位，目标函数将增加 X 个单位。

④ 如果 REDUCED COST 或 DUAL PRICE 的值为 0，表示微小扰动不影响目标函数。

⑤ 有时，通过分析 DUAL PRICE，也可对产生不可行问题的原因有所了解。

4. 注意事项

① 进入 LINDO 后，“：”表示 LINDO 已准备接受一个命令。

② LINDO 中已假定所有变量非负，变量名不能超过 8 个字符。

③ 如要输入 <= 或 >= 型约束，相应以 < 或 > 代替即可。

④ LINDO 不允许变量出现在一个约束条件的右端。

⑤ 目标函数及各约束条件之间一定要有空格分开。

⑥ 一般 LINDO 中不能接受括号（ ）和逗号“,”，例：400(X1＋X2) 需写为 400X1＋400X2；10,000 需写为 10000。

⑦ EDIT 命令调用一个全屏幕编辑器，可对当前模型进行全屏幕编辑。编辑完成后用“Esc”键保存当前修改，退出全屏幕编辑器；此时若模型有错误，则要求改正错误后再退

出。用“Ctrl＋Break”键废弃当前修改，退出全屏幕编辑器。

⑧ LINDO 有 DEL，EXT，及 ALTER 等其他编辑命令，虽然全屏幕编辑器 EDIT 使这些命令用处减少了，但 DEL 在大块地清除一个模型时是有用的，而 ALTER 可允许作全局性的替换。

⑨ LOOK 命令会为你在屏幕上显示你的问题（EDIT 也可如此）。

⑩ 如想获得敏感性分析可用 RANGE 命令。

⑪ SAVE 命令用来将一个问题模型存储到文件中，RETR 或 TAKE 命令用来读取一个以文件形式存储的模型。TAKE 命令还可用于解读一个以文本格式存储的 LINGO 格式的问题模型。

⑫ DIVERT 会导致大多数信息被输送到文件中，而只有少量信息被传送到屏幕。RVRT 用于结束 DIVERET。如果你 DIVERT 到一个名为 PRN 的文件，结果将被直接传到打印机。

⑬ LINDO 文件中常有注释间杂于各命令（COMMANDS）之中，前面注有［!］符号。例如：! This is a comment。

⑭ LINDO 将目标函数所在行作为第 1 行，从第 2 行起为约束条件。行号自动产生，也可以人为定义行号或行名。行名和变量名一样，不能超过 8 个字符。

⑮ 数值均衡化及其他考虑：LINDO 不能将 LP 中的矩阵进行数值均衡化。为了避免数值问题，使用者应自己对矩阵的行列进行均衡化。一个原则是，系数矩阵中非零元的绝对值不能大于 100 000 或者小于 .0001。如果 LINDO 觉得矩阵元素之间很不均衡，将会给出警告。

参 考 文 献

[1] 张文杰，李学伟. 管理运筹学. 北京：中国铁道出版社，2004.
[2] 卢向南，李俊杰，寿涌毅. 应用运筹学. 杭州：浙江大学出版社，2004.
[3] 秦裕瑗，秦明复. 运筹学简明教程. 北京：高等教育出版社，2006.
[4] 钟守楠，高成修. 运筹学理论基础. 武汉：武汉大学出版社，2005.
[5] 熊义杰. 运筹学教程. 北京：国防工业出版社，2004.
[6] 于春田，李法朝. 运筹学. 北京：科学出版社，2006.
[7]《运筹学》教材编写组. 运筹学. 北京：清华大学出版社，1998.
[8] 吴良刚. 运筹学. 长沙：湖南人民出版社，2002.
[9] 杨超，熊伟，白亚根. 运筹学. 北京：科学出版社，2004.
[10] 王永县. 运筹学. 北京：清华大学出版社，1993.
[11] 滕传琳. 管理运筹学. 北京：中国铁道出版社，1986.
[12] 钱颂迪. 运筹学. 北京：清华大学出版社，1990.
[13] 胡运权. 运筹学教程. 北京：清华大学出版社，2003.
[14] 赵景文. 用动态规划解设点问题. 北京市经济管理干部学院学报，2001，16 (2)：56 - 59.
[15] 田丰，马仲蕃. 图与网络流理论. 北京：科学出版社，1986.
[16] 张维迎. 博弈论与信息经济学. 上海：上海人民出版社，1996.